■ Klemens Schnattinger ■

AQUA

Ein qualitativer, terminologischer Ansatz zur Generierung,

Bewertung und Selektion von Lernhypothesen

im Textverstehenssystem SYNDIKATE

D1640512

verlag neue wissenschaft

CIP-Einheitsaufnahme

ens:
qualitativer, terminologischer Ansatz zur Generierung, Bewertung und
Selektion von Lernhypothesen im Textverstehenssystem SYNDIKATE /
Klemens Schnattinger. - Frankfurt (Main)
verl. neue wiss., 1998
    Zugl. Freiburg, Univ. Diss., 1998
    ISBN 3 - 932492 - 14 - 5

ISBN 3-932492-14-5
© **verlag neue wissenschaft**
Bert Bresgen
Frankfurt am Main 1998

AQUA

Ein qualitativer, terminologischer Ansatz zur Generierung,

Bewertung und Selektion von Lernhypothesen

im Textverstehenssystem SYNDIKATE

Dissertation
zur
Erlangung des Doktorgrades
der Fakultät für Angewandte Wissenschaften
der Albert-Ludwigs-Universität
Freiburg i. Br.

vorgelegt
von

Klemens Schnattinger

Dekan: Prof. Dr. H. Burkhardt,

             Fakultät für Angewandte Wissenschaften

Referent: Prof. Dr. B. Nebel,

             Fakultät für Angewandte Wissenschaften

Koreferent: Prof. Dr. U. Hahn,

             Philosophische Fakultät III

Tag der Promotion: 19.8.1998

Inhaltsverzeichnis

Tabellenverzeichnis

Abbildungsverzeichnis

Kapitel 1

Einleitung

> ... Die neue Baureihe *Megaline* von Aquarius ist in
> einem Mini-Tower-Gehäuse untergebracht und bietet
> verschiedenen Prozessor-Typen, vom 80386SX mit 20
> MHz bis hin zum 486er mit 33 MHz Taktfrequenz und
> EISA-Bustechnologie ...
>
> „Systems 91 - Aktuell"
> DOS International 12/91, S. 8

Beim Lesen von unbekannten Wörtern wird deren Bedeutung durch die sie beschreibende Beziehungen zu bereits bekannten Konzepten erkannt. Ein Computersystem läßt sich beispielsweise durch die Beziehungen zu Herstellern, Gehäusetypen, Prozessortypen und Bustechnologien beschreiben. Angenommen, im obigen Textausschnitt sei zum Zeitpunkt des Lesens *Megaline* unbekannt. Dem ersten Anschein nach bezeichnet *Megaline* ein Computersystem von *Aquarius*, da *Megaline* mit für Computersysteme typischen Begriffen wie Gehäuse, Prozessor und Bustechnologie relationiert ist. Bei genauerem Betrachten scheinen aber auch andere Konzepte für *Megaline* in Frage zu kommen, so z.B. Motherboard oder sogar Drucker, da die gleichen Relationierungen möglich sind und die sie unterscheidenden Relationierungen nicht angesprochen werden. Andererseits scheiden Konzepte wie Software oder Mitarbeiter für *Megaline* aus, da die Apposition *"neue Baureihe Megaline"* auf Hardware verweist. Auch könnte ein Grund für die Bevorzugung der Computersystemhypothese sein, daß allgemein bekannt ist, daß *Aquarius* Computersysteme herstellt, *Aquarius* nicht als Druckerhersteller bekannt ist, obwohl diese Art unvollständigen Wissens die Lesart, daß *Aquarius* Drucker herstellt, nicht prinzipiell ausschließt. Im Kontext eines Textverstehenssystems beruht also diese Art des Lernens neuer Konzepte auf sprachlichen (die Apposition *"neue Baureihe Megaline"*) und konzeptuellen (Bevorzugung der Computersystemhypothese aufgrund von konzeptuellem Wissen über *Aquarius*) Indikatoren. Diese Indikatoren bestimmen in unterschiedlichem Maße die *Qualität* einzelner Konzepthypothesen (konzeptuelle Annahmen über das zu lernende Konzept) und können zu deren Bewertung und Auswahl herangezogen werden.

Diese Arbeit beschreibt das qualitative, auf sprachlichen und konzeptuellen Indikatoren basierende Modell (und System) AQUA (Acquisition by QUAlity), welches multiple Hypothesen über zu lernende Konzepte auf der Basis eines Qualitätskalküls bewertet und präferentiell ordnet. Der Kalkül beruht im wesentlichen auf qualitativen Aussagen, die auf der Bewertung von Indikatoren für oder gegen Lernhypothesen basieren. Diese qualitativen Aussagen werden mit Hilfe von Qualitätsregeln abgeleitet und anschließend einem Klassifikationsprozeß (in meiner Arbeit ist es eine rein terminologische Klassifikation) unterworfen. Das Ergebnis ist die Zuordnung von Qualitätsmarken, die die Glaubwürdigkeit ganzer Hypothesenräume bewertet. Die unterschiedliche Wertigkeit einzelner Qualitätsmarken wird durch eine umfangreiche empirische Studie validiert. Aus formaler Sicht wird gezeigt, daß ein auf Standardschlußfolgerungsverfahren basierendes KL-ONE-artiges Wissensrepräsentationssystem und dessen formale Grundlage, die terminologische Logik, als einheitliche methodische Plattform sowohl für die Repräsentation des Wissens aus dem Text (Textwissen) als auch für die qualitativen Aussagen und den Bewertungsprozeß verwendet werden kann. Es wird also ein rein terminologisch fundiertes Lernsystem vorgestellt.

Die wesentlichen Merkmale des Modells zur Bewertung und Selektion von Lernhypothesen lassen sich wie folgt zusammenfassen:

- Der Bewertungsprozeß verläuft inkrementell im Takte der textuellen Progression.

- Das Textwissen ist in Form von terminologischen Aussagen repräsentiert.

- Der Bewertungsprozeß integriert aus verschiedenen Wissensquellen stammende Indikatoren zur Bestimmung der Qualität von Konzepthypothesen.

- Diese Indikatoren sind Aussagen sowohl *über* das Textwissen als auch *über* das Wissen der Domäne, also Metaaussagen, und ebenfalls mittels terminologischer Axiome repräsentiert.

- Der Bewertungskalkül basiert auf einer Spracherweiterung der terminologischen Logik und den entsprechenden Schlußfolgerungsverfahren.

Da das in der vorliegenden Dissertation beschriebene Wissensakquisitionssystem AQUA in das Textverstehenssystem SYNDIKATE (SYNthese of DIstributed Knowledge Acquired from TExts) der Arbeitsgruppe Linguistische Informatik/Computerlinguistik, Universität Freiburg eingebettet ist, werden die dadurch gesetzten Rahmenbedingungen und das daraus resultierende Lernproblem sowohl des Textverstehens- als auch des Systemkontexts in *Kapitel 2*, Abschnitt 2.1 bzw. 2.2 erläutert. Ebenso werde ich im darauf folgenden Abschnitt auf die sich daraus ergebenden Anforderungen kurz eingehen.

Der Vergleich zu anderen Modellen und Ansätzen wird in *Kapitel 3* ausführlich besprochen und deren Vor- und Nachteile sowie deren Beziehungen zum vorgeschlagenen Modell dargestellt. Es lassen sich dabei vier große Themenbereiche wissenschaftlicher Arbeiten festmachen. Zunächst sind dies das Konzeptlernen im Kontext des Maschinellen Lernens (Abschnitt 3.1). Dann folgen die Ansätze zur Integration von Sprachverstehen und Lernen (Abschnitt 3.2). Die beiden anderen Themenblöcke diskutieren Arbeiten zur Repräsentation von Wissen beim Sprachverstehen und Maschinellen Lernen (Abschnitt 3.3) und zu unsicherem Wissen im allgemeinen (Abschnitt 3.4).

In *Kapitel 4* wird der auf terminologischer Logik basierende Lernansatz AQUA zur automatischen Wissensakquisition aus Texten ausführlich behandelt. Zunächst wird die Akquisitionsaufgabe (in Abschnitt 4.1) und die zugrundegelegte Architektur (in Abschnitt 4.2) dargestellt. Im Anschluß daran wird detailliert auf die verwendeten Schlußfolgerungsmechanismen und Wissensrepräsentationstechniken zur Lösung dieser Aufgabe eingegangen: die *terminologische Wissensrepräsentation* (Abschnitt 4.3), die Darstellung und Generierung von *Hypothesen* in terminologischer Logik (Abschnitt 4.4 und Abschnitt 4.5), die *Reifikation* (Abschnitt 4.6) zur Erhöhung der Ausdrucksmächtigkeit und die Unterscheidung in Kontexte und Vermittlung zwischen *Kontexten* (Abschnitt 4.7). Im letzten Abschnitt 4.8 wird dann auf die für den Kalkül wesentlichen Begriffe *konzeptuelle Qualitätsaussagen*, *Qualitätsmarken* und *Qualitätsregeln* sowie deren Beziehungen zueinander eingegangen. Dabei soll gezeigt werden, daß automatische Klassifikation eines terminologischen Systems einen wesentlichen Inferenzmechanismus für die Aufgabe des Konzeptlernens bereitstellt.

Mit den im Kapitel 4 aufgebauten Repräsentationsstrukturen wird in *Kapitel 5* auf den Kalkül von AQUA zur Bewertung von Lernhypothesen eingegangen. Dazu habe ich eine Ordnung innerhalb verschiedener und zwischen verschiedenen Dimensionen von Qualitätsmarken in Abschnitt 5.1 definiert. Genauer betrachtet werden die linguistische Qualitätsdimension $\mathcal{LQ}$ und die konzeptuelle Qualitätsdimension $\mathcal{KQ}$. Der darauf folgende Abschnitt 5.2 dient der Formalisierung des gesamten Bewertungsprozesses mittels terminologischer Logik. Eine Lösung der dabei auftretenden Probleme bei der Modellierung des Bewertungsprozesses, die den Rahmen von terminologischer Logik nicht verläßt, wird in entsprechenden Unterabschnitten ausführlich diskutiert. Im letzten Abschnitt dieses Kapitels gehe ich dann auf einige Eigenschaften des zuvor beschriebenen Kalküls ein. Ein Beispiel in Abschnitt 5.3 schließt den formalen Teil meiner Dissertation ab.

Im *Kapitel 6* wird eine ausführliche empirische Studie anhand von 101 Texten aus der Informationstechnologiedomäne herangezogen, um die Zuverlässigkeit und die Genauigkeit meines Ansatzes zu testen. Zunächst diskutiere ich (in Abschnitt 6.1) die Inkrementalität meines Ansatzes und gehe detailliert auf den für die empirischen Aussagen wesentlichen Begriff des *Lernschritts* ein. Danach wende ich einige herkömmliche Evaluierungsmaße aus dem Bereich des Information Retrievals auf AQUA mit und ohne Anwendung des Kalküls an und vergleiche die Ergebnisse mit den Werten für das Akquisitionssystem CAMILLE von Hastings (Abschnitt 6.2). Da die herkömmlichen Evaluierungsmaße keine Konzepthierarchie und damit keine Generalisierungsbeziehungen berücksichtigen, erweitere ich diese Maße um die Berücksichtigung von Generalisierungsbeziehungen in Abschnitt 6.3. Die daraus resultierenden Ergebnisse der neuen Evaluierungsmaße werden an dieser Stelle ebenfalls diskutiert. Da diese neuen Maße aber die konzeptuelle Genauigkeit der aufgebauten Konzepthypothesen zum Zielkonzept nicht vollständig berücksichtigen können, begründe und definiere ich in Abschnitt 6.4 neue Maße anhand eines Distanzmaßes zwischen Konzepten und gebe die daraus resultierenden Ergebnisse wieder. Im letzten Abschnitt 6.5 gehe ich auf die Evaluierungsergebnisse kritisch ein und begründe die Leistungsfähigkeit von AQUA anhand dieser neuen Maße.

Das letzte *Kapitel 7* faßt die Ergebnisse meiner Untersuchungen zusammen und gibt einen Ausblick auf noch offene Forschungsfragen.

Kapitel 2

Einbettung und Ziele

Der Qualitätslerner AQUA (Hahn & Schnattinger, 1998b; Schnattinger & Hahn, 1998) ist Teil des Wissensextraktionssystems SYNDIKATE (Hahn & Romacker, 1997), das an der Albert-Ludwigs-Universität, Arbeitsgruppe Linguistische Informatik/Computerlinguistik entwickelt wird. Aus der Einbettung des Lerners in die Gesamtarchitektur ergeben sich zum einen konkrete Anforderungen aus dem Textverstehenskontext an das Lernmodul. Zum anderen setzt der Lerner auf einem Systemkontext auf, der aufgrund von Methodenentscheidungen im Bereich Syntax und Semantik die Schnittstelle zum Lerner in der Gesamtarchitektur festlegt. Beide sollen im folgenden erläutert werden. Zunächst wird in Abschnitt 2.1 der Textverstehenskontext vorgestellt. In Abschnitt 2.2 werden die zugrundeliegende Gesamtarchitektur von SYNDIKATE und die daraus resultierenden Aufgabenstellungen für den Lerner erläutert. Dann sollen in Abschnitt 2.3 die aus dem Textverstehens- und Systemkontext resultierenden Arbeitsziele hergeleitet werden.

2.1   Probleme im Textverstehenskontext

Das Textverstehenssystem SYNDIKATE ist im wesentlichen dadurch charakterisiert, daß authentische Texte durch robuste Parsingverfahren analysiert und nur partiell verstanden werden. In solchen auf das Verstehen realer Texte zielenden Umgebungen tritt das Problem der Vervielfachung von Lernhypothesen durch Verrauschung bei der Analyse der Spracheingabe auf. Erschwerend kommt hinzu, daß in Texten, die neues Wissen vermitteln sollen, sich das Auftreten lexikalischer Lücken (d.h., es existiert keine Spezifikation im Textverstehenssystem für ein Lexem) nicht vermeiden läßt. Beispielsweise werden in Artikeln von Computerzeitschriften neue Produkte oder Technologien vorgestellt. Diese Lücken können nun ignoriert oder, wie in dieser Arbeit, als Lernaufgabe aufgefaßt werden.

Um mit der u.U. riesigen Menge an Lernhypothesen den Textverstehensprozeß weiterführen zu können, müssen die Lernhypothesen verwaltet und fortlaufend bewertet werden, um frühzeitig eine Auswahl unter ihnen vornehmen zu können. So ist beispielsweise beim erstmaligen Auftreten eines neuen Produktes dessen Positionierung in der konzeptuellen Taxonomie meist hochgradig unterdeterminiert. Statt nun alle möglichen Konzepthypothesen bis ans Ende der Textanalyse weiter aufgespannt zu lassen, sollten frühzeitig Mechanismen zur Reduzierung der Konzepthypothesen eingesetzt werden, selbst auf die Gefahr hin, falsche Konzepthypothesen auszuwählen. Diese Reduzierung des Suchraums wird in dem vorgeschlagenen Modell anhand von Heuristiken bewerkstelligt, die sowohl aus dem sprachlichen Kontext einzelner Phrasen als auch aus den konzeptuellen Gegebenheiten, die aus dem Interpretationsprozeß hervorgehen, Indikatoren für oder gegen eine Lernhypothese ableiten. Ausgehend von dieser Sichtweise, lassen sich prinzipiell zwei Problemklassen erkennen:

- Unsicherheiten, die in einer Wissensbasis auftreten.

- Unsicherheiten, die bei der sprachlichen Analyse selbst auftreten.

Die Unsicherheiten auf der konzeptuellen Seite stammen aus der unvollständig aufgebauten Wissensbasis, d.h. zufällig in der Wissensbasis nicht berücksichtigten Entitäten der Domäne und aus nicht vollständig darstellbaren Wissensbasis, d.h. nciht modellierbaren Entitäten der Domäne. Zusätzlich tritt Unsicherheit auch durch im Text neu eingeführte Konzepte zu Tage. Die erste Art dieser aus der Wissensbasis stammenden Unsicherheit will ich im folgenden *konzeptuelle Unterspezifikation*, die zweite *Konzeptinnovation* (vgl. Hahn & Klenner (1997)) nennen.

Die sprachlich bedingten Unsicherheiten resultieren aus der gewünschten Robustheit des Parsers gegenüber grammatikalisch-lexikalischen Lücken, dem sogenannten Prinzip des *partiellen Parsing*. Diese Robustheit führt zu unvollständigen linguistischen Strukturbeschreibungen, diese wiederum zu unvollständigen satz- und textsemantischen Interpretationen. Im Falle vollständiger syntaktischer Strukturen läßt sich die Überführung semantischer Strukturen in konzep-

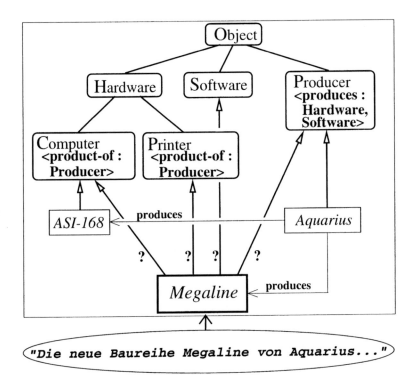

Abbildung 2.1: Ausgangssituation beim Konzeptlernen mit AQUA

tuelle Repräsentationen als Operationalisierungslernen im Sinne von Haas &
Hendrix (1983) auffassen. Im Kontext realistischer Textverstehenssysteme treten diese vollständigen Strukturbeschreibungen jedoch so gut wie nie auf. Dies
führt unter Lerngesichtspunkten zu multiplen Konzepthypothesen, die unsicher
sind und einander widersprechen.

Abb. 2.1 illustriert den wissensbasierten Lösungsansatz von AQUA, der dem
Konzeptlernen beim Textverstehen zugrundeliegt. In der Abbildung sind Konzepte, Rollen und Instanzen in einer frame-artigen Notation dargestellt. Konzepte sind durch Boxen mit runden Kanten, Instanzen durch eckige Kanten
dargestellt. Ein Konzept besteht aus einem Konzeptnamen (z.B. PRODUCER[1])
und einer Reihe von Rollen mit entsprechenden Werterestriktionen (beispiels-

---

[1]Namen aller Objekte der Wissensbasis (Konzepte, Relationen und Instanzen) haben eng-
lische Bezeichnungen. Konzeptnamen und Rollennamen haben den LaTeX-Schrifttyp SMALL
CAPS, wobei bei Konzeptnamen das erste Zeichen ein Großbuchstaben ist. Instanznamen
werden im LaTeX-Mathematikmodus notiert.

weise <PRODUCES : HARDWARE,SOFTWARE> mit der intuitiven Bedeutung, daß ein PRODUCER sowohl HARDWARE als auch SOFTWARE herstellt. Die Pfeile in Fettdruck ohne Namensangabe repräsentieren die Zugehörigkeit von Instanzen zu Konzepten (z.B. *Aquarius* gehört zum Konzept PRODUCER). Die Pfeile mit Namenszusatz stellen konkrete Rollenbeziehungen zwischen Instanzen dar (z.B. *Aquarius* stellt *ASI*-168 her über die Rolle PRODUCES). Linien in Fettdruck geben ISA-Beziehungen zwischen Konzepten wieder. Als Eingabe in den Lerner AQUA werden vom Parser kommende Fragmente wie *"Die neue Baureihe Megaline von Aquarius ... "* bereitgestellt. Einigen Lexemen werden über ein Lexikon Instanzen aus der Wissensbasis zugeordnet. Jeder Instanz ist in der Wissensbasis selbst ein Konzepttyp zugeordnet. So ist beispielsweise dem Lexem *Aquarius* die Instanz *Aquarius* zugeordnet, wobei *Aquarius* zum Konzepttyp PRODUCER gehört. Für das folgende Beispiel seien die Konzepte OBJECT, HARDWARE, SOFTWARE, COMPUTER, PRINTER und PRODUCER sowie die Instanzen *Aquarius* und *ASI*-168 bereits bekannt. Auch daß der COMPUTER *ASI*-168 von *Aquarius* herstellt wird, sei in der Wissensbasis über die Rolle PRODUCES bereits eingetragen. *Megaline* sei als der zum Zeitpunkt der Textanalyse neu auf den Markt kommende Computer unbekannt.

Das (partielle) Resultat des Textverstehensprozesses kann aus der Sicht des inkrementell arbeitenden Parsers wie folgt rekonstruiert werden: Das sprachliche Konstrukt *"Die neue Baureihe Megaline"* führt auf konzeptueller Seite zur Gleichsetzung derjenigen Instanzen, die die Lexeme *Baureihe* und *Megaline* repräsentieren (Apposition). Dies bedeutet, daß die Instanz *Megaline* mit dem Konzept HARDWARE assoziiert werden kann, wenn die das Lexem *Baureihe* repräsentierende Instanz zum Konzept HARDWARE gehört. Dies sei für die folgende Erklärung einmal angenommen. Die Lexeme *Die* und *neue* werden vom partiell operierenden Parser ignoriert. Aufgrund des Domänenwissens könnten PRODUCER und SOFTWARE als Konzepthypothesen wegfallen, da diese, bei entsprechender Modellierung, nicht kompatibel (d.h. inkonsistent) zu HARDWARE sind. Jedoch wären aufgrund fehlender Vollständigkeit auf grammatikalischer Seite weitere syntaktische Lesarten (wie in (Hahn et al., 1996a), Seite 58.13 beschrieben) möglich, aus denen beispielsweise die konzeptuelle Lesart PRODUCER (irgendeine *Baureihe* hergestellt von *Megaline*) als Konzepttyp für *Megaline* interpretierbar wäre (Präpositionalphrase). Vom Parser werden die entsprechenden Instantiierungen der Relationen für die beiden *Megaline*-Lesarten (HARD-WARE und PRODUCER) etabliert. Es entstehen also zwei konzeptuelle Lesarten in Form von zwei Konzepthypothesen. Als nächstes wird für beide Konzepthypothesen die Interpretation der Präpositionalphrase *"... Megaline von Aquarius ..."* mit ihren Argumenten *Megaline* und *Aquarius* ausgeführt. Dies führt in der HARDWARE-Lesart von *Megaline* dazu, daß *Megaline* als ein Objekt angesehen werden kann, das von *Aquarius* hergestellt wird, d.h., daß *Megaline* als zweites Argument Füller der Rolle PRODUCES ist und *Aquarius* das erste Argument füllt. Die PRODUCER-Lesart von *Megaline* wird verworfen, da die Präpositionalphrase keine Interpretation zu *Aquarius* zuläßt. Damit ist eine Einordnung des unbekannten Items auf einer mittleren Ebene in der Taxonomie erfolgt. Jedoch ist das präzise Konzept des unbekannten Items nicht bestimmt worden. Lassen sich nun Indikatoren definieren, die eine weitere Präzisierung zulassen?

An diesem Punkt setzt AQUA an. Prinzipiell gibt es zwei Arten von Indikatoren im Textverstehenskontext, die zur Einordnung in eine Taxonomie herangezogen werden können. Aus der syntaktischen Analyse stammende wie beispielsweise Appositionen oder Genitivphrasen und rein konzeptuell begründete wie beispielsweise die semantische "Nähe" von *Aquarius stellt (den Computer) ASI-168 her* und *Aquarius stellt Megaline her*. Mit Hilfe der sprachlichen Indikatoren kann eine Vorselektion der weiter zu betrachtenden Konzepthypothesen vorgenommen werden. In den seltensten Fällen fokussieren syntaktische Indikatoren direkt auf das Zielkonzept (wiewohl sie es gelegentlich tun, beispielsweise wird das unbekannte Lexem *LTE lite/25* in *"Das neue Notebook LTE lite/25"* direkt auf den Konzepttyp NOTEBOOK abgebildet). Auf der Ebene der rein konzeptuellen Kriterien werden strukturelle Bedingungen in der Wissensbasis verglichen, die zur genaueren Bewertung mit den syntaktischen Indikatoren verrechnet werden. In dem Beispiel kann eine Heuristik bzgl. der semantischen Nähe von *Megaline* und *ASI-168* nur dann berechnet werden, wenn die HARDWARE-Lesart von *Megaline* auf COMPUTER spezialisiert wird, da *ASI-168* ebenfalls den Konzepttyp COMPUTER hat. Würde *Megaline* nur als HARDWARE angenommen, käme exakt diese Nähe zum Konzepttyp COMPUTER nicht zum Tragen. Deshalb wird in AQUA ein zusätzlicher Spezialisierungsmechanismus eingeführt, der aus allgemeinen Lesarten (wie die HARDWARE-Lesart von *Megaline*) weiter ausdifferenzierte, dafür aber konzeptuell mehrdeutige Lesarten produziert (wie eine COMPUTER- und eine PRINTER-Lesart). Ein solcher Mechanismus ist auch sinnvoll, weil speziellere Lesarten i.a. leichter zu falsifizieren sind, und wird daher in vielen Systemen (beispielsweise in CAMILLE) eingesetzt. Damit werden in AQUA aus der HARDWARE-Lesart zwei speziellere Lesarten aufgebaut: Eine PRINTER-Lesart ohne Indikatoren und eine COMPUTER-Lesart, die einen Indikator aufweist, der die oben angeführte semantische Nähe ausdrückt. Der Bewertungskalkül von AQUA wird damit die COMPUTER-Lesart vor der PRINTER-Lesart bevorzugen und auswählen.

Wesentliche Aufgaben bei der Spezifikation eines solch stark wissensbasierten Lern- und Bewertungsansatzes bestehen darin,

- anhand der vom Parser vorgegebenen Fragmente eines Satzes *Lernhypothesen zu generieren*,

- sprachliche und konzeptuelle Indikatoren, *Qualitätsmarken* genannt, zu entwickeln, die Gründe für oder gegen einzelne (terminologische) Aussagen repräsentieren,

- aufgrund der Indikatoren für einzelne Aussagen aggregierte Aussagen für ganze Hypothesenräume mit Hilfe des *Qualitätskalküls* von AQUA automatisch zu generieren, und schließlich

- auf der Grundlage empirischer Untersuchungen eine Präferenzordnung der Qualitätsmarken für die Auswahl der Konzepthypothesen zu begründen.

2.2 Der Systemkontext

Das Gesamtsystem zur Textwissensextraktion ist in Abb. 2.2 gegeben. Es besteht aus einem objektorientierten Parser (Neuhaus & Hahn, 1996), der formal auf dem Aktorenmodell basiert (Schacht & Hahn, 1997), einer lexikalisierten Dependenzgrammatik (Bröker et al., 1996) des Deutschen, einem Diskursverstehensmodul zur Anaphernresolution (Strube & Hahn, 1996) und zur Ellipsenauflösung (Hahn et al., 1996c) und schließlich der in Abb. 2.2 nicht dargestellten Versionierungs- und Generalisierungskomponente VERGENE (Hahn & Klenner, 1997) zur dynamischen Erweiterung konzeptueller Beschreibungen. Daneben

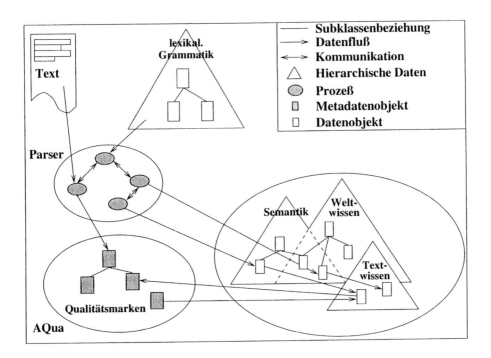

Abbildung 2.2: Basisarchitektur des Textverstehenssystems

gibt es eine Semantikkomponente, die in einem terminologischen Wissensrepräsentationssystem realisiert wurde (Hahn & Romacker, 1997) und metonymi-
sche Phänomene (Markert & Hahn, 1997), Gradangaben (Staab & Hahn, 1997a;
1997b) und temporale Beziehungen (Staab, 1998) berechnet.

Für meine Arbeit ist das Modul PathFinder mit der Evaluierungskomponente PathEvaluator (Hahn et al., 1996c) der Semantikkomponente wesentlich, da darin die konzeptuellen Pfade zwischen den die lexikalischen Items
repäsentierenden Wissensbasisobjekten berechnet und gemäß eines Evaluie-
rungsschemas bewertet werden. Die berechneten Pfade können dann für die
Bestimmung der konzeptuellen Eigenschaften des unbekannten Items im Lerner herangezogen werden. Der PathFinder liefert einen (Rollen-)Pfad zwischen
zwei Konzepten, wenn

- der Konzepttyp des Wertebereichs der einzelnen Rollen den Konzepttyp
  des Domänenbereichs der jeweils folgenden Rolle subsumiert und

- der Rollenpfad über eine Rollenhierarchie gesehen zyklenfrei ist (Zyklenfreiheit bezieht sich auch auf Superrollen der einzelnen Bestandteile des Rollenpfads).

Die durch den `PathFinder` berechneten Rollenketten werden anschließend durch den `PathEvaluator` bewertet und geordnet. Dabei werden zwei Kriterien zur Berechnung des besten Rollenpfads verwendet:

- *Path Inclusion*
  Rollenpfade, die in einem anderen Rollenpfad inkludiert sind, werden nicht berücksichtigt.

- *Conceptual Path Patterns*
  Dieses Kriterium ist ein rein empirisches und bevorzugt bestimmte vordefinierte Pfadmuster vor anderen.

Nähere Informationen und empirische Untersuchungen zum `PathFinder` finden sich bei Hahn et al. (1996c).

2.3 Arbeitsziele

Aus den in den beiden letzten Abschnitten vorgestellten Problembeschreibungen und Systemvoraussetzungen lassen sich folgende Akquisitionsaufgaben für den inkrementell arbeitenden Qualitätslerner herausschälen:

- Das beim Aufbau einer Wissensbasis nicht berücksichtigte domänenspezifische Wissen soll hinzugefügt werden.
  (Reduzierung der konzeptuellen *Unterspezifikation*)

- Neu eingeführtes Wissen einer Domäne soll hinzugefügt werden.
  (*Konzeptinnovation*)

Wie sich im weiteren Verlauf noch herausstellen wird, sind sowohl Unterspezifikation als auch Konzeptinnovation aus der Sicht des Qualitätslerners nicht unterscheidbar.

Ziel dieser Arbeit ist die Entwicklung eines qualitätsorientierten Bewertungsmodells, das mittels sogenannter *Qualitätsmarken* linguistische oder konzeptuelle Evidenzen für oder gegen einzelne Konzepthypothesen bewertet und auf deren Grundlage Konzepthypothesen auswählen kann. Diesem plausiblen Modell der Evaluierung von Lernhypothesen liegt ein *Qualitätskalkül* zugrunde, durch den diese Qualitätsmarken kombiniert, miteinander verrechnet und ganzen Hypothesenräumen zugewiesen werden können. Modellseitig soll dazu der Formalismus einer terminologischen Logik nicht verlassen werden und der zentrale Schlußfolgerungsmechanismus terminologischer Systeme, der Classifer, verwendbar bleiben. Damit kann die Einheitlichkeit zu anderen Wissensrepräsentationskomponenten ausgenutzt werden (beispielsweise die Verwendung des auf terminologischen Strukturen operierenden PathFinders). Die Verwendung von bestimmten qualitativen Evidenzen, die dahinterstehenden Heuristiken und die verwendete Ordnung der qualitativen Evidenzen sollen mit Hilfe einer umfassenden empirischen Studie validiert werden. Auf der Systemseite sollen Verfahren verwendet und entwickelt werden, mit denen Metaausagen zur Modellierung von qualitativen Beziehungen formuliert und diese effizient dargestellt werden können.

Zusammenfassend lautet das Hauptziel meiner Arbeit, ein System zu schaffen, das

- Hypothesen über die Zugehörigkeit von unbekannte Lexeme repräsentierenden Instanzen zu Konzepttypen aufbaut,

- mit einem Kalkül diese Hypothesen qualitativ bewertet und ordnet,

- mittels terminologischer Logik beschrieben werden kann und

- empirisch gestützte Auswahlheuristiken berücksichtigt.

Kapitel 3

Literaturdiskussion

Die Darstellung des Standes der Forschung erfolgt bereits an dieser Stelle, da ich zuerst die Frage beantworten will, warum überhaupt ein neuer Ansatz zum Konzeptlernen notwendig ist. Dazu habe ich die Literaturdiskussion in vier große Themenblöcke eingeteilt: Im ersten Teil beschäftige ich mich mit den grundlegenden Paradigmen zum Konzeptlernen im Bereich des Maschinellen Lernens. Dabei sollen die Methoden und Konzepte sowie deren Verwendbarkeit für die vorliegende Arbeit diskutiert werden. Der zweite Teil der Literaturdiskussion beschäftigt sich ausschließlich mit dem spezifischen Lernproblem meiner Arbeit: die Akquisition von Konzeptwissen im Textverstehenskontext. Während ich mich im ersten Teil auf die wesentlichen Prinzipien des Maschinellen Lernens konzentriere, gehe ich im zweiten Teil auf die speziell zum Textverstehen vorliegenden Arbeiten ein und untersuchte sie auf ihre Brauchbarkeit für die Lernaufgabe von AQUA. Die in den beiden ersten Teile gewählte Einteilung orientiert sich im wesentlichen an (Hahn & Klenner, 1992). Im dritten Teil stelle ich Anforderungen an einen Repräsentationsformalismus sowohl für die sprachliche Analyse als auch für das Lernen selbst auf und argumentiere aufgrund dieser Anforderungen gegen besonders im Maschinellen Lernen gebräuchliche Formalismen und für die Verwendung von terminologischen Logiken. Im letzten Teil der Literaturdiskussion beschäftige ich mich, im Gegensatz zu den auf lernmethodische Ansätze abzielenden Arbeiten der vorangegangenen Teile, mit den methodisch relevanten Arbeiten zur Darstellung von und zum Schließen mit unsicherem Wissen in gekapselten Kontexten.

3.1 Konzeptlernen im Maschinellen Lernen

Maschinelle Lernverfahren, die das Konzeptlernen zum Gegenstand haben, weisen eine Reihe von strukturierbaren Ebenen auf, nach denen man sie klassifizieren kann (vgl. Michalski & Kodratoff (1990)). Eine für den Konzeptlerner AQUA zentrale Unterscheidung betrifft die Art und Weise, wie Wissen verwendet wird. Es wird unterschieden, ob ohne oder mit domänenspezifischem Wissen gelernt wird. Die erste Wissensverwendung wird *induktiv* oder *empirisch*, die zweite *deduktiv* oder *analytisch* genannt.

Induktive Ansätze werden, da sie insbesondere auf der Analyse von Gemeinsamkeiten und Unterschieden von Beispielen beruhen, auch als ähnlichkeitsbasierte Verfahren *(Similarity-based Learning)* bezeichnet (Witten & MacDonald, 1988). Beim induktiven Lernen unterscheidet man zusätzlich, ob von vorklassifizierten Beispielen ausgegangen wird oder nicht. Diese erste Art wird auch *Supervised Learning* (Überwachtes Lernen) genannt, die zweite Art *Unsupervised Learning* (Nicht-Überwachtes Lernen). Induktive Schlüsse sind unsicher, da sie vom Speziellen auf das Allgemeine schließen. Je mehr der Schluß durch Hintergrundwissen abgesichert ist, desto sicherer werden induktive Schlüsse. Im Abschnitt 3.1.2 gehe ich auf die grundlegenden Verfahren des Induktiven Lernens ein und argumentiere gegen ihre Verwendung für das Konzeptlernen im Textverstehenskontext. Methodisch interessante und für meine Arbeit anwendbare Aspekte werden dargestellt.

Im Gegensatz zu induktiven Lernverfahren erfolgt das Lernen mit deduktiven Verfahren nicht aufgrund der Analyse von Ähnlichkeiten zwischen Beispielen, sondern durch die Analyse eines einzelnen Beispiels, der sogenannten Trainingsinstanz. Dabei nutzen deduktive Verfahren domänenspezifisches Wissen aus. Deduktive Schlüsse gelten als sicher, da sie vom Allgemeinen zum Speziellen führen. Der Grad der Sicherheit hängt dabei von der Sicherheit des verwendeten Hintergrundwissens ab. In Abschnitt 3.1.3 stelle ich die Grundzüge deduktiver Verfahren vor und beschreibe die grundsätzlichen Unterschiede und Herangehensweisen, aber auch die Gemeinsamkeiten zu AQUA.

Bevor ich auf induktive und deduktive Lernverfahren eingehe, will ich im folgenden Abschnitt 3.1.1 auf Konzeptlernen als Suchproblem eingehen.

3.1.1 Konzeptlernen als Suchproblem

In Mitchell (1982) wird Konzeptlernen als Suchproblem charakterisiert, wobei die einzelnen Lernverfahren danach unterschieden werden, wie sie den Suchraum nach geeigneten Hypothesen durchlaufen: top-down vs. bottom-up, depth-first vs. breadth-first, uni-direktional vs. bidirektional, vollständig vs. heuristisch selektiv. Vollständige und bidirektionale Strategien scheiden für AQUA aus, da für das Lernen über Texte hinweg riesige, nicht-handhabbare Suchräume aufrechterhalten werden müßten. Heuristische Verfahren bieten genau die gewünschte Reduktion des Suchraums, wobei dafür allerdings beim Lernen Sackgassen auftreten können. Unter den heuristischen Suchverfahren unterscheidet man neben dem *hill-climbing*, die Strategien *best-first* (genau eine, die vermutlich beste Hypothese wird weiterverfolgt) und *Beam Search* (mehrere, die vermutlich besten Hypothesen werden weiterverfolgt). Beide Suchverfahren sind auf gute Heuristiken angewiesen, um die beste(n) Hypothese(n) zu bestimmen, wobei bei der *Beam Search* der Entscheidungsspielraum (die Fehlertoleranz) größer ist, da mehrere Hypothesen (gleichzeitig) weiterverfolgt werden können (wobei die Größe des Strahls parametrisierbar ist), während bei der *best-first*-Suche Backtracking als Reparaturmechanismus verwendet werden kann. Meine Entscheidung für eine *Beam search* ist unter anderem auch in der Konzeptionsentscheidung begründet, sowohl die (Lern-)Hypothesenverwaltung als auch die (Parsing-)Alternativenverwaltung in einem integrierten Ansatz zu realisieren. Da beim Parsing im Fall von lexikalischen und strukturellen Mehrdeutigkeiten (Ambiguitäten) prinzipiell mehrere alternative Repräsentationen im Weltwissen aufgebaut und verwaltet werden müssen, Breitensuche (die Beamsuche ist eine heuristische Breitensuche) demnach schon aus diesem Grund vorhanden sein muß, liegt die Verwendung einer einheitlichen Konzeption nahe.

3.1.2 Induktive Lernverfahren

Neben der oben beschriebenen Unterscheidung in *Supervised* und *Unsupervised Learning* lassen sich für das induktive Lernen weitere Einteilungen vornehmen. So gibt es beispielsweise Verfahren, die inkrementell oder nicht-inkrementell operieren. Beim inkrementellen Lernen wird neue Information sofort verarbeitet, während beim nicht-inkrementellen Lernen erst dann gelernt wird, wenn

eine größere Menge lernrelevanter Information vorhanden ist. Da der Konzeptlerner AQUA in das inkrementell arbeitende Textverstehenssystem SYNDIKA-
TE integriert ist, werde ich mich im folgenden stärker auf die Diskussion von
inkrementellen Lernern beziehen.

3.1.2.1 Supervised Learning

Frühe Ansätze des *Supervised Learning* waren auf das Lernen anhand von einfachen Attribut-Wert-Paaren beschränkt (vgl. die Ansätze von Mitchell (1982)
oder Michalski (1983)). Neuere Formen werden als *Instance-based Learning* bezeichnet (z.B. Aha et al. (1991)) oder mit dem Paradigma des *Inductive Logic
Programming (ILP)* (einen Überblick gibt beispielsweise Muggleton (1992)) ver-
eint. Die Aufgabe beim *Supervised Learning* besteht darin, aus einigen vorgegebenen positiven wie negativen Beispielen des zu lernenden Zielkonzepts eine
Konzeptbeschreibung so aufzubauen, daß alle positiven Beispiele erfaßt und alle negativen abgewiesen werden. Aus diesem Grund wird *Supervised Learning*
auch *Learning from Examples* (Lernen aus Beispielen) genannt.

Als eine wesentliche Restriktion bei der Verwendung von im *Learning from
Examples* verwendeten Attribut-Wert-Paaren gilt, daß für jedes Attribut nur
ein Wert zulässig ist. Da Konzepte Mengen von Instanzen beschreiben, werden
disjunktiv verknüpfte Werte pro Attribut eines Konzept zugelassen. Konzeptlernen wird dann als Suchprozeß (Version-Space-Algorithmus, (Mitchell, 1982))
angesehen, der ausgehend von einem Anfangszustand (dem ersten Beispiel)
durch fortdauernde Anwendung bestimmter Lernoperatoren den gewünschten
Zielzustand (das Zielkonzept) berechnet. Lernoperatoren unterscheiden sich in
Generalisierungs- und Spezialisierungsoperatoren und bewirken die fortlaufende
Generierung von Hypothesen. Anhand jedes weiteren Beispiels werden die aufgebauten Hypothesen überprüft. Positive Beispiele bewirken die Anwendung des
Generalisierungsoperators, die der aktuellen Hypothese widersprechenden negativen Beispiele die des Spezialisierungsoperators. Lernen aus Beispielen erlaubt
grundsätzlich ein inkrementelles Lernen von Konzepten. Inkrementell bedeutet
hier, daß die Beispiele in der Reihenfolge ihres Auftretens zum Lernen herangezogen werden. Genau diese Vorgehensweise verwende ich für AQUA: Jedes
Auftreten des zu lernenden Wortes im Text wird sofort dem Lernprozeß über-
geben, Hypothesen dazu aufgebaut und mit qualitativen Aussagen versehen.

Im Gegensatz zu inkrementellen Verfahren erfordern nicht-inkrementelle (wie z.B. CLUSTER von Michalski (1983)) das Vorhandensein aller Beispiele zum Lernzeitpunkt. Damit kann der Lernprozeß zwar besser kontrolliert werden, der Verarbeitungsaufwand aller Beispiele zu einem Zeitpunkt ist jedoch in der Regel extrem hoch. So können neue Beispiele in einmal konstruierten Entscheidungsbäume nur mit hohem Aufwand integriert werden. Auch ist diese Art des Offline-Lernens, d.h. das Lernen nach dem Aufsammeln aller relevanten Beispiele, im Textverstehenskontext insbesondere beim inkrementellen Parsen mit vielen Nachteilen behaftet. So würde bei jedem Auftreten des zu lernenden Items entweder alle möglichen Bedeutungen als Hypothese aufgebaut oder das zu lernende Item ignoriert werden. Dagegen wird beim inkrementellen Vorgehen die Bedeutung aus dem Diskurskontext und linguistischen Kontext heraus eingeschränkt und daraus einige wenige Hypothesen aufgebaut und für die weitere Analyse bereitgestellt.

Prinzipiell basieren die frühen Ansätze zum (inkrementellen oder nicht-inkrementellen) Lernen aus Beispielen auf stark idealisierten Annahmen. Sie gehen von verrauschungsfreier Eingabe und sich nicht überlappenden Konzeptdefinitionen aus. Zudem stellen sie hohe Anforderungen an Attribute, z.B. setzen sie voraus, daß die Anzahl der Attribute konstant bleibt und daß kein Attributwert fehlt. Diese Annahmen sind gerade beim Lernen aus realen Texten nicht haltbar. Neuere Ansätze von induktiven Lernverfahren sind robuster gegenüber verrauschter Eingabe, heben die Attributsrestriktionen auf und sind damit in realen Lernumgebungen anwendbar. Diese Klasse wird als *Lazy Learning* oder *Exemplar-based Learning* bezeichnet und baut aus vorgegebenen positiven Beispielen des Zielkonzepts extensionale Klassenbeschreibungen auf. Die Klassenzugehörigkeit neuer Instanzen wird anhand einer Ähnlichkeitsfunktion berechnet, die die neue Instanz mit bereits gespeicherten Instanzen vergleicht und die Klasse der ähnlichsten Instanz der neuen Instanz zuweist. Dieses Lernparadigma wurde von Dasarathy (1991) entwickelt und wird *k-nearest neighbor classifier* genannt. Ein inkrementelles Lernverfahren, das auf dem k-nearest neighbor classifier aufbaut, ist das *Instance-based Learning* (IBL) von Aha et al. (1991). IBL erhält als Eingabe eine Trainingsmenge von positiven Beispielen eines oder mehrerer Konzepte. Für jedes zu lernende Konzept wird eine Hypothese ausgegeben, die jeweils aus mindestens einem Beispiel der Trainingsmenge besteht. An diese

Trainingsphase schließt sich eine Testphase an. Darin wird für jedes Beispiel einer Testmenge die Klassenzugehörigkeit vorhergesagt und anhand der gelernten extensionalen Konzeptbeschreibung mit den Beispielen der Trainingsmenge verglichen. Somit kann am Ende die Anzahl der richtig vorhergesagten Klassen mit den Klassen der falsch vorhergesagten verglichen werden. IBL basiert auf der Annahme, daß ähnliche Beispiele gleichen Klassen zugehören.

Für meine Arbeit sind IBL im besonderen und alle Verfahren, die auf vorklassifizierte Beispiele zurückgreifen, im allgemeinen nicht anwendbar, da beim Konzeptlernen im Textverstehenskontext keine solchen Beispiele vorliegen. Trotzdem lassen sich einige Vorgehensweisen des *Supervised Learning* adaptieren: Das explizite Aufbauen von Konzepthypothesen, wie im Verfahren von Mitchell (1982) eingesetzt, ist auch für AQUA eine sinnvolle Vorgehensweise, um dem inkrementell arbeitenden Parser konzeptuelle Informationen anzubieten, die dieser weiterverwenden kann. Da nicht alle in Frage kommenden Konzeptzugehörigkeiten als Hypothese aufgebaut werden können (wegen der enormen Komplexität), muß ein Verfahren entwickelt werden, daß die Hypothesen schrittweise und zielgerichtet aufbaut und eine Funktionalität integriert, die Hypothesen bewertet und ordnet. Im nun folgenden Abschnitt widme ich mich dem *Unsupervised Learning*, bei dem die Beispiele nicht vorklassifiziert sind, es somit keine vorgegebenen Zielkonzepte gibt.

3.1.2.2 Unsupervised Learning

Beim konzeptuellen Clustering sind eine Menge von nichtklassifizierten Objekten und deren Beschreibungen gegeben. Gesucht ist eine Konzepthierarchie, die die Objekte in Subklassen (Clusters) partitioniert und für jede Klasse eine Konzeptbeschreibung generiert (vgl. Stepp & Michalski (1986)). Das Verfahren baut dazu Konzeptklassen anhand bestimmter Klassifikationsvorgaben und der zu beobachtenden Ähnlichkeit zwischen den nichtklassifizierten Objekten und deren Beschreibungen auf und ordnet diese in eine Taxonomie ein. Aus diesem Grund wird diese Art des Lernens auch *Learning from Observation* (Beobachtungslernen) genannt. Als vorherrschender Repräsentationsformalismus dienen wie beim *Supervised Learning* einfache Attribut-Wert-Paare. Konzeptuelle Clustering-Verfahren haben ihre Wurzeln in klassischen statistischen Clustering-Verfahren (Everitt, 1974), bei denen die Güte eines Clusters anhand von numerischen Ähnlichkeitsmaßen evaluiert wird. Im Gegensatz dazu wird Ähnlichkeit bei konzeptuellen Clustering-Verfahren anhand der "Qualität" generierter Konzeptbeschreibungen festgemacht. "Qualität" heißt die Ähnlichkeit innerhalb von Klassen einerseits zu maximieren und zwischen den Klassen andererseits zu minimieren (Michalski & Stepp, 1983). Zu den üblichen Ähnlichkeitsmaßen gehört z.B. die Funktion *simplicity* (Einfachheit), die die Anzahl von Attributen eines Konzeptes mißt, und die Funktion *fit* (Angemessenheit), die das Verhältnis von Anzahl der klassifizierten Objekte einer Klasse zu der Anzahl der möglicherweise klassifizierbaren Objekte in Beziehung setzt.

Zu den ersten konzeptuellen Clustering-Systemen gehört neben UNIMEM von Lebowitz (1987) COBWEB von Fisher (1987), das jede Instanz als eine Menge von Attribut-Wert-Paaren repräsentiert und nur einen Wert für jedes Attribut zuläßt. In COBWEB werden zwei Maße zur Bewertung der Cluster verwendet. Zum einen das Maß *predictability* (Vorhersagbarkeit), das sich auf die numerisch repräsentierte Qualität der Vorhersage eines Wertes bezieht. Zum anderen das Maß *predictiveness* (Vorhersagekraft), das sich auf die Anzahl der Kindkonzepte bezieht. Beide Maße sind innerhalb der Wahrscheinlichkeitstheorie formalisiert. Mit einem weiteren Maß, dem *category utility* (Kategoriennutzen), wird zwischen verschiedenen Lernoperatoren der am besten geeignete ausgewählt. COBWEB verwendet zur Suche im Raum der Konzepthierarchien eine Hill-Climbing-Strategie, die mittels des Kategoriennutzens entweder ein Objekt unter eine Klasse klassifiziert, eine neue Klasse generiert, zwei Klassen verschmilzt (*merging*) oder eine Klasse in mehrere Klassen aufteilt (*splitting*). Die beiden letztgenannten Lernoperationen dienen zur Verminderung der Reihenfolgeabhängigkeit beim inkrementellen Lernen und sind eine Besonderheit von COBWEB.

Neben COBWEB gibt es die Methode ID3 von Quinlan (1986) zur Konstruktion von Entscheidungsbäumen und das nicht-inkrementelle Clustering-System AUTOCLASS von Cheeseman et al. (1988), dessen Evaluierungskomponente auf der Bayesschen Wahrscheinlichkeitstheorie begründet ist. In neueren Arbeiten zu AUTOCLASS (Cheeseman & Stutz, 1995), aber auch zu Arbeiten des Maschinellen Lernens insgesamt (Frawley et al., 1991), werden dessen Einsatz als ein Tool zum sogenannten *Data Mining* im *KDD*-Prozeß beschrieben.

Zusammenfassend läßt sich feststellen, daß sich konzeptuelle Clustering-

Verfahren auf das in meiner Arbeit beschriebene Problem nicht anwenden lassen, da sie aus vielen Beispielen eine Konzepttaxonomie aufbauen. Im Gegensatz dazu behandelt AQUA das Problem der Einordnung einer Instanz in eine *gegebene* Taxonomie mittels verschiedener Beschreibungen der einzuordnenden Instanz. Zusätzlich besteht bei konzeptuellen Clustering-Verfahren die Gefahr, artifizielle Konzeptklassen insbesondere in einem Textverstehenskontext aufzubauen, da keine Bewertungskriterien existieren (z.B. Hintergrundwissen wie bei den deduktiven Verfahren), die eine Art von "Natürlichkeit" garantieren.

3.1.3 Deduktive Verfahren zum Konzepterwerb

Die bislang beschriebenen induktiven Ansätze zum Konzeptlernen beruhen primär auf der Analyse beobachtbarer Gemeinsamkeiten und Unterschiede zwischen Objekten und kommen nahezu ohne Hintergrundwissen aus. Im Gegensatz dazu rekurrieren deduktive Verfahren nahezu ausschließlich auf domänenspezifisches Hintergrundwissen und haben eine Reorganisation bzw. Adaption des Domänenwissens zum Ziel.

3.1.3.1 Erklärungsbasiertes Generalisieren/Lernen

Wichtige Vertreter dieser Klasse sind das *Explanation-based generalization* (erklärungsbasierte Generalisieren; EBG) von Mitchell et al. (1986) und das *Explanation-based Learning* (erklärungsbasierte Lernen; EBL) von DeJong & Mooney (1986). Lernen erfolgt dabei nicht aufgrund von struktureller Ähnlichkeit zwischen mehreren Beispielen wie beim induktiven Lernen, sondern durch die Analyse eines einzelnen positiven Beispiels (Trainingsinstanz genannt). Deshalb werden diese Verfahren auch als *analyse-basierte* Lernverfahren bezeichnet. Im Unterschied zu den induktiven Verfahren werden die einzelnen Lernschritte auf dem Hintergrund eines Domänenmodells ausgeführt. Dazu wird erklärt (im technischen Sinn gesprochen: anhand eines Ableitungsbaums bewiesen, abgeleitet oder deduziert), daß die Trainingsinstanz ein Beispiel für das Zielkonzept ist. Diese Art der Erklärung benötigt allerdings eine vollständige und korrekte Theorie des Hintergrundwissens. Als nächster Schritt wird dann die gefundene Erklärung generalisiert. Dazu werden Prädikate gesammelt und der Wissensbasis hinzugefügt. Irrelevante Prädikate bleiben daher unberücksichtigt. Generalisierung dient dazu, den Anwendungsbereich der Erklärung auf eine größere

Beispielmenge auszudehnen. Daraus ergibt sich das Problem der Übergenerali-
sierung, d.h., es werden auf Kosten der Operationalität zu viele Beispiele abgedeckt, die dann nicht mehr effizient weiterverarbeitet werden können. Um dies
zu vermeiden, wird ein Operationalisierungskriterium eingeführt, das festlegt,
welche Attribute ein Konzept repräsentieren sollen, damit es effizient erkannt
werden kann. Zu enge Restriktionen verursachen u.U., daß nur wenige Beispiele
abgedeckt werden.

Ein Vorteil bei deduktiven Verfahren gegenüber induktiven besteht darin,
daß nur ein Beispiel, nämlich eine Okkurenz der Trainingsinstanz selbst, genügt,
um einen ersten Lernschritt durchzuführen. Darüber hinaus findet im Textverstehenskontext in der Regel das zu lernende Item in einem Text mehrmals
Erwähnung, folglich kann jede Erwähnung in das Lernverfahren mit einbezogen
werden. Ein weiterer wesentlicher Unterschied zu induktiven Verfahren ist, daß
nur das gelernt wird, was erklärt werden kann, d.h., was im Domänenwissen vorgegeben ist. Dadurch ist man resistenter gegen verrauschte Daten, da diese nicht
berücksichtigt werden und das Ergebnis negativ beeinflussen können. Ebenfalls
können unwesentliche oder zufällig erwähnte Merkmale ignoriert werden. Diese
Vorteile der Verwendung einer Domänenwissensbasis scheinen auch für das Konzeptlernen neuer Konzepte im Textverstehenskontext aus zwei Gründen sinnvoll
zu sein:

- Da der Kern des Textverstehenssystems aus einem stark wissensbasierten Parser besteht und dieser seine Analysen auf der Grundlage einer
  umfangreichen Domänenwissensbasis ausführt, bietet sich im Lernfall die
  Verwendung von einer und Integration in eine Domänenwissensbasis an.

- Neben der eigentlichen Domänenwissensbasis werden auch semantische
  Objekte, wie beispielsweise direkt von Verben abgeleitete, domänenspe-
  zifisch verwendete Aktionskonzepte repräsentiert. Das hinter AQUA ste-
  hende Lernverfahren erschließt deshalb zusätzlich die Beziehung des zu
  lernenden Items zu Objekten aus der sprachnahen Ebene und der Sprach-
  ebene selbst.

Ein weiterer, wenn auch nur selten im Zusammenhang mit deduktiven Lernverfahren diskutierter Ansatz ist das *Learning by Being Told* (auch *Learning by
Instruction* oder *Learning by Talking Advice* genannt). *Learning by Being Told*

bezeichnet den Erwerb von Wissen anhand einer organisierten Wissensquelle (beispielsweise Instruktionen eines Lehrers oder eines Fachtextes). Die Lernaufgabe besteht darin, das relevante Wissen aus der in der Regel sprachlichen Darstellung zu extrahieren, es in eine intern nutzbare Repräsentation zu überführen und in das bestehende Wissen zu integrieren. *Learning by Being Told* wurde zum ersten Mal im Zusammenhang mit dem System NANOKLAUS von Haas & Hendrix (1983) beschrieben. Ellman (1989) hat gezeigt, daß die Operationalisierungsphase bei Verfahren des *Learning by Being Told* ein wissensintensiver Prozeß sein kann, der stark auf domänenspezifisches Wissen rekurriert und somit in die Klasse der deduktiven Verfahren gehört. Im Unterschied zu EBG und EBL erfolgt der Konzepterwerb beim *Learning by Being Told* jedoch nicht anhand der Erklärung (Testinstanz) und der anschließenden Generalisierung und Operationalisierung, sondern aus der Operationalisierung der direkt spezifizierten Konzepteigenschaften des Zielkonzepts selbst. Im Falle eines Textverstehenssystems stammen diese Eigenschaften direkt aus dem zu analysierenden Text (vgl. dazu die ausführliche Diskussion in Abschnitt 3.2.1 im Zusammenhang mit dem Lernen aus Texten). Diese aus dem Text stammende Information für die Erzeugung der Konzeptbeschreibungen eines unbekannten Items zur Einordnung in eine vorgegebene Taxonomie direkt zu verwenden, ist auch in AQUA realisiert.

Den Vorteilen deduktiver Verfahren, insbesondere des erklärungsbasierten Generalisierens (EBG), steht ein wesentlicher Nachteil, nämlich die Notwendigkeit des Vorhandenseins einer vollständigen und konsistenten Domänenwissensbasis gegenüber. Diese Voraussetzung ist gerade im Bereich des Verstehens realer Texte nicht zu erreichen (insbesondere deshalb, weil Texte auch dazu dienen können, neue Konzepte einzuführen). Dies hat zu einer Erweiterung deduktiver Verfahren auch auf unvollständige und inkonsistente Domänentheorien geführt (beispielsweise (Pazzani, 1988)). Ein wesentliches Ziel meiner Arbeit ist es ebenfalls, die Forderung nach einer vollständigen Domänenwissensbasis aufzuheben. Dadurch, daß AQUA in der Lage ist, zusätzliches, aus dem syntaktisch-linguistischen Kontext stammendes Wissen beim Akquirieren von neuen Konzepten mit zu berücksichtigen, kann dieses Ziel erreicht werden (siehe insbesondere Kapitel 6, Empirische Ergebnisse).

AQUA verwendet ein Lernverfahren, daß deduktiv ist, jedoch keinen erklärungsbasierten Ansatz im eigentlichen Sinne aufweist, sondern stark an das

Verfahren angelehnt ist, wie es beim *Learning by Being Told* Verwendung findet. AQUA's Lernverfahren ist auch deshalb als deduktiv anzusehen, da es intensiv von Hintergrundwissen (auch in Form syntaktisch-linguistischen Wissens) Gebrauch macht, jedoch keine Generalisierung und Operationalisierung der Beispiele anstrebt. Damit ist das erklärungsbasierte Lernen als theoretischer Bezugspunkt weniger relevant und soll nicht weiter vertieft werden.

3.2 Sprachverstehen und Lernen

Beim Konzeptlernen aus schriftlichsprachlichen Texten ergeben sich zwei wesentliche Probleme. Einerseits können i.a. authentische Texte nur durch robuste Parsing-Verfahren bearbeitet und damit häufig nur partiell verstanden werden. Andererseits tritt in solchen "realistischen" Textverstehensumgebungen, mehr noch als in "klinisch reinen" Lernsituationen, wie sie in den Verfahren zum Maschinellen Lernen des vorausgegangenen Abschnitts vorausgesetzt wurden, das Problem der Vervielfachung von Lernhypothesen durch Verrauschungen bei der Analyse der Spracheingabe hinzu. In diesem Abschnitt betrachte ich Arbeiten, die sich mit Lernvorgängen im Rahmen natürlichsprachlicher Systeme beschäftigen und insbesondere die beiden genannten Probleme anzugehen versuchen. Dazu habe ich die Literaturdiskussion zu diesem Themenkomplex in zwei große Blöcke eingeteilt, die sich nach unterschiedlichen funktionalen Perspektiven beim Lernen im Kontext des Sprachverstehens unterscheiden. Eine Perspektive versteht die Sprachanalysekomponente nur als Lieferant von Repräsentationsstrukturen für das Lernsystem. Diese Sichtweise nenne ich *Lernen aus Texten*. Die dazu zählenden Arbeiten und deren weitere Klassifizierung stelle ich in Abschnitt 3.2.1 ausführlich vor. Die andere Perspektive hebt auf die Integration von Lerner und Sprachanalyse ab. Dieses *integrierte Sprachlernen* und weitere Spezialisierungen werden in Abschnitt 3.2.2 behandelt.

3.2.1 Lernen aus Texten

Unter Systemen zum Lernen aus Texten verstehe ich all diejenigen Systeme, deren Lernsystem auf durch sprachliche Analyse erzeugte Repräsentationsstrukturen aufbaut oder vorhandene manipuliert. D.h. bei Systemen dieser Art dient die sprachverarbeitende Komponente primär zur Bereitstellung geeigneter Repräsentationsstrukturen für die Wissensakquisitionskomponente. Dabei zeigt sich, daß keine isolierten, rein sprachbezogenen Problemlösungen erfolgverprechend für die Akquisition neuen Wissens sind. Natürlichsprachliche Analyseverfahren müssen vielmehr durch an sprachliche Vermittlungsprozesse adaptierte Lernverfahren und Wissensrepräsentationsmodelle komplettiert werden. Die nachfolgende Literaturdiskussion dieser Art von Sprachlernsystemen soll hauptsächlich aus der Perspektive der semantisch-konzeptuellen Wissensakquisition aus Texten erfolgen. Systeme zur Akquisition morphologischen und syntaktischen Wissens bleiben ausgeklammert. Im wesentlichen werden zwei Arten dieser Systeme in bezug auf die Lernrelevanz der Eingabe und die daraus folgenden Bedingungen für die Operationalisierung unterschieden. Zum einen sind das Systeme, die meist vom klassischen Prinzip des *Learning by Being Told* ausgehen. Dabei werden die Ergebnisse der Sprachanalyse (Interpretationsphase) in eine nutzbare Form überführt (Operationalisierungsphase) und in das bestehende Wissen eingefügt (Integrationsphase). Das in den Eingabestrukturen enthaltene Wissen ist unmittelbar lernrelevant. Die diesen Systemen zugrundegelegte Architektur werde ich im folgenden Abschnitt 3.2.1.1 unter dem Stichwort *Frontend-Architektur* zusammenfassen. Frontend-Systeme setzen voraus, daß die Eingabetexte das lernrelevante Wissen in einer mehr oder weniger operablen, meist tutoriell aufbereiteten und daher für eine direkte Übersetzung geeigneten Form bereits enthalten. Der Sprachanalyseschritt ist somit Ergebnis des Lernschritts. Bei der anderen Art von Systemen liegen inhaltliche Repräsentationsstrukturen einer Eingabeäußerung vor. In Abhängigkeit von der inhaltlichen Repräsentationsstruktur und von a priori gültigem Hintergrundwissen werden Lernprozesse ausgeführt. Diese setzen wieder eine vollständige Analyse voraus, jedoch ist im Unterschied zu den Frontend-Architekturen der Analyseschritt als Voraussetzung des Lernschritts zu betrachten. Die zugrundeliegende Architektur wird *Backend-Architektur* genannt.

3.2.1.1 Frontend-Architektur

Systeme dieses Types verwenden klassische computerlinguistische Methoden der syntaktischen Analyse und semantischen Interpretation, um sprachliche Äußerungen strukturell und inhaltlich vollständig zu beschreiben. Charakteristisch für die Lernsituation der unter Frontend-Architektur fallenden Systeme ist, daß das in den Eingabenstrukturen enthaltene Wissen unmittelbar lernrelevant ist. Als Konsequenz daraus folgt, daß in der Interpretationsphase keine Information verloren gehen darf. Dies setzt eine vollständige Analyse der sprachlichen Eingabe voraus, eine Forderung, die beim Verstehen realer Texte nicht eingehalten werden kann. Die Anforderungen an die Operationalisierungsphase richten sich nach der Beschaffenheit der Lernsituation selbst. Tutoriell aufbereitete Eingabestrukturen liegen bereits operabel vor. Die Operationalisierung reduziert sich auf eine Transformation der Eingabestrukturen auf Repräsentationsformate (Frey et al., 1983). Dies schließt nicht aus, daß durch Integration in vorhandene Repräsentationsstrukturen weitere Lernschritte angestoßen werden.

Als ein System dieser Klasse ist das bereits in Abschnitt 3.1.3.1 unter rein lernmethodischen Ansätzen diskutierte System NANOKLAUS von Haas & Hendrix (1983) anzusehen. Das System erwirbt im Dialog mit dem Benutzer eine Konzepthierarchie, wobei es Fragen zur Konsistenzerhaltung und Vollständigkeit bezüglich bereits vorhandener Wissensstrukturen stellt. In NANOKLAUS erfolgt das Konzeptlernen unmittelbar über das Sprachverstehen und die anschließende Operationalisierung der semantischen Interpretation. Beispielsweise wird die Eingabestruktur *"a length is a measure"* auf die Generalisierungsrelation ISA zwischen dem unbekannten Konzept LENGTH und dem bereits bekannten Konzept MEASURE abgebildet. Das bekannte Konzept MEASURE dient dabei im sprachlichen Kontext von Definitionsphrasen als Bezugspunkt für die korrekte Integration des neuen Konzepts LENGTH in die Konzepthierarchie. Dieses Lernparadigma ist relativ schnell wieder in Vergessenheit geraten, da sich für den Operationalisierungsschritt als Lernverfahren kein homogener methodischer Kern definieren ließ. Die oft stark idealisierten Annahmen zum Sprachverstehen (vollständige Analyse etc.) reduzieren zudem in vielen Fällen den Lernschritt völlig auf den (Sprach-)Verstehensschritt.

Weitere Systeme dieses Typs finden sich im Umfeld von Expertensystemen, die für den automatischen Aufbau ihres Wissens auf natürlichsprachliche Eingabe ausgerichtet sind und bei denen der Erwerb korrekter, konsistenter und vollständiger Wissensstrukturen unerläßlich ist. Dazu zählen Systeme zum Wissenserwerb aus Fachtexten (wie beispielsweise von Nishida et al. (1983), Norton (1983) und Regoczei & Hirst (1989)). Bei dialogbasierten Systemen zum interaktiven Wissenserwerb im Sinne des *Learning by Being Told* für Expertensysteme wird das Verarbeiten geschriebener Texte als wichtigster Schritt zur Automatisierung von Wissensakquisition angesehen (Virkar & Roach (1989)). So ist beispielsweise das System von Arinze (1989) mit Metawissen über den Akquisitionsprozeß (in Form von Repräsentations-, Problemlöse- und Inferenztypen) ausgestattet. Allerdings muß sich der Experte vor dem eigentlichen Wissensakquisitionsschritt für eine bestimmte Systemkonfiguration entscheiden. Ein weiterer Ansatz unterliegt AKE von Gao & Salveter (1991), das in der Domäne eines elektronischen Trouble-Shooting-Systems arbeitet und zum Ziel hat, taxonomisches und Regelwissen halbautomatisch zu akquirieren. Falls ein domänenunabhängiges Wort auftaucht, wird Webster's Seventh Collegiate Dictionary befragt. Ambiguitäten, die aus dem Eingabesatz stammen, werden durch den Benutzer aufgelöst. In meinem Ansatz werden hingegen Ambiguitäten (und auch alternative Bedeutungen eines zu lernenden unbekannten Wortes) explizit aufgebaut und auf der Grundlage eines qualitativen Kalküls bewertet und selektiert.

Die prinzipielle Verwendung sprachlicher Kontexte zum Lernen von lexikalischen Einheiten habe ich in ähnlicher Weise wie bei den oben beschriebenen Systemen in AQUA realisiert. Aber unter der meiner Arbeit zugrundegelegten Annahme partieller Analyseresultate, bei denen der Verstehensschritt unsicher und Schlußfolgerungen mehrdeutig sind, wird das Konzeptlernen aus Texten zu einer eigenständigen, methodisch anspruchsvollen Lernaufgabe und läßt sich nicht auf das Sprachverstehen allein reduzieren. Die weitreichenden und hohen Ansprüche an das zu akquirierende Wissen stellen entsprechend hohe Anforderungen an die Sprachverarbeitungssysteme: Vollständigkeit und Korrektheit der Analyse, die bei den heutigen Leistungsstandards textverstehender Systeme nur für sehr einfache oder manuell vereinfachte Texte erreicht werden können. Bei der Verarbeitung komplexer natürlichsprachlicher Eingabestrukturen, wie beispielsweise aus authentischen, d.h. unverändert übernommenen Fach- und Sachtexten mit ihrer sprachlichen wie konzeptuellen Vielfalt, wird von Szpakowicz (1990) die Interaktionsmöglichkeit mit dem Benutzer herausgestellt. SNOWY, das System von Gomez & Segami (1990), Gomez et al. (1994), dient zum Erwerb problemlöseorientierten taxonomischen Wissens aus sprachlich wenig komplexen, perfekt verstandenen Instruktionstexten. Für SNOWY ist charakteristisch, daß Lernen allein aus dem Sprachverstehensprozeß resultiert. SNOWY stellt jedoch keinen Mechanismus bereit,

Hypothesen für zu lernende Konzepte aufzubauen und zu bewerten. Ebenso wird die Unsicherheit von Lernresultaten nicht thematisiert im Gegensatz zu AQUA, wo mit Hilfe von Qualitätsaussagen Hypothesen inkrementell bewertet werden.

3.2.1.2 Backend-Architektur

Lernen in einer Backend-Architektur ist nur mit einer Reihe von Lernverfahren möglich und fokussiert auf Lernprozesse, die sich ergeben, wenn das aus Texten abgeleitete Wissen in bereits vorhandene Wissensrepräsentationsstrukturen integriert wird. In der wissensintensiven Lernmethode EBL wird ein einzelnes positives Beispiel anhand einer Domänentheorie erklärt und die Erklärung anschließend zu generalisieren versucht. In der bereits unter rein lernmethodischen Gesichtspunkten diskutierten Arbeit von DeJong & Mooney (1986) wird schemabasiertes Verstehen einfacher Geschichten aus sprachverstehenstheoretischer Sicht thematisiert (vgl. dazu auch Pazzani (1986)). Verstehen wird als die Aktivierung von Hintergrundwissen aufgefaßt. Zusätzlich wird Hintergrundwissen auch zur Erklärung fehlender Interpretationen verwendet. Somit kann ein Lernschritt als die "natürliche" Fortsetzung des Verstehensprozesses angesehen werden. Beim Lernen neuer Schemata wird auf den vom Parser gelieferten Repräsentationsstrukturen operiert. EBL zielt auf eine Vereinfachung des Verstehensprozesses ab, indem es die Inferenzen, die zur Erklärung der Geschichte benötigt werden, generalisiert und direkt in die Wissensrepräsentationsstrukturen einfügt (kompiliert).

Ebenfalls ein Sprachlernsystemen, das anhand von erklärungsbasiertem Lernen (EBL) script-artige Interpretationsschemata lernt, ist GENESIS (Mooney, 1990). Es ist auf den Erwerb von Schemawissen in überschaubaren Mikrowelten ausgerichtet, seine Lernergebnisse gelten daher als sicher. Andere EBL-basierte Systeme sind in Delisle et al. (1990) und Cohen (1990) beschrieben. Delisle et al. konzentrieren sich auf die Rolle, die EBL beim Verstehen von Beispielen aus Texten spielt. Dabei sollen Beispiele bei der Operationalisierung der in der Regel deklarativ spezifizierten Domänentheorie helfen. Bei Cohen dienen im Text erwähnte Beispiele der Verfeinerung der oft zu allgemein spezifizierten (übergenerellen) Domänentheorie. In beiden Arbeiten spielt der Erwerb neuen Wissens mittels Hypothesenbildung keine Rolle.

Ein weiteres im Kontext von Sachtexten verwendetes Lernverfahren ist *Learning from Observation*, welches beispielsweise im System IPP von Lebowitz (1983) realisiert ist. IPP verfolgt einen inkrementellen Clustering-Ansatz und generiert aus Zeitungsberichten über Terroranschläge allgemeine Schemata, die beim Verstehen neuer Beispiele unmittelbar zur Klassifikation herangezogen werden. Diese allgemeinen Schemata kann man als prototypisches Wissen bezeichnen, durch das die Verstehensleistung des semantisch operierenden Parsers verbessert wird und Inferenzen über im Text unerwähnt gebliebene Information möglich werden. Das System NOVICE von Medow & Travis (1991) ist ein weiterer Vertreter, der das Lernverfahren *Learning from Observaton* verwendet. NOVICE dient dem Aufbau von Diagnosewissen aus medizinischen Lehrbuchtexten, wobei der Sprachverstehensprozeß allerdings ausgeklammert bleibt.

Neuere Arbeiten, bei denen verstärkt Standardverfahren des maschinellen Lernens zum Einsatz kommen, thematisieren Wissensextraktion und Akquisition lexikalischen Wissens aus großen Korpora. So wird in Basili et al. (1993) ein inkrementelles konzeptuelles Cluster-System (basierend auf dem COBWEB-Algorithmus von Gennari et al. (1989)) zum Lernen von Selektionsrestriktionen für Verben aus Textkorpora verwendet. Soderland & Lehnert (1994) verwenden den ID3-Algorithmus von Quinlan (1986) zur Faktenextraktion. Verfahren des maschinellen Lernens werden auch im Bereich des Grammatiklernens verwendet, wie Zelle & Mooney (1993) anhand der Induktion semantischer Grammatiken aus Beispielsätzen mit Verfahren des Induktiven Logischen Programmierens (ILP) zeigen. Obwohl diese Arbeiten aufgrund ihres methodischen Anspruchs von Interesse sind, ist ein direkter Bezug zu meiner Arbeit nicht gegeben, da sie das Konzeptlernen nicht thematisieren, d.h. die Bestimmung konzeptueller Merkmale eines Lernitems und dessen Positionierung in einer Konzepthierarchie.

3.2.1.3 Systeme ohne spezielle Lernverfahren

Neben den bisher beschriebenen Systemen lassen sich eine Reihe von Systemen zur Wissensakquisition ausmachen, die ohne spezielle Lernverfahren operieren. Dazu gehört der Konzeptlerner WIT (Reimer & Pohl, 1991), der mit relativ wenig Hintergrundwissen ausgestattet ist und durch induktives Generalisieren von Beispielbeschreibungen informationstechnischer Produkte neue Konzeptbeschreibungen lernt. Als Hauptproblem von WIT stellt sich heraus, daß nahezu jedes Lernresultat unsicher ist, da der Lernprozeß durch fehlendes Hintergrundwissen kaum abgesichert werden kann. WIT versucht diese Absicherung durch elaborierte quantitative Verfahren zur Verwaltung unsicheren Wissens zu erreichen. Diese quantitativen Verfahren stellen einen eigenen Kalkül dar, im Gegensatz zu dem Kalkül von AQUA, der rein qualitativ operiert und vollständig in das der Wissensbasis zugrundeliegende terminologische System integriert ist. Somit wird in AQUA eine gemeinsame Plattform zwischen Lernsystem und Wissensbasis verwendet.

Eine weitere Klasse bilden textorientierte Ansätze (Berwick, 1989) sowie robuste Systeme zur Faktenextraktion aus authentischen Texten (Nishida et al., 1986). Lernen wird hierbei als die automatische Extraktion von Fakten und Aussagen aus dem zu analysierenden Text verstanden. Lernen beruht nicht auf expliziten Lernmodellen, sondern auf Integritäts- und Typisierungsregeln der semantischen Repräsentationsstrukturen und deren Instantiierungen durch die sprachliche Eingabe (wie beispielsweise in den Arbeiten von Granacki et al. (1987) und Möller (1988), aber auch wie AQUA). Lernen wird in Systemen, die man dem Information Retrieval zuordnen kann (beispielsweise die Arbeiten von Jacobs & Rau (1990), Andersen et al. (1992) und Appelt et al. (1993)), als eine Transformation der Parse-Ergebnisse in ein a priori vorgegebenes "Informationsformat" (z.B. Datenbank-Schemata) verstanden. Charakteristisch für diese Systeme ist, daß Lernen allein aus dem Sprachverstehensprozeß resultiert und Prozesse der Hypothesenbildung und -bewertung sowie die Unsicherheit von Lernresultaten keine Rolle spielen.

Viele der in diesem Abschnitt betrachteten Systeme stellen kein automatisches Verfahren für den Sprachverstehensprozeß bereit. Manche von ihnen

- gehen dabei von handkodierten Eingabestrukturen aus (beispielsweise Cohen (1990) und Medow & Travis (1991)),

- sind beschränkt auf einen deduktiven Lernmodus, der auf quantitative Unsicherheitsmaße angewiesen ist (wie bei Handa & Ishizaki (1989)) oder

- basieren auf simplifizierten Keyword-Analysetechniken (beispielsweise Agarwal & Tanniru (1991)).

Aus der bisherigen Diskussion schälen sich zwei alternative Konzeptionen zum Lernen aus Texten, insbesondere zum automatischen Wissenserwerb aus Texten heraus:

1. Lernen aus Texten erfolgt auf der Grundlage von vollständiger Sprachanalyse mit dem Nachteil, daß aus Gründen der Komplexität nur (Teil-)Sätze, einfache oder vereinfachte Texte Verwendung finden.

2. Lernen erfolgt auf der Grundlage von authentischen Texten, aber unter weitgehender Ausklammerung der Sprachanalyse.

In beiden Konzeptionen wird die automatische Akquisition von Wissen aus Texten nur eingeschränkt realisiert. Im ersten Fall rührt die Beschränkung von einfachen Eingabestrukturen her, die nur innerhalb von idealisierten Sprachverstehenskontexten gewährleistet werden können. Im zweiten Fall ist die Tendenz zu erkennen, völlig auf eine Sprachverstehenkomponente zu verzichten. Es fehlen insgesamt betrachtet Ansätze zur automatischen Wissensakquisition, die auf der Sprachanalyse authentischer Texte beruhen, einen Ansatz, den ich mit der vorliegenden Arbeit realisieren will.

Im folgenden Abschnitt stelle ich Systeme vor, die auf Lernsituationen fokussieren, bei denen die Sprachanalyse aufgrund von sprachlichen oder konzeptuellen Lücken unvollständig bleibt und die daraus resultierenden Verstehensdefizite durch Lernverfahren bzw. Lernheuristiken geschlossen werden.

3.2.2   Integriertes Sprachlernen

Neben den Lernsystemen, die mit durch sprachliche Äußerungen erzeugten Repräsentationsstrukturen arbeiten, lassen sich Lernsysteme ausmachen, die als integraler Bestandteil von Sprachverstehensprozessen dienen. Bei der maschinellen Verarbeitung authentischer Texte, insbesondere solcher, deren Funktion die Vermittlung neuen Wissens ist, gilt das Auftreten lexikalischer Lücken als nahezu unvermeidbar. Unvollständige Spezifikationen resultieren hauptsächlich aus folgenden Gründen:

- Arbeitstechnische Beschränkungen beim Aufbau umfangreicher, realistischer Sprachverstehenssysteme (beispielsweise bei der Lexikonspezifikation oder beim Aufbau einer Wissensbasis).

- Bildung neuer Ausdrucksformen (beispielsweise durch Komposition wie *"Laserdrucker"* oder Anglizismen wie das Verb *"jumpern"* mit der Bedeutung *"einen Jumper anbringen"*).

- Lexikalische und konzeptuelle Neubildungen in informativen Texten (z.B. Namen neuer Produkte wie *"Megaline"* oder Derivationen wie *"Floptical"*).

Prinzipiell gibt es drei Strategien, mit lückenhaften Spezifikationen und den daraus resultierenden Verstehensdefiziten umzugehen:

1. Ignorieren der Defizite.

2. Lernen, um zukünftige Verstehensdefizite zu schließen.

3. Lernen, um aktuelle Verstehensdefizite zu schließen.

Bei der ersten Strategie werden Spezifikationsdefizite durch einen *robusten* Parser im Sinne des Ignorierens (passiv) ohne Blockade der Analyse aufgefangen. Folglich wird auch nichts gelernt.

Die beiden anderen Strategien beziehen das Problem der Unterspezifikation in natürlichsprachlichen Systemen als im Sinne einer dem Sprachverstehen inhärenten *Lernaufgabe* (aktiv) in die Systemkonzeption mit ein (Zernik, 1990). Die zweite Strategie ist auf die Evolution von grammatischen Subsystemen komplexer Sprachverarbeitungssysteme ausgerichtet. Sie wird vorwiegend zur Erweiterung des Lexikons oder syntaktischen Wissens angewendet. Die Verstehensdefizite werden in einem ausgelagerten, speziell dafür vorgesehenen Sprachwissensakquisitionszyklus bereinigt. Dieser Zyklus ist von konkreten Anwendungssituationen natürlichsprachlicher Systeme entkoppelt und kann als eine Art *Offline-Lernen* bezeichnet werden.

Da Sprachverstehenssysteme für konkrete Weltausschnitte zur Vermeidung von Mehrdeutigkeiten auf ein möglichst vollständiges Verstehen im Verlauf der Analyse angewiesen sind, verwenden Systeme, die nach der dritten Strategie verfahren, Lernheuristiken, um Spezifikationslücken sprachlicher wie konzeptueller Natur zur Analysezeit zu überbrücken. Sie verbessern damit auch ihrer Verstehenskapazität für zukünftige Analysen. Bei dieser, auch von AQUA verwendeten

Strategie, finden die Lern- und Sprachverstehensprozesse simultan und miteinander verzahnt zur Analysezeit statt. Deshalb kann diese Art zu Lernen auch als *Online-Lernen* bezeichnet werden.

3.2.2.1 Offline-Lernen

Offline-Lernen ist auf das Knowledge Engineering von grammatischen Subsystemen ausgerichtet. Durch die Vorabanalyse großer Mengen von Sprachdaten sollen natürlichsprachliche Systeme robuster gegen Spezifikationslücken gemacht werden. Im Idealfall sollen alle arbeitstechnischen Beschränkungen bei der Spezifikation großer Sprachverstehenssysteme kompensiert werden. Lernphase und Anwendung von Lernergebnissen in komplexen Sprachverstehenssituationen sind voneinander entkoppelt, meist wird die Anwendung der Lernergebnisse zunächst nicht realisiert. Der Lernschritt dient somit nicht der aktuellen Leistungsverbesserung, sondern einer zukünftigen. Solche Systeme sind durchaus von allgemeinem computerlinguistischen Interesse, da sie die Infrastruktur für generell einsetzbare natürlichsprachliche Systeme bereitstellen. Neben den ausschließlich auf den Erwerb sprachinternen Wissens (beispielsweise von syntaktischem Wissen bei Berwick (1985), von grammatischem Wissen bei Jansen-Winkeln (1987) oder von lexikalisch-syntaktischem Wissen bei Antonacci et al. (1989)) abzielenden Arbeiten lassen sich zwei Anwendungsbereiche zur lexikalischen Akquisition erkennen, zum einen *maschinenlesbare Wörterbücher*, zum anderen die Analyse *großer Textkorpora*.

Der erste Typ von Offline-Lernern rekurriert auf *maschinenlesbare Wörterbücher* und ihre Nutzung durch das Sprachverstehenssystem zur lexikalischen Akquisition unbekannter Wörter (vgl. zur Methodenübersicht Wilks et al. (1990), sowie zu grundlegenden methodischen Beiträgen beispielsweise Calzolari & Picchi (1988), Alshawi (1989) und Slator (1989); eine Anwendung auf das Deutsche beschreibt Weber (1993)). Ein schwerwiegendes Problem für die Fachtextanalyse ist hierbei, daß domänenspezifische Wörter (wie beispielsweise *"Tintenstrahldrucker"*) in diesen allgemeinen Nachschlagewerken meist völlig fehlen und allgemeine Lexeme in ihrer domänenspezifischen Verwendung häufig nicht erklärt werden. Weitaus gravierender aber ist eine prinzipielle Beschränkung selbst domänenspezifischer Wörterbücher: Bestimmte Wörter werden nur mit einiger Verzögerung darin aufgeführt, nicht selten tauchen sie darin überhaupt

nicht auf. In der meiner Arbeit zugrundeliegenden Informationstechnologiedomäne sind dies beispielsweise Bezeichnungen für neue Technologien (verzöger-
te Aufnahme in Wörterbücher) und Namen für neue Produkte, Hersteller, Firmen etc. (i.d.R. keine Aufnahme in Wörterbücher).

Ein zweiter Typ von Offline-Lernern befaßt sich mit der lexikalischen Akquisition aus großen Textkorpora. In den Arbeiten von Zernik (1989) und Velardi et al. (1991) werden dazu Kollokationen der Wortoberflächen herangezogen, andere orientieren sich an Akquisitions- und Lernmechanismen, die auf
Grammatikregeln (Fong & Wu, 1995), Disambiguierungsregeln für das Parsing (Hindle, 1989; Cardie, 1995), Subkategorisierung (Manning, 1993) oder
einfache lexikalisch-semantische Beziehungen (beispielsweise bei Resnik (1992),
Jacobs (1994), Sekine et al. (1994)) ausgerichtet sind. Diese Arbeiten haben ein
eher oberflächliches Lernen (im Sinne eines nicht tiefen Verstehens) zum Ziel.
So fokussieren sie beispielsweise auf Selektionskriterien oder thematische Rollen
(Kasusrollen) von Verben. Die vorliegende Arbeit hingegen zielt auf das Lernen
von wesentlich feinerem Wissen in Gestalt von rein konzeptuellen Beziehungen
aus der Domäne, z.B. Konzeptzugehörigkeit eines neuen Items und Rollenfüller.
Zusätzlich ist meine Arbeit nicht beschränkt auf reine Informationsextraktion
aus Texten, sondern soll darüber hinaus übertragen werden auf Anwendungsfel-
der wie beispielsweise bei der Textfilterung und Klassifikation von Dokumenten,
die große Textmengen mit unvollständigen Lexika und unvollständigen Wissens-
basen zu hantieren in der Lage sind und dort, wo menschliche Interventionen zur
Schließung der Unvollständigkeitslücken allein schon aufgrund der exorbitanten
Menge an Information nicht eingesetzt werden kann. Ein weiteres Merkmal für
Arbeiten aus diesem Bereich (vgl. die bereits erwähnten Arbeiten von Resnik
(1992) und Sekine et al. (1994)) ist die Verwendung statistischer Methoden im
Gegensatz zu meiner Arbeit, der ein rein symbolischer Lernansatz zur Akquisi-
tion zugrundeliegt.

Alle offline-lernenden Systeme sind von allgemeinem computerlinguistischen
Interesse, da sie einen wichtigen Beitrag dazu leisten, die Einsatzmöglichkei-
ten natürlichsprachlicher Systeme durch die vorgeschaltete Akquisition meist
sprachlichen Wissens zu erweitern. Aus prinzipiellen Erwägungen heraus ist
es aber nicht möglich, das gesamte sprachliche und konzeptuelle Wissen einer
Diskursdomäne zu rekonstruieren. Insbesondere gilt dies für so sachbezogene

Verstehenskontexte wie die Informationstechnologiedomäne. Eine wesentliche Ursache ist die Produktivität der Wortbildungsregeln im Deutschen. Beispielsweise sind der Produktivität bei der Nomenkomposition nahezu keine Grenzen gesetzt (wie *"120-MByte-Festplatte"*). Als eine andere wesentliche Ursache sind die extrem kurzen Innovationszyklen der Produkte in der Informationstechnologiedomäne auszumachen. Somit ist dieser Typ von Systemen und Ansätzen für meine Arbeit nicht näher relevant.

3.2.2.2 Online-Lernen

Den prinzipiellen Einschränkungen beim Offline-Lernen sind die Ansätze des Online-Lernens zum Akquirieren neuer Konzepte nicht unterworfen. Ziel der Strategie des Online-Lernens ist es, lexikalische oder konzeptuelle Spezifikationslücken zur Analysezeit zu überbrücken (vgl. beispielsweise Carbonell (1979) und DeJong & Waltz (1983)). Dazu werden vielfältige Lernheuristiken oder entwickelte Lernverfahren herangezogen, die sich nach der Verwendung von sprachstrukturellen Kriterien sowie von sprachlichem und konzeptuellem Kontext einteilen lassen.

Bei rein sprachstrukturellen Kriterien werden häufig Derivations- und Kompositionsregularitäten berücksichtigt. Hahn (1990) konnte zeigen, daß durch Kompositazerlegung unter bestimmten Voraussetzungen ein Konzept (*"Tintenstrahldrucker"*) als Unterbegriff eines anderen Konzepts (*"Drucker"*) klassifiziert werden kann. Insbesondere für semantische Parser ist die Möglichkeit zur heuristischen Online-Klassifikation wesentlich, da sie stark auf Kontexterwartungen angewiesen sind. In Arbeiten von Jansen-Winkeln (1988) und Hearst (1992) erfolgt das Lernen neuer Wörter und Konzepte aus deren Verwendung in einem sprachlichen Kontext. Beispielsweise wird bei Jansen-Winkeln (1988) das semantische Konzept des imaginären Verbs *"gruspeln"* durch seine Verwendung im sprachlichen Kontext von *"Peter gruspelt von Dudweiler nach Saarbrücken"* aufgrund der ko-okkurierenden Argumentmuster als eine Art von Bewegungskonzept (*motion*) geschlossen. Zum automatischen Lernen von Wortbedeutungen anhand des konzeptuellen Kontextes gibt es eine Reihe von Arbeiten, so beispielsweise die von Mooney (1987), Riloff (1993), Cardie (1993), Soderland et al. (1995). Ebenso werden im System RESEARCHER von Lebowitz (1988) komplexe Objektbeschreibungen (*"a magnetic head supporting mechanism"*) zur Disambiguierung an das Weltwissen weitergereicht, das dann entscheidet, ob *"magnetic head"* oder *"magnetic mechanism"* eine plausiblere Konzepthypothese ist. Der Ansatz von Hastings (Hastings, 1994; 1996) verwendet ebenfalls den konzeptuellen Kontext zur Bestimmung der Wortbedeutung und verfolgt einen im Kern gleichen, wenn auch weit restriktiveren Ansatz als AQUA. Deshalb gehe ich im Abschnitt 3.2.2.3 etwas genauer auf Hastings System CAMILLE ein und vergleiche dann in Kapitel 6, Abschnitt 6.2, meine empirischen Untersuchungen mit den Ergebnissen von CAMILLE.

Grundsätzlich ist Online-Lernen eine Voraussetzung, zumindest aber ein wesentlicher Bestandteil des Analyse- und Sprachverstehensprozesses beim Akquirieren neuer Konzepte. Fehlende Lernmechanismen führen dann unweigerlich zu Sprachverstehensdefiziten. Im Gegensatz dazu widmet sich meine Arbeit dem Verstehen von nicht modellierten Konzepten aus informativen Texten. In meiner Arbeit steht also die *Lernfähigkeit beim Verstehen* im Vordergrund und nicht wie beim Online-Lernen das Lernen, um Sprachverstehen zu gewährleisten. Lerninhalte, die aus der Lernfähigkeit beim Verstehen resultieren, können prinzipiell nicht vorkompiliert werden, da sie nicht zum Sprachsystem selbst, sondern zum sich ständig ändernden Weltwissen gehören. Beim Online-Lernen gestatten die stark auf sprachliche und konzeptuelle Kontexte bezogenen Lernheuristiken meist nur minimale Spezifikationslücken auf allen Ebenen (grammatikalisch, semantisch, konzeptuell). Aber diese Voraussetzung ist gerade bei informierenden Texten wegen der enormen Komplexität zu restriktiv. Deshalb ist eine weitgehende Integration von robusten Sprachverstehensprozessen und Mechanismen zum Konzeptlernen beim Verstehen von authentischen Texten wünschenswert. Mit AQUA als integraler Bestandteil von SYNDIKATE wurde eine solche enge Verzahnung verwirklicht.

3.2.2.3 Das System CAMILLE von Hastings

Das System CAMILLE von Hastings (Hastings, 1994) ist ein System zum automatischen Erwerb von Lexembedeutungen aus Texten. Die Textanalysekomponente von CAMILLE geht dabei ebenso wie die von AQUA inkrementell vor. CAMILLE wird, da es einige wesentliche Gemeinsamkeiten mit AQUA, aber auch einige Unterschiede aufweist und als Referenzsystem in der empirischen Studie von Kapitel 6 dient, an dieser Stelle genauer vorgestellt.

Die Generierung von Konzepthypothesen für unbekannte Lexeme erfolgt in CAMILLE anhand von Selektionsbeschränkungen der Argumente des unbekannten Lexems, als deren Füller ein bekanntes Lexem im Satz auftritt. Analog wird in AQUA das unbekannte Lexem als Füller von Argumenten eines bekannten Lexems angesehen und anhand der Selektionsbeschränkungen der Argumente des bekannten Lexems klassifiziert, aber eben nicht ausschließlich wie bei Hastings, sondern durch zusätzliches Wissen in Form von linguistischen und konzeptuellen Qualitätsaussagen bewertet und verfeinert. Bei beiden Systemen können durch die Analyse von Beispielsätzen auf diese Weise initiale Konzepthypothesen verfeinert werden, um so die Bedeutung des jeweiligen Lexems sukzessive zu erschließen. Dabei tritt Unsicherheit in Form von multiplen Konzepthypothesen auf. CAMILLE läßt zwar unterschiedliche Hypothesen in Form von alternativen Merkmalsstrukturen zu, das Problem der Bewertung dieser Alternativen wird allerdings nicht gelöst im Gegensatz zu AQUA, bei dem ein Kalkül die Bewertung von und Ordnung über Konzepthypothesen leistet. Laut Hastings weist CAMILLE dabei ein ähnliches Verhalten wie klassifikationsbasierte Systeme auf, wobei eine stärkere Spezialisierung vorgenommen wird (Zitat von Hastings (1994), Seite 71):

> *Thus classifier systems provide a very similar inference mechanism to Camille's. Because they are not designed for the lexical inference task, however, they stop short of inferring the best hypotheses. If a classifier system received an example with general slot-fillers, it would make a general hypothesis. Camille makes the most specific hypothesis possible.*

Meine Arbeit dagegen setzt auf terminologischen Fähigkeiten auf, spezialisiert die betrachteten Hypothesen relativ vorsichtig und bewertet und selektiert diese Hypothesen nach rein qualitativen Gesichtpunkten mittels des in terminologischer Logik implementierten Qualitätskalküls von AQUA. Im Abschnitt 6.2 zeige ich anhand meiner empirischen Untersuchungen, daß CAMILLE ziemlich ähnliche Ergebnisse erzielt wie AQUA ohne die Anwendung des Qualitätskalküls, und somit Hastings Vermutungen bestätigt werden. Jedoch wird durch die Anwendung des Kalküls eine deutliche Verbesserung in punkto Anzahl der Konzepthypothesen und Lerngenauigkeit erreicht (vgl. Empirische Untersuchungen zu beiden Systemen in Abschnitt 6.2).

3.3 Wissensrepräsentation beim Sprachverstehen und Maschinellen Lernen

Für Sprachlernsysteme ist es aus Gründen eines homogenen Systemdesigns naheliegend, einen einheitlichen Wissensrepräsentationsformalismus für die inhaltliche Repräsentation und Interpretation von Sprachäußerungen und die Prozesse des eigentlichen Textverstehens und Lernens bereitzustellen. Um diesen Anspruch zu legitimieren, gehe ich auf die wesentlichen Anforderungen (Abschnitt 3.3.1) an einen Repräsentationsformalismus und an dessen Inferenzmechanismen bei der sprachlichen Analyse und beim Maschinellen Lernen ein. Im letzten Abschnitt 3.3.2 begründe ich dann anhand der Anforderungen die meiner Arbeit zugrundeliegende Auswahl eines Systems, das auf *terminologischer Logik* basiert.

3.3.1 Anforderungen an einen Repräsentationsformalismus

3.3.1.1 Anforderungen bei der sprachlichen Analyse

Bei der sprachlichen Analyse stellt das Problem der Zuordnung der richtigen Bedeutung der involvierten Lexeme und der Auflösung von Ambiguitäten besondere Anforderungen an einen Formalismus zur Repräsentation von Wissen. Aus meiner Sicht sind die beiden wichtigsten Anforderungen:

1. Repräsentation von Relationen und Wertebeschränkungen

   Das Problem der Bestimmung der richtigen Bedeutung eines lexikalisch ambigen Worts wurde in erster Linie als kontextgebundene Erkennung angesehen. In der Praxis zeigt sich jedoch, daß die Disambiguierung als Nebenprodukt der Erkennung des richtigen Kontexts alleine nicht angesehen werden kann (Charniak, 1984). Allgemein läßt sich festhalten, daß der Wortsinn nicht nur vom globalen Kontext abhängt, sondern auch von lokalen Gegebenheiten, wie Typrestriktionen über Füller einer Relation oder von der Bedeutung der in der näheren Umgebung auftretenden Wörter. Insbesondere die Restriktionen bzgl. der Füller einer Relation können disambiguierende Informationen enthalten.

2. Repräsentation von Alternativen

Die syntaktische Analyse und die Verwendung von konzeptuellen Restriktionen ist i.a. nicht in der Lage, alle auftretenden Ambiguitäten (strukturelle, lexikalische und konzeptuelle) aufzulösen. Aus diesem Grund sollte die Repräsentation von Alternativen und deren gleichzeitige Weiterevaluation möglich sein, bis eine der Alternativen im Laufe der weiteren Textanalyse übrig bleibt oder sich eine Alternative durch heuristische Regeln bevorzugen läßt.

3.3.1.2 Anforderungen beim Maschinellen Lernen

Die von verschiedenen Lernkomponenten zu bewältigenden Aufgaben, wie z.B. die Generalisierung und Versionierung von Beschreibungen und die Erkennung von Konzeptzugehörigkeiten unbekannter Objekte der Wissensbasis (Gegenstand der vorliegenden Arbeit), stellen die folgenden Anforderungen an den Wissensrepräsentationsformalismus:

1. Repräsentation unvollständigen und unsicheren Wissens

   Für die meisten Verfahren zum Maschinellen Lernen reichen Attribut-Wert-Paare zur Beschreibung der Generalisierungsergebnisse aus. Wenn aber wie beim zugrundeliegenden Verstehen authentischer Texte Hypothesen nur teilweise bestätigt werden können, sollten diese Hypothesen gegenüber ähnlichen, bis dahin nicht bestätigten Hypothesen bevorzugt werden. Stellt man solche Bestätigungen in einem anderen als den für die Repräsentation der Hypothesen verwendeten Formalismus dar, können Inferenzmechanismen der Wissensrepräsentationskomponente zur Bewertung der Hypothesen nicht ausgenutzt werden. D.h., es ist durchaus zweckmäßig, teilweise bestätigte und unvollständige Hypothesen zu repräsentieren, sie in die Inferenzprozesse einzubinden und an folgende Lernprozesse weitergeben zu können. Die Unterscheidung zwischen bestätigten und nicht bestätigten Hypothesen sollte der Repräsentationsformalismus ebenfalls leisten können (vgl. Mitchell et al. (1983)).

2. Repräsentation widersprüchlichen Wissens und von Lernhypothesen

   Jedes Wissensrepräsentationssystem muß in der Lage sein, Widersprüche zu erkennen. Um einen Widerspruch zu beseitigen, müssen eventuell meh-

40

rere Alternativen verglichen werden. Zum Vergleich solcher Alternativen sollte das Repräsentationssystem die Darstellung widersprüchlichen Wissens gestatten. Tritt ein Widerspruch auf, so muß das Repräsentationssystem den Widerspruch (möglichst) isoliert halten. Darüber hinaus berechnet der Lerner u.U. mehrere gleichwertige Hypothesen und kann eindeutige Aussage darüber treffen, welche Lernhypothese die geeignetste ist. Aus diesem Grund sollte dem Formalismus die Repräsentation und gleichzeitige Weiterevaluation von Hypothesen möglich sein, bis eine Hypothese (oder mehrere) als die geeignete erscheint.

3. Abhängigkeitsbeziehungen

Das lernende System muß in einem Lernschritt erworbenes Wissen im darauffolgenden Lernschritt an neue Sachverhalte anpassen können. Der Repräsentationformalismus sollte daher die Korrektur abgeleiteten Wissens durch verschiedene Operatoren (Löschen, Verändern) unterstützen (Hayes-Roth, 1983). Ebenso können die Lernergebnisse zur Ableitung von Widersprüchen führen. Die Frage ist, ob ein Fakt als falsch angenommen wird oder ob ein auf einer Heuristik basierender und damit u.U. fälschlich ausgeführter Inferenzschritt der Grund für das Entstehen eines Widerspruch ist. Dies bedeutet, daß die Lernkomponente diejenigen Wissensquellen bestimmen können sollte, die einen Widerspruch verursacht haben.

4. Automatische Klassifikation und strukturierte Darstellung von Wissen

Mit Hilfe der Automatischen Klassifikation können anhand der Relationen und ihrer Füller eines bislang unbekannten Objekts sukzessive Hypothesen generiert und verfeinert werden, die explizit darstellen, um welches Konzept es sich bei dem unbekannten Objekt handelt. Mit diesem zusätzlichen Wissen können (wie in dieser Arbeit noch gezeigt wird) Bewertungsinferenzen automatisch angestoßen und zur Evaluierung von Lernhypothesen herangezogen werden. Damit Automatische Klassifikation ausgeführt werden kann, muß Wissen in strukturierter Form vorliegen.

3.3.2 Auswahl eines Repräsentationsformalismus

Zusammengefaßt lauten die beiden zentralen Anforderungen aus den vorangegangenen Abschnitten, daß ein geeigneter Formalismus sowohl hinreichend ausdrucksmächtig sein als auch effiziente Inferenzprozesse ermöglichen sollte. Im folgenden will ich gängige Repräsentationsformalismen kurz vorstellen und deren Eigenschaften an den im vorherigen Abschnitt aufgestellten Anforderungen messen.

3.3.2.1 Attribut-Wert-Paare

Einfache Attribut-Wert-Paare, wie sie in zahlreichen Lernsystemen zum *Learning from Examples* und *Learning from Observation* (Clustering-Verfahren) verwendet werden, erlauben zwar effiziente Berechnungen, sind aber für viele Lernaufgaben und insbesondere für das Sprachverstehen generell nicht ausdrucksmächtig genug. Die Verwendung von ausdrucksreichem Hintergrundwissen beim Sprachverstehen wird allgemein als Standard akzeptiert, dessen Notwendigkeit im Lernkontext ist jedoch eher ungewöhnlich, wurde aber bereits von Michalski (1983) erkannt. Da eine wesentliche Bedingung die Verwendung eines einheitlichen Repräsentationsformalismus sowohl für die Sprachanalysekomponente als auch für den Lerner ist, bieten sich Formalismen zur Darstellung von ausdrucksreichem Wissen an. Diese Ansicht wird auch durch Russell & Norvig (1995), Seite 638, gestützt. Sie bringen ihre Ansicht zur Verwendung von Attribut-Wert-Paaren zum Lernen relationaler Zusammenhänge auf einen einfachen Nenner:

> *"Attribute-based learning algorithms are incapable of learning relational predicates."*

Attribut-Wert-Paare scheiden also grundsätzlich für meine Arbeit aus.

3.3.2.2 Prädikatenlogik erster Stufe

Wie in Abschnitt 3.1 ausführlich erläutert, ist mit Lernen meist (induktives, seltener deduktives) Schließen gemeint. Aus diesem Grund bietet sich Prädikatenlogik erster Stufe als ein Formalismus zur Repräsentation gerade induktiver und deduktiver Inferenzmechanismen an. Jedoch wies bereits Plotkin (1971) darauf hin, daß im allgemeinen Fall in der Prädikatenlogik erster Stufe die Suche nach einer minimalen Generalisierung nicht entscheidbar ist. Gerade deshalb sehen Levesque & Brachman (1987) als eine der wichtigsten Aufgaben der Wissensrepräsentation an, einen Kompromiß zwischen Ausdrucksfähigkeit und Eigenschaften bzgl. Berechenbarkeit zu finden, wie ihn beispielsweise Hornlogiken oder terminologische Logiken darstellen.

3.3.2.3 Hornlogiken im Induktiven Logischen Programmieren

Eine Entwicklungsrichtung im Maschinellen Lernen, die den Trade-off zwischen Ausdrucksmächtigkeit und Berechenbarkeit berücksichtigt, sind die im Maschinellen Lernen hauptsächlich verwendeten *Hornlogiken* des Induktiven Logischen Programmierens (*Inductive Logic Programming*, kurz ILP). In der ILP werden eingeschränkte Hornlogiken verwendet, wobei sich die Beschränkungen beziehen auf

- die Fakten, wobei nur variablenfreie Fakten verwendet werden,

- die Klauseln, wobei den in den Klauseln vorkommenden Variablen strukturelle Bedingungen auferlegt werden, und

- die Stelligkeit der Prädikate, wobei die Anzahl der Stellen beschränkt wird.

Morik (1987) konnte zeigen, daß mit diesen Beschränkungen (und Kombinationen davon) Lerninferenzen effizient berechenbar bleiben. Ebenso erfüllen die verwendeten Formalismen der ILP im Gegensatz zu Attribut-Wert-Paaren die Anforderung, Relationen und Wertebeschränkungen (erste Anforderung bei der sprachlichen Analyse in Abschnitt 3.3.1.1) sowie Alternativen, widersprüchliches Wissen und Lernhypothesen (zweite Anforderung bei der sprachlichen Analyse in Abschnitt 3.3.1.1 und erste und zweite Anforderung beim Lernen in Abschnitt 3.3.1.2) repräsentieren zu können. In der ILP bleibt jedoch das zentrale Problem der Bewertung und Skalierung konkurrierender Hypothesen, was gerade das zentrale Thema meiner Arbeit ausmacht, unberücksichtigt. Ein weiteres Manko der ILP-Formalismen ist das Fehlen einer Automatischen Klassifikation und die fehlende Möglichkeit, Wissen zu strukturieren. Wie ich noch ausführlich bei der detaillierten Darstellung des Kalküls von AQUA (vgl. Kapitel 5) zeigen werde, leiten zusätzliche Inferenzen neues Wissen automatisch ab, welches dann zur ebenfalls automatischen Bewertung von Lernhypothesen auf der Grundlage eines rein logischen, qualitativen (i.S.v. nicht-numerischen) Kalküls herangezogen werden kann.

3.3.2.4 Terminologische Logiken

Ein bislang im Kontext des maschinellen Lernens weitgehend vernachlässigter Repräsentationsformalismus sind terminologische Logiken (Nebel, 1990a; Woods & Schmolze, 1992). Terminologische Logiken (auch *Beschreibungslogiken* oder *description logics* genannt) haben ihren Ursprung in *Frames*, die von Minsky (1975) als record-ähnliche Datenstrukturen zur Repräsentation prototypischer Situationen und Objekte vorgeschlagen wurden. Frames wurden zwar als Gegenentwurf zur Logik eingeführt, jedoch kritisierte Hayes (1979) die mangelnde Semantik für Frames und zeigt mit einer bestimmten Formalisierung der Frame-Idee, daß sie nur eine syntaktische Variante von Prädikatenlogik ist. Einen weiteren Ursprung haben terminologische Logiken in *Semantischen Netzen*, die von Quillian (1968) zur Repräsentation der Semantik natürlicher Sprache entwickelt wurden. Mit Semantischen Netzen lassen sich Objekte und Begriffe, Eigenschaften der Objekte oder Begriffe sowie Beziehungen zwischen den Begriffen oder Begriffen und Objekten in einem Graphen darstellen. Die Knoten des Graphen repräsentieren die Objekte und Begriffe, die Kanten weisen den Begriffen und Objekten die Eigenschaften zu oder beschreiben hierarchische Beziehungen zwischen Begriffen oder Begriffen und Objekten, wobei Eigenschaften auch vererbt werden können. Terminologische Logiken übernehmen von Frames und Semantischen Netzen die Möglichkeit, Wissen zu strukturieren und heben deren generellen Nachteil einer fehlenden formalen Beschreibung auf. Terminologische Logiken stammen direkt von den sogenannten *strukturierten Vererbungsnetzen* von Ron Brachman ab und fanden in dem System KL-ONE ihre erste Implementierung (Brachman & Schmolze, 1985). Die wesentliche Idee besteht darin, daß man aus atomaren *Konzepten* und *Rollen* mit Hilfe einer relativ kleinen Menge epistemologisch geeigneten Konstruktoren komplexere Konzepte und Rollen aufbaut. Eine ausführliche Darstellung der formalen Grundlagen terminologischer Logiken und wesentliche Komponenten terminologischer Systeme enthält Abschnitt 4.3.

Terminologische Logiken weisen neben den von den Formalismen in der ILP bereits erfüllten Anforderungen zusätzlich die Automatische Klassifikation und die strukturierte Darstellung von Wissen als charakteristische Merkmale auf. Wie bei der ILP auch, handelt es sich bei terminologischen Logiken um bestimmte Teilmengen der Prädikatenlogik erster Stufe, die als Plattform für Lern- und Sprachverstehensapplikationen sowohl ausreichend ausdrucksmächtig als auch im Normalfall (*average case*) effizient berechenbar sind (Nebel, 1990b; Donini et al., 1991). Die Beschränkung für die Konstruktion von Konzepten und Rollen bei terminologischen Logiken bezieht sich dabei auf folgende Eigenschaften:

- Zyklenfreiheit der Begriffsdefinitionen,

- Ein Symbol tritt nur einmal auf der "rechten Seite einer Definition" auf,

- Verzicht auf bestimmte Operatoren (so gibt es beispielsweise Teilsprachen, die keine Disjunktion oder keine Negation enthalten).

Die Anforderung nach Verwaltung der Abhängigkeitsbeziehungen wird im Gegensatz zur ILP in terminologischen Systemen durch eine bestimmte Art des nicht-monotonen Schließens gewährleistet. Beim nicht-monotonen Schließen müssen Schlüsse, die sich als ungültig herausstellen, mit allen Konsequenzen revidiert werden. Die Kernidee aller effizienten Verfahren, die diese Forderung erfüllen, ist das Abspeichern von Begründungen für jede Schlußfolgerung. Diese Verfahren werden unter dem Begriff *Truth Maintenance System* (TMS) subsumiert und in Abschnitt 3.4.3.1 ausführlicher vorgestellt. Nahezu jedes gängige System, das auf terminologischer Logik aufbaut, besitzt ein solches TMS.

Terminologische Logiken und Systeme haben im Umfeld sprachverstehender Systeme (beispielsweise (Quantz & Schmitz, 1994)) und anderer Anwendungsgebiete wie beispielsweise die Lösung von Konfigurationsaufgaben, als Software-Informationssystem, die Anfrageoptimierung in Datenbanken oder die Unterstützung von Planungsaufgaben eine große Verbreitung für die Repräsentation von Domänenwissen gefunden. Sie werden im Textverstehenssystem SYN-DiKATE an zentraler Stelle für die inhaltliche Beschreibung der Texte (in der Textwissensbasis) verwendet.

Zusammenfassend läßt sich feststellen, daß Attribut-Wert-Paare zur Repräsentation zu ausdrucksschwach sind und sich nicht dafür eignen, Sprachverstehen und wissensintensives Lernen zu unterstützen. Uneingeschränkte Prädikatenlogik erster Stufe ist zwar zur Wissensrepräsentation und zum Schlüsseziehen geeignet, die Berechenbarkeitseigenschaften lassen jedoch eine Implementation nicht zu, so daß nur Teilmengen der Prädikatenlogik in Frage kommen. Auch ist die Prädikatenlogik als solche monoton, d.h., einmal gemachte Schlußfolgerungen können nicht rückgängig gemacht werden. Eine geeignete Teilmenge der Prädikatenlogik sind Hornlogiken aus der ILP, da sie noch ausdrucksmächtig genug sind und berechenbar bleiben. Als Mangel der Hornlogiken erweist sich jedoch die fehlende Möglichkeit automatischer Klassifikationsinferenzen, da Wissen nicht in strukturierter Form aufgebaut werden kann. Gerade diesen Mangel heben terminologische Systeme auf. Die wesentlichen Gründe für die Verwendung von terminologischer Logik als Beschreibungsformalismus des Lerners AQUA und der aus der sprachlichen Analyse hervorgehenden Repräsentation des Textwissens sind dann:

- Ausdrucksmächtigkeit und effiziente Berechenbarkeit im Normalfall (im *average case*)

- Strukturierte Darstellung von Wissen und Automatische Klassifikation

3.3.2.5 Terminologische Lernsysteme

Im folgenden will ich auf ein Lernsystem (KLUSTER von Morik & Kietz (1989), Kietz & Morik (1994)) eingehen, das mit den Beschreibungsmitteln einer terminologischen Logik operiert. Ausgehend von einer leeren T-Box und einer gegebenen Menge von Aussagen in der A-Box, wird eine Hierarchie von Konzeptbeschreibungen (die T-Box) in polynomialer Zeit gelernt. Dieses Zeitverhalten wird durch Einschränkung der Ausdrucksmächtigkeit der verwendeten terminologischen Sprache erreicht. So läßt die verwendete Sprache keine Disjunktionen und keine Transitivität der Rollen zu. Konkret erfolgt das Konzeptlernen von KLUSTER in mehreren Schritten:

- Über Mengeninklusion wird eine Taxonomie primitiver Konzepte berechnet.

- Es werden disjunkte Konzepte (sogenannte Partitionen) mit jeweils einem gemeinsamen Superkonzept gebildet.

- Für jedes primitive Konzept wird anhand seiner Instanzen die speziellste Generalisierung gebildet (most specific generalization).

- Die diskriminierende Kraft der Konzeptbeschreibungen wird mit numerischen Maßen bewertet. Falls sie unter einem parametrisierten Schwellenwert bleiben, wird durch Einführung neuer Rollen (konstruktive Induktion) bzw. durch restriktivere Anzahlbeschränkungen spezialisiert und erneut getestet.

Einen vergleichbaren Ansatz beschreiben Cohen & Hirsh (1994). Auch hier besteht die Lernaufgabe in der Induktion der T-Box aus der A-Box, wobei allerdings keine neuen Relationen gebildet werden, also keine konstruktive Induktion möglich ist. Die Arbeit von Cohen & Hirsh fokussiert stärker noch als KLUSTER auf die Lernbarkeit von Aussagen, die in Form einer terminologischen Logik repräsentiert sind.

Die Arbeiten haben eine Lernsituation zum Thema, in dem ein Konzept mittels Induktion aus umfangreichen Beispielmengen gelernt wird. Dies entspricht nicht der dieser Arbeit zugrundeliegenden Lernsituation des Lernens eines unbekannten Items aus realen Texten, denn darin treten praktisch nie eine größere Anzahl an umfangreichen Beispielen für das zu lernende Item auf. Statt dessen gilt es, linguistische und konzeptuelle Beziehungen des zu lernenden Items zu bereits im Text bekannten Items zu nutzen. Ein weiterer Unterschied besteht darin, daß in meinem Ansatz eine wohldefinierte Konzepttaxonomie vorgegeben ist. Ziel ist es, während der Textanalyse Konzepthypothesen für das zu lernende Item zu generieren, diese Hypothesen zu evaluieren und eine Auswahl vorzunehmen, wobei die Evaluierung und Auswahl auf der Grundlage eines qualitätsbasierten Kalküls geschehen soll.

3.4 Darstellung und Verarbeitung von unsicherem Wissen

In diesem Abschnitt diskutiere ich Ansätze, die die Darstellung und Verarbeitung von unsicherem Wissen zum Gegenstand haben. Unter unsicherem Wissen wird gemeinhin dasjenige Wissen verstanden, das beim Textverstehen durch den Parser und durch den Lerner beim Erkennen der Bedeutung eines unbekannten

Items erzeugt wird. Das dabei auftretende unsichere Wissen tritt in Form von Ambiguitäten und Lernhypothesen wie folgt zu Tage:

- Beim Parsen von natürlicher Sprache treten üblicherweise verschiedene Arten von *Ambiguitäten* auf. Einige dieser Ambiguitäten können nur durch den Parser im weiteren Verlauf der Analyse aufgelöst werden. Andere sind hingegen trotz vollständigem Parse nicht auflösbar.

- Beim Konzeptlernen aus natürlichsprachlichen Texten werden zahlreiche, sich widersprechende *Lernhypothesen* für ein zu lernendes Item aufgebaut, da sich für ein Lernitem das zu lernende Konzept i.a. erst recht spät, wenn überhaupt, eindeutig herausschält.

Die aus dem Parsing stammenden Ambiguitäten und die aus dem Konzeptlernen hervorgehenden Hypothesen sind i.a. keinesfalls gleich wahrscheinlich, da sie sich aufgrund von sprachinternen Gründen und wissensstrukturellen Gründen unterscheiden. Ein sprachinterner Grund wäre beispielsweise das Auftreten der Appositionslesart in der Phrase *"Die neue Baureihe Megaline"* (deren ambigue Bedeutung in Abschnitt 2.1 ausführlich diskutiert wird). Wissensstrukturelle Gründe beziehen sich auf bestimmte Muster des aus der sprachlichen Analyse resultierenden Wissens. In Abschnitt 4.5.1 wird auf die Repräsentation der sprachinternen Gründe in Form von *linguistischen Qualitätsmarken* und in Abschnitt 4.8 auf die wissensstrukturellen Gründe in Form von *konzeptuellen Qualitätsmarken* in terminologischer Logik ausführlich eingegangen.

Im nachfolgenden Abschnitt 3.4.1 stelle ich die klassischen numerischen und symbolischen Ansätze zur Darstellung und Verarbeitung von unsicherem Wissen dar und kritisiere deren Verwendung beim Textverstehen. Der vorliegende Ansatz beschreitet einen symbolischen, wenn auch nicht klassischen Weg der Verarbeitung von unsicherem Wissen. Da sich die oben eingeführten sprachinternen und wissensstrukturellen Gründe als "Wissen über Wissen" ansehen lassen, gehe ich im Abschnitt 3.4.2 auf Ansätze zum Metaschließen und Schließen mit Kontexten ein und arbeite die Bedeutung des Ansatzes von McCarthy (McCarthy, 1993) für meinen Lerner heraus. Im letzten Abschnitt 3.4.3 vergleiche ich dann meine Arbeit mit eher pragmatisch orientierten Arbeiten und stelle deren Vor- und Nachteile dar.

3.4.1 Klassische Ansätze

3.4.1.1 Numerische Ansätze

Die wesentlichen numerischen Ansätzen (gute Übersichten geben u.a. Shafer & Pearl (1990) und Sombe (1990)) lassen sich in zwei Arten bzgl. der Semantik von Zahlen unterscheiden, nämlich

- Probabilistische Modelle (beruhen auf der Wahrscheinlichkeitstheorie) und

- Possibilistische Modelle (beruhen auf der Semantik von mehrwertiger Logik).

Zu den wesentlichen Arbeiten der Probabilistischen Modelle gehören die auf die Repräsentation eines einzigen Wertes (single-valued representation) beschränkten Sicherheitsfaktoren (*certainty factors*) von Shortliffe & Buchanan (1984), die auf ganze Intervalle (interval-valued representation) erweiterte *Dempster-Shafer-Theorie* (Dempster, 1967; Shafer, 1976) und die *Bayesschen Belief Netze* von Pearl (1988). Zu den wichtigsten auf Possibilistischen Modellen beruhenden Arbeiten zählen die *Possibilistische Theorie* von Dubois & Prade (1988), der Ansatz *triangular-norms* von Bonissone (1987) und die Theorie vager Aussagen innerhalb der *fuzzy logic* von Zadeh (1989).

Prinzipiell kann man mit allen numerischen Ansätzen Kalküle definieren, die das Propagieren von Unsicherheit während des logischen Schließens ermöglicht. Zusätzlich leisten derartige Kalküle mit Hilfe von speziellen Operatoren Aggregationen, die dann in eine Reihenfolge gebracht werden können. Problematisch ist jedoch bei allen numerischen Ansätzen, daß sie Unsicherheit nur auf der Grundlage von quantitativen Beziehungen zwischen Aussagen darstellen. So ist es nicht möglich, Gründe (beispielsweise die oben bereits eingeführten sprachinternen oder wissensstrukturellen Gründe) oder sonstige qualitative Beziehungen zwischen Aussagen in diese Konzeption explizit zu integrieren (Ng & Abramson, 1990). Auch die Repräsentation von Unsicherheit als einer quantitativen Größe auf einer Skala (als Zahl oder Intervall) ist unter dem Gesichtspunkt der semantischen Interpretation dieser Größe keineswegs evident. Diese Argumente haben zu einer "qualitativen" Reformulierung numerischer Ansätze (vgl. beispielsweise (Pacholczyk, 1995)) geführt, wobei "qualitativ" hier bedeutet, daß jedem Wert der für die Semantik verwendeten Mehrwertigen Logik, genau ein linguistischer Ausdruck wie *impossible, little* oder *certain* zugeordnet ist. Von qualitativen Aussagen, die die Gründe der Unsicherheit repräsentieren, kann dabei keine Rede sein. Ebenso wird in Qualitativen Probabilistischen Netzen (Wellman, 1990) der Begriff "Qualität" mit dem Begriff "positiver und negativer Einfluß (influence)" gleichgesetzt, wobei die Propagierung (das Weiterleiten) wie mit probabilistischen Werten funktioniert. Bedeutsam ist ferner, daß numerische Ansätze Konflikte zwischen einzelnen Aussagen verdecken, d.h. in Form unterschiedlicher Sicherheitsgrade Widersprüche geradezu absorbieren. Da Konflikte zwischen Hypothesen als Auslösebedingung für weitergehende Lernprozesse (wie beispielsweise Versionierung und konstruktive Generalisierung (Hahn & Klenner, 1997)) dienen können, schließt dies eine numerische Repräsentation von Unsicherheit bzw. Inkonsistenz grundsätzlich aus. Ein weiterer Nachteil numerischer Ansätze beschreiben Fox et al. (1991):

> ".. the probabilistic belief update is far too computational intensive for realistic applications."

Ebenso konnte Cooper (1990) zeigen, daß die Berechnungskomplexität in allgemeinen Belief-Netzwerken NP-hard ist. Zwar wird dieses Argument durch neuere Arbeiten zu eingeschränkteren Modellen numerischen Schließens abgeschwächt beispielsweise die Verwendung von einfach verbundenen Netze, den Polytrees von Pearl (1988), das Klustern von Inferenzen in mehrfach verbundenen Netzen von Lauritzen & Spiegelhalter (1988) oder ein auf Graphen beruhender Mechanismus zur Behandlung unvollständiger Informationen von Ramoni (1995), aber die prinzipiellen Beschränkungen werden damit nicht behoben.

3.4.1.2 Symbolische Ansätze

Symbolische Konzeptionen stellen die Art der Beziehungen zwischen Aussagen in den Vordergrund und verwenden sie, um mit und über Unsicherheit schließen zu können. Anders als quantitative Modelle sind symbolische Ansätze zur Darstellung von Unsicherheit von menschlichen Schlußmodalitäten abgeleitet, machen weniger und schwächere Annahmen bezüglich Unabhängigkeit und Ausschließlichkeit und sind deshalb u.U. flexibler. Darüber hinaus erreichen quantitative Modelle bei strengeren Annahmen größere Genauigkeit bei der Verrechnung von numerisch dargestellten Evidenzen.

So wird in der klassischen Prädikatenlogik alternatives Wissen als Disjunktion verschiedener Interpretationen dargestellt. Ihre formalen Eigenschaften (besonders bzgl. Berechenbarkeit) stellen sich jedoch als äußerst ungünstig (vgl. dazu auch Abschnitt 3.3.2) dar. Auch ist es nicht möglich, Bewertungen und Unsicherheitsmaße zu modellieren. Zwar gibt es im Rahmen des Abduktiven Schließens Erweiterungen, die Bewertungen realisieren so beispielsweise bei Hobbs et al. (1993), wo Gewichtungsfaktoren verwendet werden oder bei Thompson & Mooney (1994), die eine auf der Bayesschen Theorie beruhende Erweiterung vorschlagen, um die am wenigsten teure Erklärung auszuwählen. Da diese aber nur numerischer Natur sind, weisen sie daher die bereits im vorherigen Abschnitt beschriebenen Nachteile auf. Eine andere Erweiterung berücksichtigt Glaubensannahmen u.ä. und führt zu modallogischen Beschreibungen. Hintikka (1962) führte diese Sichtweise zum ersten Mal ein. Kripke (1963) definierte eine Semantik der Modallogik mittels sogenannter Möglicher Welten (*possible worlds*). Eine Mögliche Welt bezeichnet dabei dasjenige Wissen, das ein Agent konsistent besitzt. Innerhalb dieser möglichen Welt können nun spezielle Inferenzregeln mit dem **K**-Operator angewendet werden, um andere Mögliche Welten zu erreichen. Moore (1985a) stellt einen Zusammenhang zwischen Modaler Logik und einer um spezielle Schlußmechanismen erweiterten Prädikatenlogik erster Stufe her. Auch die Modallogik besitzt mehr noch als Prädikatenlogik ungünstige formale Eigenschaften und eine hohe Berechnungskomplexität.

Sowohl der klassischen Prädikatenlogik als auch der Modallogik fehlt die Möglichkeit, eine Theorie zu revidieren, die durch die Hinzunahme neuer Wissenselemente inkonsistent wird. Nichtmonotone Logiken heben die dieser Beschränkung zugrundeliegende Monotonieeigenschaft der klassischen Logik auf. Hierzu gehören die beiden modallogischen Ansätze nach McDermott & Doyle (1980) sowie Moores *autoepistemische Logik* (Moore, 1985b), Reiters *Default-Logik* (Reiter, 1980) und McCarthys Theorie der *Circumscriptions* (McCarthy, 1980). In den modallogischen Ansätze drücken Modaloperatoren aus, ob etwas geglaubt wird bzw. konsistent ist, wobei die Extensionen als Fixpunktoperator definiert werden. In Reiter's Defaultlogik werden nichtklassische Inferenzregeln verwendet, um sogenannte Defaults (Standardannahmen) darzustellen. Auch hier werden die Extensionen als Fixpunkte eines Operators definiert. Ein anderer Weg wird in der Theorie der Circumscriptions gegangen. Hier wird

Folgerbarkeit nicht wie üblich als Gültigkeit in allen Modellen der Prämissen definiert, sondern nur für bestimmte, bevorzugte Modelle. Dies wird durch Hinzufügen einer Formel zweiter Stufe auf rein syntaktischem Wege erreicht, wobei dadurch die uninteressanten Modelle eliminiert werden. Daneben gibt es eine Reihe von Ansätzen, die diese grundlegenden Ansätze zu kombinieren versuchen (u.a. (Fagin & Halpern, 1988)), oder Erweiterungen beispielsweise bzgl. einer Präferenz der Extensionen, wo die Ordnung auf einem quantitativen Modell beruht (Quantz, 1993).

Als gemeinsamer Nachteil aller nichtmonotonen Ansätze ist jeweils die Semantik der nichtmonotonen Operatoren, der Defaultregeln und der Formeln zweiter Stufe zu nennen. Insbesondere ist der semantische Status einer in der Wissensbasis gespeicherten Defaultaussage nicht klar. Außerdem ist ihre Verwendbarkeit in realistischen Anwendungskontexten aufgrund ungünstiger formaler Eigenschaften (wie der Semi- bzw. Unentscheidbarkeit) oder aufgrund reiner Praktikabilitätserwägungen (wie die extrem aufwendige Suche nach Substitutionen bei den *Circumscriptions*) starken Beschränkungen unterworfen es sei denn, man legt diesen Logiken ihrerseits strenge Restriktionen auf, die diese jedoch wiederum ihrer attraktiven Eigenschaften größtenteils berauben.

Damit scheiden klassische, symbolische Ansätze zur Repräsentation von unsicherem Wissen aus. Bevor ich auf pragmatisch orientierte, symbolische Verfahren eingehe, möchte ich zunächst Ansätze zum Metaschließen und Schließen über Kontexte vorstellen, da in einigen dieser Ansätze Wissen über Wissen eingeht und damit Metaschließen thematisiert ist.

3.4.2   Metaschließen und Schließen über Kontexte

Neben den in Abschnitt 3.4.1 diskutierten klassischen Ansätze zur Darstellung und Verarbeitung unsicheren Wissens gibt es Arbeiten, die das Schließen über Wissen thematisieren. Nach Aiello & Levi (1988) dient diese Metasichtweise i.a. dazu, die Ausdrucksmächtigkeit einer Repräsentationssprache zu erhöhen und die Definition von Kontrollwissen bzw. Heuristiken zu unterstützen. Zwar argumentiert beispielsweise Wrobel (1987) gegen die Verwendung von Metawissen und bevorzugt eine Logik höherer Ordnung. Sein Ansatz hat jedoch eher den formalen Begriff der Beweisbarkeit im Blickpunkt und nicht Metaschließen. Ein Ziel meiner Arbeit ist jedoch die Bereitstellung eines Kalküls zum Metaschliessen, der Auswahlentscheidungen aufgrund heuristisch begründeter, qualitativer Gegebenheiten fällt. Dazu muß die Möglichkeit geschaffen werden, qualitative Aussagen über Basisaussagen (Metaaussagen) zu repräsentieren und Schlußfolgerungen darüber (Metaschließen) zu gestatten. Morik (1986) weist ebenfalls auf die Bedeutung von Metaschließen im Maschinellen Lernen hin und kritisiert jedoch diesbezüglich terminologische Systeme, da sie diese Fähigkeiten nicht zur Verfügung stellen. Daher ist ein weiteres Ziel meiner Arbeit, Mechanismen für das Metaschließen in ein terminologisches System zu integrieren.

Die Darstellung von qualitativen Aussagen, die als Grundlage für den Auswahlkalkül und die Integration von Metaschlußfolgerungsmechanismen in ein terminologisches System dienen, kann nur durch eine Trennung in zwei verschiedene Ebenen der Wissensbasis, dem sogenannten *Initialkontext* einerseits und dem *Metakontext* andererseits, erreicht werden. Kontexte sind dabei gekapselte Mengen von logischen Aussagen. Im *Initialkontext* wird das zu bewertende Wissen in einer herkömmlichen terminologischen Sprache dargestellt. Im *Metakontext* muß das Wissens aus dem Initialkontext so gespeichert werden, daß darüber qualitative Aussagen aufgestellt werden können, wobei qualitative Aussagen aus strukturellen Gegebenheiten des Basiswissens berechnet werden. Die qualitativen Aussagen stellen damit Aussagen zweiter Ordnung dar. Um dies alles zu bewerkstelligen, müssen folgende Anforderungen erfüllt sein:

- Die Trennung von bewertetem und unbewertetem Wissen in separaten Kontexten wird nötig, um Mechanismen zur Erhöhung der Ausdrucksmächtigkeit (Reifikation) für die Formulierung wissensstruktureller Aussagen anwenden zu können.

- Gleiche Aussagen müssen in jedem der beiden Kontexte denselben Wahrheitswert haben, wobei Axiome zweiter Stufe die Wahrheitserhaltung garantieren. Dazu müssen die Kontexte selbst als Objekte der zugrundeliegenden Logik darstellbar sein.

- Der qualitative Kalkül beruht auf der Repräsentation von (Kontroll)-Wissen und dem Schließen mit (Kontroll-)Wissen über das Wissen des Initialkontexts.

Für eine detaillierte Darstellung siehe Kapitel 4.

Im folgenden will ich auf Ansätze eingehen, die sowohl Metaschließen als auch Schließen über Kontexte hinweg thematisieren. Auf qualitative Aussagen bin ich bereits in Abschnitt 3.4.1.2 im Rahmen der symbolischen Arbeiten zur Darstellung unsicheren Wissens eingegangen. In Abschnitt 3.4.2.1 betrachte ich zunächst nur Ansätze, die mit einem Interpretationsbereich (dieser wird auch als Domäne oder mit Δ bezeichnet) für alle Kontexte auskommen. Im Gegensatz dazu verwenden Ansätze, wie beispielsweise FOL und *MultiLanguage Systems* (vgl. Abschnitt 3.4.2.2), für jeden Kontext einen eigenen (meist um zusätzliche Elemente erweiterten) Interpretationsbereich, wobei das Schließen über Kontexte hier einen Wechsel von einen in einen anderen Bereich beinhaltet. Der Ansatz von McCarthy folgt ebenfalls dieser Sichtweise und wird, da er meiner Arbeit zugrundeliegt, in Abschnitt 3.4.2.3 gesondert diskutiert.

3.4.2.1 Uniformer Interpretationsbereich

Die notwendige Trennung von Kontexten (mit Kontrollwissen und ohne Kontrollwissen) und die Anwendung von Kontrollwissen legt die Betrachtung von Logikentwürfen nahe, die Bezüge zwischen Teiltheorien (Kontexten) thematisieren. Dies trifft auf rein *syntaktische Ansätze* (beispielsweise auf den Ansatz von Konolige (1982)) zu, die unterschiedliche Glaubensannahmen (beliefs) als Prädikate erster Stufe repräsentieren und in Beziehung zueinander setzen oder auf *modallogische Erweiterungen* (einen Überblick geben Halpern & Moses (1992)), die dafür Modaloperatoren verwenden. Die syntaktischen Ansätze erfüllen die geforderte Trennung in Ebenen zur Darstellung von unbewertetem und bewertetem Wissen nicht und sind deshalb nicht von Interesse. Den modallogischen Ansätzen liegt meist eine Kripke-Semantik zugrunde, mit der eine Relation zwischen sogenannten Welten (Kontexten in meinem Sinne) definiert wird. In diesen Logiken wird in jeder Welt ein und dasselbe Vokabular verwendet. Man bewegt sich also nur innerhalb eines Interpretationsbereichs. Eine Aussage kann jedoch *verschiedene* Wahrheitswerte in den verschiedenen Welten annehmen. Dies entspricht nicht der Forderung nach gleichem Wahrheitsgehalt in verschiedenen Kontexten. Gravierender aber ist, daß Aussagen *über* diese Welten (Kontexte) nicht formuliert werden können. Dies ist nur dann möglich, wenn die Kontexte selbst als Objekte der zugrundegelegten Sprache betrachtet werden.

3.4.2.2 Heterogener Interpretationsbereich

Gegen die oben beschriebene Verwendung nur eines Interpretationsbereichs für alle Kontexte argumentiert Weyhrauch (1980) in seinen Arbeiten zum FOL-System. Diese Arbeiten sind Ausgangspunkt meiner Überlegungen zur Trennung von unbewertetem und qualitätsbewertetem Wissen gewesen. Wesentlich für FOL ist die Idee, mehrere Theorien zu verwenden, wobei bestimmte Theorien Metatheorien bzgl. anderer Theorien sind. Die Metatheorien und die Grundtheorie sind jeweils in einer eigenen Sprache mit einem eigenen Interpretationsbereich beschrieben. Mit einem speziellen Mechanismus, den Nardi (1988) *reflection* und Konolige (1988) *introspection* nennen, wird ein Wechseln von einer Theorie zu deren Metatheorie geleistet, durch den dann Schließen über das Schlußverhalten der Ausgangstheorie beschreibbar wird. Die Kontexte selbst sind jedoch auch nicht als Objekt der Theorie(n) verwendbar. Deshalb besteht der den oben beschriebenen Anforderungen widersprechende Nachteil von FOL darin, daß sich keine verallgemeinernden Aussagen (d.h. Aussagen zweiter Stufe oder qualitative Aussagen) *über* die verschiedenen Interpretationsbereiche hinweg formulieren lassen. So ist beispielsweise die Behauptung der Äquivalenz für Aussagen in zwei verschiedenen Kontexten nur möglich, wenn in beiden Kontexten die Schnittmenge der entsprechenden Interpretationsbereiche nicht leer ist, d.h. wenn über gemeinsame Elemente des Interpretationsbereichs Aussagen erstellt werden können. Gerade solche Aussagen über die Interpretationsbereiche sind jedoch notwendig, um Aussagen der Grundtheorie mit Aussagen und deren Qualifikationen in der Metatheorie zu verbinden.

Als eine Weiterentwicklung von FOL können die *MultiLanguage Systems (ML)* von Giunchiglia & Serafini (1994) angesehen werden. Die zugrundeliegende *Hierarchische Logik* wurde als Alternative zur Modallogik entwickelt. Im Gegensatz zur Erweiterung der Sprache um Modaloperatoren bei der Modallogik wird in der Hierarchischen Logik eine zusätzliche strukturelle Bedingung an den Interpretationsbereich der Kontexte gestellt. Die Interpretationsbereiche sind hierarchisch geordnet derart, daß jeder Interpretationsbereich einer Metatheorie alle Elemente des Interpretationsbereichs der darunterliegenden Theorien enthält (aber i.a. nicht umgekehrt). Zusätzlich werden Kontexte als Objekte der Sprachen selbst betrachtet. Damit lassen sich dann zwar bequem Aussagen zwischen Kontexten formulieren, jedoch hält die Hierarchische Logik dafür nur sogenannte Brückenregeln bereit. Giunchiglia's beweistheoretischer Ansatz hat deshalb einen stark prozeduralen Anstrich. Den Nachteil der prozeduralen Beweistheorie in ML hebt der im nächsten Abschnitt gesondert diskutierte Ansatz von McCarthy auf.

3.4.2.3 Theorie formaler Kontexte

In der Theorie formaler Kontext von McCarthy (1993) werden Kontexte ebenso wie in ML als formale Objekte der Prädikatenlogik erster Stufe verwendet. So führt McCarthy die Modalität $ist(c,p)$ ein für die gilt, daß die Aussage p im Kontext c wahr ist. Im Unterschied zu ML bietet die Theorie formaler Kontexte aber eine entsprechende Axiomatisierung an, die es gestattet, einen Kontext um zusätzliche Aussagen zu erweitern. McCarthy spricht in diesem Zusammenhang von *"... to transcend the original limitations."*. Die Erweiterung geschieht durch einen Kontextwechsel (*transcending contexts*) von einem äußeren Kontext (*outer context*) in einen inneren Kontext (*inner context*). Die Transformationsaxiome, die diesen Wechsel beschreiben, nennt McCarthy *lifting axioms* und wurden u.a. von Buvač et al. (1994) formal beschrieben. Zusammenhänge bestimmter Klassen von Modallogiken und der Theorie formaler Kontexte sind von Buvač et al. (1995) entwickelt worden. Der für meine Arbeit wesentliche Kern des Ansatzes von McCarthy will ich durch ein Beispiel (McCarthy (1993), Seite 559) verdeutlichen. McCarthy verwendet die Aussage $believe(president(U.S.A.) = GeorgeBush, because...)$, wobei die Auslassung ... beliebige Gründe darstellen, die einen Agenten veranlassen zu glauben, daß George Bush der Präsident der USA ist. Mit diesem Beispiel plädiert er nun für folgende Sichtweise (McCarthy, 1993):

> *In an outer context, the sentence with reasons is asserted. However, once the system has committed itself to reasoning with the proposition that Bush is President, it enters an inner context with the simple assertion president(U.S.A.) = GeorgeBush.*

Dies werde ich wie folgt in meinem Ansatz verwenden: Der jeweilige Initialkontext (*inner context* i.S.v. McCarthy) stellt Hypothesen des Lerners dar. Dieser Kontext enthält keine qualitativen Aussagen über Hypothesen, ist also genau diesbezüglich beschränkt. Durch geeignete Transformationsregeln (*lifting axioms* i.S.v. McCarthy) besteht nun die Möglichkeit einen Wechsel in den Metakontext (*outer context* i.S.v. McCarthy) vorzunehmen. In dem neuen Kontext sind nun qualitative Aussagen (*"... sentence with reasons ..."* laut McCarthy) erlaubt, die von entsprechenden qualitativen Regeln erzeugt werden. Ebenso existieren 'inverse' Transformationsaxiome, die diejenigen Aussagen aus dem Metakontext wahrheitserhaltend in den Initialkontext transformieren, die bzgl. eines qualitativen Kalküls 'sicher' genug sind. Darüber hinaus kann ich mit McCarthy's Theorie formaler Kontexte mein System mit ausschließlich einer Sprache aufbauen (terminologische Logik), wobei im Metakontext der Interpretationsbereich um Elemente erweitert wird, die das Kontrollwissen in Form von qualitativen Aussagen (Gründen) repräsentieren. Zusätzlich kann damit eingeschränktes Schließen zweiter Ordnung gewährleistet werden. Die Anwendung der Theorie formaler Kontexte auf die Architektur von AQUA wird in Abschnitt 4.7 vorgenommen.

3.4.3 Pragmatische Ansätze

Pragmatische Ansätze zur Darstellung von Unsicherheiten zeichnen sich meist dadurch aus, daß sowohl Schlußfolgern *mit* als auch *über* Unsicherheiten auf qualitativer Basis bereitgestellt wird. Dabei werden die Gründe, die dazu führen, eine Aussage zu glauben (belief) oder nicht zu glauben (disbelief), *explizit* gemacht. Man spricht in diesem Zusammenhang auch von *Argumenten* für oder gegen Aussagen. Mit diesen qualitativ dargestellten Argumenten können dann rationale Entscheidungen für oder gegen eine Aussage oder ganze Hypothesen offengelegt und mit ihnen Schlüsse gezogen werden. Diese Sichtweise liegt auch meiner Arbeit zugrunde und ist wie folgt in das Textverstehenssystem integriert:

- Die aus der Textanalyse kommenden ambigen (disjunkten) Aussagen über den Textinhalt werden mit rein qualitativen Argumenten versehen.

- Die qualitativen Argumente werden einem Schlußfolgerungsmechanismus (dem Kalkül) unterzogen, der Argumente auf heuristischer Basis miteinander vergleicht und eine (partielle) Ordnung der Argumente errechnet.

- Anhand der partiellen Ordnung werden bestimmte Mengen von Aussagen vor anderen Mengen bevorzugt.

Bevor ich auf die beiden pragmatischen Ansätze von Cohen und Fox eingehe, will ich mich zuerst mit Truth Maintenance Systemen (TMS; Systeme zur Verwaltung von Begründungen) befassen. Zwar wurden TMS nicht zur Darstellung von unsicherem Wissen entwickelt und verwenden auch keine Heuristiken zur Selektion, da sie aber Begründungen (*justifications* oder *assumptions* genannt) verwalten, um damit nichtmonotone Logiken implementieren können, will ich sie in Abschnitt 3.4.3.1 etwas näher beleuchten. In Abschnitt 3.4.3.2 gehe ich dann auf die Endorsement-Theorie von Cohen ein, die das heuristische Schließen über Unsicherheit mit frame-artigen Strukturen thematisiert. Anschließend stelle ich in Abschnitt 3.4.3.3 die Argumentationslogik von Fox vor, da sie eine wenn auch auf anderer Ebene für meine Arbeit wichtige Trennung in Aussagen und Argumente auf der Basis von Prädikatenlogik erster Stufe hervorhebt.

3.4.3.1   Truth Maintenance Systeme

Wie bereits in Abschnitt 3.4.1.2 diskutiert, eignen sich nichtmonotone Logiken zur Behandlung von nichtmonotonem Verhalten (Revision bereits bestehender Aussagen) in klassischen Logiken, wobei das Problem ungünstiger Berechnungskomplexität durch die Beschränkung auf propositionale nichtmonotone Logiken und die Berücksichtigung nur einer kleinen Anzahl von Instanzen gelöst wird. *Truth Maintenance Systeme* (TMS) können als ein Beweisverfahren für solche propositionalen nichtmonotonen Logiksysteme angesehen werden. So läßt sich beispielsweise zeigen, daß ein TMS ein Beweiser für die propositionale Default Logik ist, da man Rechtfertigungen direkt in Defaults übersetzen kann. Ein TMS kann man auch verwenden, um Beweiser für autoepistemische Logik und (nichtpropositionale) Default-Logik (Autoepistemische Logik und Default Logik werden in Abschnitt 3.4.1.2 kurz vorgestellt) zu implementieren, wenn man nur entscheidbare und endliche Teilmengen verwendet (Junker & Konolige, 1990). Ein TMS verwaltet Rechtfertigungen/Begründungen für jede Schlußfolgerung des zugrundeliegenden Logischen Systems. Dazu prüft das TMS, welche Aussagen aufgrund neuer Information als abgeleitet bzw. nicht-abgeleitet anzusehen sind. Es gibt prinzipiell zwei Arten von TMS, die sich darin unterscheiden, was als Grundlage einer Schlußfolgerung abgespeichert wird. Im *Justification-based TMS (JTMS)* von Doyle (1979) werden direkte Begründungen beispielsweise in Form von Implikationsregeln pro abgeleiteter Aussage aufgezeichnet, wohingegen im *Assumption-based TMS (ATMS)* von Kleer (1986) Mengen von Aussagen (auch Kontexte genannt) als Begründung abgespeichert werden.

In beiden Arten von TMS werden die Begründungen nur zur Entscheidungsfindung verwendet, ob eine Schlußfolgerung unterstützt wird oder nicht. Die Art und Weise der Unterstützung ist dagegen irrelevant. JTMS und ATMS beziehen also Sicherheitsgrade oder Argumente einer Aussage nicht in ihr Rechensystem mit ein. Ein weiterer Aspekt der Begründungen von TMS ist der Bezug auf rein logische Gegebenheiten. Andere Quellen von Begründungen, wie z.b. der linguistische Kontext bei der sprachlichen Analyse in einem Textverstehenssystem, spielen keine Rolle. Für die Berücksichtigung anderer als nur rein logischer Gegebenheiten will ich im nächsten Abschnitt die Endorsement-Theorie von Cohen betrachten, die gerade solche Aspekte in den Mittelpunkt stellt.

3.4.3.2 Endorsement-Theorie von Cohen

Die *Endorsement*-Theorie von Cohen (1985) gründet auf der Sichtweise, daß Zustände von Unsicherheit aus Rechtfertigungen (oder Gründen) für positive und negative Annahmen (*beliefs, disbeliefs*) zusammengesetzt sind. Die frameartige (Daten-)Struktur solcher Rechtfertigungen wird *Endorsements* (Bestätigungen) genannt, wobei positive Endorsements Rechtfertigungen für Beliefs und negative für Disbeliefs sind. Endorsements basieren auf der expliziten Aufzeichnung der Gründe einer Aussage ähnlich wie die Rechtfertigungen bei Truth Maintenance Systeme mit dem Unterschied, daß auch andere als nur rein auf die Darstellung der Aussagen bezogene Rechtfertigungen verwendet werden können. Dazu gibt Cohen eine Klassifikation für Rechtfertigungen vor. Klassifiziert werden Endorsements nach

- der Art der Evidenz, d.h. der Unterstützung der Evidenz oder dem Konflikt zwischen der Evidenz und einer Aussage (ob für oder gegen eine Aussage) oder

- Aktionen, die zur Lösung von Unsicherheit angewendet werden können.

Die Gewichtung der Evidenz ergibt sich dann aus der Summe der sicheren Faktoren. Die Endorsement-Theorie wurde das ersten Mal im Rahmen des Portfolio-Expertensystems FOLIO von Cohen & Lieberman (1983) angewendet, um auf der Grundlage von Interviews bestimmter (Kapital-)Anleger eine Anlageempfehlung zu geben. In einer weiteren Implementation dieser Theorie (das System SOLOMON (Cohen, 1985)) werden Informationen und Meinungen von Autofahrern bewertet, um eine Kaufempfehlung bestimmter Autotypen leisten zu können. Als Fortschritt gegenüber FOLIO ist zu nennen, daß Aussagen und Bestätigungen auf der Grundlage der Prädikatenlogik erster Ordnung repräsentiert werden.

Endorsements geben zwar eine nützliche Erklärungshilfe ab, da sie die gesamte Historie von Rechtfertigungen aufbauen und bereithalten. Dies bedeutet aber auch, daß eine große Anzahl von symbolischen Strukturen für die Beweise aufgebaut werden muß. Ein weiteres Problem, das sich aus der großen Anzahl ergibt, ist die Ununterscheidbarkeit zweier konkurrierender Hypothesen mit unterschiedlichen symbolischen Strukturen und die Frage, welche Hypothese letztlich auszuwählen ist. Zusätzlich muß für jede Anwendung die Kombination, Propagierung und Bewertung von Endorsements explizit spezifiziert werden, was ein kombinatorisches Problem aufwirft. Cohens Vorschlag haftet auch der Nachteil an, daß er auf keiner kohärenten formalen Theorie für Präferenzberechnungen beruht. Trotz dieser schwerwiegenden Nachteile besitzt die Endorsement-Theorie Eigenschaften und prinzipielle Ideen, die ich für meine Arbeit verwendet habe, wie die Möglichkeit, Metainformationen (qualitative Aussagen) anzugeben und mit ihnen Schlüsse zu ziehen. So sind die Quellen der Wissensentstehung in einem Textverstehenssystem immer die vom Parser analysierten sprachlichen Strukturen und die entsprechenden linguistischen Kontexte. Diese Quellen sind unterschiedlich sicher. Zusätzlich bewirkt das Hinzufügen neuen Wissens durch den Parser unterschiedlich zu bewertende Wissensstrukturen in der ganzen Wissensbasis. Diese Wissensstrukturen können durch konzeptuelle Regeln (zweiter Stufe; deshalb ist auch die in Abschnitt 3.4.2 diskutierte Erhöhung der Ausdrucksmächtigkeit wesentlich) erkannt und miteinander auf qualitativer Grundlage verglichen werden. Durch empirische Voruntersuchungen (Hahn et al., 1996a) konnten für eine kleine Menge linguistischer Merkmale und konzeptueller Beziehungen unterschiedliche Sicherheitsstufen bestimmt werden. Im Gegensatz zu Cohen vergleiche ich nur jeweils linguistische Merkmale und konzeptuelle miteinander. Dabei gilt die globale Reihenfolge, daß alle linguistischen vor den konzeptuellen Merkmalen bevorzugt werden (für eine ausführli-

che Beschreibung und Begründung dieser Vorgehensweise vgl. Abschnitt 5.1.2).
Mit dieser Einschränkung läßt sich ein effizienter Kalkül implementieren, der
auf der Basis rein qualitativer Bewertungen unsichere und sich widersprechende Hypothesen bewertet und die qualitativen Bewertungen zur Auswahl nutzt.

3.4.3.3 Argumentationslogik von Fox

Fox et al. (1993) und Krause et al. (1995) schlagen einen Ansatz vor, in den
qualitativ unterschiedliche Zustände von Unsicherheit auf der Grundlage von
Beweisen für Aussagen eingehen, die symbolisch formalisiert und zu einem expliziten Bestandteil von Schlußfolgerungen gemacht werden. Diese Zustände
nennt Fox *Argumente*, die als Annotationen zu logischen Aussagen dargestellt
sind. Diese Annotationen repräsentieren logische Beweise, die innerhalb einer
Intuitionistischen Logik (vgl. beispielsweise (Heyting, 1956)) bestehend aus den
Operatoren $\rightarrow$ (logische Implikation) und $\wedge$ (logisches und) formuliert sind. Ein
solches Argument wird als typisierter Ausdruck des Lambdakalküls notiert. So
bedeutet beispielsweise der Ausdruck $x : A$, daß x als Beweis der Formel A
angesehen wird. Mit verschiedenen Operatoren wird dann die Unterstützung
der zugrundeliegenden logischen Formeln anhand rein struktureller Kriterien
postuliert. Ist beispielsweise $arg1$ ein Argument einer Implikationsregel und
$arg2$ ein Argument des Antezedenten der Implikation, dann ist der Operator
$\texttt{apply}(arg1, arg2)$ das Argument für die Konsequenz der Implikation, die durch
$arg1$ unterstützt wird.

Fox verwendet eine Semantik, die für die Bedeutung einer Aussage ganze Beweise bereitstellt, im Gegensatz zur üblicherweise verwendeten Semantik von Tarski, die nur Wahrheitswerte den Aussagen zuweist. Zusätzlich stellt
die Semantik von Fox eine Zusammenfassung (aggregation) für Argumente zur
Verfügung. Dies wird auf der Grundlage der Kategorientheorie (*category theory*) von Lambek & Scott (1986) beschrieben, wobei eine Kategorie $\mathcal{C}$ aus einer
Menge von Aussagen {A, B, . . . } und einer Menge von Kanten besteht. Eine
Kante $f : A \rightarrow B$ entspricht dabei einem Beweis $A \mapsto B$. Ein Maß für die Stärke
eines Arguments kann auf der Grundlage von Kategorien definiert werden, wobei beliebige, qualitative oder numerische Kalküle entwickelt werden können,
beispielsweise

$$s_{A,B}(f) \in \{\text{o}, +, ++\} \text{ oder}$$
$$s_{A,B}(f) \in [0, 1]$$

wobei die Funktion $s_{A,B}$ die (qualitative oder numerische) Stärke eines Beweises f darstellt, d.h. dem durch die Kante f repräsentierten Argument $A \mapsto B$ werden entweder qualitative Marken wie o,+,++ mit einer entsprechenden Bedeutung oder reelle Zahlen aus dem Intervall von 0 bis 1 zugeordnet.

Neben der Verwendung von numerischen Kalkülen argumentiert Fox insbesondere für rein symbolische Methoden, um Schließen über Argumente zu unterstützen. Dazu definiert er Terme auf linguistischer Basis, die das Vertrauen in Aussagen auf rein logischer Basis (im Gegensatz zu den fuzzy modifiers von Zadeh (1989)) ausdrücken. Dabei schlägt er vor, daß den Aussagen in Abhängigkeit von ihren Argumenten bestimmte linguistische Elemente der Klasse $\{certain, confirmed, probable, plausible, supported, open\}$ zugewiesen werden, wobei eine Ordnung über die Elemente der Klasse (von links nach rechts abfallend) definiert ist. So wird z.B. das Element $certain$ für eine Aussage vergeben, falls für deren Gültigkeit kein Axiom benötigt wurde (ein rein logisches Argument) im Gegensatz zum Element $confirmed$ das Verwendung findet, falls kein konsistenter Beweis gegen die Aussage existiert. Dieses Verständnis symbolischer Verarbeitung hat aus meiner Sicht folgende Schwächen:

- Die Reihenfolge der linguistischen Elemente gründet ausschließlich auf der Art der Beweisführung von Aussagen und ist empirisch nicht belegt. Was heißt es schon, daß kein konsistenter Beweis gegen eine Aussage gefunden werden kann?

- Wie bei Logik höherer Stufe (vgl. Einleitung zu Abschnitt 3.4.2) auch ist das zentrale Thema der Arbeiten von Fox der Begriff der Beweisbarkeit. Eine Integration von verschiedenen Quellen der Wissensentstehung, wie z.B. der linguistische Kontext beim Verstehen natürlicher Sprache in meiner Arbeit (oder auch die unterschiedlichen Gründe wie bei Cohen), wird nicht berücksichtigt.

Trotz der Nachteile habe ich von diesem Ansatz die prinzipielle Idee übernommen, Unsicherheit symbolisch zu formalisieren und zu einem expliziten Bestandteil des Schlußfolgerungsapparats zu machen. So verwende ich zur Darstellung der qualitativen (d.h. symbolisch dargestellten) Unsicherheitsaussagen den gleichen Formalismus wie für die Basisaussagen nämlich terminologische Logik. Die Gewichtung zwischen der Klasse der linguistisch und strukturellen Qualitätsmarken sowie die Gewichtung untereinander habe ich jedoch empirisch ermittelt (vgl. ausführliche Untersuchungen von Abschnitt 5.1.2 und Kapitel 6).

3.5 Fazit der Literaturdiskussion

Der erste Teil der Literaturdiskussion diente dazu, die methodischen Grundlagen zur Beschreibung des Konzeptlerners zu legen. Dabei wurden zwei prinzipielle Lernverfahren (induktive und deduktive) und deren unterschiedliche Ausprägungen detaillierter vorgestellt. Diese Verfahren sind grundsätzlich nicht direkt im Textverstehenskontext anwendbar, einige von ihnen bieten jedoch Teilaspekte wie inkrementelle Vorgehensweise, Verwendung von Hintergrundwissen und Aufbau von Konzepthypothesen, die ich in AQUA verwendet habe. Als Fazit des ersten Teils läßt sich festhalten, daß keines der beiden prinzipiellen Lernverfahren für das beschriebene Lernproblem direkt anwendbar ist.

Im zweiten Teil diskutierte ich Systeme, die Lernen aus natürlichsprachlichen Texten zum Gegenstand haben. In diesen Systemen werden entweder idealisierte Annahmen bezüglich Vollständigkeit oder Rauschfreiheit der Eingabe getroffen, auf Ergebnisse der Sprachanalyse weitgehend verzichtet oder Lernheuristiken zur Überbrückung von Spezifikationslücken eingesetzt. Die für meine Arbeit wichtigen Beiträge der einzelnen Ansätze wie beispielsweise die Verwendung des sprachlichen Kontexts beim Lernen eines Konzepts wurden herausgestellt, aber auch deren Defizite diskutiert. Auch die Methoden der im zweiten Teil diskutierten Systeme lassen sich nicht direkt auf AQUA übertragen, obwohl einige der beschriebenen Systeme (beispielsweise CAMILLE) mit AQUA einige wesentlichen Eigenschaften teilt. Gleichwohl ist der im meiner Arbeit verwendete Kalkül zur Selektion von Hypothesen als wesentlicher Unterschied zu nennen.

Der dritte Teil der Literaturdiskussion war der Auswahl eines geeigneten Wissensrepräsentationsformalismus beim Sprachverstehen und Maschinellen Lernen gewidmet. Dabei wurde die Auswahl terminologischer Logik gegenüber anderen Formalismen aufgrund von Anforderungen bei der sprachlichen Analyse und beim Maschinellen Lernen begründet. Zu den wesentlichen Features der terminologischen Logik zählen die Ausdrucksmächtigkeit der Sprache und die Möglichkeit, Wissen strukturiert darzustellen und darüber automatisch Schlüsse ziehen zu können (Classifier).

Der letzte Teil der Literaturdiskussion diente der Darstellung von Vor- und Nachteil von Ansätzen, die sich unsicherem Wissen und Schließen über Wissen widmen. Zuerst wurden numerische Ansätze kritisiert, da damit keine Gründe für oder gegen eine Hypothese formuliert werden können, sondern nur eine Zuordnung von Zahlen (Wahrscheinlichkeiten) zu Hypothesen. Dies können nur symbolische Verfahren leisten, wobei klassische symbolische Verfahren wie die Prädikatenlogik erster Stufe, Modallogik oder nichtmonotone Logikansätze ungünstige formale und praktikable Eigenschaften haben. Da neben sprachinternen Gründen auch wissensstrukturelle zur Auswahl konkurrierender Hypothesen in meiner Arbeit wesentlich sind, stellte ich zusätzlich symbolische Ansätze zum Metaschließen vor und argumentierte für die Verwendung der Theorie formaler Kontexte von McCarthy, weil in dieser Theorie Kontexte als Objekte der formalen Sprache verwendet werden können. Der Begriff (sprachinterner und wissensstruktureller) "Grund" basiert auf der Endorsement-Theorie von Cohen und auf der Argumentationslogik von Fox. Diese und ähnliche pragmatische Ansätze wurden diskutiert und mit der Sichtweise von AQUA verglichen.

Aus diesen aus dem Maschinellen Lernen, dem Sprachlernen aus Texten, den Ansätzen zur Darstellung unsicheren Wissens und den pragmatischen Ansätzen stammenden Aspekten und Vorgehensweisen habe ich mein Modell zum qualitativen, terminologischen Schließen über Wissen zur Bewertung von und Selektion aus Lernhypothesen entwickelt. In den folgenden Kapiteln will ich dieses Modell detailliert vorstellen und dessen Nützlichkeit anhand einer umfangreichen empirischen Studie belegen.

Kapitel 4

Ein terminologischer Ansatz zum Konzeptlernen

Ziel dieses Kapitels ist, die formalen Grundlagen des Modells von AQUA zu legen. Dazu gehe ich in Abschnitt 4.1 auf die Lernaufgabe und in Abschnitt 4.2 auf die zugrundeliegende Architektur ein. Als technische Voraussetzung wurde das terminologische System LOOM gewählt. Deshalb widme ich mich im Abschnitt 4.3 sowohl den Eigenschaften terminologischer Systeme wie auch den formalen Grundlage dieser Systeme, den terminologischen Logiken. In den Abschnitten 4.4 und 4.5 erweitere ich terminologische Logiken um das Sprachkonstrukt einer Hypothese und gehe auf die Generierung von Hypothesen ein. Ebenfalls in Abschnitt 4.5 stelle ich das mit der Generierung von Hypothesen eng verbundene Konzept der linguistischen Qualitätsmarken vor. Um auch auf konzeptuelle Qualitätsmarken in Abschnitt 4.8 eingehen zu können, benötige ich einen Mechanismus zur Formulierung von Anfragen zweiter Ordnung auf der Grundlage terminologischer Logiken (erster Ordnung). Für einen solchen Mechanismus verwende ich Reifikation, deren Syntax und Semantik ich in Abschnitt 4.6 vorstelle. Zur Trennung der qualitativen und reifizierten Aussagen von nicht-qualitativen und nicht-reifizierten (Ursprungs)Aussagen verwende ich die bereits in Abschnitt 3.4.2.3 vorgestellte Theorie formaler Kontexte von McCarthy. In Abschnitt 4.7 adaptiere ich diese Theorie an die Anforderungen von AQUA. Bevor ich im letzten Abschnitt 4.10 den bis dahin beschriebenen Lernansatz zusammenfasse, führe ich im Abschnitt 4.9 ein zusammenhängendes Beispiel ein, das ich später wieder aufgreifen werde.

4.1 Die Lernaufgabe

Dieser Arbeit liegt eine andere als die traditionelle Sicht des Konzeptlernens zugrunde. Im traditionellen Sinne wird aus den Beschreibungen eines Beispiels (EBL) oder mehrerer Beispiele (SBL, ILP) das Zielkonzept gelernt (vgl. dazu die in Abschnitt 3.2 verglichenen Methoden und Systeme). In dieser Arbeit gehe ich von den sprachlichen Beschreibungen des Zielkonzepts selbst aus, d.h., die Eigenschaften des zu lernenden Konzepts werden im Text direkt beschrieben. Dabei liegt eine Textlernsituation im Sinne von *Learning by Being Told* (vgl. Abschnitt 3.1.3.1) im allgemeinen nicht vor. D.h. die sprachlichen Beschreibungen liegen einerseits in nicht lernrelevant aufbereiteter Form vor; andererseits unterliegen diese Beschreibungen verschiedenen Störfaktoren, so zum Beispiel Unvollständigkeit der Konzeptbeschreibungen und der natürlichsprachlichen Beschreibungen, aber auch ungrammatische Eingabe sowie Unterspezifikation der sprach- und domänenspezifischen Wissensquellen. Dies hat zur Folge, daß ganze Teilphrasen oder sogar Sätze nicht korrekt oder vollständig verstanden werden können oder aber zahlreiche alternative Hypothesen über die analysierten Phrasen aufgebaut werden müssen. AQUA geht den zweiten Weg, ist aber zusätzlich in der Lage, die aufgebauten Hypothesen auf der Grundlage des sprachlichen Kontexts und bestimmter konzeptueller Gegebenheiten zu bewerten und letztendlich eine Auswahl zu treffen. Die Bewertung ist möglich, da der sprachliche Kontext das unbekannte Item unterschiedlich stark bestimmt und damit unterschiedliche Präferenzen beschrieben werden. Ähnlich verhält es sich mit den durch konzeptuelle Qualitätsregeln berechenbaren konzeptuellen Strukturen innerhalb und zwischen Hypothesenräumen. Diese Qualitätsregeln repräsentieren heuristische Zusammenhänge, die die Auswahl steuern.

Zusammenfassend kann das Konzeptlernproblem wie folgt beschrieben werden:

Gegeben sei ein unbekanntes Item, eine Menge von unterschiedlich sicheren, alternativen Hypothesen bzgl. des Items, eine Konzepttaxonomie, der sprachliche Kontext und konzeptuelle Qualitätsregeln zur Bewertung der Hypothesen.

Gesucht ist die Menge der speziellsten, einander ausschließenden Hypothesen bzgl. des unbekannten Items und eine Präferenz- bzw. Qualitätsordnung über dieser Menge.

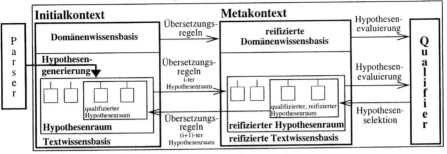

Terminologisches Schlußfolgerungssystem

Abbildung 4.1: Architekturskizze

4.2 Die Architektur

Für die Aufnahme, Bewertung und Selektion von Hypothesen wurde die in Abb. 4.1 beschriebene Wissensverwaltungsarchitektur entwickelt (Hahn et al., 1996a; 1996b). An diese Stelle will ich die wesentlichen Merkmale zusammenfassen.

In der vorgeschlagenen Architektur werden primär zwei verschiedene Kontexte unterschieden nämlich der Initialkontext und der Metakontext (vgl. dazu auch die Diskussion über die Theorie formaler Kontexte von McCarthy, Abschnitt 3.4.2.3, Seite 56). Der *Initialkontext* enthält die terminologische Domänenwissensbasis und die ebenfalls terminologisch kodierte Textwissensbasis, die das aus dem aktuell analysierten Text akquirierte Wissen enthält. Das Wissen innerhalb des Initialkontexts wird ohne explizite Qualitätsangaben repräsentiert. In Abschnitt 4.3 werde ich näher auf das terminologische Repräsentationsformat und die wesentlichen Merkmale eines terminologischen Systems eingehen. Die formale Behandlung von Hypothesen werde ich in Abschnitt 4.4 thematisieren.

Die Regeln der *Hypothesengenerierung* bauen in der Textwissensbasis für jedes zu lernende Konzept einen *Hypothesenraum* auf. Die fortschreitende Analyse des Textes und die daraus resultierenden weiteren Lernprozesse erweitern inkrementell den Hypothesenraum durch das Integrieren neuer Hypothesen über das zu lernende Konzept. In Abschnitt 4.5 will ich die Generierung von Hypothesen erläutert.

Das Wissen des Initialkontexts wird mittels *Übersetzungsregeln* in den *Metakontext* wahrheitserhaltend überführt und dabei reifiziert. Die Überführung des in einem Kontext enthaltenen Wissens in einen anderen wird durch Mc-Carthy's Theorie formaler Kontext (vgl. Abschnitt 3.4.2.3) formal abgedeckt. Deren Implikation auf die Architektur wird in Abschnitt 4.7 kurz vorgestellt. Die bei der Übersetzung vom Initialkontext in den Metakontext entstehenden *reifizierten Strukturen* werden durch rein syntaktische Transformationen der terminologischen Ausgangsstrukturen gebildet. Auf das zugrundeliegende auf terminologischen Strukturen basierende Transformationsschema wird in Abschnitt 4.6 ausführlich eingegangen. Die reifizierten, terminologischen Repräsentationsstrukturen sind über terminologische Aussagen mit *Qualitätsmarken* verknüpft. Diese *qualitativen Aussagen* beruhen einerseits auf sprachlichen Indizien, die aus dem linguistischen Kontext der analysierten Phrase kommen. Andererseits werden konzeptuelle Indizien von *Qualitätsregeln* im *Qualifier* erzeugt. Der Zusammenhang zwischen qualitativen Aussagen, Qualitätsregeln und Qualitätsmarken wird in Abschnitt 4.8 genau erläutert.

Auf der Grundlage der qualitativen Aussagen für einzelne Aussage des Initialkontexts berechnet der Classifier dann die entsprechenden qualitativen Aussagen für alle Hypothesen. Der Classifer kann dann für die *Hypothesenevaluation* eingesetzt werden. Er "berechnet" sogenannte Glaubwürdigkeitsgrade. Hypothesen ab einem bestimmten Glaubwürdigkeitsniveau werden ausgewählt (*Hypothesenselektion*) und mit Hilfe inverser Übersetzungsregeln zurück in den Initialkontext projiziert. Da der zugrundeliegende Qualitätskalkül im Zentrum dieser Arbeit steht, widme ich ihm ein eigenes Kapitel (vgl. Kapitel 5).

4.3 Terminologische Wissensrepräsentation

Im Bereich textverstehender Systeme wird mit Ausnahme der mit DRT-Konstrukten (**D**iskurs**R**epräsentations**T**heorie von Kamp (1981)) operierenden Ansätze die inhaltliche Interpretation von Texten üblicherweise durch objektzentrierte Wissensrepräsentationsformate wie Frames oder semantische Netze unterstützt. Mit der Familie terminologischer Wissensrepräsentationssysteme liegt ein auch semantisch wohlfundierter Sprachentwurf vor. Sie bilden das methodische Fundament des Lerners. Im Abschnitt 4.3.1 will ich kurz auf die wesentlichen Merkmale terminologischer Systeme eingehen. Die Konstruktoren der terminologischen Logik, die ich im weiteren Verlauf der Arbeit insbesondere für die Reifikation (vgl. Abschnitt 4.6), die Qualitätsmarken (vgl. Abschnitt 4.5.1 und 4.8) und den Qualitätskalkül (vgl. Kapitel 5) benötige, werde ich in Abschnitt 4.3.2 vorstellen. Der für den Lerner benötigte Begriff einer Hypothese, läßt sich mit herkömmlicher terminologischer Logik nicht formal beschreiben. Deshalb führe ich in Abschnitt 4.4 diesen Begriff in die terminologische Sprache ein und gebe dazu eine semantische Beschreibung.

4.3.1 Merkmale terminologischer Systeme

Die Familie der terminologischen Wissensrepräsentationssysteme wird im wesentlichen gebildet durch Derivate von KL-ONE (Brachman & Schmolze, 1985; Nebel, 1990a; Woods & Schmolze, 1992). Da für diese Arbeit die Repräsentation von Hypothesen und die automatische Bewertung von und Selektion bestimmter Hypothesen wesentlich ist, bietet sich die konsequente Ausnutzung des terminologischen Formalismus und des einem terminologischen System inhärenten Classifers aus folgenden Gründen an:

- Neben der Formalisierung (vgl. nächsten Abschnitt) bieten diese Systeme nützliche Konstruktoren wie assoziative bzw. typisierte Vernetzung, Vererbung, Integritätsregeln für Rollen usw. an (vgl. Sowa (1991)), die zur Reduktion von Suchräumen und Direktionierung von Inferenzen dienen.

- Die meisten dieser Systeme verfügen über hochoptimierte spezialisierte Inferenzmaschinen (beispielsweise der automatischen Subsumptionsberechnung oder Instanztest; Classifier), Verfahren zur Wissensrevision (TMS) und hybride Ergänzungen wie Produktionsregelsysteme.

- Da bereits die Domänenwissensbasis mit einem terminologischen Formalismus aufgebaut wurde, ist die Einbettung der Lernprozesse in das terminologische Wissensrepräsentationssystem aus Gründen eines homogenen Systementwurfs von Vorteil. Zusätzlich hängt die Qualität der zu bewertenden Hypothesen von umfangreichen Hintergrundwissen ab (vgl. dazu die in Abschnitt 4.8 eingeführten Qualitätsregeln).

- Neben der Repräsentations- und Inferenzebene gibt es auch wissensverwaltungstechnische Gründe für die Verwendung von terminologischen Systemen. So ist die oben beschriebene Trennung in qualitatives, reifiziertes und nicht-qualitatives, nicht-reifiziertes Wissen nur mit hochentwickelten Verwaltungsmechanismen zu erreichen, wie sie in terminologischen Systemen bereitgestellt werden. Ich verwende dazu das in LOOM (ein terminologischen System (MacGregor, 1991; 1994)) vorhandene Kontextverwaltungssystem. *Kontexte* in LOOM sind Bereiche zum Speichern von Wissen in einer Wissensbasis, die entweder als gegenseitig nicht sichtbare Bereiche oder als Bereiche, die voneinander Wissen erben können, definiert sind. Kontexte in diesem Sinne haben mit dem Begriff *Kontext* i.S.v. McCarthy als formales Objekt einer Logik nichts gemein[1].

4.3.2 Terminologische Logik

Ziel des Abschnitts ist es, die für die Formalisierung des Qualitätskalküls notwendigen terminologischen Konstruktoren einzuführen. Dazu werden die benötigten Konstruktoren bezüglich ihrer Syntax und Semantik mit dem Formalismus erläutert, der von Brachman & Levesque (1984) erstmals vorgeschlagen und von Nebel (1990a) und Woods & Schmolze (1992) vertieft wurde. Die Beschränkung auf eine relativ kleine Anzahl epistemologisch relevanter Konstruktoren ist eine wesentliche Eigenschaft terminologischer Systeme. Diese Beschränkung gestattet aus logischer Sicht die Auswahl von Teilklassen der Prädikatenlogik, die einerseits ausdrucksmächtig genug, andererseits noch effizient berechenbar sind. Für die Berechnung der Qualitätskriterien habe ich einen neuen Konzeptkonstruktor definiert, der nicht zu den üblichen Konstruktoren gezählt werden kann. Deshalb werde ich ihn in diesem Abschnitt nicht darstellen, sondern erst in Abschnitt 5.2.2.2 einführen und dort die entsprechende Syntax- und Semantikbeschreibung geben und die Nützlichkeit dieses Konstruktors motivieren.

4.3.2.1 Die Konzept- und Rollensprache

Die Konzept- und Rollensprache stellt Konstruktoren zur Verfügung, mit deren Hilfe die Terminologie eines Anwendungsbereichs (im vorliegenden Fall eine Informationstechnikdomäne) und ein domänenunabhängiges Modell zur Bewertung und Selektion von beliebigen Hypothesen definiert werden kann. Man geht

---

[1]Im folgenden werde ich den Begriff *Kontext* immer i.S.v. McCarthy verwenden. Die Bedeutung als Speicherbereich einer Wissensbasis wird immer explizit erwähnt.

	Syntax	Semantik
x	$C \sqcap D$	$C^{\mathcal{I}} \cap D^{\mathcal{I}}$
	$C \sqcup D$	$C^{\mathcal{I}} \cup D^{\mathcal{I}}$
	$\neg C$	$\Delta \setminus C^{\mathcal{I}}$
	$\exists R.C$	$\{d \in \Delta \mid R^{\mathcal{I}}(d) \cap C^{\mathcal{I}} \neq \emptyset\}$
	$\forall R.C$	$\{d \in \Delta \mid R^{\mathcal{I}}(d) \subseteq C^{\mathcal{I}}\}$

Tabelle 4.1: Syntax und Semantik von Konzepttermen

dabei von sogenannten *Konzepten* und *Rollen* aus. Aus prädikatenlogischer Sicht sind Konzepte als einstellige und Rollen als zweistellige Prädikatssymbole aufzufassen. Darüber hinaus weist eine Interpretation $\mathcal{I}$ jedem Konzeptsymbol eine Teilmenge des Interpretationsbereichs Δ zu. Die Menge der Konzeptsymbole werde ich mit **A** bezeichnen. Damit läßt sich die Interpretation von Konzeptsymbolen als Abbildung von der Menge **A** auf die Potenzmenge des Interpretationsbereichs Δ auffassen und formal notieren als $\mathcal{I} : \mathbf{A} \to 2^{\Delta}$. Ähnliches gilt für die Abbildung der Rollensymbole. $\mathcal{I}$ interpretiert die Menge der Rollensymbole, die ich mit **P** bezeichne, als Menge binärer Relationen über Δ. Dieser Sachverhalt läßt sich formal schreiben als $\mathcal{I} : \mathbf{P} \to 2^{\Delta \times \Delta}$. Üblicherweise werden noch sogenannte *Attribute* eingeführt. Attribute sind Rollen mit der zusätzlichen Eigenschaft, daß sie funktionale (statt relationale) Beziehungen repräsentieren. Da ich die Unterscheidung in Rolle und Attribute nicht benötige, werde ich im weiteren Verlauf meiner Arbeit darauf nicht näher eingehen.

Mittels vorgegebener Konstruktoren können aus Konzepten und Rollen induktiv komplexere Beschreibungselemente, die sogenannte Konzeptterme und Rollenterme, aufgebaut werden. Diesen werden in Abhängigkeit von der Semantik der Konstruktoren wiederum Mengen und binäre Relationen zugeordnet. Tabelle 4.1 gibt eine Übersicht über die Syntax und Semantik der in dieser Arbeit verwendeten Konstruktoren für komplexe Konzeptterme und Tabelle 4.2 über die Konstruktoren für komplexe Rollenterme. In den Tabellen bezeichnen C, D Konzeptterme, R, S, R_i Rollenterme und n eine natürliche Zahl. Der Ausdruck $R^{\mathcal{I}}(d)$ steht für die Menge der Rollenfüller des Individuums d, d.h. die Menge der Individuen e mit $(d, e) \in R^{\mathcal{I}}$. In der linken Spalte der Tabelle 4.1 (auch in Tabelle 4.2) habe ich durch ein "x" markiert, welche Konstruktoren für den in Kapitel 5 eingeführten Qualitätskalkül benötigt werden.

	Syntax	Semantik
	$R \sqcap S$	$R^\mathcal{I} \cap S^\mathcal{I}$
x	$R \sqcup S$	$R^\mathcal{I} \cup S^\mathcal{I}$
x	$c|R$	$\{(d,d') \in R^\mathcal{I} \mid d \in C^\mathcal{I}\}$
x	$R|_C$	$\{(d,d') \in R^\mathcal{I} \mid d' \in C^\mathcal{I}\}$
x	R^{-1}	$\{(d,d') \in \Delta \times \Delta \mid (d',d) \in R^\mathcal{I}\}$
x	$(R_1,..,R_n)$	$R_1^\mathcal{I} \circ .. \circ R_n^\mathcal{I}$

Tabelle 4.2: Syntax und Semantik von Rollentermen

Um für Konzeptterme und Rollenterme symbolische Namen definieren zu können, verwendet man *terminologische Axiome*, deren Syntax und Semantik in Tabelle 4.3, jeweils obere Hälfte, gegeben ist. In der Tabelle repräsentieren A und Q Konzeptsymbole bzw. Rollensymbole. Mit dem Konstruktor $\doteq$ definiert man notwendige und hinreichende Bedingungen (Terme) für die Konzept- bzw. Rollenzugehörigkeit. Ist man nicht in der Lage, ein Konzept bzw. Rolle vollständig zu definieren, gestattet die *Spezialisierung* mittels des Konstruktors $\sqsubseteq$ notwendige Bedingungen für die Zugehörigkeit zu spezifizieren. Eine endliche Menge solcher terminologischer Axiome wird mit *Terminologie, TBox* oder $\mathcal{T}$ bezeichnet. Als zusätzliche Einschränkung gilt, daß jedes Konzept- und Rollensymbol höchstens einmal definiert werden darf. Außerdem wird meistens gefordert, daß eine TBox keine zyklischen Definitionen enthält.

Mit Hilfe von Assertionen können die in der TBox eingeführten Konzepte und Rollen mit konkreten Individuen gefüllt werden. Die dafür notwendigen *assertionalen Axiome* werden in Tabelle 4.3, jeweils untere Hälfte, durch Angabe der Syntax und Semantik definiert. Dabei repräsentieren a,b Individuen. Eine endliche Menge assertionaler Axiome wird als *Weltbeschreibung, ABox* oder $\mathcal{A}$ bezeichnet.

Axiom	Semantik	Axiom	Semantik
$A \doteq C$	$A^\mathcal{I} = C^\mathcal{I}$	$Q \doteq R$	$Q^\mathcal{I} = R^\mathcal{I}$
$A \sqsubseteq C$	$A^\mathcal{I} \subseteq C^\mathcal{I}$	$Q \sqsubseteq R$	$Q^\mathcal{I} \subseteq R^\mathcal{I}$
$a : C$	$a^\mathcal{I} \in C^\mathcal{I}$	$a\,R\,b$	$(a^\mathcal{I}, b^\mathcal{I}) \in R^\mathcal{I}$

Tabelle 4.3: Konzept- und Rollenaxiome

Als Beispiel eines Weltausschnitts sei die Abb. 2.1, Seite 7 gegeben. Dort ist folgende TBox repräsentiert:

$$
\begin{aligned}
\text{HARDWARE} &\sqsubseteq \text{OBJECT} \\
\text{SOFTWARE} &\sqsubseteq \text{OBJECT} \sqcap \neg\text{HARDWARE} \\
\text{COMPUTER} &\doteq \text{HARDWARE} \sqcap \forall\text{PRODUCT-OF.PRODUCER} \\
\text{PRINTER} &\doteq \text{HARDWARE} \sqcap \\
&\quad \neg\text{COMPUTER} \sqcap \forall\text{PRODUCT-OF.PRODUCER} \\
\text{PRODUCER} &\doteq \text{OBJECT} \sqcap \neg\text{HARDWARE} \sqcap \neg\text{SOFTWARE} \sqcap \\
&\quad \forall\text{PRODUCES.HARDWARE} \sqcup \text{SOFTWARE}
\end{aligned}
$$

Als ABox sind folgende Assertionen aufgestellt:

$$
\begin{aligned}
&ASI\text{-168} : \text{COMPUTER} \qquad Aquarius : \text{PRODUCER} \\
&Aquarius \text{ PRODUCES } ASI\text{-168}
\end{aligned}
$$

4.3.2.2 Terminologische Inferenzen

Eine These meiner Arbeit lautet, daß der Classifier der ABox (der Instanztest) eines terminologischen Systems zur Bewertung und Selektion von Konzepthypothesen herangezogen werden kann. Da ein Classifier für die Inferenzen in der terminologischen Wissensbasis zuständig ist, will ich einige Bemerkungen zum Classifier machen: Jede terminologisch aufgebaute Wissensbasis enthält implizites Wissen, an das man erst durch Inferenzschlüsse gelangen kann. Da die TBox $\mathcal{T}$ und ABox $\mathcal{A}$ eine aus der Prädikatenlogik stammende Semantik haben, lassen sich die Inferenzverfahren auch logisch formalisieren, einmal als Erfüllbarkeitstest für Konzepte (Subsumptionsberechnung), andererseits als Konsistenztest für ABoxen (Realisierung). Alle weiteren Inferenzen lassen sich auf die beiden Tests zurückführen. Das Problem des Konzeptlernens gehe ich nicht mit dem Erfüllbarkeitstest für Konzepte an, da ich das zu lernende Item als ABox-Element (Instanz) auffasse. Dies liegt daran, daß die meisten terminologischen Systeme keine Möglichkeit bieten, Konzeptbeschreibungen inkrementell zu erweitern. In AQUA wird hingegen für eine gegebene Instanz a nach dem spezifischsten in der Terminologie $\mathcal{T}$ vorkommenden Konzept C gefragt. Dieses Problem heißt *Realisierungsproblem* und wird durch die in der ABox $\mathcal{A}$ angesiedelte Inferenz mit dem Namen *Instanztest* gelöst. Diese Inferenz besagt, daß ein assertionales Axiom α *aus $\mathcal{A}$ bezüglich $\mathcal{T}$ folgt* (formal: $\mathcal{A} \cup \mathcal{T} \vdash \alpha$), wenn alle Modelle von $\mathcal{A}$ bezüglich $\mathcal{T}$ auch α erfüllen (formal: $\mathcal{A} \cup \mathcal{T} \models \alpha$). Da α im Konzeptlernfall die Form $a : C$ hat, kann der Instanztest auf den Konsistenztest mittels des Widerlegungstheorems reduziert werden:

$$\mathcal{A} \cup \mathcal{T} \models a : C \text{ genau dann, wenn}$$
$$\mathcal{A} \cup \{a : \neg C\} \text{ ist bezüglich } \mathcal{T} \text{ nicht konsistent}$$

Durch den Instanztest kann den in einem sprachverarbeitenden System in einem Diskurs vorkommenden Objekten jeweils ein möglichst spezifisches Konzept zugeordnet werden. Im Lernfall reicht diese Inferenz jedoch nicht aus:

- Nicht alle konzeptuellen Beschreibungen zur Instanzklassifizierung (Realisierung) auf ein spezifisches Konzept sind in der Regel in der Wissensbasis vorhanden (vgl. *Unterspezifikation* in Abschnitt 2.1, Seite 5).

- Durch das Prinzip des *Partiellen Parsing* (vgl. ebenfalls Abschnitt 2.1, Seite 5) und der daraus resultierenden unvollständigen Repräsentation der Textinhalte kann der Parser notwendige Beschreibungen zur Realisierung auf ein Konzept nicht liefern.

Technisch-terminologisch gesprochen bedeutet dies, daß einerseits Beschreibungen auf TBox-Ebene fehlen, mit denen die Realisierung des zu lernenden Items bewerkstelligt werden kann, obwohl der Parser die sprachlichen Strukturen erkennt. Andererseits kann aber auch der Parser wegen nur partiell verstandener sprachlicher Strukturen die Generierung assertionaler Beziehungen, die zur weitergehenden Realisierung auf ein spezifisches Konzept verwendet werden können, nicht zuverlässig liefern. Mit dem von mir entwickelten Verfahren zur Hypothesengenerierung und dem Bewertungs- und Selektionskalkül stelle ich ein Instrument zur Verfügung, mit dem die oben beschriebenen negativen Auswirkungen auf die Realisierung durch konzeptuelle und sprachliche Unterspezifikation vermindert werden können.

Wenn man die Taxonomie des Beispiels betrachten, so ist in der ABox folgendes implizite Wissen enthalten, welches der Instanztest berechnet:

$$
\begin{array}{ll}
ASI\text{-}168 : \text{HARDWARE} & ASI\text{-}168 : \text{OBJECT} \\
ASI\text{-}168 : \neg\text{SOFTWARE} & ASI\text{-}168 : \neg\text{PRINTER} \\
ASI\text{-}168 : \neg\text{PRODUCER} & Aquarius : \text{OBJECT} \\
Aquarius : \neg\text{SOFTWARE} & Aquarius : \neg\text{HARDWARE} \\
Aquarius : \neg\text{PRINTER} & Aquarius : \neg\text{COMPUTER}
\end{array}
$$

4.4 Hypothesen in terminologischer Logik

In diesem Abschnitt führe ich den Begriff "Hypothese", wie ich ihn bisher verwendet habe, formal für den terminologischen Formalismus ein. Dazu gehe ich von den Bedingungen aus, daß in jeder Hypothese

1. derselbe Interpretationsbereich Δ verwendet wird,

2. unterschiedliche assertionale Axiome für eine unbekannte Instanz gelten dürfen und

3. dieselbe TBox gilt.

Die oben beschriebenen drei Bedingungen ergeben sich direkt aus der Lernaufgabe: Jede Hypothese (sowohl vom Parsing stammende Ambiguitäten als auch vom Lerner aufgebaute Konzepthypothesen) enthält immer dieselben Instanzen da immer dieselben Diskursobjekte als Eingabe in den Lerner dienen. Diese Diskursobjekte unterscheiden sich nur durch ihre Relationierungen zu anderen Instanzen (beispielsweise durch Kasusrollen zwischen einem Verbobjekt und einem Kasusobjekt) oder zu Konzepten (beispielsweise durch das Aufstellen von Konzepthypothesen). Dieser Zusammenhang erklärt die Punkte 1 und 2. Der letzte Punkt wird dadurch deutlich, daß jedes vom Parser analysierte Lexem in der Wissensbasis als Instanz eingetragen wird und somit nicht die TBox verändert, sondern nur die ABox.

Auf der Grundlage dieser Bedingungen schlage ich vor, für jede Hypothese h (aus einer Menge $\mathbf{H}$ aller Hypothesensymbole) eine Menge von Interpretationen $\mathcal{I}_h$ zu definieren derart, daß $\mathcal{I}_h$ jedem Konzeptsymbol aus $\mathbf{A}$ eine Teilmenge von Δ zuweist:

$$\mathcal{I}_h : \mathbf{A} \rightarrow 2^\Delta$$

Für Rollen aus der Rollensymbolmenge $\mathbf{P}$ gilt analog: $\mathcal{I}_h : \mathbf{P} \rightarrow 2^{\Delta \times \Delta}$

Mit einer solchen Menge von Interpretationsfunktionen lassen sich die Syntax und die Semantik assertionaler Axiome angeben:

Axiom	Semantik
$(a : C)_h$	$a^{\mathcal{I}_h} \in C^{\mathcal{I}_h}$
$(a\ R\ b)_h$	$(a^{\mathcal{I}_h}, b^{\mathcal{I}_h}) \in R^{\mathcal{I}_h}$

Das Beispiel von Abschnitt 4.3.2.1, Seite 73 für die ABox soll dies verdeutlichen. Zusätzlich zu den dortigen Axiomen wird für eine Hypothese h_1 angenommen, daß $Megaline$: HARDWARE und $Aquarius$ PRODUCES $Megaline$ gilt und in einer anderen Hypothese h_2 $Megaline$: PRODUCER. Mit der erweiterten Syntax läßt sich dieser Sachverhalt wie folgt notieren, wobei ich nur die explizit eingeführten Axiome angebe:

$(Megaline : \text{HARDWARE})_{h_1}$	$(Megaline : \text{PRODUCER})_{h_2}$
$(ASI\text{-}168 : \text{COMPUTER})_{h_1}$	$(ASI\text{-}168 : \text{COMPUTER})_{h_2}$
$(Aquarius : \text{PRODUCER})_{h_1}$	$(Aquarius : \text{PRODUCER})_{h_2}$
$(Aquarius \text{ PRODUCES } ASI\text{-}168)_{h_1}$	$(Aquarius \text{ PRODUCES } ASI\text{-}168)_{h_2}$
$(Aquarius \text{ PRODUCES } Megaline)_{h_1}$	

Als nächstes folgt die Semantik der erweiterten assertionalen Axiome von oben, wobei ich die Interpretation der Symbole OBJECT, HARDWARE, COMPUTER, PRODUCER und PRODUCES angebe:

$$
\begin{aligned}
\mathcal{I}_{h_1}(\text{OBJECT}) &= \{Aquarius, Megaline, ASI\text{-}168\} \\
\mathcal{I}_{h_1}(\text{HARDWARE}) &= \{Megaline, ASI\text{-}168\} \\
\mathcal{I}_{h_1}(\text{COMPUTER}) &= \{ASI\text{-}168\} \\
\mathcal{I}_{h_1}(\text{PRODUCER}) &= \{Aquarius\} \\
\mathcal{I}_{h_1}(\text{PRODUCES}) &= \{(Aquarius, ASI\text{-}168), (Aquarius, Megaline)\}
\end{aligned}
$$

$$
\begin{aligned}
\mathcal{I}_{h_2}(\text{OBJECT}) &= \{Aquarius, Megaline, ASI\text{-}168\} \\
\mathcal{I}_{h_2}(\text{HARDWARE}) &= \{ASI\text{-}168\} \\
\mathcal{I}_{h_2}(\text{COMPUTER}) &= \{ASI\text{-}168\} \\
\mathcal{I}_{h_2}(\text{PRODUCER}) &= \{Megaline, Aquarius\} \\
\mathcal{I}_{h_2}(\text{PRODUCES}) &= \{(Aquarius, ASI\text{-}168)\}
\end{aligned}
$$

An den Teilmengen, die die Interpretationsfunktionen liefern, ist zu erkennen, daß unterschiedliche Teilmengen für die einzelnen Konzeptsymbole erzeugt werden. Jede Hypothese wird durch ihre eigene Interpretationsfunktion definiert und nicht durch einen eigenen Interpretationsbereich.

4.5 Generierung von Hypothesen und linguistischen Qualitätsmarken

Eine wesentliche Designentscheidung von SYNDIKATE ist die enge Interaktion des Textparsers und der Wissensakquisitionskomponente. Wenn beispielsweise zwei Nomen (wie in *"... Baureihe Megaline ... "* oder *"... Megaline von Aquarius ... "*) oder ein Nomen und ein Verb (wie beispielsweise in *"... Megaline ... ist ... untergebracht ... "*) vom Parser syntaktisch miteinander relationiert werden können, überprüft der Semantische Interpreter die konzeptuelle Verträglichkeit der involvierten Lexeme (vgl. die Funktion `PathFinder` von Abschnitt 2.2). Da diese Art des Schließens vollständig in ein terminologisches Wissensrepräsentationssystem eingebettet ist, können prinzipiell nach zwei verschiedene Arten, Hypothesen zu generieren, unterschieden werden:

1. Konzeptzugehörigkeit

   Für den Konzepttyp C einer Instanz b, die ein bekanntes Lexem repräsentiert, wird getestet, ob er auf eine Instanz a, die ein unbekanntes Lexem repräsentiert, übertragen werden kann (vgl. Realisierungsproblem, Abschnitt 4.3.2.2, Seite 73). Falls der Test Konsistenz signalisiert, wird die Assertion $(a : C)_h$ in den aktuellen Hypothesenraum h eingebaut.

2. Rollenfüller[2]

   Zwischen zwei Instanzen a und b, die jeweils ein Lexem repräsentieren, können verschiedene Beziehungen in Form von Rollen ROLE konsistent gefunden werden, die als Assertionen der Form $(a$ ROLE $b)_h$ in jeweils einem Hypothesenraum h aufgebaut werden.

Welche der beiden prinzipiellen Regeln angestoßen wird, hängt vom linguistischen Kontext ab, in dem die involvierten Lexeme auftreten. In Abschnitt 4.5.1 stelle ich für jede Regel einige *linguistische Marken* vor, die den linguistischen Kontext auf der Wissensbasisseite repräsentieren. Im Lernfall ist für ein Lexem, das in der Wissensbasis als Instanz *unbekannt* repräsentiert wird, deren Konzeptzugehörigkeit nicht bekannt, D.h., das Realisierungsproblem ist für *unbekannt* zu lösen. Wie bereits in Abschnitt 4.3.2.2 erläutert, bedeutet

---

[2]Ich spreche im folgenden immer von Rollen, auch wenn Rollenketten gemeint sein können.

dies formal die Erfüllbarkeit $\mathcal{A} \cup \mathcal{T} \models unbekannt : C$. In diesem Fall wird für *unbekannt* entweder Konzeptinformationen

1. *direkt* von der ein bekanntes Lexem repräsentierenden Instanz übertragen (siehe obigen Punkt 1, Generierung nach Konzeptzugehörigkeit) oder

2. *indirekt* auf der Basis der gefundenen Rollen und deren Restriktionen durch den Classifier berechnet (siehe obigen Punkt 2, Generierung nach Rollenfüller).

In Abschnitt 4.5.2 gehe ich ausführlich auf die Generierungsregel `sub-hypo` ein, die dem Punkt 1 zugrundeliegt und gebe eine semi-formale Notation dieser Regel an. In Abschnitt 4.5.3 tue ich das gleiche für die Regel `perm-hypo`, die Punkt 2 zugrundeliegt. In Abschnitt 4.5.4 stelle ich eine leicht modifizierte Regel `perm-hypo` vor, mit der unter bestimmten konzeptuellen Bedingungen Hypothesenräume weiter verfeinert werden können.

4.5.1 Linguistische Qualitätsmarken

Bevor ich auf die Hypothesengenerierungsregeln genauer eingehe, möchte ich auf die Darstellung des linguistischen Kontexts in der Wissensbasis in Form von sogenannten *linguistischen Qualitätsmarken* eingehen. Die linguistischen Qualitätsmarken repräsentieren Informationen über den linguistischen Kontext einer analysierten Phrase und verleihen deren Gewichtung Ausdruck. Damit wird die Beobachtung repräsentiert, daß syntaktische Gegebenheiten in unterschiedlichem Maße Hypothesen über ein unbekanntes Lexem beeinflussen. Beispielsweise bestimmt eine Appositionphrase wie die bereits erwähnte *"Die neue Baureihe Megaline ..."* zweifelsfrei die Konzeptzugehörigkeit der Instanz *Megaline* zu einem Konzept (für mein Beispiel sei dies HARDWARE) im Gegensatz zu einer Präpositionalphrase wie *"... Megaline von Aquarius ..."*, mit der geschlossen werden kann, daß die Instanz *Megaline* zur Instanz *Aquarius* über eine zu berechnende Rolle in Beziehung steht (Generierung nach Rollenfüller). Im Beispielfall wird dann mit Hilfe des Classifiers und entsprechend vormodellierten Rollenrestriktionen geschlossen, daß mit *Megaline* ein bestimmtes Produkt von *Aquarius* über eine Rolle PRODUCES gemeint sein kann, beispielsweise ein COMPUTER, ein PRINTER, eine SOFTWARE oder über die Rolle HAS-OFFICE eine Stadt in der *Aquarius* seinen Firmensitz hat usw.

Neben der Funktion der Auswahl der "richtigen" Regel (Generierung nach Konzeptzugehörigkeit oder Rollenfüller) beschränkt der linguistische Kontext den Bereich plausibler Inferenzen unterschiedlich stark. Im Appositionsfall wird mit hoher Sicherheit das Konzept der bekannten Instanz auf die unbekannte Instanz übertragen unabhängig vom Konzept selbst. Im zweiten Fall ist die Suche nach Rollen wesentlich unsicherer. Auf den Aspekt der Ordnung von Qualitätsmarken werde ich in diesem Abschnitt nicht näher eingehen, sondern erst im Zusammenhang mit dem Qualitätskalkül in Abschnitt 5.1. Wie oben beschrieben, werden i.a. für vom Parser erzeugte terminologische Assertionen eine oder mehrere linguistische Qualitätsmarken vergeben. Dazu definiere ich die Funktion `add-label`($axiom, marke$), wobei $axiom$ ein (erweitertes) assertionales Axiom und $marke$ eine dem Axiom $axiom$ assoziierte linguistische Qualitätsmarke bezeichnet. Da für die Verrechnung der Marken ein Classifier verwendet werden soll (siehe Kapitel 5), hat die Zuordnung von Marken zu Axiomen selbst die Form eines assertionalen Axioms, d.h. ($axiom : marke$). Damit dies gewährleistet werden kann, führe ich in Abschnitt 4.6 die Reifikation von assertionalen Axiomen ein, die jedes Axiom syntaktisch transfomiert und eine Instanz als Platzhalter für jedes assertionale Axiom liefert. Wie bei der Beschreibung der Architektur in Abschnitt 4.2 bereits vermerkt, werden die qualitativen Aussagen in einem von der Textwissensbasis getrennten Kontext, dem Metakontext, hinzugefügt. Die Funktion `add-label` verwendet dazu die nichtreifizierten Axiome ohne Qualitätsangabe des Initialkontexts und ordnet den entsprechenden reifizierten Axiomen des Metakontexts Qualitätsmarken zu. Sie erstellt damit qualitative Aussagen. Dieser Mechanismus ist eng mit der Reifikation verknüpft und wird in Abschnitt 4.7, Initial- und Metakontext, dargestellt. Eine semi-formale Darstellung der Funktion `add-label` werde ich anschließend im Abschnitt 4.8, Tabelle 4.13, Seite 104 geben. Allgemein wird eine Parseranfrage, die eine Hypothesengenerierung auslöst, formal mit dem Funktionsaufruf

$$\texttt{parser-query}(unbekannt, bekannt, h, marke)$$

dargestellt, wobei $unbekannt$ die dem unbekannten Lexem zugeordnete Instanz, $bekannt$ die dem bekannten Lexem zugeordnete Instanz, h der vom Parser analysierte Hypothesenraum und $marke$ die der linguistischen Konstruktion von $unbekannt$ und $bekannt$ zugrundeliegende linguistische Qualitätsmarke repräsentieren. In Tabelle 4.4 gebe ich eine semi-formale Beschreibung der Par-

parser-query($unbekannt, bekannt, h, marke$)

IF $marke \in \{$APPOSITION, DECOMPOSITION$\}$
 THEN
     sub-hypo($unbekannt, bekannt, h, marke$)
 ELSE
     perm-hypo($unbekannt, bekannt, h, marke$)

Tabelle 4.4: Die Funktion parser-query

seranfrage. Für die Darstellung von parser-query und aller weiteren Funktionen und Prädikate verwende ich folgende Operatoren bzw. Sonderzeichen:

Mit dem Sonderzeichen := bezeichne ich eine Zuweisung eines Wertes an eine Variable und mit = bzw. $\neq$ einen Test auf Gleichheit bzw. Ungleichheit. Variablen bestehen aus dem Zeichen ?, gefolgt von einem beliebigen String wie beispielsweise $?type$. Das Zeichen $\Longrightarrow$ trennt den Bedingungsteil einer Regel von ihrem Aktionsteil. Der Bedingungsteil beginnt mit dem Operator **EXISTS** gefolgt von freien Variablen und enthält als Rumpf (erweiterte) assertionale Axiome, die gelten müssen, damit der Aktionsteil zur Ausführung gelangt. Der Operator **TELL** enthält (erweiterte) assertionale Axiome, die in die Wissensbasis eingeführt werden. Zusätzlich verwende ich die Operatoren **IF**, **THEN**, **ELSE** und **FORALL**, deren Bedeutung jeweils der einer Bedingung mit else-Fall und einer Schleife über eine Laufvariable entspricht. Der Aufruf von Funktionen wird einfach durch deren Namen, gefolgt von den Parametern dargestellt.

Als nächstes komme ich zur Beschreibung der Funktion parser-query (vgl. ähnliche Beschreibung bei Schnattinger et al. (1995a) und Hahn & Schnattinger (1998a)). Sie startet die Funktion sub-hypo in dem Falle, daß entweder die Qualitärsmarke APPOSITION oder DECOMPOSITION vergeben und damit eine Apposition oder eine Nomendekomposition vom Parser erkannt wurden. Ein Beispiel für eine Apposition wurde bereits gegeben, ein Beispiel für eine Nomendekomposition ist *"die WORM-Technologie"*. In allen anderen Fällen wird die Funktion perm-hypo ausgeführt. In dieser Arbeit zählen dazu Präpositionalphrasen wie die bereits oben beschriebene *"... Megaline von Aquarius ..."*, Genitivphrasen (*"... Aquarius' Megaline ..."*) und Kasusrollenzuweisungen (*"... Aquarius entwickelt Megaline ..."*). Die entsprechenden Qualitätsmarken bezeichne ich mit PPATTACH, GENITIVENP und CASEFRAME.

sub-hypo $(unbekannt, bekannt, h, marke)$

IF permitted-concept $(unbekannt, bekannt, h)$
THEN
    $?type$:= type-of $(bekannt)$
    TELL $(unbekannt : ?type)_h$
    add-label$((unbekannt : ?type)_h, marke)$
ELSE
    delete-hypo(h)

Tabelle 4.5: Die Funktion sub-hypo

4.5.2 Generierungsregel sub-hypo

In der Funktion sub-hypo (eine semi-formale Darstellung ist in Tabelle 4.5 gegeben) wird im wesentlichen getestet, ob die Instanz *unbekannt* konsistent um die Konzeptbeschreibung der Instanz *bekannt* im Hypothesenraum h erweitert werden kann. Dieser Test wird durch die Funktion permitted-concept geleistet. Dieser Test verwendet im wesentlichen die Funktion type-of, mit der der sogenannte *Konzepttyp* einer Instanz berechnet wird, und den Konsistenztest eines terminologischen Systems, angewendet auf den Konzepttyp der Instanzen *bekannt* und *unbekannt*. Der Konzepttyp besteht aus der (Konzept-)Unifikation aller Konzepte, die eine Instanz realisieren. Stehen alle realisierten Konzepte in einer ISA-Beziehung zueinander, so ist der Konzepttyp gerade das speziellste Konzept. Ansonsten müssen alle speziellsten Konzepte disjunktiv miteinander verknüpft werden. Falls nun der Test permitted-concept gelingt, geht die Instanz *unbekannt* eine INST-OF-Beziehung mit dem Konzepttyp der Instanz *bekannt* ein. Zusätzlich wird die linguistische Marke *marke* an das entsprechende erweiterte Axiom $(unbekannt : ?type)_h$ angebunden. Dies wird mit der Funktion add-label dargestellt. Kann keine konsistente Erweiterung gefunden werden, werden der betreffende Hypothesenraum h im Initialkontext und die entsprechenden qualitativen Aussagen im Metakontext gelöscht. Diese Funktionalität wird in Tabelle 4.5 durch die Funktion delete-hypo repräsentiert und soll nicht weiter spezifiziert werden.

Das nun folgende Beispiel soll die Wirkungsweise der Generierungsregel sub-hypo erläutern. Der Parser analysiert für einen Hypothesenraum h_1 als erstes die bereits mehrfach erwähnte Teilphrase *"Die neue Baureihe Megaline*

... " und stellt fest, daß diese Phrase eine Apposition ist. Das erste Lexem *Baureihe* wird in der Wissensbasis als Instanz des Konzepts HARDWARE und das zweite Lexem *Megaline*, das unbekannt ist, als Instanz von TOP, dem allgemeinsten Konzept, initialisiert. Die erste Instanz will ich mit *baureihe*.1, die zweite mit *Megaline* bezeichnen. Damit wird die Funktion `parser-query` wie folgt aufgerufen:

$$\texttt{parser-query}(Megaline, baureihe.1, h_1, \texttt{Apposition})$$

Dies führt zum Aufruf von `sub-hypo`$(Megaline, baureihe.1, h_1, \texttt{Apposition})$. Zunächst wird in Hypothesenraum h_1 getestet, ob *Megaline* um die Konzeptbeschreibungen von *baureihe*.1 konsistent erweitert werden kann. Da die Konzeptbeschreibung von *baureihe*.1 gerade aus der Assertion *baureihe*.1 : HARDWARE besteht, gelingt der Test und der Konzepttyp HARDWARE wird auf *Megaline*.1 übertragen und die Qualitätsmarke APPOSITION der Assertion $(Megaline : \text{HARDWARE})_{h_1}$ zugewiesen (mittels `add-label`). Man erhält also als zusätzliche explizite Assertion im Hypothesenraum h_1 (neben weiteren impliziten):

$$(Megaline \; : \; \text{HARDWARE})_{h_1}$$

4.5.3   Generierungsregel `perm-hypo`

Die Funktion `perm-hypo` (eine semi-formale Darstellung ist in Tabelle 4.6 gegeben) gründet auf der Annahme, daß für jede bis dahin aufgebaute Konzepthypothese der Instanz *unbekannt* (beim ersten Auftreten des unbekannten Items existiert nur eine Konzepthypothese) getestet wird, ob sie jeweils als Füller einer Rolle der Instanz *bekannt* verwendet werden kann. Dabei ist zu beachten, daß bestimmte Verträglichkeitsprüfungen erfüllt sein müssen:

- Der Rangebereich der getesteten Rolle muß kompatibel (konsistent) zur aktuellen Konzepthypothese von *unbekannt* sein.

- Anzahlrestriktionen müssen berücksichtigt werden.

- Bestimmte Typen von unbekannten Lexemen wie beispielsweise Zahlen werden ausgeklammert.

```
perm-hypo(unbekannt, bekannt, h, marke)
```

> $?roleset := $ `permitted-role-filler`$(unbekannt, bekannt, h)$
> $?r := |?roleset|$
> **FORALL** $?i :=?r$ **DOWNTO** 1 **DO**
> > $?role_i := $ `member-of`$(?roleset)$
> > $?roleset := ?roleset \setminus \{?role_i\}$
> > **IF** $?i = 1$
> > > **THEN** $?hypo := h$
> > > **ELSE** $?hypo := $ `gen-new-hypo`$(bekannt, ?role_i, unbekannt, h)$
> > **TELL** $(bekannt\ ?role_i\ unbekannt)_{?hypo}$
> > `add-label`$((bekannt\ ?role_i\ unbekannt)_{?hypo}, marke)$
> **IF** $?r = 0$ **THEN**
> > `delete-hypo`(h)

Tabelle 4.6: Die Funktion `perm-hypo`

Dieser Rollenfüllertest wird durch die Funktion `permitted-role-filler` beschrieben, entspricht im wesentlichen der in Abschnitt 2.2 kurz vorgestellten Funktion `PathFinder` und liefert als Wert eine (möglicherweise auch leere) Menge von Rollen $?roleset := \{\text{ROLE}_1, \ldots, \text{ROLE}_r\}$, für die die Assertion der Form $(bekannt\ role_i\ unbekannt)_h$ mit $role_i \in \{\text{ROLE}_1, \ldots, \text{ROLE}_r\}$ konsistent in den Hypothesenraum h integriert wird. Für die ersten $n - 1$ Rollen wird dann ein neuer Hypothesenraum $?hypo$ erzeugt. Zusätzlich haben alle alten im Hypothesenraum h aufgestellten Assertionen und eventuell deren Zuordnung zu linguistischen Marken in den neuen Hypothesenräumen $?hypo$ zu gelten. Dies ist deshalb nötig, damit der Classifier neue Zusammenhänge pro Hypothesenraum berechnen kann. Dies alles leistet die Funktion `gen-new-hypo` (siehe Tabelle 4.7). Der erste Teil von `gen-new-hypo` steht dabei für die Einführung der neuen Hypothesenrauminstanz new. Der zweite Teil ist für die Übertragung der Assertionen des alten auf den neuen Hypothesenraum zuständig. Zu beachten ist, daß die neuen Assertionen der Art $(bekannt\ ?role_i\ unbekannt)_{hypo}$ (aufgestellt durch die Operation **TELL** der Funktion `perm-hypo` aus vorangegangenen Schleifendurchläufen) nicht in den neuen Hypothesenraum new mit übertragen werden dürfen. Dies wird einerseits dadurch gewährleistet, daß zuerst die neuen Hypothesenräume aufgebaut werden bevor der existierende Hypothesenraum erwei-

gen-new-hypo($dom, rel, range, h$)	
TELL new : Hypo	{Teil 1: Einführung einer neuen Hypothesenrauminstanz}

EXISTS $?inst, ?role, ?filler$
  $(?inst\ ?role\ ?filler)_h\ \wedge$
  $(?inst \neq dom \vee ?role \neq rel \vee$
  $?filler \neq range)\qquad \Longrightarrow$
TELL $(?inst\ ?role\ ?filler)_{new}$
	{Teil 2: Übertragung aller Assertionen des alten Hypothesenraum h auf den neuen new ohne die neu hinzugefügte Assertion aus der Funktion perm-hypo}

EXISTS $?i, ?r, ?f, ?m$
  add-label$((?i\ ?r\ ?f)_h, ?m) \Longrightarrow$
  add-label$((?i\ ?r\ ?f)_{new}, ?m)$
	{Teil 3: Übertragung aller linguistischen Marken der Aussagen des alten Hypothesenraums h auf die Aussagen des neuen new}

Tabelle 4.7: Die Funktion gen-new-hypo

tert wird. Andererseits gestattet der zweite Teil der Funktion gen-new-hypo das Übertragen nur der alten Assertionen. In diesem zweiten Teil soll die Assertion $(?inst\ ?role\ ?filler)_h$ auch Assertionen der Art $(inst\ :\ ?filler)_h$ repräsentieren, wobei die Variable $?role$ und der Parameter rel für die epistemische Relation Inst-of und $?filler$ und $range$ für ein Konzeptsymbol stehen können. Der dritte Teil von gen-new-hypo besorgt das Übertragen der im alten Hypothesenraum berechneten linguistischen Marken auf die entsprechenden Assertionen des neuen Hypothesenraums. In der Funktion perm-hypo wird dann für alle Rollen (auch die erste) der entsprechende Hypothesenraum $?hypo$ um die neue Assertion zwischen der Instanz *bekannt* und *unbekannt* über die Rolle Role$_i$ erweitert. Die Funktion member-of wählt eine beliebige Rolle aus der Menge $?roleset$ aus. Die entsprechende Marke wird wieder mit der Funktion add-label zugewiesen. Liefert die Funktion permitted-role-filler eine leere Menge (ist $r = 0$), so wird der involvierte Hypothesenraum h samt Inhalt gelöscht (dargestellt durch Funktion delete-hypo in Tabelle 4.6).

Die Generierungsregel perm-hypo soll anhand des Textausschnitts *"...Megaline von Aquarius ..."* erläutert werden. Dazu gehe ich von der in Abschnitt 4.5.2 aufgestellten Situation aus, in der *Megaline* bereits als Hardware vom Lerner aufgebaut wurde. Der Parser erkennt eine Präposi-

84

tionalphrase (durch die Marke PPATTACH angezeigt) zwischen den Lexemen *Megaline* und *Aquarius*. Die entsprechenden Instanzen werden ebenfalls mit *Megaline* und *Aquarius* bezeichnet. Damit wird die Funktion `parser-query` für den Hypothesenraum h_1 wie folgt aufgerufen:

parser-query ($Megaline, Aquarius, h_1,$ PPATTACH)

Dieser Aufruf bewirkt, daß die Funktion `perm-hypo` (mit den gleichen Parametern wie die Funktion `parser-query`) aufgerufen wird. Zusätzlich zum bisherigen Beispiel sei im Weltwissen modelliert, daß Aquarius Hardware und Software sowohl hergestellt als auch vertreibt (repräsentiert durch SELLS), so liefert die Funktion `permitted-role-filler` die Menge $?roleset := \{$PRODUCES,SELLS$\}$. Die Kardinalität $?r$ der Menge $?roleset$ ist dann 2. Im ersten Schleifendurchlauf wird mit Hilfe der Funktion `gen-new-hypo` ein neuer Hypothesenraum h_{1new} aufgebaut in dem die Assertion $(Aquarius$ SELLS $Megaline)_{h_{1new}}$ gelte und mit der Marke PPATTACH versehen wird. Zusätzlich gelte für h_{1new} alle Assertionen, die auch bisher in h_1 gegolten haben, beispielsweise $(Megaline :$ HARDWARE$)_{h_{1new}}$. Im zweiten, dem letzten Schleifendurchlauf ist die Laufvariable $?i$ gleich 1. Damit wird die Assertion $Aquarius$ PRODUCES $Megaline$ in den bereits bestehenden Hypothesenraum h_1 eingetragen (d.h. das erweiterte Axiom $(Aquarius$ PRODUCES $Megaline)_{h_1}$ gilt) und ebenfalls mit der Marke PPATTACH versehen. Folglich existieren zwei Hypothesenräume h_1 und h_{1new} mit folgenden Assertionen:

$(Megaline :$ HARDWARE$)_{h_1}$
$(ASI$-168 $:$ COMPUTER$)_{h_1}$
$(Aquarius :$ PRODUCER$)_{h_1}$
$(Aquarius$ PRODUCES ASI-168$)_{h_1}$
$(Aquarius$ PRODUCES $Megaline)_{h_1}$

$(Megaline :$ HARDWARE$)_{h_{1new}}$
$(ASI$-168 $:$ COMPUTER$)_{h_{1new}}$
$(Aquarius :$ PRODUCER$)_{h_{1new}}$
$(Aquarius$ PRODUCES ASI-168$)_{h_{1new}}$
$(Aquarius$ SELLS $Megaline)_{h_{1new}}$

```
perm-hypo-special(unbekannt, h)
    ?atomset := compute-atomic-concepts(unbekannt, h)
    ?a := |?atomset|
    FORALL ?i := ?a DOWNTO 1 DO
        ?atomic_i := member-of(?atomset)
        ?atomset := ?atomset \ {?atomic_i}
        IF ?i = 1
            THEN ?hypo := h
            ELSE  ?hypo := gen-new-hypo(unbekannt, inst-of, atomic_i, h)
        TELL (unbekannt : atomic_i)_{?hypo}
    IF ?a = 0 THEN
        delete-hypo(h)
```

Tabelle 4.8: Die Funktion `perm-hypo-special`

4.5.4 Generierungsregel `perm-hypo-special`

Ähnlich wie die Regel `perm-hypo` baut die Regel `perm-hypo-special` (eine semi-formale Darstellung ist in Tabelle 4.8 gegeben) für die Instanz *unbekannt* mehrere Konzepthypothesen auf. Besteht der aktuelle Typ der Instanz *unbekannt* aus einer Disjunktion von Konzepten, dann wird für jedes atomare Konzept der Disjunktion ein eigener Hypothesenraum eröffnet (der bestehende Raum wird wieder nur erweitert) und *unbekannt* in jedem dieser Hypothesenräume um das entsprechende atomare Konzept erweitert (auch auf die Gefahr hin, daß eine Inkonsistenz entsteht). Liegt keine solche Disjunktion vor, aber *unbekannt* läßt sich weiter spezialisieren, so wird der aktuelle Typ von *unbekannt* gerade um eine Hierarchiestufe spezialisiert, d.h. es werden alle direkten, atomaren Subkonzept des aktuellen Types von *unbekannt* berechnet. Eine solche weitergehende Spezialisierung von bestehenden Konzepthypothesen ist eine übliche Vorgehensweise (vgl. das System CAMILLE von Hastings, Abschnitt 3.2.2.3) und dient dazu, Konzepthypothesen leichter falsifizieren zu können. Im Unterschied zu CAMILLE, das immer auf die speziellsten Hypothesen verfeinert und pro zu lernendem Item nur wenige Evidenzen betrachtet, gehe ich mit meiner Spezialisierungsprozedur behutsamer um, da sonst zu viele Konzepthypothesen aufgebaut würden. Auch wird auf die Zurücknahme zu früh und häufig falsch getroffener Konzepthypothesen verzichtet und das relativ häufige Auftreten eines zu lernenden Items im Textmaterial konsequent ausgenutzt (vgl. Abschnitt 6.4.2). Technisch gesprochen wird in `perm-hypo-special` die Menge aller spezialisierten atomaren Konzepte durch die Funktion `compute-atomic-concepts` berechnet. `compute-atomic-concepts` liefert als Wert eine (möglicherweise auch leere) Menge von zu *unbekannt* passenden atomaren Konzepten $?atomset :=$ $\{$ATOMIC$_1, \ldots,$ ATOMIC$_a\}$. Es gelten wieder die Funktionen `gen-new-hypo` und `delete-hypo` mit der bereits beschriebenen Funktionalität. Im Unterschied zu den bereits beschriebenen Funktionen vergibt die `perm-hypo-special` keine Qualitätsmarken, da sie nicht durch irgendwelche linguistischen Marken verursacht wird, sie dient lediglich der Verfeinerung von bestehenden Hypothesen. Der Aufruf von `perm-hypo-special` wird nur aus der Funktion `perm-hypo` heraus gesteuert, da nur dort die Werterestriktion der berechneten Rollen aus Disjunktionen von atomaren Konzepten bestehen oder weiter spezialisierbare Unterkonzepte existieren können und eine Spezialisierung von Konzepten Sinn macht. In der Funktion `sub-hypo` hingegen wird meistens ein nicht weiter spezialisierbares Konzept auf die das unbekannte Item repräsentierende Instanz übertragen, womit die Anwendung von `perm-hypo-special` sinnlos wäre. Für jede Rolle, für die ein Hypothesenraum aufgebaut (oder verfeinert) wird, läuft der Test auf disjunktiv verknüpfte Konzepte an und gegebenenfalls werden weitere Hypothesenräume aufgebaut (bzw. vorhandene verfeinert). Der Aufruf von `perm-hypo-special` aus der Funktion `perm-hypo` heraus, wird in Tabelle 4.9 dargestellt.

Als nächstes betrachte ich die Werterestriktion von PRODUCES in der Definition von PRODUCER meines Beispiels. Sie besteht aus dem zusammengesetzten terminologischen Ausdruck COMPUTER $\sqcup$ PRINTER. Da *Aquarius* zum Konzept PRODUCER gehört, gilt die Restriktion auch für *Aquarius*. Für das nun folgende Beispiel wird die Rolle SELLS und der entsprechende Hypothesenraum h_{1new} nicht mehr weiterverfolgt. Nachdem über die Funktion `perm-hypo` der Hypothesenraum h_1 für die Rolle PRODUCES zwischen *Aquarius* und *Megaline* aufgebaut wurde, berechnet der Classifier als Typ für *Megaline* gerade die Disjunktion COMPUTER $\sqcup$ PRINTER. Nun kommt `perm-hypo-special` zum Zuge. Diese Funktion splittet die Disjunktion auf, erstellt einen neuen Hypothesenraum h_2, in dem *Megaline* dem Konzepttyp PRINTER zugeordnet wird

```
perm-hypo(unbekannt, bekannt, h, marke)
```

$?roleset := $ `permitted-role-filler`$(unbekannt, bekannt, h)$

$?r := |?roleset|$

FORALL $?i :=?r$ **DOWNTO 1 DO**

    $?role_i := $ `member-of`$(?roleset)$

    $?roleset := ?roleset \setminus \{?role_i\}$

    IF $?i = 1$

        THEN $?hypo := h$

        ELSE $?hypo := $ `gen-new-hypo`$(bekannt, ?role_i, unbekannt, h)$

    TELL $(bekannt\ ?role_i\ unbekannt)_{?hypo}$

    `add-label`$((bekannt\ ?role_i\ unbekannt)_{?hypo}, marke)$

    `perm-hypo-special`$(unbekannt, ?hypo)$

IF $?r = 0$ **THEN**

    `delete-hypo`(h)

Tabelle 4.9: Die Funktion `perm-hypo` verfeinert

und übernimmt alle bisher gültigen Assertionen aus dem alten Hypothesenraum h_1. Als weiteres wird der alte Hypothesenraum h_1 um die Assertion *Megaline* : COMPUTER erweitert. Damit zeigt sich folgendes Bild:

$$(Megaline\ :\ \text{HARDWARE})_{h_1}$$
$$(Megaline\ :\ \text{COMPUTER})_{h_1}$$
$$(ASI\text{-}168\ :\ \text{HARDWARE})_{h_1}$$
$$(ASI\text{-}168\ :\ \text{COMPUTER})_{h_1}$$
$$(Aquarius\ :\ \text{PRODUCER})_{h_1}$$
$$(Aquarius\ \text{PRODUCES}\ ASI\text{-}168)_{h_1}$$
$$(Aquarius\ \text{PRODUCES}\ Megaline)_{h_1}$$

$$(Megaline\ :\ \text{HARDWARE})_{h_2}$$
$$(Megaline\ :\ \text{PRINTER})_{h_2}$$
$$(ASI\text{-}168\ :\ \text{HARDWARE})_{h_2}$$
$$(ASI\text{-}168\ :\ \text{COMPUTER})_{h_2}$$
$$(Aquarius\ :\ \text{PRODUCER})_{h_2}$$
$$(Aquarius\ \text{PRODUCES}\ ASI\text{-}168)_{h_2}$$
$$(Aquarius\ \text{PRODUCES}\ Megaline)_{h_2}$$

An dieser Stelle ich will auch die Semantik der involvierten Konzept- und Rollensymbole angeben. Die entsprechenden Mengen benötige ich später bei der Semantik der Reifikation, in Abschnitt 4.6.2:

$$
\begin{aligned}
\mathcal{I}_{h_1}(\textsc{Hardware}) &= \{Megaline, ASI\text{-}168\} \\
\mathcal{I}_{h_1}(\textsc{Computer}) &= \{Megaline, ASI\text{-}168\} \\
\mathcal{I}_{h_1}(\textsc{Printer}) &= \{\} \\
\mathcal{I}_{h_1}(\textsc{Producer}) &= \{Aquarius\} \\
\mathcal{I}_{h_1}(\textsc{produces}) &= \{(Aquarius, ASI\text{-}168), (Aquarius, Megaline)\}
\end{aligned}
$$

$$
\begin{aligned}
\mathcal{I}_{h_2}(\textsc{Hardware}) &= \{Megaline, ASI\text{-}168\} \\
\mathcal{I}_{h_2}(\textsc{Computer}) &= \{ASI\text{-}168\} \\
\mathcal{I}_{h_2}(\textsc{Printer}) &= \{Megaline\} \\
\mathcal{I}_{h_2}(\textsc{Producer}) &= \{Aquarius\} \\
\mathcal{I}_{h_2}(\textsc{produces}) &= \{(Aquarius, ASI\text{-}168), (Aquarius, Megaline)\}
\end{aligned}
$$

In Kapitel 5 wird es Ziel sein, solche Hypothesenräume mit Qualitätsmarken zu bewerten und den plausibelsten bzw. die plausibelsten auszuwählen.

4.6 Reifikation

Wie in Abschnitt 3.4.2 bereits ausgeführt, kritisiert Morik (1986) terminologische Systeme, da sie die Fähigkeit des Metaschließens nicht besitzen. Durch den in diesem Abschnitt vorgestellten Reifikationsmechanismus wird Metaschliessen im Kontext terminologischer Logik ermöglicht. Der für die Reifikation entwickelte Mechanismus transformiert erweiterte assertionale Axiome rein syntaktisch und wahrheitserhaltend. Zur Erläuterung des Reifikationsmechanismus will ich als Beispiel einige der assertionalen Axiome aus dem vorangegangenen Abschnitt verwenden, wobei die Axiome mit P_1 bis P_{12} bezeichnet werden:

$$
\begin{aligned}
&P_1: \ (Megaline \ : \ \textsc{Computer})_{h_1} \\
&P_2: \ (Megaline \ : \ \textsc{Hardware})_{h_1} \\
&P_3: \ (ASI\text{-}168 \ : \ \textsc{Computer})_{h_1} \\
&P_4: \ (ASI\text{-}168 \ : \ \textsc{Hardware})_{h_1} \\
&P_5: \ (Aquarius \ \textsc{produces} \ Megaline)_{h_1} \\
&P_6: \ (Aquarius \ \textsc{produces} \ ASI\text{-}168)_{h_1}
\end{aligned}
$$

$P_7:$ $(Megaline$: PRINTER$)_{h_2}$

$P_8:$ $(Megaline$: HARDWARE$)_{h_2}$

$P_9:$ $(ASI\text{-}168$: COMPUTER$)_{h_2}$

$P_{10}:$ $(ASI\text{-}168$: HARDWARE$)_{h_2}$

$P_{11}:$ $(Aquarius$ PRODUCES $Megaline)_{h_2}$

$P_{12}:$ $(Aquarius$ PRODUCES $ASI\text{-}168)_{h_2}$

Die Bezeichner P_i dienen als Platzhalter für die entsprechenden Axiome und werden *Reifikatorinstanzen* genannt. Reifikation und Reifikatorinstanzen führe ich aus folgenden Gründen ein:

1. Zum einen, um über die assertionalen Axiome selbst qualitative Aussagen (das sind wiederum assertionale Axiome) aufstellen zu können.

2. Zum anderen läßt sich mit Hilfe der Reifikation ein assertionales Axiom syntaktisch so transformieren, daß

   - die Ursprungsinformation nicht verloren geht und

   - die in dem assertionalen Axiom verwendeten Konzept-, Rollen- und Hypothesenraumsymbole als Instanzen verwendet werden können.

Als erster Grund für die Einführung von Reifikatorinstanzen (Punkt 1 von oben) sei die Formulierung von Metaaussagen im Metakontext (vgl. Beschreibung der Architektur in Abschnitt 4.2, Seite 67) genannt. So wird beispielsweise die Tatsache, daß in den Hypothesenräumen h_1 und h_2 die Instanz $Megaline$ als HARDWARE realisiert wurde, über qualitative Aussagen mit entsprechenden Reifikatorinstanzen (mit p_i bezeichnet) ausgedrückt, nämlich

p_2 M-DEDUCED-BY p_8 $\qquad$ p_8 M-DEDUCED-BY p_2

p_2 : M-DEDUCTION $\qquad$ p_8 : M-DEDUCTION

Die im obigen Punkt 2 angedeutete wahrheitserhaltende Reifikation von Konzepten, Rollen und Hypothesenräume zu normalen Instanzen ermöglicht es, Anfragen zweiter Stufe zu formulieren. Damit können konzeptuelle Zusammenhänge in der Wissensbasis durch sogenannte konzeptuelle Qualitätsregeln (beispielsweise die Regel M-DEDUCTION) formuliert werden. Qualitative Aussagen und entsprechende Qualifikationsregeln werden in Abschnitt 4.8 detailliert besprochen.

REIF	$\doteq$		
	$\forall$BIN-REL.ROLES	$\sqcap$	$\forall$DOMAIN.INSTANCES $\sqcap$
	$\forall$RANGE.(INSTANCES $\sqcup$ CONCEPTS)	$\sqcap$	$\forall$HYPO-REL.HYPO

Tabelle 4.10: Terminologische Definition des Konzepts REIF

$\Re((a : C)_h)$	$\{p :$ REIF,	p BIN-REL INST-OF,	p DOMAIN a,
	p RANGE C,	p HYPO-REL $h\}$	
$\Re((a\ R\ b)_h)$	$\{p :$ REIF,	p BIN-REL R,	p DOMAIN a,
	p RANGE b,	p HYPO-REL $h\}$	

Tabelle 4.11: Die Reifikationsfunktion $\Re$

4.6.1 Syntax der Reifikation

Zur Reifikation habe ich ein in terminologischer Logik formuliertes Konzept REIF definiert, daß durch vier Rollen beschrieben wird. Die Rolle BIN-REL hat als Füllerinstanz die Rolle eines Ursprungsaxioms oder die epistemische Relation INST-OF. Das Konzept, das diese zu Rolleninstanzen reifizierten Rollen bezeichnet, habe ich ROLES genannt. Die Rolle DOMAIN repräsentiert das erste Argument eines Axioms und die Rolle RANGE das zweite. Dies hat zur Folge, daß DOMAIN nur mit Instanzen (die entsprechende Menge wird mit dem Konzeptsymbol INSTANCES bezeichnet) und RANGE mit sowohl Instanzen als auch mit Konzepten (die Menge, die die zu Instanzen reifizierten Konzepte darstellt, bezeichne ich mit dem Symbol CONCEPTS) gefüllt wird. Dies liegt daran, daß das zweite Argument der epistemischen Relation INST-OF ein Konzept C und für eine Rolle R eine Instanz b sein kann. Die letzte Rolle HYPO-REL dient zum Speichern des Hypothesenraums, in dem das Ursprungsaxiom gilt. Das Konzept, das die Hypothesenrauminstanzen umfaßt, heißt HYPO. Den entsprechenden terminologischen Ausdruck gibt Tabelle 4.10 wieder.

Mit dem Konzept REIF läßt sich ein Transformationsschema definieren, mit dem die beiden erweiterten assertionalen Axiome $(a : C)_h$ und $(a\ R\ b)_h$ in reifizierte Ausdrücke überführt werden können. Dazu habe ich die Reifikationsfunktion $\Re$ definiert. Die Abbildung der beiden Axiome mit Hilfe des Schemas gibt Tabelle 4.11 wieder. Als Beispiel sollen die Axiome P_1 bis P_{12} dienen. Deren Reifikation liefert die folgenden reifizierten Axiomen:

p_1 : REIF

p_1 BIN-REL INST-OF

p_1 DOMAIN *Megaline*

p_1 RANGE COMPUTER

p_1 HYPO-REL h_1

p_2 : REIF

p_2 BIN-REL INST-OF

p_2 DOMAIN *Megaline*

p_2 RANGE HARDWARE

p_2 HYPO-REL h_1

p_3 : REIF

p_3 BIN-REL INST-OF

p_3 DOMAIN *ASI*-168

p_3 RANGE COMPUTER

p_3 HYPO-REL h_1

p_4 : REIF

p_4 BIN-REL INST-OF

p_4 DOMAIN *ASI*-168

p_4 RANGE HARDWARE

p_4 HYPO-REL h_1

p_5 : REIF

p_5 BIN-REL PRODUCES

p_5 DOMAIN *Aquarius*

p_5 RANGE *Megaline*

p_5 HYPO-REL h_1

p_6 : REIF

p_6 BIN-REL PRODUCES

p_6 DOMAIN *Aquarius*

p_6 RANGE *ASI*-168

p_6 HYPO-REL h_1

p_7 : REIF

p_7 BIN-REL INST-OF

p_7 DOMAIN *Megaline*

p_7 RANGE PRINTER

p_7 HYPO-REL h_2

p_8 : REIF

p_8 BIN-REL INST-OF

p_8 DOMAIN *Megaline*

p_8 RANGE HARDWARE

p_8 HYPO-REL h_2

p_9 : REIF

p_9 BIN-REL INST-OF

p_9 DOMAIN *ASI*-168

p_9 RANGE COMPUTER

p_9 HYPO-REL h_2

p_{10} : REIF

p_{10} BIN-REL INST-OF

p_{10} DOMAIN *ASI*-168

p_{10} RANGE HARDWARE

p_{10} HYPO-REL h_2

p_{11} : REIF

p_{11} BIN-REL PRODUCES

p_{11} DOMAIN *Aquarius*

p_{11} RANGE *Megaline*

p_{11} HYPO-REL h_2

p_{12} : REIF

p_{12} BIN-REL PRODUCES

p_{12} DOMAIN *Aquarius*

p_{12} RANGE *ASI*-168

p_{12} HYPO-REL h_2

Zu beachten ist, daß die Funktion $\Re$ genau eine Reifikatorinstanz pro erweitertem Axiom einführt. Diese Bedingung ist wichtig bei den semantischen Betrachtungen der Reifikation. Syntaktisch ist also ausgeschlossen, daß zwei verschiedene Reifikatorinstanzen dasselbe erweiterte Axiome referenzieren.

4.6.2 Semantik und Komplexität der Reifikation

Als nächstes will ich mich mit der Bedeutung der Reifikation beschäftigen. Ziel ist es, den Rollensymbolen BIN-REL, DOMAIN, RANGE und HYPO-REL eine Bedeutung zu geben. Da das Konzeptsymbol REIF mit Hilfe der vier Rollensymbole definiert wurde, ergibt sich die Interpretation von REIF gerade aus der

Interpretation der vier Rollensymbole. Für die Interpretation der Rollensymbole kann die Interpretationsfunktion $\mathcal{I}_h$ nicht verwendet werden, da die mit den vier Rollensymbolen aufgestellten Assertionen nicht hypothesenraumspezifisch sind. Die Hypothesenrauminformation wird ja gerade durch die mit der Rolle HYPO-REL aufgebauten Assertionen kodiert und nicht durch um Hypothesenrauminstanzen erweiterte Assertionen. Für die Interpretation der Rollen genügt daher die Standardinterpretation $\mathcal{I}$. Ein Beispiel soll dies verdeutlichen. Für die zwölf Axiome von oben läßt sich die folgende Interpretation angeben:

$\mathcal{I}(\text{BIN-REL}) =$
$\{(p_1, \text{INST-OF}), (p_2, \text{INST-OF}), (p_3, \text{INST-OF}), (p_4, \text{INST-OF}),$
$(p_5, \text{PRODUCES}), (p_6, \text{PRODUCES}), (p_7, \text{INST-OF}), (p_8, \text{INST-OF}),$
$(p_9, \text{INST-OF}), (p_{10}, \text{INST-OF}), (p_{11}, \text{PRODUCES}), (p_{12}, \text{PRODUCES})\}$

$\mathcal{I}(\text{DOMAIN}) =$
$\{(p_1, Megaline), (p_2, Megaline), (p_3, ASI\text{-}168), (p_4, ASI\text{-}168)$
$(p_5, Aquarius), (p_6, Aquarius), (p_7, Megaline), (p_8, Megaline),$
$(p_9, ASI\text{-}168), (p_{10}, ASI\text{-}168)(p_{11}, Aquarius), (p_{12}, Aquarius)\}$

$\mathcal{I}(\text{RANGE}) =$
$\{(p_1, \text{COMPUTER}), (p_2, \text{HARDWARE}), (p_3, \text{COMPUTER}), (p_4, \text{HARDWARE}),$
$(p_5, Megaline), (p_6, ASI\text{-}168), (p_7, \text{PRINTER}), (p_8, \text{HARDWARE}),$
$(p_9, \text{COMPUTER}), (p_{10}, \text{HARDWARE}), (p_{11}, Megaline), (p_{12}, ASI\text{-}168)\}$

$\mathcal{I}(\text{HYPO-REL}) =$
$\{(p_1, h_1), (p_2, h_1), (p_3, h_1), (p_4, h_1), (p_5, h_1), (p_6, h_1),$
$(p_7, h_2), (p_8, h_2), (p_9, h_2), (p_{10}, h_2), (p_{11}, h_2), (p_{12}, h_2)\}$

Die Frage, die sich nun stellt, ist die nach der Interpretation der als Instanzen reifizierten Konzept- und Rollensymbole (die Symbolmengen **A** und **P** ohne die Rollensymbole BIN-REL, DOMAIN, RANGE und HYPO-REL). Darüber hinaus stellt sich die Frage, ob diese Interpretation äquivalent zur Interpretation der Konzept- und Rollensymbole unter $\mathcal{I}_h$ ist. Dazu definiere ich eine Menge von Interpretationsfunktionen $\mathcal{K}_h$, die die als Instanzen reifizierten Symbole aus **A** und **P** als Argument unter bestimmten Hypothesenräumen verwenden und als

Wert die Potenzmenge des Interpretationsbereichs Δ bzw. die Menge binärer Relationen über Δ liefert, d.h. formal wird die Funktion $\mathcal{K}_h$ definiert als

$$\mathcal{K}_h : \mathbf{A} \to 2^{\Delta}$$

bzw.

$$\mathcal{K}_h : \mathbf{P} \to 2^{\Delta \times \Delta},$$

wobei für ein Konzeptsymbol s aus $\mathbf{A}$ diejenige Menge aller Individuen aufgebaut wird, die als Füllerinstanzen der Rolle DOMAIN vorkommen und über genau eine Reifikatorinstanz p mit der als Instanz reifizierten epistemischen Relation INST-OF, dem als Instanz reifizierten Konzeptsymbol s und der Hypothesenrauminstanz h über die Rollen BIN-REL, RANGE und HYPO-REL entsprechend verbunden sind. Technisch gesprochen läßt sich die Verbindung durch eine Reifikatorinstanz mit denjenigen Tupeln ausdrücken, die die Standardinterpretation $\mathcal{I}$ der Rollensymbole BIN-REL, DOMAIN, RANGE und HYPO-REL liefern.

Für ein Rollensymbol s aus $\mathbf{P}$ wird mit den Füllern x der Rolle DOMAIN und den Füllern y der Rolle RANGE eine Menge aus den Tupeln (x,y) analog zum Fall für Konzeptsymbol aufgebaut. Obwohl bei der Reifikation die Symbole aus $\mathbf{A}$ und $\mathbf{P}$ zu Instanzen werden, interpretiert die Funktion $\mathcal{K}$ sie so, als wären sie normale Konzept- und Rollensymbole. Formal heißt dies:

$$\mathcal{K}_h(s) = \begin{cases} \{x \mid \exists reif : & \text{, für } s \in \mathbf{A} \\ (reif, \text{INST-OF}) \in \mathcal{I}(\text{BIN-REL}), (reif, x) \in \mathcal{I}(\text{DOMAIN}), \\ (reif, s) \in \mathcal{I}(\text{RANGE}), (reif, h) \in \mathcal{I}(\text{HYPO-REL})\} \\ \\ \{(x,y) \mid \exists reif : & \text{, für } s \in \mathbf{P} \\ (reif, s) \in \mathcal{I}(\text{BIN-REL}), (reif, x) \in \mathcal{I}(\text{DOMAIN}), \\ (reif, y) \in \mathcal{I}(\text{RANGE}), (reif, h) \in \mathcal{I}(\text{HYPO-REL})\} \end{cases}$$

Mein laufendes Beispiel soll die Funktionsweise von $\mathcal{K}$ erhellen. Gegeben seien die reifizierten Axiome mit ihren Reifikatorinstanzen p_1 bis p_{12} von oben. Es gilt dann für die Symbole HARDWARE, COMPUTER, PRINTER und PRODUCES mit der Interpretationsfunktion $\mathcal{K}_{h_1}$:

$\mathcal{K}_{h_1}(\text{HARDWARE})$ = $\{Megaline, ASI\text{-}168\}$
$\mathcal{K}_{h_1}(\text{COMPUTER})$ = $\{Megaline, ASI\text{-}168\}$
$\mathcal{K}_{h_1}(\text{PRINTER})$ = $\{\}$
$\mathcal{K}_{h_1}(\text{PRODUCES})$ = $\{(Aquarius, ASI\text{-}168), (Aquarius, Megaline)\}$

Exemplarisch will ich die Interpretation von HARDWARE diskutieren. Dafür existiert eine Reifikatorinstanz, nämlich p_2 die gerade die Rolle INST-OF, $Megaline$ und h_1 miteinander verbindet. Die Reifikatorinstanz, die das gleiche für ASI-168 leistet, ist p_4. Für die Interpretation der übrigen Symbole lassen sich die entsprechenden Reifikatorinstanzen im Beispiel weiter oben in diesem Abschnitt leicht ablesen.

Für die Interpretation $\mathcal{K}$ unter dem Hypothesenraum h_2 gelten die folgenden Interpretationsmengen:

$\mathcal{K}_{h_2}(\text{HARDWARE})$ = $\{Megaline, ASI\text{-}168\}$
$\mathcal{K}_{h_2}(\text{COMPUTER})$ = $\{ASI\text{-}168\}$
$\mathcal{K}_{h_2}(\text{PRINTER})$ = $\{Megaline\}$
$\mathcal{K}_{h_2}(\text{PRODUCES})$ = $\{(Aquarius, ASI\text{-}168), (Aquarius, Megaline)\}$

Vergleich man die Ergebnisse des Beispiels zur Interpretationsfunktion $\mathcal{K}$ mit den Ergebnissen, die die Funktion $\mathcal{I}$ bei der Hypothesengenerierung `perm-hypo-special` liefert, so erkennt man, daß die Interpretationsmengen für jeden Hypothesenraum gleich sind. Diese Beobachtung läßt sich durch folgenden Satz verallgemeinern:

Satz 4.1 *Gegeben sei die Menge* **A** *der Konzeptsymbole, die Menge* **P** *der Rollensymbole und die Menge* **H** *der Hypothesenraumsymbole. Ferner sei* $\mathcal{K}_h$ *die Interpretation unter der Reifikation wie oben definiert und* $\mathcal{I}_h$ *die Interpretation für erweiterte assertionale Axiome. Für jede Interpretation* $\mathcal{K}_h$ *und jedes* $h \in$ **H** *gibt es genau eine Interpretation* $\mathcal{I}_h$ *(und umgekehrt) für die gilt:*

$$\forall C \in \mathbf{A} : \quad \mathcal{K}_h(C) = \mathcal{I}_h(C)$$
$$\forall R \in \mathbf{P} : \quad \mathcal{K}_h(R) = \mathcal{I}_h(R)$$

Beweis:
Zu beweisen ist:

1. $\forall C \in \mathbf{A} : \mathcal{K}_h(C) = \mathcal{I}_h(C)$

Gegeben sei ein beliebiges $k \in \mathcal{K}_h(C)$ für irgendein $C \in \mathbf{A}$ und $h \in \mathbf{H}$.

$\Longleftrightarrow$ k ist Füller der Rolle DOMAIN für irgendeine Reifikatorinstanz p mit p BIN-REL INST-OF, p RANGE C, p HYPO-REL h. Dies gilt wegen der Definition von $\mathcal{K}$.

$\Longleftrightarrow$ $\Re(k \ : \ C)_h$ gilt als reifiziertes Axiom.

$\Longleftrightarrow$ $(k \ : \ C)_h$ gilt als nicht-reifiziertes Axiom.

$\Longleftrightarrow$ $k \in \mathcal{I}_h(C)$

Damit wurde gezeigt, daß jedes k aus $\mathcal{K}_h(C)$ auch in der entsprechender Menge $\mathcal{I}_h(C)$ liegt und umgekehrt.

2. $\forall R \in \mathbf{P} : \mathcal{K}_h(R) = \mathcal{I}_h(R)$

analog Fall 1.

$\bullet$

Mit Satz 4.1 wurde gezeigt, daß die Interpretationsfunktion $\mathcal{I}_h$ bzgl. nicht-reifizierter Axiome die gleiche Menge und damit die gleiche Bedeutung liefert wie die Interpretationsfunktion $\mathcal{K}_h$ bzgl. der entsprechenden mit $\Re$ aufgebauten reifizierten Axiome.

Als wesentliche Voraussetzung der Reifikation gilt, daß nur assertionale Axiome betrachtet werden. Eine Ausdehnung der Reifikation auch auf terminologische Axiome wurde von Schnattinger et al. (1995b) diskutiert. Unter der Beschränkung auf assertionale Axiome läßt sich folgender Satz zur Komplexität der Reifikation formulieren:

Satz 4.2 *Gegeben seien n erweiterte assertionale Axiome. Die Reifikationsfunktion $\Re$ erzeugt in linearer Zeit und Raum die entsprechenden reifizierten Axiome. Es gilt also $O(n)$ für die Komplexität bzgl. Raum und Zeit.*

Beweis:
Beide Behauptungen sind offensichtlich durch die entsprechende Konstruktionsvorschrift $\Re$.

$\bullet$

4.7 Initial- und Metakontext

In diesem Abschnitt wende ich mich dem Begriff *Kontext* und der *Überführung* des Wissens von einem Kontext in einen anderen zu. Dazu verwende ich die Theorie formaler Kontexte von McCarthy (1993) und Buvač et al. (1995) und adaptiere diese in mein mit terminologischer Logik aufgebautes System. Zur Auswahl von Theorien über Metaschließen und Schließen über Kontexte siehe die Diskussion in Abschnitt 3.4.2. Bevor ich auf den Formalismus in Abschnitt 4.7.2 näher eingehe, will ich zunächst den Zusammenhang zwischen nicht-reifizierten Axiomen im Initialkontext und reifizierten Axiomen im Metakontext und deren Bedeutung für die Bewertung und Selektion von Hypothesenräumen eingehen.

4.7.1 Kontexte, Reifikation und Überführung

Wie in Abschnitt 4.2 bei der Beschreibung der Architektur bereits ausgeführt, unterscheide ich zwischen zwei verschiedenen Kontexten:

- Dem *Initialkontext*, in dem das vormodellierte Wissen (Domänenwissensbasis), das vom Parser erkannte und das vom Classifier daraufhin geschlossene (auch ambige) Wissen (Textwissensbasis) abgespeichert ist. Ein Teil des Wissens der Domänenwissensbasis und das gesamte Wissen der Textwissensbasis liegt dabei in Form von nicht-reifizierten, erweiterten Assertionen ohne zusätzliche qualitative Aussagen vor.

- Dem *Metakontext*, in dem das gesamte assertionale Wissen des Initialkontexts in reifizierter Form gespeichert ist. In Abschnitt 4.6 habe ich die wesentlichen Gründe für die Reifikation bereits genannt, nämlich zum einen die Zuweisung von qualitativen Aussagen, zum anderen die Erhöhung der Ausdrucksmächtigkeit. Qualitative Aussagen sind Aussagen über linguistische Qualitätsmarken, die über die in Abschnitt 4.5.1 eingeführten Hypothesengenerierungsregeln für einzelne reifizierte Axiome vergeben werden. Zusätzlich verwende ich konzeptuelle Qualitätsmarken, die durch entsprechende Regeln im Metakontext selbst berechnet und für einzelne reifizierte Axiome aufgestellt werden. Die Bedeutung und Berechnung konzeptueller Qualitätsmarken wird ausführlich in Abschnitt 4.8 vorgestellt.

Die sich nun aufdrängende Frage nach den Zusammenhängen zwischen Initialkontext und Metakontext wird durch die Theorie von McCarthy geklärt. Darin wird zur Darstellung von Kontexten eine Modalität eingeführt, die Aussagen eines Kontexts an ein Kontextsymbol bindet. Zusätzlich lassen sich sogenannte Überführungsregeln (*translation rules*) zwischen Kontexten formulieren. Überführungsregeln sind Axiome, die ich zwischen nicht-reifizierten Aussagen des Initialkontexts und reifizierten Aussagen des Metakontexts postuliere. Zur Formalisierung dieser Zusammenhänge siehe den folgenden Abschnitt 4.7.2.

Des weiteren stellt sich die Frage nach der Bewertung und Auswahl der "richtigen" Hypothesenräume. Die Bewertung wird durch (linguistisch und konzeptuell motivierte) qualitative Aussagen vollzogen, wobei die qualitativen Aussagen einzelner Axiome auf gesamte Hypothesenräume übertragen werden. Diese Übertragung leistet der Classifier des terminologischen Systems im Metakontext. Die ebenfalls im Metakontext stattfindende Auswahl wird durch das "Zählen" von Qualitätsmarken bzw. qualitativer Aussagen gewährleistet. Hypothesenräume, die die qualitativen Aussagen mit "höchster" Qualität enthalten, werden auf den Initialkontext zurückprojiziert und dienen dem Parser zur weiteren Textanalyse. Die Bewertung und Auswahl von Hypothesenräume, wie gezählt wird, was die "höchste" Qualität bedeutet und die Rolle des Classifiers wird im Rahmen des Qualitätskalküls in Kapitel 5 ausführlich vorgestellt.

Ein Beispiel soll die Zusammenhänge verdeutlichen. Es gelten im Initialkontext die zwölf (nicht-reifizierten) Axiome aus Abschnitt 4.6, Seite 89. Durch den Reifikationsmechanismus lassen sich die Axiome des Initialkontexts auf reifizierten Axiome des Metakontexts wahrheitserhaltend mittels Reifikationsfunktion $\Re$ überführen (vgl. Abschnitt 4.6.1, Seite 92). Jede ein Axiom bezeichnende Reifikatorinstanz p_i und p_j kann nun dazu verwendet werden, qualitative Aussagen der Form

$$p_i : \text{Linguistische-Marke}$$
$$p_i \text{ Konzeptuelle-Relation } p_j$$
$$p_i : \text{Konzeptuelle-Marke}$$

im Metakontext mit Hilfe von assertionalen Axiomen zu formulieren. Ebenfalls in Abschnitt 4.6, Seite 90 habe ich dazu schon ein Beispiel motiviert. Mit diesen qualitativen Aussagen gelingt es mit dem Classifier, die Qualitätsmarken auf die entsprechenden Hypothesenrauminstanzen zu aggregieren und mit einem um eine neue Klasse von terminologischen Konstruktoren erweiterten Classifier diese Hypothesen gegenseitig zu vergleichen. Die Hypothesenräume mit der "höchsten" Qualität werden für die weitere Analyse bereitgestellt, die anderen Hypothesenräume können verworfen werden.

4.7.2 Die Anwendung der Theorie Formaler Kontexte

In diesem Abschnitt stelle ich kurz den Formalismus zur Überführung von Wissen zwischen Kontexten nach McCarthy's Theorie über Formale Kontexte (vgl. (Buvač et al., 1995)) vor. In dieser Theorie ist der Begriff *Kontext* ein Objekt der Sprache erster Ordnung, mit dem Axiome aufgestellt werden können. Jedem *Kontext* sind aber auch Axiome erster Stufe zugeordnet, die in diesem Kontext gelten. Ein Kontext ist somit auch eine Menge von Axiomen. Da ich terminologische Logik als Grundlage verwende und Hypothesenräume mit assertionalen Axiomen aufbaue, besteht in meinem Ansatz ein Kontext ebenfalls aus assertionalen Axiomen.

Definition 4.1 *Die Modalität* $\mathsf{ist}(\kappa, \alpha)$ *bedeutet, daß das assertionale Axiom α im Kontext κ wahr ist.*

Mit der Modalität **ist** läßt sich formal ein Gültigkeits- wie auch Ableitungsbegriff definieren. Ich verzichte an dieser Stelle auf eine ausführliche, formale Darstellung, da ich keine Diskussion über die Formalisierung von Kontexten führen will und verweise auf den Artikel von Buvač et al. (1995). Ich begnüge mich mit der Darstellung der vorgeschlagenen Syntax und die nun folgenden Aussagen (deren Beweise finden sich in besagtem Artikel):

Satz 4.3 *Sei κ ein Kontext und α ein assertionales Axiom. Dann ist $\mathsf{ist}(\kappa, \alpha)$ gültig ($\models_\kappa \alpha$) gdw. jede Interpretation, die Modell von κ ist, auch ein Modell von α ist.*

Mit Satz 4.3 wird formal der Gültigkeitsbegriff eingeführt, eine entsprechende Ableitungsrelation ($\vdash_\kappa \alpha$) mit den gängigen Äquivalenzaussagen läßt sich ebenfalls zeigen (Buvač et al., 1995).

Satz 4.4 *Sei T eine endliche Theorie und $Th(A)$ der Abschluß über die endliche Menge A der Axiome von T mit $T = Th(A)$. Dann gilt:*

$$\mathsf{ist}(\kappa, T) \text{ ist gültig gdw. } \mathsf{ist}(\kappa, \cap A) \text{ gültig ist.}$$

Mit Satz 4.4 wird ausgesagt, daß im Kontext κ die Konjunktion der Axiome gleichbedeutend mit der aus den Axiomen aufgebaute Theorie ist, d.h. daß die Axiome die Theorie T vollständig beschreiben.

Definition 4.2 *Seien κ und κ' Kontexte. Dann ist jedes Axiom der Form*

$$\text{ist}(\kappa, \alpha) \leftrightarrow \text{ist}(\kappa', \alpha')$$

eine Überführungsregel.

Eine Überführungsregel ist demnach ein Axiom, daß die Äquivalenz ($\leftrightarrow$) zwischen Kontexten behauptet. Dazu wird postuliert, daß Aussagen, die in einem Kontext wahr sind, zu Aussagen äquivalent sind, die in einem anderen Kontext wahr sind.

Als nächstes will ich die gemachten Aussagen auf den Zusammenhang zwischen Initial- und Metakontext anwenden. Zunächst will ich ein Beispiel einer Überführungsregel angeben, wobei *meta* den Metakontext und *init* den Initialkontext repräsentieren:

$$\text{ist}(init, (Megaline : \text{COMPUTER})_h) \leftrightarrow$$
$$\text{ist}(meta, \Re((Megaline : \text{COMPUTER})_h))$$

Die Regel besagt, daß die Aussage, *Megaline* ist im Hypothesenraum h ein COMPUTER, im Initialkontext genau dann gilt, wenn die Reifikation dieser Aussage im Metakontext gilt.

Die Verallgemeinerung des Beispiel besagt, daß mit einer Menge von Überführungsregeln die durch den Initialkontext *init* dargestellte Theorie in die durch den Metakontext *meta* dargestellte Theorie wahrheitserhaltend überführt werden kann. Dazu gebe ich den nächsten Satz an, der besagt, daß sich mit Überführungsregeln die Theorie des Initialkontexts in die Theorie des Metakontexts überführen läßt.

Satz 4.5 *Sei Tr eine Menge von Überführungsregeln vom Initialkontext init in den Metakontext meta. Die Menge Tr von Überführungsregeln überführt die entsprechende Theorie T in die Theorie T' gdw. $Tr \vdash \text{ist}(init, T) \leftrightarrow \text{ist}(meta, T')$.*

Zusammen mit Satz 4.4 ergibt dies, daß die Konjunktion der Axiome anstelle der Theorien (Abschluß über alle Axiome) verwendet werden kann.

Satz 4.6 *Sei Tr eine Menge von Überführungsregeln vom Initialkontext init in den Metakontext meta und Th(A) der Abschluß über alle Axiome A und Th(A') der Abschluß über alle Axiome A' mit T = Th(A) und T' = Th(A'). Die Menge Tr von Überführungsregeln überführt die Theory T in die Theorie T' gdw. $Tr \vdash \text{ist}(init, \cap A) \leftrightarrow \text{ist}(meta, \cap A')$*

Interessanterweise besteht die Menge A' aller reifizierten Axiome des Metakontexts aus den Axiomen der Menge A, nur mit der Reifikationsfunktion $\Re$ reifiziert. Mit der semantischen Gleichheit zwischen nicht-reifizierten und reifizierten Axiomen (siehe Satz 4.1) gilt auch die semantische Gleichheit zwischen T und T'. Damit sind der Initialkontext und der Metakontext semantisch gesehen gleich.

Mit Satz 4.6 läßt sich ein Schema von Überführungsregeln angeben, das alle assertionalen Axiome des Initialkontexts gleichsetzt mit den reifizierten Axiomen des Metakontexts. Das Schema wird in Form eines Axioms zweiter Stufe angegeben und mit $\mathcal{TRANS}$ bezeichnet:

$$\forall R: \quad R \in \mathbf{P} \rightarrow$$
$$(\forall d, f, h : \text{ist}(init, (d \; R \; f)_h)) \leftrightarrow \text{ist}(meta, \Re((d \; R \; f)_h))) \; \wedge$$
$$\forall C: \quad C \in \mathbf{A} \rightarrow$$
$$(\forall d, h : \text{ist}(init, (d \; : \; C)_h) \leftrightarrow \text{ist}(meta, \Re((d \; : \; C)_h)))$$

Bisher wurde die Überführung von Axiomen des Initialkontexts in reifizierte Axiome des Metakontexts (und zurück) betrachtet. Zusätzlich läßt sich eine weitere Überführungsregel $\mathcal{Q\text{-}TRANS}$ angeben, die nur diejenigen reifizierten Axiome des Metakontexts auf Axiome des Initialkontexts abbildet, die in einem Hypothesenraum gelten, der einen bestimmten Schwellenwert erreicht. Dies wird durch die Konzeptzugehörigkeit der Hypothesenrauminstanz zu einem bestimmten Konzept THRESH ausgedrückt. Wie ich noch zeigen werde, läßt sich damit ein Classifier zur Realisierung von Hypothesenrauminstanzen zum Konzept THRESH verwenden. Eine ausführliche Beschreibung des Schwellenwertkonzepts und dessen Realisierung durch Hypothesenrauminstanzen mittels Classifier wird in Kapitel 5 vorgenommen. $\mathcal{Q\text{-}TRANS}$ wird dann formal wie folgt dargestellt:

$$\forall R : \ R \in \mathbf{P} \to$$
$$(\forall d, f, h : \mathbf{ist}(meta, \Re((d \ R \ f)_h) \ \wedge \ h : \textsc{Thresh})$$
$$\leftrightarrow$$
$$\mathbf{ist}(init, (d \ R \ f)_h)) \ \wedge$$
$$\forall C : \ C \in \mathbf{A} \to$$
$$(\forall d, h : \mathbf{ist}(meta, \Re((d \ : \ C)_h) \ \wedge \ h : \textsc{Thresh})$$
$$\leftrightarrow$$
$$\mathbf{ist}(init, (d : C)_h))$$

4.8 Konzeptuelle Qualitätsmarken

In diesem Abschnitt gehe ich auf die in dieser Arbeit verwendeten konzeptuellen Qualitätsmarken ausführlich ein. Dazu beschränke ich mich auf vier Qualitätsmarken, die auch Eingang in die Empirie gefunden haben. Sie werden, ähnlich wie linguistische Marken, für einzelne Axiome berechnet, um damit ganze Hypothesenräume zu bewerten und auszuwählen. Diese und weitere Qualitätsmarken wurden bereits in (Hahn et al., 1996b) dargestellt. Konzeptuelle Qualitätsmarken repräsentieren konzeptuelle Eigenschaften der terminologischen Beschreibung. Konzeptuelle Eigenschaften sind Aussagen über

- strukturelle Beziehungen von Axiomen innerhalb eines Hypothesenraums,

- die semantische Gleichheit von Aussagen in verschiedenen Hypothesenräumen und

- das Auftreten bestimmter Füller in verschiedenen Applikationskontexten (z.B. Verbinterpretationen).

Um solche Aussagen formulieren zu können, bedarf es der Quantifizierung über Relationen, beispielsweise $\forall R, a, b, h_1, h_2 : \ (a \ R \ b)_{h_1} \ \wedge \ (a \ R \ b)_{h_2}$. Solche Ausdrücke zweiter Ordnung lassen sich leicht mit den reifizierten Strukturen des Metakontexts als Ausdrücke erster Ordnung aufbauen, beispielsweise

$$\forall \ R, a, b, h_1, h_2 \exists p_1, p_2 :$$
$$p_1 \ \textsc{Bin-Rel} \ R \ \wedge \ p_1 \ \textsc{Domain} \ a \ \wedge \ p_1 \ \textsc{Range} \ b \ \wedge \ p_1 \ \textsc{Hypo-Rel} \ h_1 \ \wedge$$
$$p_2 \ \textsc{Bin-Rel} \ R \ \wedge \ p_2 \ \textsc{Domain} \ a \ \wedge \ p_2 \ \textsc{Range} \ b \ \wedge \ p_2 \ \textsc{Hypo-Rel} \ h_2.$$

SUPPORT	$\doteq$	REIF $\sqcap$ $\forall$SUPPORTED-BY.REIF
C-SUPPORT	$\doteq$	REIF $\sqcap$ $\forall$C-SUPPORTED-BY.REIF
ADD-FILLER	$\doteq$	REIF $\sqcap$ $\forall$ADD-FILLED-BY.REIF
M-DEDUCTION	$\doteq$	REIF $\sqcap$ $\forall$M-DEDUCED-BY.REIF

Tabelle 4.12: Konzeptuelle Qualitätsmarken

Solche reifizierten Ausdrücke lassen sich in den Bedingungsteil einer Regel integrieren, um im Aktionsteil der Regel qualitative Aussagen über Axiome generieren zu können. Dazu werden i.a. die Reifikatorinstanzen, die Axiome repräsentieren, mit anderen Reifikatorinstanzen über spezielle Rollen in Beziehung zueinander gesetzt, beispielsweise p_1 M-DEDUCED-BY p_2 mit der Bedeutung $(a\ R\ b)_{h_1}$ M-DEDUCED-BY $(a\ R\ b)_{h_2}$. Mit diesen qualitativen Aussagen berechnet dann der Classifier die Qualitätsmarken für die entsprechende Reifikatorinstanz, beispielsweise p_1 : M-DEDUCTION mit der Bedeutung $(a\ R\ b)_{h_1}$: M-DEDUCTION. Zu beachten ist, daß qualitative Aussagen im Metakontext gelten und ohne Hypothesenraumangaben als nicht-erweiterte assertionale Axiome behandelt werden können. Zur Beschreibung der Qualitätsregeln verwende ich die in Abschnitt 4.5.1 eingeführten Symbole = bzw. $\neq$ und $\Longrightarrow$ sowie die Operatoren **EXISTS** und **TELL**.

Als nächstes stelle ich vier Qualitätsmarken vor. Dazu habe ich die in Tabelle 4.12 formal notierten Qualitätsmarken als terminologische Konzepte definiert. Jede Qualitätsmarke ist eine Spezialisierung des Konzepts REIF, wobei eine entsprechende qualitative Beziehung gelten muß. Die Marke SUPPORT wird definiert durch die Rolle SUPPORTED-BY, C-SUPPORT durch C-SUPPORTED-BY, ADD-FILLER durch ADD-FILLED-BY und M-DEDUCTION durch M-DEDUCED-BY. Qualitative Aussagen werden selbst durch die Instantiierung der entsprechenden (qualitativen) Rollen dargestellt. Die Bedeutung der Marken und die entsprechenden Regeln diskutiere ich jeweils in einem eigenen Abschnitt. Dazu gebe ich eine informelle Beschreibung der konzeptuellen Strukturen an, die durch eine Marke repräsentiert werden. Die informelle Beschreibung wird durch eine graphische Darstellung der involvierten Strukturen unterstützt. Schließlich stelle ich die entsprechenden Regeln jeweils als einen Ausdruck zweiter Ordnung dar und führe diesen in einen reifizierten Ausdruck erster Ordnung über.

add-label($axiom, marke$)
ist($init, axiom$) $\implies$ ist($meta, \pi(axiom) : marke$)

Tabelle 4.13: Die Funktion <code>add-label</code>

Zuvor benötige ich noch eine Funktion π, die für jedes reifizierte Axiom der Art $\Re((a\ R\ b)_h)$ bzw. $\Re((a : C)_h)$ die entsprechende Reifikatorinstanz liefert. Formal läßt sich die Funktion π auffassen als Abbildung $\pi : \mathcal{R} \to \mathcal{P}$, wobei $\mathcal{R}$ die Menge aller reifizierten Axiome bezeichnet, d.h.

$$\mathcal{R} = \{\Re((a : C)_h) \mid C \in A, a \in \mathcal{K}_h(C)\} \cup$$
$$\{\Re((a\ R\ b)_h) \mid R \in P, (a,b) \in \mathcal{K}_h(R)\}$$

und $\mathcal{P}$ die Menge aller Reifikatorinstanzen. Für π gilt dann:

$$\pi(\Re((a : C)_h)) = p \quad \text{mit} \quad p : \text{REIF} \ \wedge \ p \ \text{BIN-REL INST-OF} \ \wedge$$
$$p \ \text{DOMAIN} \ a \ \wedge \ p \ \text{RANGE} \ C \ \wedge \ p \ \text{HYPO-REL} \ h$$

$$\pi(\Re((a\ R\ b)_h)) = q \quad \text{mit} \quad q : \text{REIF} \ \wedge \ q \ \text{BIN-REL R} \ \wedge$$
$$q \ \text{DOMAIN} \ a \ \wedge \ q \ \text{RANGE} \ b \ \wedge \ q \ \text{HYPO-REL} \ h$$

Mit der Funktion π und der Modalität **ist** läßt sich auch die Funktion `add-label` von Abschnitt 4.5.1 leicht formulieren (siehe Tabelle 4.13). Demnach wird einem Axiom aus dem Initialkontext über dessen Reifikatorinstanz im Metakontext eine Marke in Form von einer Konzeptzugehörigkeit zugewiesen.

4.8.1 Die Regel SUPPORT

Die Regel SUPPORT spiegelt die semantische Nähe zweier Konzeptzugehörigkeiten wider, falls diese mit der gleichen Relation assoziiert sind. Beispielsweise wird die Aussage, daß *Megaline* ein COMPUTER ist, von der Aussage unterstützt, daß eine andere Instanz x ein COMPUTER ist und sowohl *Megaline* als auch x als Füller einer identischen Relation derselben Instanz dienen, beispielsweise als Füller der Relation ($Aquarius$ PRODUCES $Megaline$)$_h$ und ($Aquarius$ PRODUCES x)$_h$. Ein wichtiger struktureller Unterschied zu einigen noch folgenden Regeln ist die Einschränkung auf einen bestimmten Teil der Taxonomie, nämlich auf alle Konzepte, die nicht zu Aktionskonzepten (bezeichnet mit ¬ACTION) gehören. Aktionskonzepte enthalten nur Kasusrollen,

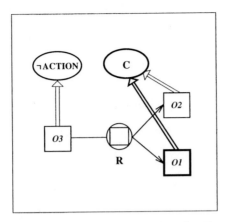

Abbildung 4.2: Graphische Repräsentation der Regel SUPPORT

die sich prinzipiell anders verhalten als rein inhaltliche Rollen. Beispielsweise weist die Mehrfachfüllung einer Kasusrolle (wenn man Koordinationsphänomene außer Acht läßt) auf eine Fehlbelegung hin im Gegensatz zu der hier beschriebenen Doppelfüllung. Die Mehrfachfüllung einer Kasusrolle fängt die Regel ADD-FILLER ab, die in Abschnitt 4.8.3 beschrieben wird. Die Präzisierung der Regel SUPPORT besagt, daß ein Axiom, das eine INST-OF-Beziehung einer Instanz o_1 zum Konzept C darstellt, durch ein Axiom unterstützt wird, das eine INST-OF-Beziehung einer anderen Instanz o_2 zu C repräsentiert, wobei für eine Instanz o_3, die nicht zur Konzeptklasse ACTION gehören darf, eine Relation R existiert, die sowohl o_1 als auch o_2 als Füller besitzt. Tritt ein solcher Zustand in einem Hypothesenraum h ein, führt die Regel SUPPORT ein Axiom ein, daß das unterstützte Axiom $(o_1 \; : \; C)_h$ mit dem unterstützenden Axiom $(o_2 \; : \; C)_h$ über die Rolle SUPPORTED-BY relationiert. Im Initialkontext gilt dann (wobei ich auf die Angabe des Kontexts mit ist($init$,...) aus Gründen der Übersichtlichkeit hier und bei der Beschreibung der folgenden Regeln verzichte):

EXISTS o_1, o_2, o_3, R, C, h :
$(o_1 \; : \; C)_h \; \wedge \; (o_2 \; : \; C)_h \; \wedge$
$(o_3 \; R \; o_1)_h \; \wedge \; (o_3 \; R \; o_2)_h \; \wedge \; (o_3 \; : \; \neg ACTON)_h \Longrightarrow$
TELL $(o_1 \; : \; C)_h$ SUPPORTED-BY $(o_2 \; : \; C)_h$

Mittels der Reifikationfunktion $\Re$ und der Funktion π läßt sich diese Regel zweiter Stufe in eine Regel erster Stufe überführen, die im Metakontext gilt:

105

EXISTS $o_1, o_2, o_3, \text{R}, \text{C}, h$:

$\Re((o_1 \ : \ \text{C})_h) \ \wedge \ \Re((o_2 \ : \ \text{C})_h) \ \wedge$

$\Re((o_3 \ \text{R} \ o_1)_h) \ \wedge \ \Re((o_3 \ \text{R} \ o_2)_h) \ \wedge \ \Re((o_3 \ : \ \neg\text{ACTON})_h) \Longrightarrow$

TELL $\pi(\Re((o_1 \ : \ \text{C})_h))$ SUPPORTED-BY $\pi(\Re((o_2 \ : \ \text{C})_h))$

Multipliziert man die Reifikation aus, so erhält man im Metakontext:

EXISTS $p_1, p_2, p_3, p_4, p_5, o_1, o_2, o_3, \text{R}, \text{C}, h$:

p_1 : REIF	$\wedge$	p_2 : REIF	$\wedge$
p_1 BIN-REL INST-OF	$\wedge$	p_2 BIN-REL INST-OF	$\wedge$
p_1 DOMAIN o_1	$\wedge$	p_2 DOMAIN o_2	$\wedge$
p_1 RANGE C	$\wedge$	p_2 RANGE C	$\wedge$
p_1 HYPO-REL h	$\wedge$	p_2 HYPO-REL h	$\wedge$

p_3 : REIF	$\wedge$	p_4 : REIF	$\wedge$
p_3 BIN-REL R	$\wedge$	p_4 BIN-REL R	$\wedge$
p_3 DOMAIN o_3	$\wedge$	p_4 DOMAIN o_3	$\wedge$
p_3 RANGE o_1	$\wedge$	p_4 RANGE o_2	$\wedge$
p_3 HYPO-REL h	$\wedge$	p_4 HYPO-REL h	$\wedge$

p_5 : REIF $\qquad \wedge$

p_5 BIN-REL INST-OF $\qquad \wedge$

p_5 DOMAIN o_3 $\qquad \wedge$

p_5 RANGE $\neg$ACTION $\qquad \wedge$

p_5 HYPO-REL h $\hspace{4cm} \Longrightarrow$

TELL p_1 SUPPORTED-BY p_2

Im folgenden wende ich mich dem Beispiel aus dem Reifikationsabschnitt 4.6.1, Seite 92 zu. Für den Hypothesenraum h_1 und das unbekannte Item *Megaline* wird die Regel SUPPORT zweimal angewendet, einmal mit C = HARDWARE und andererseits mit C = COMPUTER, wobei für die Variablenbelegung zusätzlich gilt:

$$o_1 = Megaline, \quad o_2 = ASI\text{-}168,$$
$$o_3 = Aquarius, \quad \text{R} = \text{PRODUCES}$$

106

Durch den Reifikationsmechanismus werden daraufhin die Axiome p_1 SUPPORTED-BY p_3 und p_2 SUPPORTED-BY p_4 in den Metakontext eingeführt. Zusätzlich leitet der Classifier aufgrund der Definition der Qualitätsmarke SUPPORT und der erzeugten assertionalen Axiome die Konzeptzugehörigkeiten p_1 : SUPPORT und p_2 : SUPPORT ab. Anzumerken ist, daß die Regel SUPPORT zwar insgesamt viermal im Hypothesenraum h_1 angewendet wird (zweimal wird für *Megaline* Unterstützung berechnet, zweimal aber auch für *ASI*-168), ich aus Gründen der Übersichtlichkeit jedoch nur die qualitativen Aussagen angegeben habe, die Unterstützung für das unbekannte *Megaline* anzeigen[3]. Bei den Beispielen der folgenden Regeln werde ich deshalb genauso verfahren.

Für den anderen Hypothesenraum h_2 triggert die Regel nur einmal, nämlich nur für C = HARDWARE, wobei o_1, o_2, o_3 und R dieselben Werte annehmen wie oben. Es wird somit nur das Axiom p_8 SUPPORTED-BY p_{10} von der Qualitätsregel und p_8 : SUPPORT vom Classifier instantiiert. Später werde ich zeigen, daß sich auf der Basis solcher qualitativer Aussagen der Hypothesenraum h_1 gegenüber dem Hypothesenraum h_2 bevorzugen läßt.

4.8.2 Die Regel C-SUPPORT

Die Regel C-SUPPORT fängt die Symmetrie zwischen zwei quasi-inversen Relationen ab. Damit wird die semantische Nähe von Aussagen repräsentiert, die durch Rollenbeziehungen ausgedrückt sind. Beispielsweise wird die Aussage, daß *Aquarius* den Computer *Megaline* produziert (PRODUCES) von der Aussage unterstützt, daß *Megaline* von *Aquarius* verkauft wird (SOLD-BY). In der ersten Aussage kommt *Aquarius* als Domäneninstanz und *Megaline* als Rangeinstanz der Relation PRODUCES vor. In der zweiten Aussage hingegen kommt *Megaline* als Domäneninstanz und *Aquarius* als Rangeinstanz der Relation SOLD-BY vor. Die erste Aussage erfährt also durch die zweite Aussage Unterstützung. Verallgemeinert bedeutet dies, daß ein Axiom, das eine Instanz o_1 und eine Instanz o_2 über eine Relation R_1 miteinander relationiert, durch ein Axiom unterstützt wird, daß o_2 und o_1 mit einer nicht zu R_1 inversen Relation R_2 verbindet. Wesentlich ist, daß die Axiome in einem Hypothesenraum h gelten müssen. Tritt

---

[3]Ebenso werden qualitative Aussagen mit gerade vertauschten Füllern aufgebaut. D.h., daß p_3 SUPPORTED-BY p_1 und p_4 SUPPORTED-BY p_2 ebenfalls erzeugt werden. Aus Gründen der Übersichtlichkeit verzichte ich jedoch auf deren Darstellung.

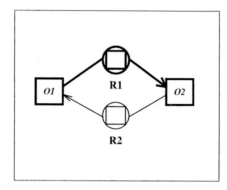

Abbildung 4.3: Graphische Repräsentation der Regel C-Support

ein solcher Zustand ein, führt die Regel C-Support ein Axiom ein, das das unterstützte Axiom $(o_1\ R_1\ o_2)_h$ mit dem unterstützenden Axiom $(o_2\ R_2\ o_1)_h$ über die Rolle C-SUPPORTED-BY relationiert. Im Initialkontext muß gelten:

> **EXISTS** o_1, o_2, R_1, R_2, h :
> $(o_1\ R_1\ o_2)_h\ \land\ (o_2\ R_2\ o_1)_h\ \land\ R_1 \neq R_2\ \land\ R_1 \neq {R_2}^{-1}\ \Longrightarrow$
> **TELL** $(o_1\ R_1\ o_2)_h$ C-SUPPORTED-BY $(o_2\ R_2\ o_1)_h$

Der entsprechende reifizierte Ausdruck des Metakontexts lautet:

EXISTS o_1, o_2, R_1, R_2, h :
$\Re((o_1 R_1 o_2)_h)\ \land\ \Re((o_2\ R_2\ o_1)_h)\ \land\ R_1 \neq R_2\ \land\ R_1 \neq {R_2}^{-1}\ \Longrightarrow$
TELL $\pi(\Re((o_1\ R_1\ o_2)_h))$ C-SUPPORTED-BY $\pi(\Re((o_2\ R_2\ o_1)_h))$

Multipliziert man die Reifikation aus, so erhält man die folgende Regel erster Stufe im Metakontext:

> **EXISTS** $p_1, p_2, o_1, o_2, R_1, R_2, h$:
>
> | | | |
> |---|---|---|
> | p_1 : REIF | $\land$ | p_2 : REIF | $\land$ |
> | p_1 BIN-REL R_1 | $\land$ | p_2 BIN-REL R_2 | $\land$ |
> | p_1 DOMAIN o_1 | $\land$ | p_2 DOMAIN o_2 | $\land$ |
> | p_1 RANGE o_2 | $\land$ | p_2 RANGE o_1 | $\land$ |
> | p_1 HYPO-REL h | $\land$ | p_2 HYPO-REL h | $\land$ |
> | $R_1 \neq R_2$ | $\land$ | $R_1 \neq {R_2}^{-1}$ | $\Longrightarrow$ |
>
> **TELL** p_1 C-SUPPORTED-BY p_2

Als Beispiel für die Regel C-Support seien die reifizierten Assertionen

$$p_1 = \pi(\Re((Megaline \text{ SOLD-BY } Aquarius)_h))$$
$$p_2 = \pi(\Re((Aquarius \text{ PRODUCES } Megaline)_h))$$

gegeben. Da die Rollen SOLD-BY und PRODUCES weder gleich noch zueinander invers sind und deren Argumente *Megaline* und *Aquarius* jeweils in umgekehrter Reihenfolge die Rollen füllen, feuert die Regel C-Support und das Axiom p_1 C-SUPPORTED-BY p_2 wird von ihr, das Axiom p_1 : C-Support wieder vom Classifier instantiiert.

4.8.3 Die Regel Add-Filler

Die Regel Add-Filler bezieht sich nur auf Aktionskonzepte (Action), die zur Modellierung von (Aktions)Verben in die Wissensbasis eingefügt sind. Diese Aktionsverben sind mit Hilfe von thematischen Rollen (Kasusrollen wie Agentenrolle, Patientenrolle, Copatientenrolle u.ä.) definiert. Daraus erklärt sich die Vergabe einer negativen Unterstützung, wenn eine Kasusrolle mit mehr als einer Instanz gefüllt ist. Zu vermerken gilt, daß sich die Regel Support und die Regel Add-Filler auf völlig getrennte Partitionen in der Wissensbasis beziehen. Als Beispiel für den Zustand der Doppelbelegung von Kasusrollen seien die Aussagen genannt, daß *Aquarius* und *Megaline* als Agenten derselben Entwicklungsaktion gelten (beispielsweise $(develop.1 \text{ AGENT } Aquarius)_h$ und $(develop.1 \text{ AGENT } Megaline)_h$). Dies läßt sich wie folgt verallgemeinern: Ein Axiom, das eine Instanz o_1 und eine Instanz o_2 über eine Relation R verbindet, wird durch ein Axiom negativ unterstützt, falls o_1 mit einer anderen Instanz o_3 ebenfalls mittels R in Verbindung bringt, wobei o_1 zum Konzept Action gehören muß. Tritt ein solcher Zustand in einem Hypothesenraum h auf, führt die Regel Add-Filler ein Axiom ein, das das Axiom $(o_1 \text{ R } o_2)_h$ mit dem negativ unterstützenden Axiom $(o_1 \text{ R } o_3)_h$ über die Rolle ADD-FILLED-BY relationiert. Im Initialkontext muß dann gelten:

EXISTS o_1, o_2, o_3, R, h :
$(o_1 \text{ R } o_2)_h \wedge (o_1 \text{ R } o_3)_h \wedge (o_1 : \text{ACTION})_h \Longrightarrow$
TELL $(o_1 \text{ R } o_2)_h$ ADD-FILLED-BY $(o_1 \text{ R } o_3)_h$

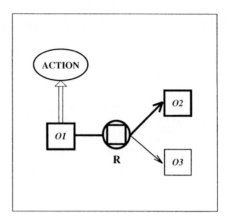

Abbildung 4.4: Graphische Repräsentation der Regel ADD-FILLER

Im Metakontext gilt dann:

EXISTS o_1, o_2, o_3, R, h :

$\Re((o_1 \ R \ o_2)_h) \ \wedge \ \Re((o_1 \ R \ o_3)_h) \ \wedge \ \Re((o_1 \ : \ \text{ACTION})_h) \Longrightarrow$

TELL $\pi(\Re((o_1 \ R \ o_2)_h))$ ADD-FILLED-BY $\pi(\Re((o_1 \ R \ o_3)_h))$

Multipliziert wieder man die Reifikation aus, so erhält man die folgende Regel erster Stufe im Metakontext:

EXISTS $p_1, p_2, p_3, o_1, o_2, o_3, R, h$:

p_1 : REIF $\wedge$	p_2 : REIF $\wedge$	p_3 : REIF $\wedge$
p_1 BIN-REL R $\wedge$	p_2 BIN-REL R $\wedge$	p_3 BIN-REL INST-OF $\wedge$
p_1 DOMAIN o_1 $\wedge$	p_2 DOMAIN o_1 $\wedge$	p_3 DOMAIN o_1 $\wedge$
p_1 RANGE o_2 $\wedge$	p_2 RANGE o_3 $\wedge$	p_3 RANGE ACTION $\wedge$
p_1 HYPO-REL h $\wedge$	p_2 HYPO-REL h $\wedge$	p_3 HYPO-REL h $\Longrightarrow$

TELL p_1 ADD-FILLED-BY p_2

Als Beispiel für die Regel ADD-FILLER seien die reifizierten Assertionen

$$p_1 = \pi(\Re((develop.1 \ \text{AGENT} \ Megaline)_h))$$
$$p_2 = \pi(\Re((develop.1 \ \text{AGENT} \ Aquarius)_h))$$

gegeben. Da die Aktionsinstanz $develop.1$ bzgl. der Kasusrolle AGENT zwei Füller besitzt, instantiierten die Regel ADD-FILLER und der Classifier die qualitativen Aussagen p_1 ADD-FILLED-BY p_2 bzw. p_1 : ADD-FILLER.

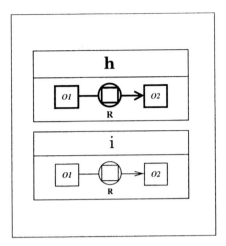

Abbildung 4.5: Graphische Repräsentation der Regel M-DEDUCTION

4.8.4 Die Regel M-DEDUCTION

Die Regel M-DEDUCTION fängt inhaltlich gleiche Axiome über verschiedene Hypothesenräume hinweg ein, d.h., Aussagen, die in mehreren Hypothesenräumen gelten, signalisieren größere Unterstützung, wie Aussagen, die nur in einem einzigen Hypothesenraum gelten. Beispielsweise wird die Aussage, daß *Megaline* als ein COMPUTER in einem Hypothesenraum angenommen wird, von der Aussage unterstützt, daß *Megaline* ein COMPUTER in einem anderen Hypothesenraum ist. Ein wichtiger struktureller Unterschied zu den vorherigen Regeln ist das Testen von Axiomen in <u>verschiedenen</u> Hypothesenräumen. Die Verallgemeinerung des Beispiels und die Formalisierung der Regel M-DEDUCTION besagt, daß ein Axiom $(o_1 \ R \ o_2)_h$[4] von einem Axiom $(o_1 \ R \ o_2)_i$ unterstützt wird, falls die Hypothesenrauminstanzen h und i unterschiedliche Hypothesenräume bezeichnen. Tritt ein solcher Zustand ein, führt die Regel M-DEDUCTION ein Axiom ein, das das unterstützte Axiom $(o_1 \ R \ o_2)_h$ mit dem unterstützenden Axiom $(o_1 \ R \ o_2)_i$ über die Rolle M-DEDUCED-BY relationiert. Im Initialkontext gilt dann:

> **EXISTS** $o_1, o_2, \text{R}, h, i :$
> $(o_1 \ R \ o_2)_h \ \wedge \ (o_1 \ R \ o_2)_i \ \wedge \ h \neq i \Longrightarrow$
> **TELL** $(o_1 \ R \ o_2)_h$ M-DEDUCED-BY $(o_1 \ R \ o_2)_i$

---

[4]$(o_1 \ R \ o_2)_h$ steht hier auch für Axiome bzgl. der Konzeptzugehörigkeit $(o_1 \ : \ C)_h$

Der entsprechende reifizierte Ausdruck des Metakontexts lautet:

EXISTS $o_1, o_2, \mathrm{R}, h, i$:

$\Re((o_1\ \mathrm{R}\ o_2)_h) \ \wedge \ \Re((o_1\ \mathrm{R}\ o_2)_i) \ \wedge \ h \neq i \Longrightarrow$

TELL $\Re((o_1\ \mathrm{R}\ o_2)_h)$ M-DEDUCED-BY $\Re((o_1\ \mathrm{R}\ o_2)_i)$

Multipliziert man die Reifikation wieder aus, so erhält man im Metakontext:

EXISTS $p_1, p_2, o_1, o_2, \mathrm{R}, h, i$:

p_1 : REIF $\quad \wedge \quad p_2$: REIF $\quad \wedge$

p_1 BIN-REL R $\quad \wedge \quad p_2$ BIN-REL R $\quad \wedge$

p_1 DOMAIN o_1 $\quad \wedge \quad p_2$ DOMAIN o_1 $\quad \wedge$

p_1 RANGE o_2 $\quad \wedge \quad p_2$ RANGE o_2 $\quad \wedge$

p_1 HYPO-REL h $\quad \wedge \quad p_2$ HYPO-REL i $\quad \wedge$

$h \neq i$ $\qquad\qquad\qquad\qquad \Longrightarrow$

TELL p_1 M-DEDUCED-BY p_2

Zur Darstellung eines Beispiels wende ich mich wieder dem Reifikationsab-schnitt 4.6.1, Seite 92 zu. Für die Hypothesenräume h_1 und h_2 sowie für das unbekannte Item *Megaline* wird die Regel M-DEDUCTION einmal angewendet, da in beiden Hypothesenräumen jeweils das Axiom *Megaline* : HARDWARE gilt. Durch die Regel und den Classifier werden daraufhin die Axiome

p_2 M-DEDUCED-BY p_8

p_2 : M-DEDUCTION

p_8 M-DEDUCED-BY p_2

p_8 : M-DEDUCTION

in den Metakontext eingeführt.

Bisher habe ich zur Ordnung der Qualitätsmarken nur einige vage Aussagen gemacht. Beispielsweise die, daß die Qualitätsmarke ADD-FILLER negative und alle anderen konzeptuellen Marken positive Unterstützung signalisieren. Die Präzisierung einer Ordnung über Marken erfolgt in Abschnitt 5.1. Dazu führe ich den Begriff der Qualitätsdimension ein und diskutiere die Abdeckung der linguistischen und konzeptuellen Marken.

4.9 Ein zusammenfassendes Beispiel

In diesem Abschnitt will ich die bisher vorgestellten Methoden anhand der ersten beiden Lernschritte des *Megaline*-Textes (der Textausschnitt, der die ersten beiden Lernschritte verursacht, ist in Kapitel 1, Seite 1 gegeben) detailliert vorstellen. Eine genaue Definition dessen, was ein Lernschritt ist und wie die entsprechende Interpretation des vollständigen *Megaline*-Textes aussieht, wird noch in Abschnitt 6.1 nachgereicht. Die Interpretationen der beiden Lernschritte notiere ich im folgenden Beispiel unter Verwendung der um Hypothesenräume erweiterten terminologischen Sprache (vgl. Abschnitt 4.4). Die zugrundeliegende Wissensbasis ist in graphischer Form im Anhang A.2 gegeben und wird aus Platzgründen nicht in terminologischer Logik dargestellt. Für das Verständnis des Beispiels ist es jedoch wichtig zu bemerken, daß in der Wissensbasis modelliert wurde, daß ein MINITOWERCASE über die Rolle HAS-CASE nur mit einer WORKSTATION bzw. einem PC relationiert werden kann, hingegen nicht mit den Konzepten DESKTOP, NOTEBOOK und PORTABLE. Damit wird dem Sachverhalt Rechnung getragen, daß DESKTOPcomputer nur in einem Desktop-gehäuse (DESKTOPCASE) und NOTEBOOK bzw. PORTABLE nur in Notebook-gehäusen (NOTEBOOKCASE) Platz finden. Andere Gehäusearten (wie beispielsweise TOWERCASE, aber auch DESKTOPCASE) können ebenfalls mit WORKSTATION bzw. PC über HAS-CASE relationiert werden.

Zunächst will ich den ersten Lernschritt betrachten. Da die in den vorherigen Abschnitten mehrfach diskutierte Appositionsphrase *"Die neue Baureihe Megaline"* von SYNDIKATE nicht analysiert werden kann (das Lexem *Baureihe* ist nicht im Lexikon eingetragen), wird diese Phrase nicht weiter betrachtet. Der erste Lernschritt betrifft deshalb die Phrase *"... Megaline von Aquarius ..."*, wobei *Megaline* das zu lernende Item bezeichnet und *Aquarius* in der Wissensbasis als PRODUCER bekannt ist. Die Auslassungen *"..."* in der Phrase repräsentieren entweder einen nicht verstandenen oder einen für den Lerner unwichtigen Teil. Diese erste Phrase bewirkt die Ausführung der Hypothesengenerierungsregel `perm-hypo` (es wird, wie in Abschnitt 4.5.4 beschrieben, die verfeinerte Version der Tabelle 4.9 ausgeführt), da der linguistische Kontext eine Präpositionalphrase darstellt. Die Funktion `permitted-role-filler` berechnet für *Megaline* und *Aquarius* drei Rollen, nämlich HAS-COMPANY, MEMBER-IN und OFFICE-OF[5].

---

[5]Auf den Modellierungshintergrund der einzelnen Rollenbezeichner will ich in dieser Arbeit

Damit können drei Hypothesen für *Megaline* aufgebaut werden, nämlich die Hypothese PRODUCT, USER und OFFICE. Durch die Anwendung der Funktion `perm-hypo-special` auf die Instanz *Megaline* kann die PRODUCT-Hypothese zu DOCUMENTATion, OEM, HARDWARE und SOFTWARE noch weiter verfeinert werden. Diese sechs Konzepthypothesen (notiert als Hypothesenrauminstanzen $h_1, h_2, h_3, h_4, h_5, h_6$) will ich durch Angabe der explizit und implizit aufgebauten assertionalen Axiome in erweiterter terminologischer Notation aufnotieren. Um die anschließende Reifikation einfacher darstellen zu können, notiere ich jedes Axiom mit einem eindeutigen Schlüssel der Art p_i, der Reifikatorinstanz. Im Initialkontext gilt dann:

(p_1) $(Megaline \text{ HAS-COMPANY } Aquarius)_{h_1}$
(p_2) $(Megaline : \text{DOCUMENTAT})_{h_1}$
(p_3) $(Megaline : \text{PRODUCT})_{h_1}$
(p_4) $(Megaline : \text{NONALIVE})_{h_1}$
(p_5) $(Megaline : \text{PHYSICALOBJ})_{h_1}$
(p_6) $(Megaline : \text{OBJECT})_{h_1}$

(p_7) $(Megaline \text{ HAS-COMPANY } Aquarius)_{h_2}$
(p_8) $(Megaline : \text{OEM})_{h_2}$
(p_9) $(Megaline : \text{PRODUCT})_{h_2}$
(p_{10}) $(Megaline : \text{NONALIVE})_{h_2}$

(p_{11}) $(Megaline : \text{PHYSICALOBJ})_{h_2}$
(p_{12}) $(Megaline : \text{OBJECT})_{h_2}$

(p_{13}) $(Megaline \text{ HAS-COMPANY } Aquarius)_{h_3}$
(p_{14}) $(Megaline : \text{SOFTWARE})_{h_3}$
(p_{15}) $(Megaline : \text{PRODUCT})_{h_3}$
(p_{16}) $(Megaline : \text{NONALIVE})_{h_3}$
(p_{17}) $(Megaline : \text{PHYSICALOBJ})_{h_3}$
(p_{18}) $(Megaline : \text{OBJECT})_{h_3}$

(p_{19}) $(Megaline \text{ HAS-COMPANY } Aquarius)_{h_4}$
(p_{20}) $(Megaline : \text{HARDWARE})_{h_4}$
(p_{21}) $(Megaline : \text{PRODUCT})_{h_4}$
(p_{22}) $(Megaline : \text{NONALIVE})_{h_4}$
(p_{23}) $(Megaline : \text{PHYSICALOBJ})_{h_4}$
(p_{24}) $(Megaline : \text{OBJECT})_{h_4}$

---

nicht eingehen, da sie für das Verständnis des Lerners nicht erheblich sind.

(p_{25}) $(Megaline \text{ MEMBER-IN } Aquarius)_{h_5}$
(p_{26}) $(Megaline : \text{USER})_{h_5}$
(p_{27}) $(Megaline : \text{NATURALPERSON})_{h_5}$
(p_{28}) $(Megaline : \text{PERSON})_{h_5}$
(p_{29}) $(Megaline : \text{ALIVE})_{h_5}$
(p_{30}) $(Megaline : \text{PHYSICALOBJ})_{h_5}$
(p_{31}) $(Megaline : \text{OBJECT})_{h_5}$

(p_{32}) $(Megaline \text{ OFFICE-OF } Aquarius)_{h_6}$
(p_{33}) $(Megaline : \text{OFFICE})_{h_6}$
(p_{34}) $(Megaline : \text{BUILDING})_{h_6}$
(p_{35}) $(Megaline : \text{NONALIVE})_{h_6}$
(p_{36}) $(Megaline : \text{PHYSICALOBJ})_{h_6}$
(p_{37}) $(Megaline : \text{OBJECT})_{h_6}$

Jedes der obigen Axiome wird als nächstes im Metakontext reifiziert. Die reifizierten Axiome will ich aus Gründen der Übersichtlichkeit nicht ausmultipliziert notieren, sondern nur mit Hilfe der Reifikationsfunktion $\mathcal{R}$ (vgl. Tabelle 4.11) und der Funktion π aus Abschnitt 4.8. Außerdem gebe ich alle linguistischen und konzeptuellen Qualitätsaussagen an. Im Falle der konzeptuellen Qualitätsmarken sind es nur Aussagen, die M-DEDUCED-BY betreffen, da keine weiteren konzeptuellen Qualitätsregeln feuern können. Für den Metakontext bauen sich dann folgende Wissensstrukturen auf:

$p_1 = \pi(\mathfrak{R}((Megaline \text{ HAS-COMPANY } Aquarius)_{h_1}))$
$p_2 = \pi(\mathfrak{R}((Megaline : \text{DOCUMENTAT})_{h_1}))$
$p_3 = \pi(\mathfrak{R}((Megaline : \text{PRODUCT})_{h_1}))$
$p_4 = \pi(\mathfrak{R}((Megaline : \text{NONALIVE})_{h_1}))$
$p_5 = \pi(\mathfrak{R}((Megaline : \text{PHYSICALOBJ})_{h_1}))$
$p_6 = \pi(\mathfrak{R}((Megaline : \text{OBJECT})_{h_1}))$
$p_1 :$ PPATTACH, p_1 M-DEDUCED-BY p_7, p_1 M-DEDUCED-BY p_{13}
p_1 M-DEDUCED-BY p_{19}, p_3 M-DEDUCED-BY p_9, p_3 M-DEDUCED-BY p_{15}
p_3 M-DEDUCED-BY p_{21}, p_4 M-DEDUCED-BY p_{10}, p_4 M-DEDUCED-BY p_{16}
p_4 M-DEDUCED-BY p_{22}, p_4 M-DEDUCED-BY p_{35}, p_5 M-DEDUCED-BY p_{11}
p_5 M-DEDUCED-BY p_{17}, p_5 M-DEDUCED-BY p_{23}, p_5 M-DEDUCED-BY p_{30}
p_5 M-DEDUCED-BY p_{36}, p_6 M-DEDUCED-BY p_{12}, p_6 M-DEDUCED-BY p_{18}
p_6 M-DEDUCED-BY p_{24}, p_6 M-DEDUCED-BY p_{31}, p_6 M-DEDUCED-BY p_{37}

$p_7 = \pi(\mathfrak{R}((Megaline \text{ HAS-COMPANY } Aquarius)_{h_2}))$
$p_8 = \pi(\mathfrak{R}((Megaline : \text{OEM})_{h_2}))$
$p_9 = \pi(\mathfrak{R}((Megaline : \text{PRODUCT})_{h_2}))$
$p_{10} = \pi(\mathfrak{R}((Megaline : \text{NONALIVE})_{h_2}))$

$p_{11} = \pi(\Re((Megaline : \text{PhysicalObj})_{h_2}))$

$p_{12} = \pi(\Re((Megaline : \text{Object})_{h_2}))$

$p_7 : \text{PPattach}, p_7$ M-DEDUCED-BY p_1, p_7 M-DEDUCED-BY p_{13}

p_7 M-DEDUCED-BY p_{19}, p_9 M-DEDUCED-BY p_3, p_9 M-DEDUCED-BY p_{15}

p_9 M-DEDUCED-BY p_{21}, p_{10} M-DEDUCED-BY p_4, p_{10} M-DEDUCED-BY p_{16}

p_{10} M-DEDUCED-BY p_{22}, p_{10} M-DEDUCED-BY p_{35}, p_{11} M-DEDUCED-BY p_5

p_{11} M-DEDUCED-BY p_{17}, p_{11} M-DEDUCED-BY p_{23}, p_{11} M-DEDUCED-BY p_{30}

p_{11} M-DEDUCED-BY p_{36}, p_{12} M-DEDUCED-BY p_6, p_{12} M-DEDUCED-BY p_{18}

p_{12} M-DEDUCED-BY p_{24}, p_{12} M-DEDUCED-BY p_{31}, p_{12} M-DEDUCED-BY p_{37}

$p_{13} = \pi(\Re((Megaline \text{ HAS-COMPANY } Aquarius)_{h_3}))$

$p_{14} = \pi(\Re((Megaline : \text{Software})_{h_3}))$

$p_{15} = \pi(\Re((Megaline : \text{Product})_{h_3}))$

$p_{16} = \pi(\Re((Megaline : \text{NonAlive})_{h_3}))$

$p_{17} = \pi(\Re((Megaline : \text{PhysicalObj})_{h_3}))$

$p_{18} = \pi(\Re((Megaline : \text{Object})_{h_3}))$

$p_{13} : \text{PPattach}, p_{13}$ M-DEDUCED-BY p_1, p_{13} M-DEDUCED-BY p_7

p_{13} M-DEDUCED-BY p_{19}, p_{15} M-DEDUCED-BY p_3, p_{15} M-DEDUCED-BY p_9

p_{15} M-DEDUCED-BY p_{21}, p_{16} M-DEDUCED-BY p_4, p_{16} M-DEDUCED-BY p_{10}

p_{16} M-DEDUCED-BY p_{22}, p_{16} M-DEDUCED-BY p_{35}, p_{17} M-DEDUCED-BY p_5

p_{17} M-DEDUCED-BY p_{11}, p_{17} M-DEDUCED-BY p_{23}, p_{17} M-DEDUCED-BY p_{30}

p_{17} M-DEDUCED-BY p_{36}, p_{18} M-DEDUCED-BY p_6, p_{18} M-DEDUCED-BY p_{12}

p_{18} M-DEDUCED-BY p_{24}, p_{18} M-DEDUCED-BY p_{31}, p_{18} M-DEDUCED-BY p_{37}

$p_{19} = \pi(\Re((Megaline \text{ HAS-COMPANY } Aquarius)_{h_4}))$

$p_{20} = \pi(\Re((Megaline : \text{Hardware})_{h_4}))$

$p_{21} = \pi(\Re((Megaline : \text{Product})_{h_4}))$

$p_{22} = \pi(\Re((Megaline : \text{NonAlive})_{h_4}))$

$p_{23} = \pi(\Re((Megaline : \text{PhysicalObj})_{h_4}))$

$p_{24} = \pi(\Re((Megaline : \text{Object})_{h_4}))$

$p_{19} : \text{PPattach}, p_{19}$ M-DEDUCED-BY p_1, p_{19} M-DEDUCED-BY p_7

p_{19} M-DEDUCED-BY p_{13}, p_{21} M-DEDUCED-BY p_3, p_{21} M-DEDUCED-BY p_9

p_{21} M-DEDUCED-BY p_{15}, p_{22} M-DEDUCED-BY p_4, p_{22} M-DEDUCED-BY p_{10}

p_{22} M-DEDUCED-BY p_{16}, p_{22} M-DEDUCED-BY p_{35}, p_{23} M-DEDUCED-BY p_5

p_{23} M-DEDUCED-BY p_{11}, p_{23} M-DEDUCED-BY p_{17}, p_{23} M-DEDUCED-BY p_{30}

p_{23} M-DEDUCED-BY p_{36}, p_{24} M-DEDUCED-BY p_6, p_{24} M-DEDUCED-BY p_{12}

p_{24} M-DEDUCED-BY p_{18}, p_{24} M-DEDUCED-BY p_{31}, p_{24} M-DEDUCED-BY p_{37}

$p_{25} = \pi(\Re((Megaline \text{ MEMBER-IN } Aquarius)_{h_5}))$

$p_{26} = \pi(\Re((Megaline : \text{User})_{h_5}))$

$p_{27} = \pi(\Re((Megaline : \text{NaturalPerson})_{h_5}))$

$p_{28} = \pi(\Re((Megaline : \text{Person})_{h_5}))$

$p_{29} = \pi(\Re((Megaline : \text{Alive})_{h_5}))$

$p_{30} = \pi(\Re((Megaline : \text{PhysicalObj})_{h_5}))$

$p_{31} = \pi(\Re((Megaline : \text{Object})_{h_5}))$

p_{25} : PPATTACH, p_{30} M-DEDUCED-BY p_5, p_{30} M-DEDUCED-BY p_{11}
p_{30} M-DEDUCED-BY p_{17}, p_{30} M-DEDUCED-BY p_{23}, p_{30} M-DEDUCED-BY p_{36}
p_{31} M-DEDUCED-BY p_6, p_{31} M-DEDUCED-BY p_{12}, p_{31} M-DEDUCED-BY p_{18}
p_{31} M-DEDUCED-BY p_{24}, p_{31} M-DEDUCED-BY p_{37}

$$p_{32} = \pi(\Re((Megaline \text{ OFFICE-OF } Aquarius)_{h_6}))$$
$$p_{33} = \pi(\Re((Megaline : \text{OFFICE})_{h_6}))$$
$$p_{34} = \pi(\Re((Megaline : \text{BUILDING})_{h_6}))$$
$$p_{35} = \pi(\Re((Megaline : \text{NONALIVE})_{h_6}))$$
$$p_{36} = \pi(\Re((Megaline : \text{PHYSICALOBJ})_{h_6}))$$
$$p_{37} = \pi(\Re((Megaline : \text{OBJECT})_{h_6}))$$

p_{32} : PPATTACH, p_{35} M-DEDUCED-BY p_4, p_{35} M-DEDUCED-BY p_{10}
p_{35} M-DEDUCED-BY p_{16}, p_{35} M-DEDUCED-BY p_{22}, p_{36} M-DEDUCED-BY p_5
p_{36} M-DEDUCED-BY p_{11}, p_{36} M-DEDUCED-BY p_{17}, p_{36} M-DEDUCED-BY p_{23}
p_{36} M-DEDUCED-BY p_{30}, p_{37} M-DEDUCED-BY p_6, p_{37} M-DEDUCED-BY p_{12}
p_{37} M-DEDUCED-BY p_{18}, p_{37} M-DEDUCED-BY p_{24}, p_{37} M-DEDUCED-BY p_{31}

Als nächstes will ich die Auswirkungen auf den Metakontext nach der Analyse des zweiten Lernschritts betrachten. Dieser betrifft die Phrase *"... Megaline ... in einem Mini-Tower-Gehäuse ..."*, wobei *Mini-Tower-Gehäuse* in der Wissensbasis als Instanz *MiniTowerCase*.1 des Konzepts MINITOWERCASE dargestellt wird. Für den zweiten Lernschritt wird wieder die verfeinerte Generierungsregel `perm-hypo` angestoßen, da der linguistische Kontext nicht bekannt ist. Die Funktion `permitted-role-filler` findet für die Hypothesenräume h_1, h_2, h_3 und h_6 keine zulässigen Rollen. Diese können somit verworfen werden. Für den Hypothesenraum h_4 (die HARDWARE-Hypothese) wird die Rolle HAS-CASE und für den Hypothesenraum h_5 (die USER-Hypothese) USES berechnet. Der Classifier ist daraufhin in der Lage, die HARDWARE-Hypothese in h_4 auf COMPUTER zu spezialisieren. Damit wird ein weiteres Mal der Beitrag eines Classifiers zum Verfeinern von Konzepthypothesen deutlich. Zusätzlich wird die Funktion `perm-hypo-special` auf die verbleibenden Hypothesenräume h_4 und h_5 angewendet. Aus h_4 mit der Hypothese COMPUTER werden die verfeinerten Hypothesen WORKSTATION, PC, DESKTOP, NOTEBOOK und PORTABLE generiert. Für die Hypothese USER wird keine Verfeinerung gefunden. Die verfeinerten Hypothesen werden durch Indizierung des Hypothesennamens h_4 dargestellt also h_{4_1} für den WORKSTATION-, h_{4_2} für den PC-, h_{4_3} für den DESKTOP-, h_{4_4} für den NOTEBOOK- und h_{4_5} für den PORTABLE-Hypothesenraum. Dabei entspricht h_{4_1} dem alten erweiterten Hypothesenraum und h_{4_2}, h_{4_3}, h_{4_4} und h'_{4_5}

den neuen Hypothesenräumen so, wie in Abschnitt 4.5.3 bei der Beschreibung der Funktion `gen-new-hypo` ausführlich erklärt. Die Übertragung der bereits im Hypothesenraum h_4 berechneten linguistischen Qualitätsmarken (beispielsweise p_{19} : PPATTACH) auf die neuen Hypothesenräume h_{4_2}, h_{4_3}, h_{4_4} und h_{4_5} wird ebenfalls mit `gen-new-hypo` bewerkstelligt. Die bereits berechneten konzeptuellen Marken aus den alten Hypothesenräumen dürfen nicht explizit auf die neuen Hypothesenräume übertragen werden, da die konzeptuellen Qualitätsregeln auch in den neuen Hypothesenräumen triggern und neue qualitative Aussagen erzeugen. Auch bekommen alle Axiome der neuen Hypothesenräume eine neue Reifikatorinstanz zugeordnet, auch die, die im alten Hypothesenraum schon existiert haben. Bemerkenswert ist noch, daß aufgrund der Verletzung der konzeptuellen Constraints bzgl. HAS-CASE und MINITOWERCASE die Hypothesen h_{4_3}, h_{4_4} und h_{4_5} inkonsistent werden, da die zugrundeliegenden Konzepttypen DESKTOP, NOTEBOOK und PORTABLE über HAS-CASE nicht zu MINITOWERCASE relationiert werden können. Diese durch den Lerner verursachte Inkonsistenz wird durch die Marke INCONSISTENCY dargestellt. INCONSISTENCY verhält sich ähnlich wie linguistische Marken, da jede inkonsistente Axiome repräsentierende Reifikatorinstanz über eine entsprechende Regel mit der Marke INCONSISTENCY versehen wird. Nachfolgend gebe ich eine formale Darstellung aller involvierten Axiome, wobei die Reifikatorinstanzen nicht berücksichtigt werden, die den verworfenen Hypothesenräumen h_1, h_2, h_3 und h_6 zugeordnet sind:

$$p_{38} = \pi(\Re((Megaline \text{ HAS-CASE } MiniTowerCase.1)_{h_{4_1}}))$$
$$p_{39} = \pi(\Re((Megaline : \text{COMPUTER})_{h_{4_1}}))$$
$$p_{40} = \pi(\Re((Megaline : \text{WORKSTATION})_{h_{4_1}}))$$
$$p_{19} = \pi(\Re((Megaline \text{ HAS-COMPANY } Aquarius)_{h_{4_1}}))$$
$$p_{20} = \pi(\Re((Megaline : \text{HARDWARE})_{h_{4_1}}))$$
$$p_{21} = \pi(\Re((Megaline : \text{PRODUCT})_{h_{4_1}}))$$
$$p_{22} = \pi(\Re((Megaline : \text{NONALIVE})_{h_{4_1}}))$$
$$p_{23} = \pi(\Re((Megaline : \text{PHYSICALOBJ})_{h_{4_1}}))$$
$$p_{24} = \pi(\Re((Megaline : \text{OBJECT})_{h_{4_1}}))$$

p_{19} : PPATTACH, p_{38} M-DEDUCED-BY p_{41}, p_{38} M-DEDUCED-BY p_{50},
p_{38} M-DEDUCED-BY p_{59}, p_{38} M-DEDUCED-BY p_{68}, p_{39} M-DEDUCED-BY p_{42},
p_{39} M-DEDUCED-BY p_{51}, p_{39} M-DEDUCED-BY p_{60}, p_{39} M-DEDUCED-BY p_{69},
p_{19} M-DEDUCED-BY p_{44}, p_{19} M-DEDUCED-BY p_{53}, p_{19} M-DEDUCED-BY p_{62},
p_{19} M-DEDUCED-BY p_{71}, p_{20} M-DEDUCED-BY p_{45}, p_{20} M-DEDUCED-BY p_{54},
p_{20} M-DEDUCED-BY p_{63}, p_{20} M-DEDUCED-BY p_{72}, p_{21} M-DEDUCED-BY p_{46},
p_{21} M-DEDUCED-BY p_{55}, p_{21} M-DEDUCED-BY p_{64}, p_{21} M-DEDUCED-BY p_{73},

p_{22} M-DEDUCED-BY p_{47}, p_{22} M-DEDUCED-BY p_{56}, p_{22} M-DEDUCED-BY p_{65},
p_{22} M-DEDUCED-BY p_{74}, p_{23} M-DEDUCED-BY p_{48}, p_{23} M-DEDUCED-BY p_{57},
p_{23} M-DEDUCED-BY p_{66}, p_{23} M-DEDUCED-BY p_{75}, p_{23} M-DEDUCED-BY p_{30},
p_{24} M-DEDUCED-BY p_{49}, p_{24} M-DEDUCED-BY p_{58}, p_{24} M-DEDUCED-BY p_{67},
p_{24} M-DEDUCED-BY p_{76}, p_{24} M-DEDUCED-BY p_{31}

$p_{41} = \pi(\Re((Megaline \text{ HAS-CASE } MiniTowerCase.1)_{h_{4_2}}))$
$p_{42} = \pi(\Re((Megaline : \text{COMPUTER})_{h_{4_2}}))$
$p_{43} = \pi(\Re((Megaline : \text{PC})_{h_{4_2}}))$
$p_{44} = \pi(\Re((Megaline \text{ HAS-COMPANY } Aquarius)_{h_{4_2}}))$
$p_{45} = \pi(\Re((Megaline : \text{HARDWARE})_{h_{4_2}}))$
$p_{46} = \pi(\Re((Megaline : \text{PRODUCT})_{h_{4_2}}))$
$p_{47} = \pi(\Re((Megaline : \text{NONALIVE})_{h_{4_2}}))$
$p_{48} = \pi(\Re((Megaline : \text{PHYSICALOBJ})_{h_{4_2}}))$
$p_{49} = \pi(\Re((Megaline : \text{OBJECT})_{h_{4_2}}))$

p_{44} : PPATTACH, p_{41} M-DEDUCED-BY p_{38}, p_{41} M-DEDUCED-BY p_{50},
p_{41} M-DEDUCED-BY p_{59}, p_{41} M-DEDUCED-BY p_{68}, p_{42} M-DEDUCED-BY p_{39},
p_{42} M-DEDUCED-BY p_{51}, p_{42} M-DEDUCED-BY p_{60}, p_{42} M-DEDUCED-BY p_{69},
p_{44} M-DEDUCED-BY p_{29}, p_{44} M-DEDUCED-BY p_{53}, p_{44} M-DEDUCED-BY p_{62},
p_{44} M-DEDUCED-BY p_{71}, p_{45} M-DEDUCED-BY p_{20}, p_{45} M-DEDUCED-BY p_{54},
p_{45} M-DEDUCED-BY p_{63}, p_{45} M-DEDUCED-BY p_{72}, p_{46} M-DEDUCED-BY p_{21},
p_{46} M-DEDUCED-BY p_{55}, p_{46} M-DEDUCED-BY p_{64}, p_{46} M-DEDUCED-BY p_{73},
p_{47} M-DEDUCED-BY p_{22}, p_{47} M-DEDUCED-BY p_{56}, p_{47} M-DEDUCED-BY p_{65},
p_{47} M-DEDUCED-BY p_{74}, p_{48} M-DEDUCED-BY p_{23}, p_{48} M-DEDUCED-BY p_{57},
p_{48} M-DEDUCED-BY p_{66}, p_{48} M-DEDUCED-BY p_{75}, p_{48} M-DEDUCED-BY p_{30},
p_{49} M-DEDUCED-BY p_{24}, p_{49} M-DEDUCED-BY p_{58}, p_{49} M-DEDUCED-BY p_{67},
p_{49} M-DEDUCED-BY p_{76}, p_{49} M-DEDUCED-BY p_{31}

$p_{50} = \pi(\Re((Megaline \text{ HAS-CASE } MiniTowerCase.1)_{h_{4_3}}))$
$p_{51} = \pi(\Re((Megaline : \text{COMPUTER})_{h_{4_3}}))$
$p_{52} = \pi(\Re((Megaline : \text{DESKTOP})_{h_{4_3}}))$
$p_{53} = \pi(\Re((Megaline \text{ HAS-COMPANY } Aquarius)_{h_{4_3}}))$
$p_{54} = \pi(\Re((Megaline : \text{HARDWARE})_{h_{4_3}}))$
$p_{55} = \pi(\Re((Megaline : \text{PRODUCT})_{h_{4_3}}))$
$p_{56} = \pi(\Re((Megaline : \text{NONALIVE})_{h_{4_3}}))$
$p_{57} = \pi(\Re((Megaline : \text{PHYSICALOBJ})_{h_{4_3}}))$
$p_{58} = \pi(\Re((Megaline : \text{OBJECT})_{h_{4_3}}))$

p_{53} : PPATTACH, p_{50} M-DEDUCED-BY p_{41}, p_{50} M-DEDUCED-BY p_{38},
p_{50} M-DEDUCED-BY p_{59}, p_{50} M-DEDUCED-BY p_{68}, p_{51} M-DEDUCED-BY p_{42},
p_{51} M-DEDUCED-BY p_{39}, p_{51} M-DEDUCED-BY p_{60}, p_{51} M-DEDUCED-BY p_{69},
p_{53} M-DEDUCED-BY p_{44}, p_{53} M-DEDUCED-BY p_{19}, p_{53} M-DEDUCED-BY p_{62},
p_{53} M-DEDUCED-BY p_{71}, p_{54} M-DEDUCED-BY p_{45}, p_{54} M-DEDUCED-BY p_{20},
p_{54} M-DEDUCED-BY p_{63}, p_{54} M-DEDUCED-BY p_{72}, p_{55} M-DEDUCED-BY p_{46},
p_{55} M-DEDUCED-BY p_{21}, p_{55} M-DEDUCED-BY p_{64}, p_{55} M-DEDUCED-BY p_{73},

p_{56} M-DEDUCED-BY p_{47}, p_{56} M-DEDUCED-BY p_{22}, p_{56} M-DEDUCED-BY p_{65},
p_{56} M-DEDUCED-BY p_{74}, p_{57} M-DEDUCED-BY p_{48}, p_{57} M-DEDUCED-BY p_{23},
p_{57} M-DEDUCED-BY p_{66}, p_{57} M-DEDUCED-BY p_{75}, p_{57} M-DEDUCED-BY p_{30},
p_{58} M-DEDUCED-BY p_{49}, p_{58} M-DEDUCED-BY p_{24}, p_{58} M-DEDUCED-BY p_{67},
p_{58} M-DEDUCED-BY p_{76}, p_{58} M-DEDUCED-BY p_{31}, p_{52} : INCONSISTENCY

$$p_{59} = \pi(\Re((Megaline \text{ HAS-CASE } MiniTowerCase.1)_{h_{4_4}}))$$
$$p_{60} = \pi(\Re((Megaline : \text{COMPUTER})_{h_{4_4}}))$$
$$p_{61} = \pi(\Re((Megaline : \text{NOTEBOOK})_{h_{4_4}}))$$
$$p_{62} = \pi(\Re((Megaline \text{ HAS-COMPANY } Aquarius)_{h_{4_4}}))$$
$$p_{63} = \pi(\Re((Megaline : \text{HARDWARE})_{h_{4_4}}))$$
$$p_{64} = \pi(\Re((Megaline : \text{PRODUCT})_{h_{4_4}}))$$
$$p_{65} = \pi(\Re((Megaline : \text{NONALIVE})_{h_{4_4}}))$$
$$p_{66} = \pi(\Re((Megaline : \text{PHYSICALOBJ})_{h_{4_4}}))$$
$$p_{67} = \pi(\Re((Megaline : \text{OBJECT})_{h_{4_4}}))$$

p_{62} : PPATTACH, p_{59} M-DEDUCED-BY p_{41}, p_{59} M-DEDUCED-BY p_{50},
p_{59} M-DEDUCED-BY p_{38}, p_{59} M-DEDUCED-BY p_{68}, p_{60} M-DEDUCED-BY p_{42},
p_{60} M-DEDUCED-BY p_{51}, p_{60} M-DEDUCED-BY p_{39}, p_{60} M-DEDUCED-BY p_{69},
p_{62} M-DEDUCED-BY p_{44}, p_{62} M-DEDUCED-BY p_{53}, p_{62} M-DEDUCED-BY p_{19},
p_{62} M-DEDUCED-BY p_{71}, p_{63} M-DEDUCED-BY p_{45}, p_{63} M-DEDUCED-BY p_{54},
p_{63} M-DEDUCED-BY p_{20}, p_{63} M-DEDUCED-BY p_{72}, p_{64} M-DEDUCED-BY p_{46},
p_{64} M-DEDUCED-BY p_{55}, p_{64} M-DEDUCED-BY p_{21}, p_{64} M-DEDUCED-BY p_{73},
p_{65} M-DEDUCED-BY p_{47}, p_{65} M-DEDUCED-BY p_{56}, p_{65} M-DEDUCED-BY p_{22},
p_{65} M-DEDUCED-BY p_{74}, p_{66} M-DEDUCED-BY p_{48}, p_{66} M-DEDUCED-BY p_{57},
p_{66} M-DEDUCED-BY p_{23}, p_{66} M-DEDUCED-BY p_{75}, p_{66} M-DEDUCED-BY p_{30},
p_{67} M-DEDUCED-BY p_{49}, p_{67} M-DEDUCED-BY p_{58}, p_{67} M-DEDUCED-BY p_{24},
p_{67} M-DEDUCED-BY p_{76}, p_{67} M-DEDUCED-BY p_{31}, p_{61} : INCONSISTENCY

$$p_{68} = \pi(\Re((Megaline \text{ HAS-CASE } MiniTowerCase.1)_{h_{4_5}}))$$
$$p_{69} = \pi(\Re((Megaline : \text{COMPUTER})_{h_{4_5}}))$$
$$p_{70} = \pi(\Re((Megaline : \text{PORTABLE})_{h_{4_5}}))$$
$$p_{71} = \pi(\Re((Megaline \text{ HAS-COMPANY } Aquarius)_{h_{4_5}}))$$
$$p_{72} = \pi(\Re((Megaline : \text{HARDWARE})_{h_{4_5}}))$$
$$p_{73} = \pi(\Re((Megaline : \text{PRODUCT})_{h_{4_5}}))$$
$$p_{74} = \pi(\Re((Megaline : \text{NONALIVE})_{h_{4_5}}))$$
$$p_{75} = \pi(\Re((Megaline : \text{PHYSICALOBJ})_{h_{4_5}}))$$
$$p_{76} = \pi(\Re((Megaline : \text{OBJECT})_{h_{4_5}}))$$

p_{71} : PPATTACH, p_{68} M-DEDUCED-BY p_{41}, p_{68} M-DEDUCED-BY p_{50},
p_{68} M-DEDUCED-BY p_{59}, p_{68} M-DEDUCED-BY p_{38}, p_{69} M-DEDUCED-BY p_{42},
p_{69} M-DEDUCED-BY p_{51}, p_{69} M-DEDUCED-BY p_{60}, p_{69} M-DEDUCED-BY p_{39},
p_{71} M-DEDUCED-BY p_{44}, p_{71} M-DEDUCED-BY p_{53}, p_{71} M-DEDUCED-BY p_{62},
p_{71} M-DEDUCED-BY p_{19}, p_{72} M-DEDUCED-BY p_{45}, p_{72} M-DEDUCED-BY p_{54},
p_{72} M-DEDUCED-BY p_{63}, p_{72} M-DEDUCED-BY p_{20}, p_{73} M-DEDUCED-BY p_{46},
p_{73} M-DEDUCED-BY p_{55}, p_{73} M-DEDUCED-BY p_{64}, p_{73} M-DEDUCED-BY p_{21},

p_{74} M-DEDUCED-BY p_{47}, p_{74} M-DEDUCED-BY p_{56}, p_{74} M-DEDUCED-BY p_{65},
p_{74} M-DEDUCED-BY p_{22}, p_{75} M-DEDUCED-BY p_{48}, p_{75} M-DEDUCED-BY p_{57},
p_{75} M-DEDUCED-BY p_{66}, p_{75} M-DEDUCED-BY p_{23}, p_{75} M-DEDUCED-BY p_{30},
p_{76} M-DEDUCED-BY p_{49}, p_{76} M-DEDUCED-BY p_{58}, p_{76} M-DEDUCED-BY p_{67},
p_{76} M-DEDUCED-BY p_{24}, p_{76} M-DEDUCED-BY p_{31}, p_{70} : INCONSISTENCY

$$p_{77} = \pi(\Re((Megaline \text{ USES } MiniTowerCase.1)_{h_5}))$$
$$p_{25} = \pi(\Re((Megaline \text{ MEMBER-IN } Aquarius)_{h_5}))$$
$$p_{26} = \pi(\Re((Megaline : \text{USER})_{h_5}))$$
$$p_{27} = \pi(\Re((Megaline : \text{NATURALPERSON})_{h_5}))$$
$$p_{28} = \pi(\Re((Megaline : \text{PERSON})_{h_5}))$$
$$p_{29} = \pi(\Re((Megaline : \text{ALIVE})_{h_5}))$$
$$p_{30} = \pi(\Re((Megaline : \text{PHYSICALOBJ})_{h_5}))$$
$$p_{31} = \pi(\Re((Megaline : \text{OBJECT})_{h_5}))$$

p_{25} : PPATTACH, p_{30} M-DEDUCED-BY p_{48}, p_{30} M-DEDUCED-BY p_{57},
p_{30} M-DEDUCED-BY p_{66}, p_{30} M-DEDUCED-BY p_{75}, p_{30} M-DEDUCED-BY p_{23},
p_{31} M-DEDUCED-BY p_{49}, p_{31} M-DEDUCED-BY p_{58}, p_{31} M-DEDUCED-BY p_{67},
p_{31} M-DEDUCED-BY p_{76}, p_{31} M-DEDUCED-BY p_{24}

Damit will ich das Beispiel beenden und im Abschnitt 5.3 die Erläuterung der Funktionsweise des Kalküls wieder aufnehmen.

4.10   Fazit des Ansatzes

In den vorangegangenen Abschnitten habe ich die Architektur dargestellt und die formalen Grundlagen des Systems AQUA gelegt. Zu den Besonderheiten gehört die Erweiterung terminologischer Logiken um den Begriff der Hypothese, die Reifikation zur Erhöhung der Ausdrucksmächtigkeit der ABox und zur Formulierung qualitativer Aussagen in Form von linguistischen und konzeptuellen Qualitätsmarken. Ebenso wurden zwei Kontexte nach der Theorie formaler Kontexte definiert, die das qualitative Wissen von dem ursprünglichen Wissen getrennt speichern und mittels Übersetzungsaxiome miteinander verbinden.

Als Quintessenz vertrete ich die These, daß mit den verwendeten Grundlagen ein Lernverfahren beschrieben werden kann, das ohne spezielle Lernalgorithmen, d.h. nur mit (Meta)Schließen operiert und die Bedeutung unbekannter Items effizient erkennt. Um diese These begründen zu können, benötige ich einen Kalkül, der auf der Grundlage der qualitativen Aussagen ganze Hypothesenräume bewertet und eine Auswahl trifft. Dieser Kalkül wird in Kapitel 5 vorgestellt und dessen Verläßlichkeit in Kapitel 6 durch eine empirische Studie gemessen.

Kapitel 5

Der terminologische Kalkül von AQUA

In diesem Kapitel stelle ich ausführlich die Art und Weise der Bewertung von Hypothesenräumen vor, auf deren Grundlage die Selektion von Hypothesenräumen bewerkstelligt wird (vgl. dazu auch (Schnattinger & Hahn, 1996; 1998)). Nachdem ich bereits in Abschnitt 4.5.1 und 4.8 auf die Berechnung der dafür notwendigen Qualitätsmarken für eine Aussage eingegangen bin, stelle ich im folgenden Abschnitt 5.1 die auf heuristischen Beobachtungen basierende Ordnung zwischen Qualitätsmarken vor. Dazu führe ich die Begriffe linguistische und konzeptuelle Qualitätsdimension (in Abschnitt 5.1.1) ein, diskutiere deren Ordnungsbeziehungen zueinander und innerhalb jeder Dimension. Der sich daran anschließende Abschnitt 5.2 geht auf die Formalisierung der Bewertung ganzer Hypothesenräume ein. Dazu wird gezeigt, wie mit Hilfe terminologischer Rollenkonstruktoren und eines neuen Konzeptkonstruktors zur Berechnung der maximalen Anzahl qualitativer Aussagen der Kalkül aufgebaut werden kann. Die daraus resultierenden Eigenschaften des Kalkül werden diskutiert. Dieses Kapitel schließt mit einer Erweiterung des im Abschnitt 4.9 eingeführten Beispiels ab.

5.1 Qualitätsdimensionen und deren Ordnung

Qualitätsmarken drücken unterschiedlich starke Grade an Glaubwürdigkeit aus. Ein Problem, das sich dabei aufdrängt, ist die Vergleichbarkeit von z.B. linguistischen mit konzeptuellen Qualitätsmarken, aber auch von gleichartigen Marken untereinander. Dazu führe ich in Abschnitt 5.1.1 den Begriff der Qualitätsdimension ein und diskutiere die Verallgemeinerung der in dieser Arbeit verwendeten linguistischen Qualitätsdimension und konzeptuellen Qualitätsdimension. In Abschnitt 5.1.2 gebe ich eine formale Schreibweise der Ordnung von Qualitätsmarken und definiere damit die Ordnung zwischen und innerhalb der linguistischen und konzeptuellen Qualitätsdimension.

5.1.1 Qualitätsdimensionen

Eine Qualitätsdimension ist eine Menge von "gleichartigen" Qualitätsmarken. Die Gleichartigkeit bezieht sich auf den Ursprung der Marken. Beispielsweise bilden die linguistischen Qualitätsmarken und die konzeptuellen Qualitätsmarken jeweils eine Qualitätsdimension, da sie jeweils aus einer eindeutig bestimmbaren Quelle stammen, nämlich aus dem linguistischen Kontext bzw. aus den zugrundeliegenden konzeptuellen Strukturen jeder Hypothese. Im folgenden bezeichne ich die linguistische Qualitätsdimension mit $\mathcal{LQ}$, die konzeptuelle mit $\mathcal{KQ}$.

Als nächstes will ich einige Überlegungen zur Verallgemeinerung der Dimension $\mathcal{LQ}$ machen. Die linguistischen Qualitätsmarken aus $\mathcal{LQ}$ entstammen dem linguistischen Kontext der dazugehörigen Phrase. Diese Phrase ist anhand von Dependenzrelationen auf der Parserseite aufgebaut. Damit sind unterschiedliche Dependenzrelationen (und ganze Teilgraphen einer Dependenzstruktur) Kandidaten für weitere linguistische Marken. Dazu zählen

- die hoch einzustufenden Komparative zwischen zwei gleichwertigen Konzepten wie *"Megaline wiegt fast 10% weniger als sein Vorgänger Easyline . . . "*,

- die weniger stark unterstützenden Positive wie *"Megaline wiegt wenig .."*,

- verschiedene Textphänomene wie beispielsweise die Pronominalanapher *". . . der LTE/Lite-25 wiegt nur 2,5 kg. Er ist somit der leichteste seiner Klasse."* und

- globale Qualitätsaussagen über Parsergebnisse von Sätzen wie vollständiger Parse oder nur partieller Parse mit einer entsprechenden Bewertung.

Wieviele sinnvolle linguistische Marken tatsächlich isoliert und bewertet werden können, ist bisher nicht abzuschätzen und nicht Thema dieser Arbeit. Andere als die in Abschnitt 4.5.1 eingeführten linguistischen Qualitätsmarken wurden in dieser Arbeit nicht berücksichtigt, sollen aber noch geprüft werden.

Für die Qualitätsdimension $\mathcal{KQ}$ der konzeptuellen Marken läßt sich eine Abdeckung ebenfalls nicht erschöpfend definieren, da die konzeptuellen Strukturen sich scheinbar beliebig kombinieren lassen und damit unterschiedliche Arten von Unterstützung signalisieren. Als möglicherweise sinnvolle Erweiterung für die Qualitätsdimension $\mathcal{KQ}$ könnten

- verschachtelte, komplexe Konzeptgraphen (ähnlich wie die Qualitätsmarke SUPPORT),

- Rollenketten zur Unterstützung von Rollenfüllern und

- durch Lernalgorithmen, wie Versionierung und Generalisierung (Hahn & Klenner, 1997) aufgelöste Inkonsistenzen

zur Hypothesenevaluierung herangezogen werden.

Neben den bereits in den beschriebenen linguistischen und konzeptuellen Qualitätsmarken, lassen sich andere Qualitätsdimensionen ausmachen. Prinzipiell kommt jeder mit einer Wissensbasis modellierbare Sachverhalt in Frage. So lassen sich

1. die unterschiedliche Leistungsfähigkeit von Kameras eines Visionsystems und die damit einhergehende unterschiedliche Sicherheit einer bildlichen Aussage,

2. die Zuverlässigkeit einer ärztlichen Diagnose anhand der Erfahrung eines Arztes oder des Patienten und

3. verschiedene finanztechnische Parameter bei der Risikoabwägung einer Aktienanlage

mit entsprechenden Qualitätsmarken versehen und bewerten. Da diese unterschiedlichen Dimensionen jedoch nicht Gegenstand meiner Arbeit sind, wurde auf eine nähere Betrachtung verzichtet.

5.1.2 Ordnung von Qualitätsdimensionen

Nach diesen eher globalen Betrachtungen zur Verallgemeinerung innerhalb der Qualitätsdimension $\mathcal{LQ}$ und $\mathcal{KQ}$ sowie der Qualitätsdimensionen im allgemeinen, will ich auf die Ordnung zwischen und innerhalb der Qualitätsdimensionen näher eingehen. Wie in (Schnattinger & Hahn, 1997a; 1998) ausgeführt, läßt sich eine Funktion ρ definieren, die die Qualität einer Qualitätsmarke liefert. Die Ordnung zwischen den Marken wird dann durch Vergleichsoperator über die Funktion ρ, beispielsweise $>_\rho$ und $=_\rho$ dargestellt. Im folgenden Abschnitt 5.1.2.1 gehe ich auf die Ordnung zwischen den Qualitätsdimensionen $\mathcal{LQ}$ und $\mathcal{KQ}$ ein.

In den beiden daran anschließenden Abschnitten widme ich mich der Ordnung innerhalb der beiden Qualitätsdimensionen $\mathcal{LQ}$ und $\mathcal{KQ}$. In (Hahn et al., 1996a) wurden bereits zwei unterschiedliche Klassen von Kriterien aufgestellt, einmal das *Schwellenwertkriterium* (Threshold criterion) und zum anderen das daran anschließend zur Bewertung herangezogene *Glaubwürdigkeitskriterium* (Prediction criterion). Die in (Hahn et al., 1996a) aufgestellte Ordnung innerhalb des Schwellenwertkriteriums bewertet Hypothesenräume am höchsten, die keine Inkonsistenzen (Marke INCONSISTENCY) enthalten. Anschließend werden Appositionen (Marke APPOSITION) vor Kasuszuweisungen (Marke CASE-FRAME) bevorzugt und zu guter Letzt das Minimum an Marken ADD-FILLER berücksichtigt. Diese Einteilung birgt den Nachteil in sich, daß der direkte Vergleich von linguistischen und konzeptuellen (beispielsweise die linguistische Marke für eine Apposition mit der konzeptuellen Marke für Doppelbelegung von Füllern, die Marke ADD-FILLER) Marken unter semantischen Gesichtspunkten problematisch ist. Was bedeutet ein Vergleich zweier Marken aus unterschiedlichen Dimensionen? Ein globaler Vergleich von Marken unterschiedlicher Dimension (wie in Abschnitt 5.1.2.1 aufgestellt), ist dagegen unproblematisch, da damit nur eine Bewertungsreihenfolge zwischen Dimensionen festgelegt wird. Aus diesen Gründen wurde das Schwellenwertkriterium zur linguistischen Qualitätsdimension $\mathcal{LQ}$ umdefiniert. $\mathcal{LQ}$ wird im Abschnitt 5.1.2.2 vorgestellt.

Das Glaubwürdigkeitskriterium von (Hahn et al., 1996a) umfaßte nur konzeptuelle Marken, die ähnlich auch in der konzeptuellen Dimension $\mathcal{KQ}$ meiner Arbeit verwendet werden und in Abschnitt 5.1.2.3 ausführlicher beschrieben sind.

5.1.2.1 Ordnung zwischen $\mathcal{LQ}$ und $\mathcal{KQ}$

Empirische Untersuchungen (Schnattinger & Hahn, 1997a) haben ergeben, daß die Qualitätsdimension $\mathcal{LQ}$ der Qualitätsdimension $\mathcal{KQ}$ vorzuziehen ist. Mit Hilfe der Funktion ρ läßt sich dann definieren, daß die linguistischen Qualitätsmarken von $\mathcal{LQ}$ mehr Glaubwürdigkeit besitzen und damit zuerst zur Evaluierung herangezogen werden, als die konzeptuellen Marken von $\mathcal{KQ}$. Es gilt also:

$$\forall l \in \mathcal{LQ}, k \in \mathcal{KQ} : \rho(l) >_\rho \rho(k)$$

Ein Beispiel soll die Anwendung des Reihenfolgekriteriums illustrieren. Angenommen, die Phrase *".., daß Aquarius jetzt Megaline auch entwickelt .."* wird von einem robusten Parser analysiert und nur teilweise verstanden, beispielsweise *".., daß Aquarius .. Megaline .. entwickelt .."*, wobei die Auslassungen den nicht verstandenen Teil symbolisieren. *Megaline* sei wieder das unbekannte Item, wobei bisher die Hypothesen COMPANY und PRODUCT für *Megaline* aufgebaut worden sind und als gleichwertig bewertet wurden. Die erste Lesart besagt nun, daß *Aquarius* und *Megaline* als PRODUCER irgend etwas entwickeln. In der zweiten (und richtigen) Lesart wird *Megaline* als PRODUCT angesehen, das von *Aquarius* entwickelt wird, wobei zusätzlich eine Verbinterpretation ausgeführt wird, die *Aquarius* mit *Megaline* relationiert. Durch die fortlaufende Spezialisierung mittels der Hypothesengenerierungsregel `perm-hypo-special` könnten nun aufgrund konzeptueller Gegebenheiten in der Wissensbasis mehr verfeinerte COMPANY-Hypothesen als PRODUCT-Hypothesen für *Megaline* aufgebaut werden. Würden nun die Qualitätsmarken der Dimension $\mathcal{KQ}$ vor denen der Dimension $\mathcal{LQ}$ bevorzugt, würde durch die Anwendung der Regel M-DEDUCTION die verfeinerten COMPANY-Hypothesen ausgewählt, da von diesen mehr aufgebaut würden als PRODUCT-Hypothesen. Mit einer Bevorzugung von konzeptuellen Qualitätsmarken vor linguistischen würde der linguistische Kontext von Phrasen u.U. bei der Bewertung ausgeklammert. Bei der umgekehrten Bevorzugung hingegen wird zuerst der linguistische Kontext bewertet. Erst im Anschluß daran werden die daraus resultierenden konzeptuellen Strukturen zur Bewertung herangezogen. Diese Ordnung von Qualitätsdimensionen spiegelt damit die Tatsache wider, daß der linguistische Kontext konzeptuelle Gegebenheiten verursacht und eine grobe (Vor-)Auswahl trifft, wohingegen die konzeptuellen Gegebenheiten eher feine Bedeutungsunterschiede erkennen und zur Bewertung bereitstellen können. Ohne die Vorselektion durch den linguistischen Kontext läuft eine rein konzeptuell motivierte Auswahl manchmal in die falsche Richtung (vgl. dazu auch die Ergebnisse zum Text *Stealth-Hi-Color* des Abschnitts 6.4).

5.1.2.2 Die Ordnung innerhalb der Qualitätsdimension $\mathcal{L}Q$

Die linguistische Marke APPOSITION gehört zu den am höchsten eingestuften linguistischen Qualitätsmarken, da sie die Konzeptzugehörigkeit des unbekannten Items eindeutig bestimmt, falls das unbekannte Item als Nomen erkannt wird. Eine solche Erkennung kann direkt mit Hilfe der Valenz- und Stellungsspezifikationen der verwendeten Dependenzgrammatik (Bröker et al., 1996) vorgenommen werden. In Abschnitt 4.5.1 habe ich zu den entsprechenden linguistischen Qualitätsmarken bereits Beispielphrasen genannt.

Eine nicht ganz so starke Einschränkung wie die Marke APPOSITION liefert CASEFRAME. Sie wird für Zuweisungen von Füllern bei Kasusrollen und für Verbinterpretationen vergeben. Da die Werterestriktionen der Kasusrollen von entsprechenden Aktionskonzepten eher auf generelle Konzepte zielen, habe ich CASEFRAME eine mittlere Qualität zugeordnet.

Die beiden nomenbezogenen Qualitätsmarken PPATTACH und GENITIVENP, die für Präpositionalphrasen respektive für Genitivattribute vergeben werden, sind die qualitativ gesehen schwächsten linguistischen Qualitätsmarken, da sie den größten Interpretationsspielraum zulassen. Eine Rangfolge zwischen diesen beiden Marken konnte ich nicht ausfindig machen.

Problematisch ist die Einordnung von Hypothesenräumen, die Inkonsistenzen enthalten. Einerseits treten solche Inkonsistenzen bei der Verfeinerung von Hypothesen mit Hilfe der Funktion `perm-hypo-special` auf und sind deshalb eher der linguistischen Dimension zuzuordnen. Andererseits ist eine Inkonsistenz ein rein konzeptuelles Kriterium und beschreibt konzeptuelle Strukturen, die einander widersprechen. Da Hypothesenräume ohne (mit wenig) Inkonsistenzen gegenüber Hypothesenräume mit (mit vielen) Inkonsistenzen zu bevorzugen sind, führe ich, wie bereits in Abschnitt 4.9 motiviert, die Marke INCONSISTENCY ein, die vergeben wird für Hypothesen mit minimaler Anzahl an inkonsistenten Aussagen in einem Hypothesenraum. Inkonsistenzen sind ein eindeutiger Hinweis auf eine fehlerhafte Interpretation. Deshalb wird die Marke

INCONSISTENCY als erstes linguistisches Kriterium noch vor APPOSITION in die Dimension $\mathcal{LQ}$ eingeordnet. Mit diesen Betrachtungen ergibt sich die folgende Reihenfolge von linguistischen Qualitätsmarken der Dimension $\mathcal{LQ}$:

$\rho(\text{INCONSISTENCY})$	$>_\rho$	$\rho(\text{APPOSITION})$
$\rho(\text{APPOSITION})$	$>_\rho$	$\rho(\text{CASEFRAME})$
$\rho(\text{CASEFRAME})$	$>_\rho$	$\rho(\text{GENITIVENP})$
$\rho(\text{CASEFRAME})$	$>_\rho$	$\rho(\text{PPATTACH})$
$\rho(\text{GENITIVENP})$	$=_\rho$	$\rho(\text{PPATTACH})$

Eine entsprechende transitive Reihenfolge wie beispielsweise $\rho(\text{APPOSITION})$ $>_\rho \rho(\text{PPATTACH})$ gilt natürlich ebenfalls.

5.1.2.3 Die Ordnung innerhalb der Qualitätsdimension $\mathcal{KQ}$

Wie bereits mehrfach erläutert, repräsentiert die Marke M-DEDUCTION den Umstand der Mehrfachunterstützung expliziter, aber auch impliziter (d.h. vom Classifier abgeleiteter) Wissensstrukturen in verschiedenen Hypothesenräumen. Dieser Sachverhalt tritt nahezu immer dann auf, wenn mehr als eine Konzepthypothese generiert wird (jede Konzepthypothese gehört wegen der Konzepthierarchie zum Konzept OBJECT und stößt damit die Regel M-DEDUCTION an). Aufgrund der Häufigkeit des Auftretens von M-DEDUCTION, wird diese Marke als Marke mit höchster (konzeptueller) Qualität eingeordnet.

Die Einordnung der Marken SUPPORT und C-SUPPORT war schwierig, da die sie auslösenden Zustände der Wissensbasis relativ selten auftreten. Dies liegt zum einen an der relativ kleinen Menge an a priori bekannten Fakten (in Form von Assertionen) über Firmen und ihre Produkte. Andererseits existiert im zugrundeliegenden System SYNDIKATE noch keine Komponente, die die Wissensstrukturen eines analysierten Texts in die Domänenwissensbasis überträgt und somit die für die Vergabe der Marken SUPPORT und C-SUPPORT relevanten Wissensstrukturen vergrößert. Aus diesem Grund bewerte ich diese beiden Marken gleich, zwar eindeutig schlechter als M-DEDUCTION, aber auch eindeutig besser als die (negative) Marke ADD-FILLER.

Die negative Unterstützung der Marke ADD-FILLER resultiert aus der Tatsache, daß gleichverteilte Kasusfüllungen besser sind als Mehrfachbelegungen, wenn man Koordinationseffekte ausklammert. Da Koordination vom

PARSETALK-Parser noch nicht verarbeitet werden kann, konnten weitergehende Überlegungen zur Bewertung von Mehrfachfüllungen noch nicht getestet werden.

Daraus ergibt sich die auch in der Empirie angewandte Reihenfolge innerhalb der Qualitätsdimension $\mathcal{KQ}$:

$$\rho(\text{M-Deduction}) \quad >_\rho \quad \rho(\text{Support})$$
$$\rho(\text{M-Deduction}) \quad >_\rho \quad \rho(\text{C-Support})$$
$$\rho(\text{Support}) \quad =_\rho \quad \rho(\text{C-Support})$$
$$\rho(\text{Support}) \quad >_\rho \quad \rho(\text{Add-Filler})$$
$$\rho(\text{C-Support}) \quad >_\rho \quad \rho(\text{Add-Filler})$$

5.1.3 Zusammenfassung von Qualitätsdimensionen

Aus den bishergemachten Bemerkungen zu Qualitätsdimensionen lassen sich folgende Schritte zur Erstellung von Qualitätsmarken angeben:

1. Lege die Qualitätsdimensionen der Anwendung fest.

2. Bestimme eine totale Ordnung zwischen den Qualitätsdimensionen.

3. Bestimme eine partielle Ordnung innerhalb jeder Qualitätsdimension.

In der Textverstehensanwendung dieser Arbeit wurde die Dimension $\mathcal{LQ}$ der linguistischen Qualitätsmarken und $\mathcal{KQ}$ der konzeptuellen Marken bestimmt. Die Festlegung auf eine totale Ordnung zwischen den Dimensionen hat ergeben, daß Qualitätsmarken aus $\mathcal{LQ}$ den Qualitätsmarken aus $\mathcal{KQ}$ vorzuziehen sind. Allgemein läßt sich vermuten, daß die Qualitätsdimension, die auf die Eingabekomponente bezogen ist (beispielsweise die von einem Parser erzeugten linguistischen Strukturen), vor den Qualitätsdimensionen der nachgeschalteten Komponenten (beispielsweise die konzeptuellen Strukturen des erzeugten Textwissens) zu bevorzugen ist. Die Ordnung innerhalb der beiden Dimensionen habe ich formal angegeben.

Die sich noch aufdrängende Frage nach der Modellierung der aufgestellten Ordnungen mit einer terminologischen Sprache werde ich in den folgenden Abschnitten beantworten.

5.2 Formalisierung des Kalküls

In diesem Abschnitt gehe ich auf die Formalisierung des Kalküls ein. Dieser Kalkül implementiert die Ordnung zwischen den und innerhalb der in vorangegangenen Abschnitt aufgestellten Dimensionen. Damit eine automatische Berechnung der Ordnung nicht nur einzelner Aussagen, sondern ganzer Hypothesenräume gewährleistet werden kann, müssen folgende Probleme gelöst werden:

1. Füller von qualitativen Aussagen einzelner Axiome müssen auf entsprechende hypothesenraumspezifische qualitative Aussagen übertragen werden.

2. Die maximale Anzahl von qualitativen Aussagen muß pro Hypothesenrauminstanzen berechnet werden.

In Abschnitt 5.2.1 gehe ich auf die Lösung des Problems 1 ein. Die hypothesenraumspezifische Bestimmung der maximalen Anzahl qualitativer Aussagen (Abschnitt 5.2.2) läßt sich mittels terminologischer Logik nicht modellieren (vgl. Argumentation und Beispiel in Abschnitt 5.2.2.1). Um den Rahmen einer terminologischen Logik nicht zu verlassen, habe ich dazu in Abschnitt 5.2.2.2 den terminologischen Formalismus um einen Konzeptkonstruktor (**max**) erweitert, mit dem auf rein terminologischer Ebene die Anzahl qualitativer Aussagen pro Hypothesenraum vom Classifier berechnet und Vergleiche mit der maximalen Anzahl aller Hypothesenräume durchgeführt werden können. Zu guter Letzt gehe ich auf einige Eigenschaften des Kalküls ein.

5.2.1 Qualitative Aussagen pro Hypothesenraum

Die Vermittlung von qualitativen Aussagen der Form p_i : LINGUISTISCHE-MARKE und p_i KONZEPTUELLE-RELATION p_j auf Hypothesenräume repräsentierende Hypothesenrauminstanzen des Metakontexts läßt sich durch den Classifier bewerkstelligen, wenn man die Modellierungsmöglichkeiten terminologischer Logik, der Reifikation und qualitativer Aussagen konsequent ausnutzt.

Durch die Anwendung des Konstruktors zur Definition von inversen Relationen (Rollenkonstruktor $^{-1}$; vgl. Tabelle 4.2, Seite 72) auf die Relation HYPO-REL (Definition siehe Abschnitt 4.6.1) wird der Classifier veranlaßt, alle Reifikatorinstanzen direkt auf die entsprechenden Hypothesenrauminstanzen zu übertragen.

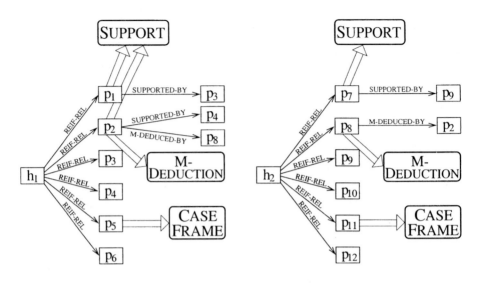

Abbildung 5.1: Einige qualitative Aussagen

Diese Relation bezeichne ich mit REIF-REL. Sie wird terminologisch definiert als

$$\text{REIF-REL} \doteq \text{HYPO-REL}^{-1}.$$

Dazu betrachte ich das Beispiel zur Reifikation, Abschnitt 4.6.1 Seite 92 und die darauf aufbauenden Beispiele zu den Qualitätsregeln, Abschnitt 4.8. Zusätzlich gelte, daß die mit p_5 und p_{11} bezeichneten Axiome aus einer Verbinterpretation hervorgegangen sind und deshalb mit der linguistischen Qualitätsmarke CASEFRAME relationiert wurden. Abb. 5.1 gibt eine graphische Repräsentation der in den Beispielen gegebenen Axiome. Durch die Definition von REIF-REL berechnet der Classifier die Zugehörigkeit der Reifikatorinstanzen p_1 bis p_6 zum Hypothesenraum, der mit h_1 bezeichnet wird und die von p_7 bis p_{12} zu h_2. Da den Reifikatorinstanzen p_1 bis p_{12} des Metakontexts entsprechende Axiome aus dem Initialkontext über die Überführungsregel $\mathcal{TRANS}$ (siehe Abschnitt 4.7.2, Seite 101) zugeordnet sind, werden somit den Hypothesenrauminstanzen (beispielsweise h_1) die entsprechenden Axiome des Initialkontexts (beispielsweise *Megaline* : HARDWARE) zugeordnet. Bei der *Übertragung qualitativer Aussagen* lassen sich zwei Arten unterscheiden.

1. Die Vermittlung *linguistischer* qualitativer Aussagen wird durch die Anwendung des Rollenkonstruktors zur Restriktion des Wertebereichs (Rol-

H-INCONSISTENT	$\doteq$	REIF-REL$\vert$INCONSISTENCY
H-APPOSITION	$\doteq$	REIF-REL$\vert$APPOSITION
H-CASEFRAME	$\doteq$	REIF-REL$\vert$CASEFRAME
H-GENITIVENP	$\doteq$	REIF-REL$\vert$GENITIVENP
H-PPATTACH	$\doteq$	REIF-REL$\vert$PPATTACH

Tabelle 5.1: Linguistische qualitative Rollen für Hypothesenräume

lenkonstruktor $\vert$; vgl. Tabelle 4.2, Seite 72) auf die Rolle REIF-REL be-werkstelligt. Dazu werden nur diejenigen Reifikatorinstanzen über eine entsprechende Rolle an die Hypothesenrauminstanz gebunden, die gerade die Rangerestriktion (d.h. eine linguistische Qualitätsmarke) erfüllen. In Tabelle 5.1 sind die terminologischen Rollendefinitionen zur Berechnung der linguistischen Qualitätsmarken für Hypothesenräume notiert.

Als Beispiel betrachte ich wieder Abb. 5.1. Darin existieren zwei linguistische qualitative Aussagen, nämlich p_5 : CASEFRAME und p_{11} : CASEFRAME. Zusätzlich gelten u.a. die Hypothesenraumaussa-gen h_1 REIF-REL p_5 und h_2 REIF-REL p_{11}. Durch die Definition von H-CASEFRAME berechnet der Classifier die gewünschten Beziehungen zwi-schen den Hypothesenrauminstanzen und den Reifikatorinstanzen, die zum Konzept CASEFRAME gehören, nämlich h_1 H-CASEFRAME p_5 und h_2 H-CASEFRAME p_{11}.

Eine grafische Repräsentation dieses Sachverhalts ist in Abb. 5.2 gegeben.

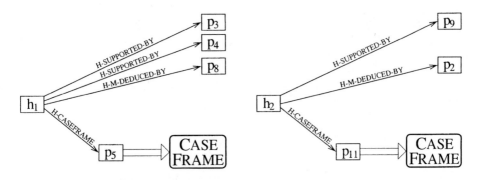

Abbildung 5.2: Einige qualitative Aussagen bzgl. Hypothesenräumen

H-SUPPORTED-BY	$\doteq$	(REIF-REL , SUPPORTED-BY)
H-C-SUPPORTED-BY	$\doteq$	(REIF-REL , C-SUPPORTED-BY)
H-ADD-FILLED-BY	$\doteq$	(REIF-REL , ADD-FILLED-BY)
H-M-DEDUCED-BY	$\doteq$	(REIF-REL , M-DEDUCED-BY)

Tabelle 5.2: Konzeptuelle qualitative Rollen für Hypothesenräume

2. Die Vermittlung konzeptueller qualitativer Aussagen funktioniert anders als die der linguistischen Aussagen. Die als Füller über die konzeptuellen Relationen assoziierten Reifikatorinstanzen müssen an die Hypothesenrauminstanzen angebunden werden, da beim Bewerten der Hypothesenräume die Anzahl der Füller über die konzeptuellen Relationen wesentlich wird. Der Unterschied zu den linguistischen qualitativen Aussagen besteht darin, daß für jede Art von konzeptuellen Qualitätsmarken eine Rolle definiert wird, die aus der Komposition (Rollenkonstruktor (,); vgl. Tabelle 4.2, Seite 72) der Rolle REIF-REL und der entsprechenden konzeptuellen Rolle (beispielsweise M-DEDUCED-BY) besteht. Tabelle 5.2 gibt die Definition der hypothesenraumspezifischen Rollen für jede qualitative Rolle wieder. Der Grund, warum man nicht wie bei den linguistischen Aussagen nur die Qualitätsmarken vermittelt, besteht darin, daß eine Reifikatorinstanz von mehr als einer anderen Reifikatorinstanz Unterstützung erhalten kann und man die Anzahl der unterstützenden Reifikatorinstanzen bei der Bewertung berücksichtigen muß. Abb. 5.3 soll dies verdeutlichen. Gegeben sei der Hypothesenraum h_1, in dem die Aussagen p_1, p_2

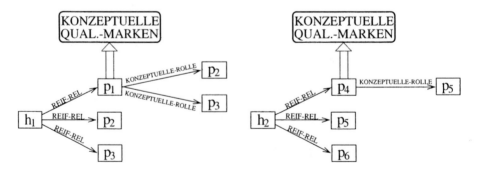

Abbildung 5.3: Berechnung der Anzahl konzeptueller Aussagen bzgl. Hypothesenräume

und p_3 gelten. Zusätzlich signalisieren p_2 und p_3 irgendeine (konzeptuell motivierte) Unterstützung für p_1 über die Instantiierung einer konzeptuellen Rolle. In einem zweiten Hypothesenraum h_2 gelten die Aussagen p_4, p_5 und p_6, aber nur eine Aussage p_5 unterstützt p_4 über dieselbe konzeptuelle Rolle wie in h_1. Würde man nun dieselbe Art von hypothesenraumspezifischer Rollendefinition für die Vermittlung von konzeptuellen qualitativen Aussagen verwenden wie für die Vermittlung von linguistischen, so würde für beide Hypothesenräume jeweils eine Aussage berechnet, nämlich von h_1 zu p_1 und von h_2 zu p_4. Die vorgeschlagene Definition mit den konzeptuellen Rollen berücksichtigt die Anzahl der Füller jeder konzeptuellen Rolle und berechnet somit für h_1 zwei Aussagen und für h_2 eine, was auch der intendierten Vorgehensweise entspricht. Die bei dieser Vorgehensweise zusätzlich auftretenden Probleme werden in Abschnitt 5.2.2.1 gesondert diskutiert.

Als Beispiel für die Vermittlung konzeptueller Aussagen betrachte ich wieder Abb. 5.1. Darin existieren insgesamt drei instantiierte SUPPORTED-BY-Rollen, zwei im Hypothesenraum h_1 und eine in h_2. Zusätzlich ist jeweils eine instantiierte M-DEDUCED-BY Rolle gegeben.

p_1 SUPPORTED-BY p_3 p_2 SUPPORTED-BY p_4

p_2 M-DEDUCED-BY p_8 p_7 SUPPORTED-BY p_9

p_8 M-DEDUCED-BY p_2

Zusätzlich gelten u.a. die Hypothesenraumaussagen

h_1 REIF-REL p_1 h_1 REIF-REL p_2

h_2 REIF-REL p_7 h_2 REIF-REL p_8

Der Classifier berechnet anhand der Definition von H-SUPPORTED-BY und H-M-DEDUCED-BY die gewünschten qualitativen Aussagen für die Hypothesenrauminstanzen.

h_1 H-SUPPORTED-BY p_3 h_1 H-SUPPORTED-BY p_4

h_1 H-M-DEDUCED-BY p_8 h_2 H-SUPPORTED-BY p_9

h_2 H-M-DEDUCED-BY p_2

Eine grafische Repräsentation ist in Abb. 5.2 gegeben.

Mit den oben beschriebenen Definitionen werden Repräsentationsstrukturen aufgebaut, mit denen die Vermittlung von sowohl linguistischen wie auch konzeptuellen qualitativen Aussagen auf Hypothesenräume repräsentierende Instanzen durch einen Classifier automatisch geleistet wird. Die Repräsentationsstrukturen wurden so gewählt, daß eine Bestimmung der maximalen Anzahl bestimmter Aussagen bezogen auf alle Hypothesenräume möglich wird und daß Mehrfachunterstützung einzelner Axiome berücksichtigt werden kann. Im nun folgenden Abschnitt widme ich mich den Grenzen bei der Modellierung der Berechnung der Anzahl qualitativer Aussagen pro Hypothesenraum mit herkömmlicher terminologischer Logik und der Erweiterung der terminologischen Logik um einen Konzeptkonstruktor **max** zur Bestimmung des Maximums der Anzahl qualitativer Aussagen über alle Hypothesenräume.

5.2.2 Bewertung von qualitativen Aussagen

Die Bewertung von Hypothesenräumen gründet auf der Anzahl qualitativer Aussagen bezogen auf Hypothesenräume und berücksichtigt dabei die Ordnung sowohl zwischen als auch innerhalb von Qualitätsdimensionen. Dabei lassen sich zwei Probleme bei der Modellierung mit terminologischer Logik ausmachen:

1. Wie ist eine Situation wie die in Abb. 5.2 zu bewerten, wo im Hypothesenraum h_1 zwei und in h_2 nur eine qualitative Aussage bzgl. der Rolle H-SUPPORTED-BY gegeben ist? Wie sind unterschiedlich viele qualitative Aussagen miteinander zu verrechnen? Klar ist, daß Hypothesenraum h_1 höher zu bewerten ist wie Hypothesenraum h_2, da die Anzahl der konzeptuellen Aussagen relevant ist. Die Anzahl konzeptueller Aussagen von h_1 ist größer als die von h_2. Verallgemeinert man diese Beobachtung, so muß für alle Hypothesenräume jeweils ein Maß der gerade zur Bewertung anstehenden qualitativen Aussagen berechnet werden. Hypothesenräume, die das Maß nicht erfüllen, werden in den nächsten Bewertungszyklus nicht mit aufgenommen (und können gegebenenfalls verworfen werden). Die empirischen Voruntersuchungen (Hahn et al., 1996a) haben gezeigt, daß die Anzahl aller qualitativen Aussagen (das Maximum aller Marken mit Ausnahme der Aussagen bzgl. der Qualitätsmarken ADD-FILLER und IN-CONSISTENCY, die das Minimum der Anzahl fordern) eine Auswahl bietet, die nicht zu restriktiv ist, da die Anzahl einer *qualitativen Äquivalenzklasse*

$$\text{THRESH0} \doteq \text{HYPO} \sqcap \min{}_{(\text{HYPO}}\text{H-INCONSISTENT)}$$
$$\text{THRESH1} \doteq \text{THRESH0} \sqcap \max{}_{(\text{THRESH0}}\text{H-APPOSITION)}$$
$$\text{THRESH2} \doteq \text{THRESH1} \sqcap \max{}_{(\text{THRESH1}}\text{H-CASEFRAME)}$$
$$\text{THRESH3} \doteq \text{THRESH2} \sqcap \max{}_{(\text{THRESH2}}(\text{H-GENITIVENP} \sqcup \text{H-PPATTACH}))$$

Tabelle 5.3: Terminologische Definition der Dimension $\mathcal{LQ}$

i.a. von mehreren Hypothesenräumen erfüllt werden kann. Eine qualitative Äquivalenzklasse bezeichnet alle (linguistischen wie konzeptuellen) Qualitätsaussagen mit gleichem Rang innerhalb der Qualitätsordnung ρ. Beispielsweise bilden die Aussagen bzgl. sowohl GENITIVENP als auch PPATTACH (diese wurden mit $=_\rho$ gleich bewertet) eine qualitative Äquivalenzklasse ebenso wie Aussagen bzgl. APPOSITION und Aussagen bzgl. CASEFRAME jeweils eine bilden.

2. Wie läßt sich eine vorgegebene Qualitätsordnung mit Hilfe terminologischer Logik modellieren? Wie wird die Ordnung innerhalb einer qualitativen Äquivalenzklasse, d.h. die Ordnung von Aussagen gleicher Qualität (formalisiert durch durch den Operator $=_\rho$) und die Ordnung zwischen Äquivalenzklassen, d.h. die Ordnung von Aussagen unterschiedlicher Qualität (formalisiert durch durch den Operator $>_\rho$) terminologisch repräsentiert? Dazu habe ich in Tabelle 5.3 die Ordnung der linguistischen Dimension $\mathcal{LQ}$ definiert, wobei der Konzeptkonstruktor **max** mit seiner Syntax und Semantik erst in Abschnitt 5.2.2.2 vorgestellt wird. In (Schnattinger & Hahn, 1996) wurde ein Operator **min** definiert, mit dem die minimale Anzahl an qualitativen Aussagen für Hypothesenräume berechnet werden kann. Da sich der **min**-Operator analog zum **max**-Operator formal beschreiben läßt, verzichte ich auf eine ausführliche Beschreibung von **min** in dieser Arbeit. **max** bedeutet intuitiv, daß das Maximum an qualitativen Aussagen aller Hypothesenräume ermittelt wird. In der Definition der Ordnung von $\mathcal{LQ}$ (siehe Tabelle 5.3) wird jeder Äquivalenzklasse ein eindeutiges Konzeptsymbol zugeordnet. So werden mit dem Symbol THRESH0 die Hypothesenräume mit der minimalen Anzahl an inkonsistenten Aussagen (INCONSISTENCY) bezeichnet. Das Konzept THRESH1 repräsentiert alle Hypothesenräume, die THRESH0 und

die maximale Anzahl an qualitativen Aussagen bezogen auf Appositionen, THRESH2, die THRESH1 und die maximale Anzahl an qualitativen Aussagen bezogen auf CASEFRAME und THRESH3, die THRESH2 und die maximale Anzahl an Aussagen bezogen auf die Äquivalenzklasse bzgl. der GENITIVENP- und PPATTACH-Marke erfüllen. Dabei wird jedes Element innerhalb einer Äquivalenzklasse, falls es mehrere verschiedene gibt, disjunktiv miteinander in Beziehung gesetzt. Da jedes Element der Äquivalenzklasse einer qualitativen Aussage (einer instantiierten Rolle) entspricht, kann die Disjunktion mit dem Rollenkonstruktor $\sqcup$ (vgl. Tabelle 4.2, Seite 72) repräsentiert werden. Die Ordnung innerhalb von $\mathcal{LQ}$ spiegelt die Tatsache wider, daß in die terminologische Definition einer untergeordneten Äquivalenzklasse die Definition der übergeordneten mit eingeht. Dies wird durch die Konjunktion (Konzeptkonstruktor $\sqcap$; vgl. Tabelle 4.1, Seite 71) zwischen der terminologischen Konzeptbeschreibung der übergeordneten Äquivalenzklasse und der terminologischen Beschreibung des Maximums (bzw. Minimums) der untergeordneten Äquivalenzklasse erreicht. Diese kaskadenartige Definition besagt beispielsweise, daß nur Hypothesenräume, die die (Maximum-)Bedingung der Konzeptbeschreibung THRESH1 erfüllen, für die (Maximum-)Bedingung von THRESH2 von Bedeutung sind. Zu beachten ist, daß der **max**-Konstruktor auf die oben definierten hypothesenraumspezifischen Rollen angewendet wird, wobei zusätzlich eine Domänenrestriktion (ähnlich dem Rollenkonstruktor $_C|R$, Abschnitt 4.2, Seite 72) auf die hypothesenraumspezifischen Rollen aus Gründen der Berechnung von **max** (vgl. Abschnitt 5.2.2.2, Seite 144) angewendet werden muß. Im weiteren Verlauf will ich die Konzepte THRESH0, THRESH1, THRESH2 und THRESH3 *Threshold-Konzepte* oder *Schwellenwertkonzepte* nennen.

Für die konzeptuelle Dimension (siehe Tabelle 5.4) gelten die gleichen Überlegungen, wie für die linguistischen. Mit dem Konzeptsymbol CRED1 werden alle Hypothesenrauminstanzen bezeichnet, die bereits das Konzept THRESH3 erfüllen und die die maximale Anzahl an Füllern bzgl. der Rolle H-M-DEDUCED-BY besitzen. Mit CRED2 werden alle Hypothesenrauminstanzen des Konzepts CRED1 auf die maximale Anzahl an Aussagen bzgl. der Äquivalenzklasse SUPPORT und C-SUPPORT getestet.

CRED1	$\doteq$	THRESH3 $\sqcap$	$\max(\text{THRESH3}^{\text{H-M-DEDUCED-BY}})$
CRED2	$\doteq$	CRED1 $\sqcap$	
		$\max(\text{CRED1}^{(\text{H-SUPPORTED-BY} \ \sqcup \ \text{H-C-SUPPORTED-BY})})$	

Tabelle 5.4: Terminologische Definition der Dimension $\mathcal{KQ}$

Im weiteren Verlauf will ich die Konzepte CRED1 und CRED2 *Credibility-Konzepte* oder *Glaubwürdigkeitskonzepte* nennen. Anzumerken ist, daß ich auf die Einordnung der konzeptuellen Rolle H-ADD-FILLED-BY verzichtet habe, weil die empirischen Voruntersuchungen ergeben haben, daß die Vergabe der konzeptuellen Qualitätsmarke ADD-FILLER mit der Vergabe der linguistischen Qualitätsmarke CASEFRAME einhergeht. Jedesmal, wenn eine Kasuszuweisung erfolgt, kann (muß aber nicht) eine entsprechende ADD-FILLER-Marke vergeben werden. Es hat sich herausgestellt, daß wegen dieser Abhängigkeit die ADD-FILLER-Marke bei den bisherigen Untersuchungen kein zusätzliches Kriterium für die Hypothesenauswahl liefert und somit weggelassen werden kann.

Bevor ich auf die Definition eines Konzeptkonstruktors zur Berechnung des Maximums von Füllern bestimmter (auch komponierter) Rollen in Abschnitt 5.2.2.2 ausführlich eingehe, will ich Probleme aufzeigen, die bei der Berechnung der maximalen Anzahl qualitativer Aussagen bezogen auf alle Hypothesenräume bei der Modellierung des **max**-Konstruktors auftreten.

5.2.2.1 Probleme mit der Anzahl von qualitativen Aussagen

Wie bereits in Abschnitt 5.2.1, Seite 134 erläutert, wird die Anzahl der konzeptuellen Qualitätsaussagen über die (komponierten) Rollen H-SUPPORTED-BY, H-C-SUPPORTED-BY, H-ADD-FILLED-BY und H-M-DEDUCED-BY berechnet. Im folgenden soll begründet werden, warum die Anzahl der Füller dieser Rollen nicht korrespondiert mit dem, was mit der Anzahl an qualitativen Aussagen intendiert ist. Dazu betrachte ich die semantischen Strukturen in Abb. 5.4. Im linken Teil der Abbildung ist jedes der drei Axiome, repräsentiert als Reifikatorinstanzen p_1, p_2 und p_3, mit jeweils den beiden anderen Reifikatorinstanzen über irgendeine konzeptuelle Rolle (bezeichnet als KONZEPTUELLE-ROLLE) miteinander in Beziehung gesetzt. p_1, p_2 und p_3 sind dem Hypothesenraum h_1 über die Rolle REIF-REL zugeordnet. Im rechten Teil der Abbildung gilt, daß für einen Hypothesenraum h_2 jedem der drei Reifikatorinstanzen p_4, p_5 und p_6 je-

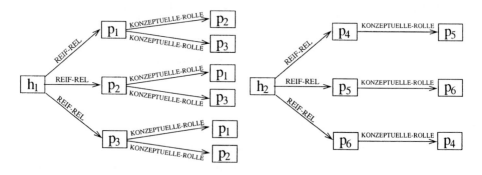

Abbildung 5.4: Qualitative Aussagen mit atomaren Rollen

weils eine andere Reifikatorinstanz über die gleiche konzeptuelle Rolle wie in der linken Abbildung zugeordnet ist. Der Qualitätskalkül muß nun erkennen, daß die Anzahl der in der linken Abbildung dargestellten qualitativen Aussagen größer der Anzahl der in der rechten Abbildung dargestellten ist. In der linken Abbildung sind sechs, in der rechten Abbildung nur drei qualitative Aussagen bzgl. der konzeptuellen Rolle repräsentiert. Für h_1 sind das die Aussagen

p_1 KONZEPTUELLE-ROLLE p_2

p_1 KONZEPTUELLE-ROLLE p_3

p_2 KONZEPTUELLE-ROLLE p_1

p_2 KONZEPTUELLE-ROLLE p_3

p_3 KONZEPTUELLE-ROLLE p_1

p_3 KONZEPTUELLE-ROLLE p_2

und für h_2

p_4 KONZEPTUELLE-ROLLE p_5

p_5 KONZEPTUELLE-ROLLE p_6

p_6 KONZEPTUELLE-ROLLE p_4.

Doch was passiert, wenn die für die Vermittlung der qualitativen Aussagen auf Hypothesenrauminstanzen notwendige Komposition der Rolle REIF-REL und KONZEPTUELLE-ROLLE, die ich mit H-KONZEPTUELLE-ROLLE bezeichne, auf die obige semantischen Strukturen angewendet wird? In Abb. 5.5 wird deutlich, daß durch die Komposition für jede Hypothesenrauminstanz genau drei hypothesenraumspezifische Qualitätsaussagen vom Classifier aufgebaut werden, nämlich

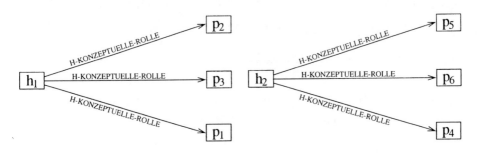

Abbildung 5.5: Qualitative Aussagen mit komponierten Rollen

$$h_1 \text{ H-KONZEPTUELLE-ROLLE } p_2$$
$$h_1 \text{ H-KONZEPTUELLE-ROLLE } p_3$$
$$h_1 \text{ H-KONZEPTUELLE-ROLLE } p_1$$

für h_1 und

$$h_2 \text{ H-KONZEPTUELLE-ROLLE } p_5$$
$$h_2 \text{ H-KONZEPTUELLE-ROLLE } p_6$$
$$h_2 \text{ H-KONZEPTUELLE-ROLLE } p_4$$

für h_2. Man könnte sagen, daß die Komposition die Tatsache "absorbiert", daß eine Reifikatorinstanz mehr als nur eine andere Reifikatorinstanz bzgl. einer konzeptuellen Aussage unterstützen kann. Im obigen Beispiel unterstützt jede Reifikatorinstanz jeweils beide anderen Reifikatorinstanzen.

Was ist zu tun? Da die terminologische Komposition für die durch einen Classifier automatisch abgeleitete Vermittlung der qualitativen Aussagen auf Hypothesenrauminstanzen notwendig ist, muß ein terminologischer Konstruktor verwendet werden, der beim Zählen der Instantiierungen von komponierten Rollen die Unterstützung einer (Reifikator)Instanz durch mehrere (Reifikator)Instanzen berücksichtigt. Im folgenden Abschnitt habe ich einen Konzeptkonstruktor **max** definiert, für den gilt: eine Instanz i gehört zur Konzeptbeschreibung **max**($_{\text{KONZEPT}}$ROLLE), wenn die Anzahl der Pfade von i zu den Füllern über die Rolle ROLLE maximal ist bzgl. aller Instanzen, die zum Konzept KONZEPT gehören.

5.2.2.2 Die Berechnung der Anzahl von Pfaden

Als Grundlage für den Konzeptkonstruktor **max** habe ich eine Funktion definiert (vgl. dazu auch die Definitionen in (Schnattinger & Hahn, 1998)), mit der die Anzahl von Pfaden zu Füllern bei gegebenen instantiierten atomaren wie komponierten Rollen berechnet wird. Wie oben bereits argumentiert, unterscheidet sich die Anzahl der Füller von Rollen von der Anzahl der Pfade, die zu diesen Füllern führen (vgl. dazu Abb. 5.4 und 5.5). Die Funktion bezeichne ich mit **PZ** (PZ steht für **P**fad**Z**ähler). Sie ist rekursiv definiert und nimmt als Argument eine terminologische Rollendefinition. Mit **PZ**($R(d)$) wird die Anzahl der Pfade der (komponierten) Rolle R ausgehend von der Instanz d zu deren Füller bzgl. R berechnet. **PZ** ist formal definiert als:

$$\mathbf{PZ}\left((R_1,\ldots,R_i)(d)\right) := \begin{cases} ||R_i(d)|| & \text{falls } i = 1 \\ \mathbf{PZ}((R_1,\ldots,R_{i-1})(d)) + & \\ \sum_{e \in (R_1,\ldots,R_{i-1})(d)} (||R_i(e)|| - 1) & \text{falls } i > 1 \end{cases}$$

Falls das Argument der Funktion **PZ** eine atomare Rolle ist (der Fall $i = 1$), dann entspricht die Anzahl der Pfade gerade der Anzahl der Füller der instantiierten Rolle. Falls eine komponierte Rolle als Argument verwendet wird, so ergibt sich die Anzahl der Pfade der komponierten Rolle $(R_1,\ldots,R_n)$ aus der Summe

1. der Anzahl der Pfade, die sich aus der komponierten Rolle reduziert um die letzte atomare Rolle (gerade die Rolle $(R_1,\ldots,R_{n-1})$) ergibt und

2. dem Verzweigungsfaktor der letzten Rolle.

Der *Verzweigungsfaktor* einer Rolle ist gerade die Anzahl der Füller dieser Rolle minus 1. Damit wird repräsentiert, wieviele zusätzliche Pfade zu den bereits bestehenden dazukommen. Der Verzweigungsfaktor einer Rolle kann auch 0 sein nämlich dann, wenn die instantiierte Rolle nur einen Füller hat. Der Verzweigungsfaktor kann auch negativ werden (-1) und zwar dann, wenn von einem Füller keine weiteren Rollen mehr ausgehen.

In Abb. 5.6 ist das Beispiel aus Abb. 5.4 zur Berechnung mit der Funktion **PZ** gegeben. Dazu habe ich in der Abbildung an die Rollen den Verzweigungsfaktor (im Fall der Rolle REIF-REL die Anzahl der Füller) geschrieben. Zählt

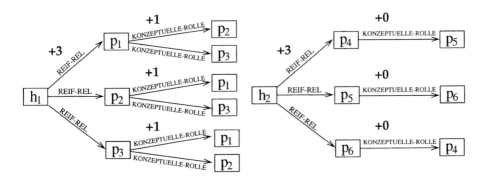

Abbildung 5.6: Berechnung der Anzahl an Pfaden mit der Funktion **PZ**

man die Werte zusammen, so kommt für den Hypothesenraum h_1 die Anzahl 6
und für h_2 3 heraus. Formal notiert gilt:

$$\mathbf{PZ}\,(\text{H-KONZEPTUELLE-ROLLE}(h_1))$$
$$= \mathbf{PZ}\,((\text{REIF-REL}, \text{KONZEPTUELLE-ROLLE})(h_1))$$
$$= \mathbf{PZ}\,((\text{REIF-REL})(h_1)) \quad + \sum_{e \in \{p_1, p_2, p_3\}} (\|R_i(e)\| - 1)$$
$$= \|\text{REIF-REL}(h_1)\| \quad\quad + \quad (2-1) + (2-1) + (2-1)$$
$$= 3 \quad\quad\quad\quad\quad\quad + \quad 3$$
$$= 6$$

$$\mathbf{PZ}\,(\text{H-KONZEPTUELLE-ROLLE}(h_2))$$
$$= \mathbf{PZ}\,((\text{REIF-REL}, \text{KONZEPTUELLE-ROLLE})(h_2))$$
$$= \mathbf{PZ}\,((\text{REIF-REL})(h_2)) \quad + \sum_{e \in \{p_4, p_5, p_6\}} (\|R_i(e)\| - 1)$$
$$= \|\text{REIF-REL}(h_2)\| \quad\quad + \quad (1-1) + (1-1) + (1-1)$$
$$= 3 \quad\quad\quad\quad\quad\quad + \quad 0$$
$$= 3$$

5.2.2.3 Definition des Konzeptkonstruktors max

Mit der Funktion **PZ** läßt sich nun die Semantik des Konzeptkonstruktor
max definieren (vgl. Tabelle 5.5). Jede Instanz d des Konzepts C wird zu
$\mathbf{max}(_C(R_1, \ldots, R_n))$ klassifiziert, wenn d die größte Anzahl an Pfaden zu den
Füllern bzgl. der Rolle $(R_1, .., R_n)$ hat. Bei der formalen Definition sind drei
Dinge zu beachten:

Syntax	Semantik
$\mathbf{max}({}_C(R_1, \ldots, R_n))$	$\{d \in C^{\mathcal{I}} \mid \forall e \in C^{\mathcal{I}} : \mathbf{PZ}\left((R_1, \ldots, R_n)(d)\right)$
	$\geq \mathbf{PZ}\left((R_1, \ldots, R_n)(e)\right)\}$

Tabelle 5.5: Definition des Konzeptkonstruktors max

1. In der Syntax des **max**-Konstruktors habe ich, ähnlich der Domänenrestriktion bei Rollen, eine Domänenrestriktion bzgl. der zu zählenden Pfade eingeführt. Damit wird bewirkt, daß die zu klassifizierenden Instanzen einen Konzepttyp zugeordnet bekommen. Dies ist nötig, damit die Ordnung innerhalb und zwischen der linguistischen und konzeptuellen Dimension aufgebaut werden kann. Ohne diese Restriktion wäre die Reihenfolge der einzelnen Schwellenwertkonzepte und Glaubwürdigkeitskonzepte nicht gewährleistet. Für eine allgemeine Anwendung des Konstruktors ließe sich auf die Verwendung der Restriktion verzichten.

Das folgende Beispiel soll die Wichtigkeit der Restriktion illustrieren:

$$h_1 \text{ H-APPOSITION } p_1$$
$$h_1 \text{ H-CASEFRAME } p_2$$
$$h_2 \text{ H-APPOSITION } p_3$$
$$h_2 \text{ H-CASEFRAME } p_4$$
$$h_3 \text{ H-CASEFRAME } p_5$$
$$h_3 \text{ H-CASEFRAME } p_6$$

In den Hypothesenräumen h_1 und h_2 seien jeweils eine Apposition und eine Verbinterpretation (CASEFRAME) aufgetreten im Gegensatz zum Hypothesenraum h_3, in dem zwei Verbinterpretationen gefeuert haben. Würde man die Restriktionen innerhalb des **max**-Konstruktors nicht berücksichtigen, würde h_3 die Konzeptbeschreibung **max**(H-CASEFRAME) erfüllen und damit das Maximum an qualitativen Aussagen bzgl. der Marken CASEFRAME über alle Hypothesenräume gesehen gelten. Damit h_3 die Definition von THRESH2 erfüllen kann, müßte allerdings zusätzlich die Definition von THRESH1 erfüllt sein. In THRESH1 ist aber das Maximum an qualitativen Aussagen bzgl. der Marke APPOSITION vonnöten, was nur für h_1 und h_2 erfüllt ist. Durch die terminologische Konjunktion in der Definition von THRESH2 würde somit keine Instanz unter THRESH2 klassifiziert.

Nimmt man die Domänenrestriktion hinzu, so werden für die Maximum-berechnung der Definition THRESH2 nur die Instanzen zugrundegelegt, die auch THRESH1 erfüllen, also h_1 und h_2. Da beide Hypothesenraum-instanzen jeweils eine CASEFRAME-Aussage haben, werden auch beide Instanzen h_1 und h_2 unter THRESH2 klassifiziert.

2. Für die Definition von Äquivalenzklassen mit mehr als einer Art von qua-litativen Aussagen (für THRESH2 und CRED2) muß die Disjunktion der entsprechenden qualitativen Rollen verwendet werden. Eine Disjunktion zwischen **max**-Konstruktoren, wie beispielsweise

$$\mathbf{max}(_{\text{THRESH2}}\text{H-GENITIVENP}) \sqcup \mathbf{max}(_{\text{THRESH2}}\text{H-PPATTACH}),$$

berücksichtigt den Fall nicht, daß zwei qualitative Aussagen bzgl. der Mar-ke GENITIVENP die gleiche Qualität besitzen soll wie jeweils eine Aussage bzgl. der Marke GENITIVENP und PPATTACH. Im folgenden Beispiel

$$h_1 \text{ H-GENITIVENP } p_1$$
$$h_1 \text{ H-GENITIVENP } p_2$$
$$h_2 \text{ H-GENITIVENP } p_3$$
$$h_2 \text{ H-PPATTACH } p_4$$

gilt für die Funktion **PZ**

$$\mathbf{PZ}(\text{H-GENITIVENP}(h_1)) = 2$$
$$\mathbf{PZ}(\text{H-GENITIVENP}(h_2)) = 1$$
$$\mathbf{PZ}(\text{H-PPATTACH}(h_2)) = 1$$
$$\mathbf{PZ}((\text{H-GENITIVENP} \sqcup \text{H-PPATTACH})(h_2)) = 2$$

Dies hat zur Folge, daß für den Fall der konzeptuellen Disjunktion der **max**-Konstruktoren nur die Instanz h_1 berechnet wird, da die beiden gleichgewichteten Aussagen bzgl. h_2 nicht addiert werden. Im Fall der Disjunktion über die beiden Rollen wird beim Pfadzählen sowohl die Rol-len H-GENITIVENP als auch H-PPATTACH zur Berechnung der Anzahl herangezogen. Es wird also die Anzahl beider Rollen addiert.

3. In der semantischen Beschreibung des Konstruktors **max** wurde beim Vergleich der Instanz d mit allen anderen Instanzen des Konzept C der Vergleichsoperator $\geq$ anstelle von $>$ verwendet. Dies ist deshalb nötig,

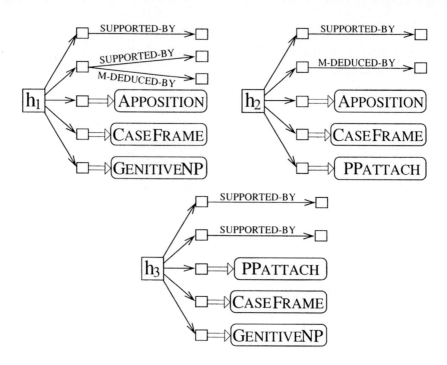

Abbildung 5.7: Beispiel zur Verwendung des Konstruktors **max**

weil damit alle Hypothesenräume, die das Maximum erfüllen, unter die entsprechende Konzeptbeschreibung klassifiziert werden und nicht nur der zuerst gefundene, der das Maximum erfüllt. Als Beispiel soll die Situation der Hypothesenrauminstanzen h_1 und h_2 von Punkt 1 dienen. Würde der Vergleichoperator > gelten und würde beispielsweise h_1 als erster Hypothesenraum gefunden, der das Maxium erfüllt, so würde h_2 nicht mehr unter die Konzeptbeschreibung klassifiziert, da der Vergleichoperator > dies verbietet, obwohl h_2 ebenfalls die Maximum-Bedingung erfüllt.

Dieser Abschnitt soll mit einem Beispiel zur Anwendung des Konstruktors **max** und der Definitionen zur Ordnung beendet werden. Dazu gelten die in der Abb. 5.7 gegebenen Strukturen. Es wird davon ausgegangen, daß kein Hypothesenraum eine inkonsistente Aussage enthält und somit für alle drei Hypothesenräume die minimale Anzahl bzgl. INCONSISTENCY gleich 0 ist. Auf eine formale Repräsentation dieses Sachverhalt will ich an dieser Stelle verzichten. Wendet man die Funktion **PZ** auf die involvierten qualitativen Aussagen an, dann gilt:

$$\mathbf{PZ}(\text{H-APPOSITION})(h_1) = 1$$
$$\mathbf{PZ}(\text{H-CASEFRAME})(h_1) = 1$$
$$\mathbf{PZ}(\text{H-GENITIVENP})(h_1) = 1$$
$$\mathbf{PZ}(\text{H-PPATTACH})(h_1) = 0$$
$$\mathbf{PZ}(\text{H-M-DEDUCED-BY})(h_1) = 1$$
$$\mathbf{PZ}(\text{H-SUPPORTED-BY})(h_1) = 2$$
$$\mathbf{PZ}(\text{H-C-SUPPORTED-BY})(h_1) = 0$$

$$\mathbf{PZ}(\text{H-APPOSITION})(h_2) = 1$$
$$\mathbf{PZ}(\text{H-CASEFRAME})(h_2) = 1$$
$$\mathbf{PZ}(\text{H-GENITIVENP})(h_2) = 0$$
$$\mathbf{PZ}(\text{H-PPATTACH})(h_2) = 1$$
$$\mathbf{PZ}(\text{H-M-DEDUCED-BY})(h_2) = 1$$
$$\mathbf{PZ}(\text{H-SUPPORTED-BY})(h_2) = 1$$
$$\mathbf{PZ}(\text{H-C-SUPPORTED-BY})(h_2) = 0$$

$$\mathbf{PZ}(\text{H-APPOSITION})(h_3) = 0$$
$$\mathbf{PZ}(\text{H-CASEFRAME})(h_3) = 1$$
$$\mathbf{PZ}(\text{H-GENITIVENP})(h_3) = 1$$
$$\mathbf{PZ}(\text{H-PPATTACH})(h_3) = 1$$
$$\mathbf{PZ}(\text{H-M-DEDUCED-BY})(h_3) = 0$$
$$\mathbf{PZ}(\text{H-SUPPORTED-BY})(h_3) = 2$$
$$\mathbf{PZ}(\text{H-C-SUPPORTED-BY})(h_3) = 0$$

Wenn ich davon ausgehe, daß h_1, h_2 und h_3 Hypothesenrauminstanzen sind und somit zum Konzept HYPO gehören, dann werden nur die Instanzen h_1 und h_2 zum Konzept THRESH1 realisiert, da h_3 keine, aber h_1 und h_2 jeweils eine qualitative Aussagen zur Marke APPOSITION haben. Unter den beiden Hypothesenrauminstanzen h_1 und h_2 wird nun das Maximum an qualitativen Aussagen zur Marke CASEFRAME bestimmt. Da dies 1 ist und von beiden (Hypothesenraum)Instanzen erfüllt wird, werden diese zum Konzept THRESH2 klassifiziert. Die Zugehörigkeit von h_1 und h_2 zum Konzept THRESH3 läuft über die disjunktive Verknüpfung der die qualitativen Aussagen repräsentierenden Rollen H-GENITIVENP und H-PPATTACH. Das Maximum bzgl. der Instanzen h_1 und

h_2 ist jeweils 1. Bemerkenswert ist, daß für h_3 jeweils ein Pfad zu den Marken GENITIVENP und PPATTACH existiert. Da die Hypothesenrauminstanz h_3 aber aufgrund der Appositionsbedingung nicht zum Konzept THRESH2 klassifiziert wurde, spielt deren Anzahl an GENITIVENP- oder PPATTACH-Aussagen keine Rolle mehr. Daran kann man auch die intendierte Ordnung erkennen, daß Appositionen stärker zu bewerten sind als Genitiv- oder Präpositionalphrasen. Analog zu THRESH2 gilt die Zugehörigkeit von h_1 und h_2 zu CRED1. Da sich h_1 und h_2 durch die Anzahl an Pfaden bzgl. der Rolle H-SUPPORTED-BY unterscheiden, wird h_1 zu CRED2 klassifiziert, h_2 jedoch nicht. Für h_3 gelten die gleichen Überlegungen wie im Fall von THRESH3.

Bevor ich in Abschnitt 5.3 die in diesem Kapitel eingeführten terminologischen Definitionen und Erweiterungen am Beispiel aus Abschnitt 4.9 zusammenfasse, will ich im nächsten Abschnitt auf einige Eigenschaften des Qualitätskalküls eingehen.

5.2.3 Eigenschaften des Kalküls

In den nachfolgenden Unterabschnitten gehe ich auf einige Eigenschaften des Qualitätskalküls von AQUA ein. Zunächst widme ich mich im Abschnitt 5.2.3.1 dem Zusammenhang zwischen Closed-World-Annahme und Metakontext. Im folgenden Abschnitt 5.2.3.2 gehe ich auf die Monotonie-Eigenschaft des Kalküls ein und zeige an einem Beispiel dessen nichtmonotones Verhalten, das gerade durch die Anwendung der Closed-World-Semantik im Metakontext hervortritt. Im letzten Abschnitt gehe ich auf die Komplexität des für den vorgestellten Qualitätskalkül wesentlichen Konstruktors **max** ein.

5.2.3.1 Closed-World-Annahme des Qualitätskalküls

Die bisherige Beschreibung des Kalküls basiert auf der Festlegung, daß im Metakontext, und nur dort, die Closed-World-Annahme gilt. Dies bedeutet, daß nur die explizit gemachten (qualitativen wie reifizierten) Aussagen des Metakontext gelten und alle anderen Aussagen als falsch angenommen werden, im Gegensatz zum Initialkontext, in dem nur diejenigen Aussagen als falsch angenommen werden, deren Negation gilt. Der Wahrheitswert aller anderen Aussagen ("Nicht-Wissen") ist unbekannt (unknown). Für diese Art der Vervollständigung der im

Metakontext aufgebauten Theorie mit Hilfe der Closed-World-Annahme gibt es folgende Gründe:

- Auf der Grundlage des durch den inkrementell operierenden Parser aufgebauten aktuellen Textwissens sollen alle Konzepthypothesen bewertet und in eine Rangfolge gebracht werden. Beim Zählen und Maximumberechnen kann nur das gezählt werden, was bekannt ist (und nicht das, was nicht bekannt ist, nämlich "Nicht-Wissen"). Bekanntlich liegen dem **max**-Operator bei der Berechnung der maximalen Anzahl von Pfaden Füller von komponierten Rollen zugrunde. Nur explizit angegebene Füller und damit explizit berechnete qualitative Aussagen lassen sich untereinander vergleichen.

- Die Closed-World-Annahme wird häufig in Datenbanksystemen verwendet (Reiter, 1981), um nicht diejenigen Datenbankeinträge aufzulisten, die nicht in Relation zueinander stehen (über eine Datenbanktabelle). Diese Vorgehensweise weist Ähnlichkeiten zu den konzeptuellen Rollen auf, die Reifikatorinstanzen in (qualitative) Beziehung zueinander setzen. Die Reifikatorinstanzen, die nicht über bestimmte konzeptuelle Rollen in Beziehung miteinander stehen, sollten nicht explizit negiert werden müssen.

- Es läßt sich zeigen, daß sich eine Theorie unter der Closed-World-Annahme beschreiben läßt, die sowohl die expliziten als auch die unter der Closed-World-Annahme vermuteten Axiome enthält. Ein negiertes Axiom ist in der *Menge der vermuteten Axiome*, wenn das nicht-negierte Axiom sich nicht in der Menge der expliziten Axiome befindet. Das Problem von disjunktiv verknüpften, expliziten Axiomen und der daraus resultierenden inkonsistenten Vereinigung der Menge expliziter und vermuteter Axiome stellt sich in meiner Anwendung nicht, da keine derartigen Disjunktionen vorkommen. Somit ist die Vereinigungsmenge der expliziten und vermuteten Axiome immer konsistent.

5.2.3.2 Nichtmonotones Verhalten des Qualitätskalküls

Durch die Anwendung der Closed-World-Annahme auf den Metakontext werden im Unterschied zum Initialkontext nichtmonotone Inferenzen ausgeführt. Durch das Hinzufügen neuer Axiome im Initialkontext und das Abbilden dieser auf reifizierte Axiome im Metakontext können Schlüsse im Metakontext bzgl. der Zugehörigkeit von Hypothesenrauminstanzen zu den Konzepten THRESHi und CREDj revidiert werden. Ein Beispiel soll dies verdeutlichen. Betrachten wir dazu den durch Abb. 5.7 dargestellten Metakontext. Nehmen wir einmal an, daß als nächstes ein Axiom aufgestellt wird und daß die Qualitätsmarke CASE-FRAME aufgrund einer Kasuszuweisung nur für den Hypothesenraum vergeben wird, der mit h_2 bezeichnet ist und nicht im Hypothesenraum h_1 gilt. Dies hätte zur Folge, daß für die Funktion **PZ**, angewendet auf die Rolle H-CASEFRAME,

$$\mathbf{PZ}(\text{H-CASEFRAME})(h_1) = 1$$
$$\mathbf{PZ}(\text{H-CASEFRAME})(h_2) = 2$$

gilt. Somit wäre das Maximum bezüglich h_2 gleich 2 und somit würde h_1 nicht mehr zum Konzept THRESH2, dafür aber h_2 zu THRESH2 realisiert. Auf h_3 hätte dies keine Auswirkungen, da h_3 bereits nicht zu THRESH1 realisiert wird. Durch die Hinzunahme von Axiomen würde der Schluß, daß h_2 zu THRESH2 gehört, zurückgenommen werden (Nichtmonotonie). Durch diese Art der Revision werden zwar keine (qualitativ minderwertigen) Hypothesenräume explizit gelöscht, wohl aber deren Zugehörigkeit zu bestimmten qualitativen Äquivalenzklassen. Dabei lassen sich drei prinzipielle Fälle unterscheiden, die bei der Hinzunahme neuer Axiome im Initialkontext auftreten können und ein nichtmonotones Verhalten verursachen:

1. Veränderung der Zugehörigkeit existierender Hypothesenrauminstanzen zu Äquivalenzklassen.

   (a) Zurücknahme der Zugehörigkeit zu Äquivalenzklassen.
   Die Revision der Zugehörigkeit von Hypothesenrauminstanzen zu hohe Qualität repräsentierenden Äquivalenzklassen ist der unkritische Fall, da gerade die inkrementelle Textanalyse eine Fokussierung auf möglichst wenig Hypothesenräume gewährleisten soll. Mindestens ein Hypothesenraum mit höchster Qualität (d.h. Zugehörigkeit einer Hypothesenrauminstanz zum Konzept CRED2) existiert dabei immer. Somit leistet dieser Fall die *Selektion* der möglichst richtige(n) Konzepthypothese(n) *unter* immer spezifischer werdender *Konzepthypothesen*.

(b) Hinzunahme zu Äquivalenzklassen.

Der Fall, daß Hypothesenräume mit geringer Qualität im Laufe der Textanalyse eine hohe Qualität erreichen, geht immer einher mit der Reduzierung der Qualität von anderen Hypothesenräumen. Dieser Fall beschreibt also die *inhaltliche Revision* der Konzeptzugehörigkeit der unbekannten Instanz mit hoher Qualität. Zuvor aufgebaute Konzepthypothesen einer bestimmten Äquivalenzklasse werden durch andere Konzepthypothesen ersetzt. Wie häufig dieser Fall eintritt, ob richtige Konzepthypothesen selektiert werden und nach wievielen Phrasen keine Revision mehr auftritt wird in Kapitel 6 untersucht.

2. Hinzufügen neuer Hypothesenrauminstanzen.

Durch die Interpretation von Phrasen durch den Parser werden in bestimmten Fällen durch die Anwendung von Hypothesengenerierungsregeln (siehe Abschnitt 4.5) neue Konzepthypothesen im Initialkontext aufgebaut. Wie sich leicht zeigen läßt, kann dies die Zurücknahme der Zugehörigkeit von existierenden Hypothesenrauminstanzen zu bestimmten Äquivalenzklassen bewirken. Dies geht aber immer einher mit der Hinzunahme neuer Hypothesenrauminstanzen zu Äquivalenzklassen.

3. Löschung von Hypothesenrauminstanzen.

Die vom Parser explizit angestoßenen Interpretationen bewirken u.U. die Verletzung von semantischen Constraints in einigen Hypothenräumen. Solche Hypothesenräume können vernachläßigt und damit gelöscht werden. Dies zieht die Löschung der betroffenen Hypothesenrauminstanzen und damit der entsprechenden Axiome nach sich. Die Löschung kann die Maximumsberechnung dergestalt beeinflussen, daß weiterhin existierende Hypothesenrauminstanzen zu spezifischeren Äquivalenzklassen klassifiziert werden. Es kommen also neue Axiome hinzu. Obwohl Axiome im Initialkontext und entsprechend im Metakontext gelöscht werden, können neue Axiome im Metakontext (Zugehörigkeit von Hypothesenrauminstanzen zu Äquivalenzklassen) hinzukommen.

Zusammenfassend läßt sich festhalten, daß sich im Gegensatz zu herkömmlichen Konzeptlernern, die Konzepthypothesen aufbauen und u.U. im Laufe der Textanalyse wieder Verwerfen und dann mit neu aufgebauten Konzepthypothesen weitermachen (eine Art des Backtracking), AQUA nur über die schrittweise Verfeinerung von Konzepthypothesen und die Verfeinerung der Auswahl zwischen Konzepthypothesen das zu lernende Konzept zu erschließen sucht.

5.2.3.3 Komplexitätsbetrachtungen des Kalküls

Im folgenden will ich einige Betrachtungen zur Komplexität des Kalküls und der Berechnung des Konstruktors **max** anstellen. Dazu folgende Definitionen:

Definition 5.1 *Mit n sei die Anzahl aller erweiterten assertionalen Axiome des Initialkontexts bezeichnet (vgl. Definition in Satz 4.2). Mit n_{h_i} wird die Anzahl der erweiterten assertionalen Axiome des Hypothesenraums h_i bezeichnet. Aufgrund der Definition von Reifikatorinstanzen gibt n auch die Anzahl aller Reifikatorinstanzen und n_{h_i} die Anzahl der Reifikatorinstanzen eines Hypothesenraum h_i wieder. m sei die maximale Anzahl der durch Hypothesengenerierungsregeln (vgl. Abschnitt 4.5) und den Parsingprozeß aufgebauten Hypothesenräume eines Textes.*

Es ist anzumerken, daß die Anzahl der erweiterten assertionalen Axiome in den Hypothesenräumen nicht gleich sein muß, da in jedem Hypothesenraum unterschiedlich spezifische Konzepte für das zu lernende Item durch die Hypothesengenerierungsregeln (auch durch Klassifikation) aufgebaut werden. Der folgende Zusammenhang zwischen n und h_{h_i} besteht jedoch:

Satz 5.1 *Seien n, n_{h_i} und m wie in Definition 5.1 gegeben. Dann gilt für die Anzahl aller erweiterten assertionalen Axiome:*

$$n = \sum_{i \in \{1,..,m\}} n_{h_i}$$

Als nächstes will ich auf die Speicherkomplexität der zur Bewertung der Hypothesenräume aufgebauten Wissensstrukturen, insbesondere der qualitativen Aussagen eingehen. Für diese Strukturen läßt sich folgendes feststellen:

1. Die Anzahl bestimmter qualitativer Aussagen entspricht der Anzahl der Füller bzgl. der involvierten Rollen

2. Die Anzahl bestimmter qualitativer Aussagen läßt sich nicht an der Anzahl der Füller ablesen.

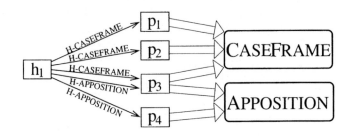

Abbildung 5.8: Anzahl der Pfade gleich Anzahl der Füller

Der Zusammenhang von Fall 1 läßt sich am besten durch Abb. 5.8 veranschaulichen. Darin gibt es für die Hypothesenrauminstanz h_1 drei Pfade über die Rolle H-CASEFRAME zu den Reifikatorinstanzen p_1, p_2 und p_3 und zwei Pfade über die Rolle H-APPOSITION zu p_3 und p_4. Die auf eine Rolle angewendete Funktion **PZ** wurde deshalb eingeführt, damit Verzweigungen ausgehend von einer Reifikatorinstanz zu mehreren anderen Reifikatorinstanzen beim Zählen mitberücksichtigt werden können und damit die Anzahl der Pfade auch dann berechnet werden kann, wenn eine Reifikatorinstanz Füller bzgl. verschiedener anderer Reifikatorinstanzen ist (vgl. Abb. 5.4, in der beispielsweise p_1 KONZEPTUELLE-ROLLE p_3 und p_2 KONZEPTUELLE-ROLLE p_3 gilt). Da im Falle linguistischer qualitativer Aussagen nur die Rolle REIF-REL (mit einer entsprechenden Rangerestriktion) involviert ist, können solche Verzweigungen dort nicht auftreten. Abb. 5.8 veranschaulicht diesen Sachverhalt recht eindrucksvoll. Deshalb ist die Anzahl von Pfaden im Falle linguistischer qualitativer Aussagen gleich der Anzahl der Füller über diese Aussagen. Dieser Zusammenhang gilt für alle linguistischen qualitativen Aussagen (qualitative Aussagen bzgl. der Rollen H-INCONSISTENT, H-APPOSITION, H-CASEFRAME, H-GENITIVENP und H-PPATTACH) sowie überraschenderweise auch für die konzeptuelle qualitative Aussage bzgl. der Rolle H-M-DEDUCED-BY. Das dies auch für die qualitativen Aussagen bzgl. der Rolle H-M-DEDUCED gilt, läßt sich wie folgt an der Abb. 5.9 begründen:

Die Hypothesenräume h_1 und h_2 enthalten jeweils drei Reifikatorinstanzen, nämlich p_1, p_2 und p_3 und p_4, p_5 und p_6, und h_3 nur zwei, nämlich p_7 und p_8. Entscheidend ist die Relationierung über die Rolle H-M-DEDUCED-BY. Da in jedem Hypothesenraum jedem Axiom genau eine Reifikatorinstanz zugeordnet ist und in jedem Hypothe-

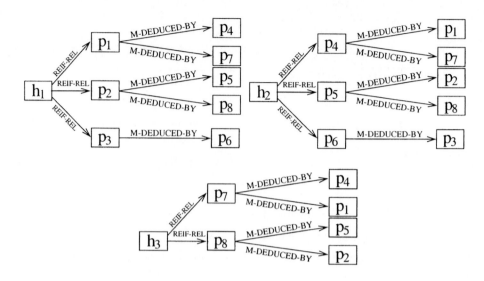

Abbildung 5.9: Anzahl qualitativer Aussagen bzgl. H-M-DEDUCED-BY

senraum jedes Axiom nur einmal gelten kann, kann es keine zwei Füller für eine Reifikatorinstanz p_i geben, die in nur einem Hypothesenraum gelten, d.h. Strukturen der Form

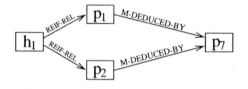

können nicht auftreten. Dies hat zur Folge, daß wie im Falle der linguistischen qualitativen Aussagen auch für die Rolle H-M-DEDUCED-BY die Anzahl der Pfade mit der Anzahl der Füller übereinstimmt.

Für die verbleibenden konzeptuellen Rollen H-SUPPORTED-BY und H-C-SUPPORTED-BY gilt die Äquivalenz zwischen der Anzahl der Füller und der Anzahl der Pfade zu den Füllern nicht (vgl. Fall 2 von oben), da eine Reifikatorinstanz Füller verschiedener instantiierter Rollen bzgl. ein und derselben konzeptuellen Rolle sein kann (vgl. Reifikatorinstanz p_3 in Abb. 5.4, die Füller bzgl. der mit p_1 und p_2 instantiierten Rolle KONZEPTUELLE-ROLLE ist). Als Konsequenz ist festzuhalten, daß nur für diese beiden Rollen die Funktion **PZ** angewendet werden muß, für alle anderen Rollen reicht eine Funktion, die die Anzahl der Füller liefert.

Satz 5.2 *Für die Speicherkomplexität der erweiterten assertionalen Axiome bzgl. der linguistischen Rollen innerhalb eines Hypothesenraums h_i gilt:*

$$O(n_{h_i})$$

Für die Speicherkomplexität über alle Hypothesenrauminstanzen gilt dann:

$$O(n)$$

Für jedes erweiterte assertionale Axiom des Hypothesenraums h_i existiert höchstens eine linguistische qualitative Aussage bzgl. einer linguistischen Rolle. Da es n_{h_i} Axiome gibt, existieren höchstens genauso viele linguistische qualitative Aussagen pro Hypothesenraum. Über alle Hypothesenräume existieren deshalb auch $\sum_{i \in \{1,..,m\}} n_{h_i}$ so viele Axiome, was nach Satz 5.1 gerade n ergibt.

Satz 5.3 *Für die Speicherkomplexität bzgl. der Rollen* H-SUPPORTED-BY *und* H-C-SUPPORTED-BY *innerhalb von h_i gilt jeweils:*

$$O(n_{h_i}^2)$$

Für die Speicherkomplexität aller Hypothesenrauminstanzen gilt dann:

$$O(n^2)$$

Wie bereits oben argumentiert, kann jede Reifikatorinstanz eines Hypothesenraums h_i mit jeder anderen Reifikatorinstanz von h_i über die Rollen H-SUPPORTED-BY und H-C-SUPPORTED-BY relationiert werden. Deshalb gilt Speicherkomplexität $O(n_{h_i}^2)$. Für die Abschätzung der Speicherkomplexität über alle Hypothesenräume gilt folgende Gleichung:

$$
\begin{aligned}
&n_{h_1}^2 + n_{h_2}^2 + .. + n_{h_m}^2 && \leq \\
&n_{h_1}^2 + n_{h_2}^2 + .. + n_{h_m}^2 + \\
&2 * n_{h_1} * n_{h_2} + .. + 2 * n_{h_1} * n_{h_m} + \\
&2 * n_{h_2} * n_{h_3} + .. + 2 * n_{h_2} * n_{h_m} + .. + \\
&2 * n_{h_{(m-1)}} * n_{h_m} && = \\
&(n_{h_1} + n_{h_2} + .. + n_{h_m})^2 && = \\
&(\sum_{i \in \{1,..m\}} n_{h_i})^2 && = \\
&n^2
\end{aligned}
$$

Diese grobe Abschätzung besagt, daß als obere Schranke jedes erweiterte assertionale Axiome des gesamten Initialkontexts mit jedem anderen relationiert werden kann. Die obigen Beobachtungen besagen aber gerade, daß nur innerhalb eines Hypothesenraums Axiome miteinander relationiert werden können. Deshalb folgender verfeinerte Satz:

Satz 5.4 *Sei h_{max} derjenige Hypothesenraum mit der größten Anzahl an erweiterten assertionalen Axiomen unter allen Hypothesenräumen und $n_{h_{max}}$ diese maximale Anzahl. Dann gilt für die Speicherkomplexität über alle Hypothesenräume für die Rollen* H-SUPPORTED-BY *und* H-C-SUPPORTED-BY*:*

$$O(n_{h_{max}}^2 * m)$$

Diese Komplexitätsangabe ist im allgemeinen besser als $O(n^2)$, da die Anzahl der Hypothesenräume m meist wesentlich kleiner als die Anzahl n der erweiterten assertionalen Axiome ist ($m << n$) und im Mittel $n_{h_{max}} \approx \frac{n}{m}$ gilt, da die qualitativen Aussagen relativ gleichverteilt sind. In Abschnitt 6.4.2 betrachte ich dazu den Verlauf der Anzahl der Hypothesenräume während der Textanalyse und argumentiere dafür, daß nur die maximal k qualitativ gesehen besten Hypothesenräume weiterbetrachtet werden müssen. Deshalb kann m als eine Konstante betrachtet werden, wobei die Speicherkomplexität dann auf $O(n_{h_{max}}^2)$ sinkt.

Satz 5.5 *Für die Speicherung der Aussagen bzgl. der Rolle* H-M-DEDUCED-BY *innerhalb von h_i gilt:*

$$O(n_{h_i} * m)$$

Für die Speicherkomplexität über alle Hypothesenrauminstanzen gilt dann:

$$O(n * m)$$

Wie oben bereits erläutert, kann jedes erweiterte assertionale Axiome eines Hypothesenraums h_i maximal mit Axiomen aus den $(m-1)$ anderen Hypothesenräumen im Fall der Rolle H-M-DEDUCED-BY relationiert werden. Dies ergibt die Speicherkomplexität $O(n_{h_i} * m)$. Für alle Hypothesenräume gilt dann
$$O(n_{h_1} * m + n_{h_2} * m + .. + n_{h_m} * m) = O((n_{h_1} + n_{h_2} + .. + n_{h_m}) * m) = O(n * m).$$

Mit den Bemerkungen zur konstanten Anzahl von Hypothesenräumen vom vorherigen Satz 5.4 gilt dann $O(n)$.

Als nächstes will ich auf die Zeitkomplexität bei der Berechnung der Pfade und der Berechnung des Maximums eingehen. Dazu betrachte ich wieder die Dreiteilung der Ebenen linguistische qualitative Aussagen, Aussagen bzgl. der Rollen H-SUPPORTED-BY, H-C-SUPPORTED-BY und Aussagen zur Rolle H-M-DEDUCED-BY. Die Laufzeit ergibt sich aus der Berechnung der Anzahl der Aussagen bzgl. der involvierten Rollen (einfache Füllerberechnung oder Berechung über die Funktion **PZ**) und der sich daran anschließenden Maximumsberechnung (Vergleich zwischen der berechneten Anzahl aller Hypothesen).

Satz 5.6 *Die Zeitkomplexität für die Berechnung der Anzahl der Pfade bzgl. der linguistischen Rollen für alle Hypothesenräume ist gleich der Berechnung der Anzahl aller Füller der entsprechenden Rollen, insgesamt also $O(n)$. Für die Maximumsberechnung gelten zusätzlich m Vergleiche, also insgesamt $O(n + m)$ Berechnungen.*

Die Zeitkomplexität der Anzahlbestimmung der Pfade entspricht der Zeitkomplexität der Berechnung der Anzahl der Füller wie bereits oben argumentiert. Es sind insgesamt n Berechnungen auszuführen. Da es m Hypothesenräume zu vergleichen gibt, müssen $n + m$ Berechnungen gemacht werden. Im Falle der konstanten Anzahl an Hypothesen m haben wir die Laufzeitkomplexität $O(n)$.

Satz 5.7 *Für die Zeitkomplexität der Berechnung der Pfadanzahl bzgl. der Rollen H-SUPPORTED-BY und H-C-SUPPORTED-BY wird die Funktion **PZ** angewendet. Es gilt für einen Hypothesenraum h_i:*

$O(n_{h_i}^2)$ *für die Füllerberechnung.*

Für alle Hypothesenräume zusammen gilt die grobe Abschätzung:

$O(n^2)$ *für die Füllerberechnung und $O(n^2 + m)$ für die gesamte Maximumsberechnung.*

Mit der verfeinerten Abschätzung $n_{h_{max}}$ wie in Satz 5.4 beschrieben, folgt dann:

$O(n_{h_{max}}^2 * m)$ und $O(n_{h_{max}}^2 * m + m) = O(n_{h_{max}}^2 * m)$ für die Füller-berechnung bzw. Maximumsberechnung.

Diese Beobachtung läßt sich leicht anhand der bereits bei der Speicherkom-plexität gemachten Bemerkungen begründen. Betrachtet man nur eine konstan-te Anzahl an Hypothesen, so reduziert sich die Komplexität auf $O(n^2)$ bzw. $O(n_{h_{max}}^2)$ für alle Hypothesenräume.

Satz 5.8 *Für die Zeitkomplexität der Berechnung der Anzahl an Pfaden bzgl. der Rolle* H-M-DEDUCED-BY *kann die Füllerberechnung zugrundegelegt wer-den. Wie oben gezeigt, sind* $O(n * m)$ *Füllerberechnungen durchzuführen. Für die Maximumsberechnung sind dann* m *Vergleiche erforderlich, was zusammen* $O(n * m + m) = O(n * m)$ *Berechnungen ergibt.*

Mit diesem letzten Satz wird die Zeitkomplexität für die Rolle H-M-DEDUCED-BY angegeben. Mit der Beschränkung auf eine feste Anzahl von Hy-pothesen verbessert sich das Laufzeitverhalten auf $O(n)$. Mit dieser und allen anderen Komplexitätsaussagen zeigt der Kalkül ein akzeptables Laufzeit- und Speicherplatzverhalten. Mit der Einschränkung, daß nur k Hypothesen aufge-baut werden, sind alle Aussagen bis auf die bzgl. der Rollen H-SUPPORTED-BY und H-C-SUPPORTED-BY linear im Laufzeit- und Speicherplatzverhalten. Aber auch die Komplexität dieser beiden Rollen ist mit quadratischen Aufwand bzgl. der Hypothesen mit maximaler Anzahl an entsprechenden qualitativen Aussa-gen traktabel.

5.3   Ein zusammenfassendes Beispiel (Forts.)

In diesem Abschnitt will ich die Funktionsweise des Kalküls AQUA anhand des Beispiels aus Abschnitt 4.9 vorstellen. Gegeben seien dazu die Wissensstruktu-ren der ersten beiden Lernschritte. Betrachten wir zunächst die Wissensstruktu-ren im Metakontext nach dem ersten Lernschritt. Die Definition von REIF-REL erzeugt dann:

h_1 REIF-REL p_1 h_2 REIF-REL p_7
h_1 REIF-REL p_2 h_2 REIF-REL p_8
h_1 REIF-REL p_3 h_2 REIF-REL p_9
h_1 REIF-REL p_4 h_2 REIF-REL p_{10}

h_1 REIF-REL p_5 h_2 REIF-REL p_{11}
h_1 REIF-REL p_6 h_2 REIF-REL p_{12}

h_3 REIF-REL p_{13} h_4 REIF-REL p_{19}
h_3 REIF-REL p_{14} h_4 REIF-REL p_{20}
h_3 REIF-REL p_{15} h_4 REIF-REL p_{21}
h_3 REIF-REL p_{16} h_4 REIF-REL p_{22}
h_3 REIF-REL p_{17} h_4 REIF-REL p_{23}
h_3 REIF-REL p_{18} h_4 REIF-REL p_{24}

h_5 REIF-REL p_{25} h_6 REIF-REL p_{32}
h_5 REIF-REL p_{26} h_6 REIF-REL p_{33}
h_5 REIF-REL p_{27} h_6 REIF-REL p_{34}
h_5 REIF-REL p_{28} h_6 REIF-REL p_{35}
h_5 REIF-REL p_{29} h_6 REIF-REL p_{36}
h_5 REIF-REL p_{30} h_6 REIF-REL p_{37}
h_5 REIF-REL p_{31}

Daran schließt sich die Übertragung der linguistischen und konzeptuellen Aussagen auf die Hypothesenrauminstanzen an, wobei ich alle, auch die Qualitätsmarken der impliziten Axiome angebe:

h_1 H-PPATTACH p_1 h_2 H-PPATTACH p_7
h_1 H-M-DEDUCED-BY p_7 h_2 H-M-DEDUCED-BY p_1
h_1 H-M-DEDUCED-BY p_{13} h_2 H-M-DEDUCED-BY p_{13}
h_1 H-M-DEDUCED-BY p_{19} h_2 H-M-DEDUCED-BY p_{19}
h_1 H-M-DEDUCED-BY p_9 h_2 H-M-DEDUCED-BY p_3
h_1 H-M-DEDUCED-BY p_{15} h_2 H-M-DEDUCED-BY p_{15}
h_1 H-M-DEDUCED-BY p_{21} h_2 H-M-DEDUCED-BY p_{21}
h_1 H-M-DEDUCED-BY p_{10} h_2 H-M-DEDUCED-BY p_4
h_1 H-M-DEDUCED-BY p_{16} h_2 H-M-DEDUCED-BY p_{16}
h_1 H-M-DEDUCED-BY p_{22} h_2 H-M-DEDUCED-BY p_{22}
h_1 H-M-DEDUCED-BY p_{35} h_2 H-M-DEDUCED-BY p_{35}
h_1 H-M-DEDUCED-BY p_{11} h_2 H-M-DEDUCED-BY p_5
h_1 H-M-DEDUCED-BY p_{17} h_2 H-M-DEDUCED-BY p_{17}
h_1 H-M-DEDUCED-BY p_{23} h_2 H-M-DEDUCED-BY p_{23}
h_1 H-M-DEDUCED-BY p_{30} h_2 H-M-DEDUCED-BY p_{30}
h_1 H-M-DEDUCED-BY p_{36} h_2 H-M-DEDUCED-BY p_{36}
h_1 H-M-DEDUCED-BY p_{12} h_2 H-M-DEDUCED-BY p_6
h_1 H-M-DEDUCED-BY p_{18} h_2 H-M-DEDUCED-BY p_{18}
h_1 H-M-DEDUCED-BY p_{24} h_2 H-M-DEDUCED-BY p_{24}
h_1 H-M-DEDUCED-BY p_{31} h_2 H-M-DEDUCED-BY p_{31}
h_1 H-M-DEDUCED-BY p_{37} h_2 H-M-DEDUCED-BY p_{37}

h_3 H-PPATTACH p_{13} h_4 H-PPATTACH p_{19}
h_3 H-M-DEDUCED-BY p_1 h_4 H-M-DEDUCED-BY p_1
h_3 H-M-DEDUCED-BY p_7 h_4 H-M-DEDUCED-BY p_7
h_3 H-M-DEDUCED-BY p_{19} h_4 H-M-DEDUCED-BY p_{13}
h_3 H-M-DEDUCED-BY p_3 h_4 H-M-DEDUCED-BY p_3
h_3 H-M-DEDUCED-BY p_9 h_4 H-M-DEDUCED-BY p_9
h_3 H-M-DEDUCED-BY p_{21} h_4 H-M-DEDUCED-BY p_{15}
h_3 H-M-DEDUCED-BY p_4 h_4 H-M-DEDUCED-BY p_4
h_3 H-M-DEDUCED-BY p_{10} h_4 H-M-DEDUCED-BY p_{10}
h_3 H-M-DEDUCED-BY p_{22} h_4 H-M-DEDUCED-BY p_{16}
h_3 H-M-DEDUCED-BY p_{35} h_4 H-M-DEDUCED-BY p_{35}
h_3 H-M-DEDUCED-BY p_5 h_4 H-M-DEDUCED-BY p_5

h_3 H-M-DEDUCED-BY p_{11} h_4 H-M-DEDUCED-BY p_{11}
h_3 H-M-DEDUCED-BY p_{23} h_4 H-M-DEDUCED-BY p_{17}
h_3 H-M-DEDUCED-BY p_{30} h_4 H-M-DEDUCED-BY p_{30}
h_3 H-M-DEDUCED-BY p_{36} h_4 H-M-DEDUCED-BY p_{36}
h_3 H-M-DEDUCED-BY p_6 h_4 H-M-DEDUCED-BY p_6
h_3 H-M-DEDUCED-BY p_{12} h_4 H-M-DEDUCED-BY p_{12}
h_3 H-M-DEDUCED-BY p_{24} h_4 H-M-DEDUCED-BY p_{18}
h_3 H-M-DEDUCED-BY p_{31} h_4 H-M-DEDUCED-BY p_{31}
h_3 H-M-DEDUCED-BY p_{37} h_4 H-M-DEDUCED-BY p_{37}

h_5 H-PPATTACH p_{25} h_6 H-PPATTACH p_{32}
h_5 H-M-DEDUCED-BY p_5 h_6 H-M-DEDUCED-BY p_4
h_5 H-M-DEDUCED-BY p_{11} h_6 H-M-DEDUCED-BY p_{10}
h_5 H-M-DEDUCED-BY p_{17} h_6 H-M-DEDUCED-BY p_{16}
h_5 H-M-DEDUCED-BY p_{23} h_6 H-M-DEDUCED-BY p_{22}
h_5 H-M-DEDUCED-BY p_{36} h_6 H-M-DEDUCED-BY p_5
h_5 H-M-DEDUCED-BY p_6 h_6 H-M-DEDUCED-BY p_{11}
h_5 H-M-DEDUCED-BY p_{12} h_6 H-M-DEDUCED-BY p_{17}
h_5 H-M-DEDUCED-BY p_{18} h_6 H-M-DEDUCED-BY p_{23}
h_5 H-M-DEDUCED-BY p_{24} h_6 H-M-DEDUCED-BY p_{30}
h_5 H-M-DEDUCED-BY p_{37} h_6 H-M-DEDUCED-BY p_6
                                   h_6 H-M-DEDUCED-BY p_{12}
                                   h_6 H-M-DEDUCED-BY p_{18}
                                   h_6 H-M-DEDUCED-BY p_{24}
                                   h_6 H-M-DEDUCED-BY p_{31}

Schließlich folgt die Berechnung des Maximums an qualitativen Aussagen unter den Hypothesenräumen nach der Reihenfolge, wie in den obigen Abschnitten beschreiben. Zunächst folgt die mit THRESH0 bezeichnete Äquivalenzklasse, die nur Hypothesenräume mit minimaler Anzahl an inkonsistenten Aussagen aufnimmt. Da nach dem ersten Lernschritt in keinem Hypothesenraum inkonsistente Aussagen erzeugt werde, gilt für die Funktion **PZ** angewandt auf die Rolle H-INCONSISTENT und alle sechs Hypothesenräume:

$$
\begin{aligned}
\mathbf{PZ}((\text{H-INCONSISTENT})(h_1)) &= 0 \\
\mathbf{PZ}((\text{H-INCONSISTENT})(h_2)) &= 0 \\
\mathbf{PZ}((\text{H-INCONSISTENT})(h_3)) &= 0 \\
\mathbf{PZ}((\text{H-INCONSISTENT})(h_4)) &= 0 \\
\mathbf{PZ}((\text{H-INCONSISTENT})(h_5)) &= 0 \\
\mathbf{PZ}((\text{H-INCONSISTENT})(h_6)) &= 0
\end{aligned}
$$

Für die qualitativen Rollen H-APPOSITION, H-CASEFRAME, H-GENITIVENP, H-SUPPORTED-BY und H-C-SUPPORTED-BY berechnet die Funktion **PZ** pro Hypothesenraum jeweils 0. Für die Rolle H-PPATTACH liefert die Rolle jeweils 1, da jeder Hypothesenraum gerade durch die Präpositionalphrase *"... Megaline von Aquarius ..."* erzeugt wurde. Für die Anzahl der qualitativen Aussagen bzgl. der Rolle H-M-DEDUCED-BY jedes Hypothesenraums gilt:

$$
\begin{aligned}
\mathbf{PZ}((\text{H-M-DEDUCED-BY})(h_1)) &= 20 \\
\mathbf{PZ}((\text{H-M-DEDUCED-BY})(h_2)) &= 20 \\
\mathbf{PZ}((\text{H-M-DEDUCED-BY})(h_3)) &= 20 \\
\mathbf{PZ}((\text{H-M-DEDUCED-BY})(h_4)) &= 20 \\
\mathbf{PZ}((\text{H-M-DEDUCED-BY})(h_5)) &= 10 \\
\mathbf{PZ}((\text{H-M-DEDUCED-BY})(h_6)) &= 14
\end{aligned}
$$

Daraus folgt dann für die Konzeptzugehörigkeit der Hypothesenrauminstanzen im Metakontext:

h_1 : THRESH0	h_2 : THRESH0	h_3 : THRESH0
h_4 : THRESH0	h_5 : THRESH0	h_6 : THRESH0
h_1 : THRESH1	h_2 : THRESH1	h_3 : THRESH1
h_4 : THRESH1	h_5 : THRESH1	h_6 : THRESH1
h_1 : THRESH2	h_2 : THRESH2	h_3 : THRESH2
h_4 : THRESH2	h_5 : THRESH2	h_6 : THRESH2
h_1 : THRESH3	h_2 : THRESH3	h_3 : THRESH3
h_4 : THRESH3	h_5 : THRESH3	h_6 : THRESH3
h_1 : CRED1	h_2 : CRED1	h_3 : CRED1
h_4 : CRED1		
h_1 : CRED2	h_2 : CRED2	h_3 : CRED2
h_4 : CRED2		

Wenden wir uns dem zweiten Lernschritt zu. Wie bereits in Abschnitt 4.9 beschrieben, können die Hypothesenräume h_1, h_2, h_3 und h_6 verworfen werden. Der Hypothesenraum h_4 wird verfeinert zu den Hypothesenräumen h_{4_1}, h_{4_2}, h_{4_3}, h_{4_4} und h_{4_5} und um jeweils einige Axiome erweitert, der Hypothesenraum h_5 bleibt bestehen und wird ebenfalls erweitert. Auf die Darstellung der involvierten linguistischen und konzeptuellen Aussagen auf die Hypothesenrauminstanzen verzichte ich an dieser Stelle und möchte nur die Ergebnisse der Funktion **PZ** angewandt auf die qualitativen Rollen H-INCONSISTENT, H-PPATTACH und H-M-DEDUCED-BY für jeden Hypothesenraum geben. Für die übrigen qualitativen Rollen berechnet **PZ** jeweils 0.

$$\mathbf{PZ}((\text{H-INCONSISTENT})(h_{4_1})) = 0$$
$$\mathbf{PZ}((\text{H-INCONSISTENT})(h_{4_2})) = 0$$
$$\mathbf{PZ}((\text{H-INCONSISTENT})(h_{4_3})) = 1$$
$$\mathbf{PZ}((\text{H-INCONSISTENT})(h_{4_4})) = 1$$
$$\mathbf{PZ}((\text{H-INCONSISTENT})(h_{4_5})) = 1$$
$$\mathbf{PZ}((\text{H-INCONSISTENT})(h_5)) = 0$$

$$\mathbf{PZ}((\text{H-PPATTACH})(h_{4_1})) = 1$$
$$\mathbf{PZ}((\text{H-PPATTACH})(h_{4_2})) = 1$$
$$\mathbf{PZ}((\text{H-PPATTACH})(h_{4_3})) = 1$$
$$\mathbf{PZ}((\text{H-PPATTACH})(h_{4_4})) = 1$$
$$\mathbf{PZ}((\text{H-PPATTACH})(h_{4_5})) = 1$$
$$\mathbf{PZ}((\text{H-PPATTACH})(h_5)) = 1$$

$$\mathbf{PZ}((\text{H-M-DEDUCED-BY})(h_{4_1})) = 34$$
$$\mathbf{PZ}((\text{H-M-DEDUCED-BY})(h_{4_2})) = 34$$
$$\mathbf{PZ}((\text{H-M-DEDUCED-BY})(h_{4_3})) = 34$$
$$\mathbf{PZ}((\text{H-M-DEDUCED-BY})(h_{4_4})) = 34$$
$$\mathbf{PZ}((\text{H-M-DEDUCED-BY})(h_{4_5})) = 34$$
$$\mathbf{PZ}((\text{H-M-DEDUCED-BY})(h_5)) = 10$$

Daraus folgt dann für die Konzeptzugehörigkeit der Hypothesenrauminstanzen unter Berücksichtigung des Minimum bzgl. der Rolle H-INCONSISTENT:

h_{4_1} : THRESH0	h_{4_2} : THRESH0	h_5 : THRESH0
h_{4_1} : THRESH1	h_{4_2} : THRESH1	h_5 : THRESH1
h_{4_1} : THRESH2	h_{4_2} : THRESH2	h_5 : THRESH2
h_{4_1} : THRESH3	h_{4_2} : THRESH3	h_5 : THRESH3
h_{4_1} : CRED1	h_{4_2} : CRED1	
h_{4_1} : CRED2	h_{4_2} : CRED2	

Zusammenfassend läßt sich festhalten, daß im ersten Lernschritt ausschließlich die Qualitätsdimension $\mathcal{KQ}$ in der Lage ist, zwei von sechs aufgebauten Konzepthypothesen zu verwerfen. Im zweiten Lernschritt werden drei von sechs weiter spezialisierten Konzepthypothesen durch die Dimension $\mathcal{LQ}$ und von den verbleibenden drei nochmal eine Hypothese von $\mathcal{KQ}$ ausgesondert und zwar eine relativ genaue Konzepthypothese. Dieses Beispiel zeigt, daß der Kalkül in der Lage ist, Konzepthypothesen auszuwählen. Mit welcher Güte er dies tut, soll die im nächsten Kapitel 6 vorgestellte Empirie zeigen.

5.4 Fazit des Kalküls

In den vorangegangenen Abschnitten habe ich den Kalkül von AQUA und seine formalen Eigenschaften vorgestellt. Zu seinen Besonderheiten gehört die Verwendung einer um Hypothesen erweiterten terminologischen Logik, die Definition eines neuen Konstruktors **max** (ein Konstruktor **min** kann analog definiert werden) und die Realisierung einer partiellen Ordnung von Qualitätsmarken mit Hilfe dieser Erweiterungen. Die wesentlichen formalen Eigenschaften besagen, daß der Kalkül in $O(n^2)$ die Qualitätsordnung berechnet, wobei n die Anzahl an Axiomen bezeichnet und davon ausgegangen wird, daß maximal nur eine konstante Anzahl an Hypothesenräumen zu untersuchen ist. Gerade die Betrachtung von maximal k Hypothesen während des ganzen Textverstehensprozesses soll u.a. durch die empirische Untersuchung belegt werden. Daneben fällt das nichtmonotone Verhalten der Auswahlentscheidungen des Kalküls ins Auge, daß durch die Verwendung der Closed-World-Semantik im Metakontext verursacht wird.

Als Quintessenz hat dieses Kapitel gezeigt, daß mit den von mir verwendeten Methoden und Formalismen ein Auswahlinstrument geschaffen werden kann, daß effizient und allgemeingültig ist. Über die Qualität der ausgewählten Konzepthypothesen soll das nächste Kapitel Auskunft geben.

Kapitel 6

Empirische Ergebnisse

Im folgenden Kapitel will ich die Ergebnisse der empirischen Evaluierung des qualitätsbasierten Konzeptlerners AQUA beschreiben (vgl. auch Hahn & Schnattinger (1998b)). Um die Lesbarkeit dieses Kapitels zu gewährleisten, habe ich die zugrundeliegende Informationstechnikdomäne (Anhang A), mit der AQUA getestet wurde, und die Lernergebnisse aller Texte nach dem dritten Lernschritt, nach dem vierten Lernschritt, nach dem fünften Lernschritt und am Ende der Textanalyse (Anhang B) in den Anhang gestellt. In diesem Kapitel sollen die Ergebnisse der Evaluierung von drei authentischen Texten (*Megaline*, *Itoh-Ci-8* und *Stealth-Hi-Color*) und aller Texte zusammengenommen vorgestellt werden, um die Stärken und Schwächen von AQUA diskutieren zu können. Im einzelnen gehe ich dabei im ersten Abschnitt 6.1 detailliert auf die *inkrementelle Interpretationen* und *Auswahl von Hypothesen* ein und definiere den dafür notwendigen Begriff eines *Lernschritts*, anhand dessen ich meine Evaluierung aufbaue. Im Abschnitt 6.2 lege ich der Evaluierung die im Bereich des Information Retrieval üblichen Maße wie *Recall* und *Precision* zugrunde und vergleiche die Ergebnisse von AQUA mit denen des Akquisitionssystems CAMILLE von Hastings. Diese Maße machen nur Aussagen darüber, ob das Zielkonzept in der Liste der prädizierten Konzepte vorkommt oder nicht. Ob die prädizierten Konzepte gemessen an der für terminologische Systeme üblichen Konzepthierarchie nur zu generell bzgl. des Zielkonzepts oder sogar disjunkt dazu sind, wird nicht berücksichtigt. Daher habe ich in Abschnitt 6.3 die zuvor verwendeten Maße um den Fall der zu generellen prädizierten Konzepte erweitert. Allerdings berücksichtigen auch diese Maße nicht, wie stark die prädizierten Konzepte vom Zielkonzept abweichen (wie stark sie zu generell oder disjunkt sind). In Abschnitt 6.4 entwickle ich daher drei Maße (Lerngenauigkeit **LA**, Anzahl der

Hypothesen **NH** und Lernrate **LR**), die die Distanz zwischen Ziel- und prädizierten Konzepten berücksichtigen und stelle die entsprechenden Ergebnisse der drei Texte und des gesamten Datenmaterials vor. Ein abschließender Abschnitt 6.5 soll die Ergebnisse der Evaluierung kritisch beleuchten.

6.1   Inkrementelle Interpretation und Auswahl von Hypothesen

Der Studie liegen 101 Texte zugrunde, die aus einem Korpus von informationstechnischen Testberichten zufällig ausgewählt wurden. Die Tests wurden auf einer Wissensbasis ausgeführt, in der 325 Konzeptdefinitionen und 447 konzeptuelle Relationen in Form terminologischer Axiome kodiert sind. Die Hierarchie der verwendeten Relationen und Konzepte ist in Anhang A graphisch wiedergegeben. Für jeden Text wurden zwischen 5 bis 15 sogenannter Lernschritte protokolliert. Da zum Zeitpunkt der empirischen Untersuchung der Parser PARSETALK des Textverstehenssystems SYNDIKATE noch nicht in ausreichend differenzierter Weise Texte parsen konnte, wurden die Texte per Hand aufbereitet. Dabei wurden die folgenden Vereinfachungen vorgenommen:

- Pro Text wurde nur ein unbekanntes Item angenommen.

- Es wurden von AQUA nur die Phrasen aus den Texten analysiert, in denen das unbekannte Item unmittelbar oder mittelbar auftrat (vgl. Definition *Lernschritt* weiter unten).

- Für die (teilweise erheblich ambigen) Ergebnisse der semantischen Interpretation wurde von syntaktisch eindeutigen Strukturen ausgegangen.

- Textuelle Phänomene wie Nominalanapher und Textuelle Ellipsen wurden bereits beim Aufbau der Phrasen aufgelöst.

- Koordinationen wurden explizit gemacht.

- Unterschiede in der Benennung wurden ebenfalls beim Aufbau der Phrasen normalisiert.

Als nächstes will ich das inkrementelle Fortschreiten der Interpretation von AQUA verdeutlichen. Der zentrale Begriff ist dabei ein *Lernschritt* ebenso wie

	Phrase	Semantische Interpretation
1	*Megaline* von *Aquarius*	(PPattach,*Megaline*,(HAS-COMPANY),*Aquarius*)
		(PPattach,*Megaline*,(MEMBER-IN),*Aquarius*)
		(PPattach,*Megaline*,(OFFICE-OF),*Aquarius*)
2	...in einem *Mini-Tower-Gehäuse*	($\emptyset$,*Megaline*,(HAS-CASE),*MiniTowerCase*.1)
		($\emptyset$,*Megaline*,(USES),*MiniTowerCase*.1)
3	...verschiedene *Prozessor-Typen*	($\emptyset$,*Megaline*,(HAS-PROCESSOR),*processor*.1)
		($\emptyset$,*Megaline*,(USES),*processor*.1)
4	*Megaline* ... *ausgestattet* mit	(CaseFrame,*equip*.1,(EQUIP-PATIENT),*Megaline*)
		(CaseFrame,*equip*.1,(EQUIP-AGENT),*Megaline*)
5	2 MByte *Speicher*	(CaseFrame,*equip*.1,(EQUIP-CO-PATIENT),*mainMemory*.1)
		$\mapsto$ (*Megaline*,(HAS-RAM),*mainMemory*.1)
		$\mapsto$ (*Megaline*,(HAS-ROM),*mainMemory*.1)
6	...und zwei *Diskettenlaufwerken*	(CaseFrame,*equip*.2,(EQUIP-PATIENT),*Megaline*)
		(CaseFrame,*equip*.2,(EQUIP-AGENT),*Megaline*)
7		(CaseFrame,*equip*.2,(EQUIP-CO-PATIENT), *FloppyDiskDrive*.1)
		$\mapsto$ (*Megaline*,(HAS-FLOPPYDD),*FloppyDiskDrive*.1)
8	Die *Preise* für die	(Apposition,*Megaline*,(ISA),*Hardware*.1)
9	*Megaline-Rechner*	(PPattach,*Megaline*,(HAS-PRICE),*price*.1)

Tabelle 6.1: Parse-Fragmente für den *Megaline*-Text

dessen Auswirkungen auf die für das zu lernende Item aufzubauende Hypothesenliste. Unter einem *Lernschritt* verstehe ich diejenige Repräsentationsstruktur, die aus der semantischen Interpretation einer Äußerung resultiert, in der ein unbekannte Item auftritt, oder die auf ein unbekanntes Item einwirkt (z.B. bei einer Verbinterpretation). Um diese Form der Eingabe in das Lernsystem zu illustrieren, zeigt Tabelle 6.1 insgesamt neun Lernschritte (erste Spalte) für einen Text über das unbekannte Item *"Megaline"*. Jeder Lernschritt enthält die natürlichsprachliche Phrase (Spalte **Phrase**) und die damit korrespondierende semantische, möglicherweise ambige Interpretation (Spalte **Semantische Interpretation**). Dabei verweisen die in der Spalte **Phrase** *kursiv* dargestellen Wörter auf entsprechende Objekte in der Wissensbasis. Die Objekte der Wissensbasis sind in der Spalte **Semantische Interpretation** notiert. Die aus der sprachlichen Analyse resultierende semantische Interpretation wird durch eine Liste dargestellt, wobei folgende syntaktische Vereinbarung gilt:

$$(Qualitätsmarke, Instanz1, Liste, Instanz2)$$

167

- Das erste Argument *Qualitätsmarke* enthält die vom Parser erkannte syntaktische Konstruktion in Form von linguistischen Qualitätsmarken (vgl. Abschnitt 4.5.1). Falls keine syntaktisch verwertbare Konstruktion vorliegt, wird dies durch das Zeichen ∅ vorgenommen. Im allgemeinen Fall kann diese Liste auch mehr als eine Marke enthalten; für den empirischen Test wird jedoch ein idealer Parser angenommen, der den linguistischen Kontext eindeutig erkennt.

- *Instanz*1 und *Instanz*2 sind Instanzen der Wissensbasis, die die kursiv geschriebenen Wörter aus der zu analysierenden Phrase repräsentieren. Pro Phrase darf höchstens einmal das unbekannte Item vorkommen.

- Das Argument *Liste* enthält die von der semantischen Interpretation berechneten konzeptuellen Relationen, die zwischen den Instanzen *Instanz*1 und *Instanz*2 gelten. Dabei treten prinzipiell zwei Fälle auf. Entweder ist das Argument *Liste*

  1. eine Liste von Rollennamen, die genau eine konzeptuelle Relation zwischen den Instanzen *Instanz*1 und *Instanz*2 enthält. Besteht diese Liste aus mehr als einem Rollennamen, so ist damit ein Pfad über mehrere Zwischeninstanzen ausgehend von *Instanz*1 zu *Instanz*2 bezeichnet. Im wesentlichen entspricht diese Liste von Rollennamen einem Element aus der Ergebnisliste der bereits in Abschnitt 4.5.3 vorgestellten Funktion `permitted-role-filler`. Die Vereinigung aller Listen eines Lernschritts entspricht dabei gerade der Ergebnisliste der Funktion `permitted role-filler` oder

  2. eine Liste, bestehend aus der Relation ISA, die den Konzepttyp der das unbekannte Item repräsentierenden Instanz auf die andere (falls zulässig) überträgt (vgl. die Hypothesengenerierungsregel `sub-hypo` aus Abschnitt 4.5.2).

Neben diesen vom Parser verursachten semantischen Interpretationen gibt es rein konzeptuell getriebene Interpretationsprozesse. Dazu gehören im wesentlichen Interpretationsprozesse bzgl. der Aktionskonzepte. Diese werden ebenfalls in der Spalte **Semantische Interpretation** aufnotiert. Im Unterschied zu den vom Parser verursachten Interpretationslisten enthalten diese keine Angaben zu

Z	L	Hypothesen unter −	Hypothesen unter $\mathcal{LQ}$	Hypothesen unter $\mathcal{KQ}$
PC	1	DOCUMENTAT, OFFICE, OEM, SOFTWARE, USER, HARDWARE	DOCUMENTAT, OFFICE, OEM, SOFTWARE, USER, HARDWARE	DOCUMENTAT, OEM, SOFTWARE, HARDWARE
	2 3 4	USER, DESKTOP, NOTEBOOK, PORTABLE, WORKSTATION, PC	USER, WORKSTATION, PC	 WORKSTATION, PC
	5 6 7	USER, DESKTOP(2), NOTEBOOK(2), PORTABLE(2), WORKSTATION(2), PC(2)	USER, WORKSTATION(2), PC(2)	 WORKSTATION, PC
	8 9	DESKTOP(2), NOTEBOOK(2), PORTABLE(2), WORKSTATION(2), PC(2)	 WORKSTATION(2), PC(2)	 WORKSTATION, PC

Tabelle 6.2: Konzepthypothesen für den *Megaline*-Text

Qualitätsmarken und bekommen zur deutlicheren Unterscheidung das Zeichen $\hookmapsto$ vorangestellt. Ansonsten gilt das gleiche wie oben.

Nachdem ich oben die Bedeutung der Spalten erklärt habe, will ich nun die Zeilen der Tabelle 6.1 erläutern. Prinzipiell gilt, daß die Lernschritte durch doppelte Linien sowohl in der ersten als auch der Spalte für die Interpretation voneinander getrennt sind. Da es für bestimmte Phrasen diese scharfe Trennung nicht gibt (beispielsweise für die Phrase *"Megaline ... ausgestattet mit 2 MByte Speicher"*, die in die Lernschritte vier und fünf der Tabelle 6.1 zerfällt), können Phrasen über zwei Lernschritte notiert sein. Innerhalb eines Lernschrittes werden konzeptuelle Ambiguitäten in der Spalte **Semantische Interpretation** durch einfache Linien getrennt. Zu guter Letzt ist noch die Notation von (möglicherweise ambigen) Verbinterpretationen vorzustellen. Diese werden wie ein eigener Lernschritt behandelt (durch doppelte Linien von den eigentlichen Lernschritten getrennt), ohne daß dafür aber eine Zahl in der ersten Spalte vergeben wird. Letztendlich werden die Verbinterpretationen dem davor auftretenden Lernschritt zugerechnet. Erwähnenswert ist noch, daß Verbinterpretationen ebenfalls zu ambigen, konzeptuellen Strukturen führen können.

Zusätzlich zur Tabelle 6.1 habe ich für den *Megaline*-Text eine Tabelle 6.2 angegeben, die die Konzepthypothesen pro Lernschritt aufzeigen. Die erste Spalte gibt das Zielkonzept für einen Text (hier also PC) an. Die zweite Spalte (**L**) verweist auf die Lernschritte. Die dritte Spalte (**Hypothesen unter** −) gibt alle Konzepthypothesen pro Lernschritt an, ohne daß der Kalkül von AQUA zum Einsatz kommt. Diese Spalte enthält damit alle durch die Hypothesengenerierungsregeln und den terminologischen Classifier aufgebauten Konzepthypothesen. Die beiden letzten Spalten berücksichtigen die beiden Qualitätsdimensionen $\mathcal{LQ}$ und $\mathcal{KQ}$ des Kalküls und geben damit die vom Kalkül ausgewählten Hypothesen an. Jede Zeile der Tabelle wird durch eine Linie getrennt und faßt ein oder mehrere Lernschritte zusammen. Mehrere Lernschritte werden zu einer Zeile zusammengefaßt, wenn die Menge der Konzepthypothesen pro Qualitätsdimension gleich bleibt. Konzeptuelle Ambiguitäten können dazu führen, daß für das zu lernende Item mehrmals dieselbe Konzepthypothese aufgebaut wird. Dies wird durch die Angabe der entsprechenden Anzahl solcher Mehrfachableitung am entsprechenden Konzept angedeutet.

Im folgenden will ich die Begrifflichkeiten anhand der Tabellen 6.1 und 6.2 für den *Megaline*-Text und der Tabellen 6.3 und 6.4 für den *Itoh*-Text verdeutlichen. Beispielhaft sei der Schritt 1 der Tabelle 6.1 herausgestellt. Darin werden für die das unbekannte Item *Megaline* repräsentierende Instanz *Megaline* Relationen (Rollen oder komplexe Rollenpfade) gesucht, die die Instanz *Aquarius* als Füller aufnehmen können. Die Funktion `permitted-role-filler` findet für das Beispiel drei mögliche Interpretationen welche für den ersten Lernschritt in Tabelle 6.1 aufnotiert (getrennt durch eine einfache Linie in Spalte **Semantische Interpretation**) werden. Zusätzlich werden entsprechend der in Abschnitt 4.5.4 bereits diskutierten Hypothesengenerierungsregel `perm-hypo-special` daraus Konzepthypothesen generiert. Dies ist in Tabelle 6.2 verzeichnet. Konkret generiert die Funktion `perm-hypo-special` aufgrund der Rolle HAS-COMPANY die Konzepte DOKUMENTATion, OEM-Product, SOFTWARE und HARDWARE, aufgrund von MEMBER-IN das Konzept USER und mit Hilfe von OFFICE-OF das Konzept OFFICE. Daß nach diesem ersten Lernschritt der Kalkül nicht in der Lage ist, eine Auswahl zu treffen, ist daran abzulesen, daß die beiden letzten Spalten der Tabelle 6.2 für den ersten Lernschritt dieselben Konzepte enthalten.

Der Sonderfall einer Verbinterpretation soll nun veranschaulicht werden. Bevor eine Verbinterpretation ausgeführt werden kann, müssen zunächst bestimmte Rollen von Aktionskonzepten (sogenannte thematische Rollen oder Kasusrollen) gefüllt werden. Falls bestimmte thematische Rollen gefüllt sind,

	Phrase	**Semantische Interpretation**
1	*Itoh-Ci-8* hat eine *Größe* von	(CaseFrame,*possess*.1,(POSSESS-PATIENT),*Itoh-Ci-8*)
		(CaseFrame,*possess*.1,(POSSESS-CO-PATIENT),*Itoh-Ci-8*)
2		(CaseFrame,*possess*.1,(POSSESS-CO-PATIENT),*size*.1)
		$\mapsto$ (*Itoh-Ci-8*,(HAS-SIZE),*size*.1)
3	Der *Schalter* des *Itoh-Ci-8*	(GenitiveNP,*Itoh-Ci-8*,(HAS-SWITCH),*switch*.1)
4	Das *Gehäuse* des *Itoh-Ci-8*	(GenitiveNP,*Itoh-Ci-8*,(HAS-CASE),*case*.1)
5	Der *Itoh-Ci-8* mit einem *Arbeitsspeicher*	(PPattach,*Itoh-Ci-8*,(HAS-RAM),*mainMemory*.1)
		(PPattach,*Itoh-Ci-8*, (HAS-CENTRAL-UNIT,HAS-MOTHERBOARD,HAS-RAM), *mainMemory*.1)
6	Die vier *LEDs* von *Itoh-Ci-8*	(PPattach,*Itoh-Ci-8*,HAS-LED,*LED*.1)
		(PPattach,*Itoh-Ci-8*, (HAS-CENTRAL-UNIT,HAS-LED),*LED*.1)
7	*Itoh-Ci-8's Toner*	(GenitiveNP,*Itoh-Ci-8*, (HAS-TONER-SUPPLY),*tonerSupply*.1)
		(GenitiveNP,*Itoh-Ci-8*, (HAS-PRINTER,HAS-TONER-SUPPLY),*tonerSupply*.1)
8	Die *Papierkassette* des *Itoh-Ci-8*	(GenitiveNP,*Itoh-Ci-8*, (HAS-PAPER-SUPPLY),*paperSupply*.1)
		(GenitiveNP,*Itoh-Ci-8*, (HAS-PRINTER,HAS-PAPER-SUPPLY),*paperSupply*.1)
9	*Itoh-Ci-8* mit einer *Auflösung* von	(PPattach,*Itoh-Ci-8*,(HAS-RESOLUTION),*resolution*.1)

Tabelle 6.3: Parse-Fragmente für den *Itoh-Ci-8*-Text

können diese unter berücksichtigung des Aktionskonzepts zueinander in Beziehung gesetzt werden. Diese konzeptuellen Relationen können dann zur Berechnung des Konzepttyps gerade der Füller herangezogen werden (Instanzklassifikation). Beispielsweise findet die Funktion `permited-role-filler` im Schritt 4 der Tabelle 6.1 für das instantiierte Aktionskonzept *equip*.1 und die Instanz *Megaline* einerseits die Kasusrolle EQUIP-PATIENT, andererseits wird auch die Rolle EQUIP-AGENT berechnet. Der erste Fall (EQUIP-PATIENT) besagt, daß *Megaline* ausgestattet wird, der zweite Fall (EQUIP-AGENT), daß *Megaline* etwas ausstattet. Im Schritt 5 wird *equip*.1 über die Kasusrolle EQUIP-CO-PATIENT mit *mainMemory*.1, der Instanz für *Speicher* relationiert. Dies bedeutet, daß *mainMemory*.1 als Ausstattung für etwas anderes dient. Eine Verbinterpretation wird im Falle von *equip*.1 dann angestoßen, wenn sowohl EQUIP-PATIENT als auch EQUIP-CO-PATIENT Füller besitzen, d.h. daß *Megaline* und *mainMemory*.1 in Beziehung zueinander zu setzen sind. Diese

Z	L	Hypothesen unter $-$	Hypothesen unter $\mathcal{L}Q$	Hypothesen unter $\mathcal{K}Q$
L a s e r P r	1	PHYSICALOBJ, NORM, MENTALOBJ, INFORMATOBJ, MASSOBJ, MODE, TECHNOLOGY, FEATURE	PHYSICALOBJ, NORM, MENTALOBJ, INFORMATOBJ, MASSOBJ, MODE, TECHNOLOGY, FEATURE	PHYSICALOBJ, NORM, MENTALOBJ, INFORMATOBJ, MASSOBJ, MODE, TECHNOLOGY, FEATURE
	2	PRODUCT, NORM, MENTALOBJ, MASSOBJ, INFORMATOBJ, MODE, TECHNOLOGY, FEATURE	PRODUCT	PRODUCT
	3	COMPUTER, OUTPUTDEV, STORAGEDEV, INPUTDEV, CENTRALUNIT	COMPUTER, OUTPUTDEV, STORAGEDEV, INPUTDEV, CENTRALUNIT	OUTPUTDEV, STORAGEDEV, INPUTDEV
	4	NOTEBOOK, PORTABLE, WORKSTATION, PC, DESKTOP, KEYBOARD, VISUALDEV, PRINTER, LOUDSPEAKER, RW-MASSSTORE, RO-MASSSTORE, MOUSE, PLOTTER	NOTEBOOK, PORTABLE, WORKSTATION, PC, DESKTOP, KEYBOARD, VISUALDEV, PRINTER, LOUDSPEAKER, RW-MASSSTORE, RO-MASSSTORE, MOUSE, PLOTTER	VISUALDEV, PRINTER, LOUDSPEAKER, RW-MASSSTORE, RO-MASSSTORE, PLOTTER
	5	NOTEBOOK, PORTABLE, WORKSTATION, PC, DESKTOP, LASERPR, INKJETPR, NEEDLEPR	NOTEBOOK, PORTABLE, WORKSTATION, PC, DESKTOP, LASERPR, INKJETPR, NEEDLEPR	LASERPR, INKJETPR, NEEDLEPR
	6 7 8	NOTEBOOK, PORTABLE, WORKSTATION, PC, DESKTOP, LASERPR	NOTEBOOK, PORTABLE, WORKSTATION, PC, DESKTOP, LASERPR	LASERPR
	9	LASERPR	LASERPR	LASERPR

Tabelle 6.4: Konzepthypothesen für den *Itoh-Ci-8*-Text

Beziehung wird durch die Verbinterpretation wieder mit Hilfe der Funktion `permitted-role-filler` berechnet. `permitted-role-filler` findet dafür unter der Berücksichtigung von *equip*.1 die Relationen HAS-RAM und HAS-ROM. Die Darstellung dieser konzeptuellen Ambiguitäten wird in Tabelle 6.1 durch zweimalige Verwendung des Symbols $\mapsto$ nach Schritt fünf aufgeschrieben. Dies führt, wie bereits oben erwähnt, dazu, daß für das zu lernende Item mehrere gleiche Konzepthypothesen aufgebaut werden können. Beispielsweise werden im fünften Lernschritt die Konzepte DESKTOP, NOTEBOOK, PORTABLE, WORK-STATION und PC jeweils zweimal als Konzepthypothesen in die Tabelle 6.2 eingetragen (dargestellt durch die Angabe (2) nach den entsprechenden Konzepten). Wie sich leicht einsehen läßt, unterscheiden sich diese zehn Konzepthypothesen durch jeweils die Instantiierung der Rolle HAS-RAM bzw. HAS-ROM. Das wirklich Bemerkenswerte an diesem fünften Lernschritt ist jedoch die Fähigkeit des Kalküls, durch Anwendung der konzeptuellen Qualitätsdimension $\mathcal{KQ}$ die richtige dieser beiden Lesarten (nämlich HAS-RAM) auszuwählen.

Die Bedeutung von Rollenpfaden als Relation zwischen zwei Instanzen soll Lernschritt fünf in Tabelle 6.3 erläutern. In der entsprechenden semantischen Interpretation werden in der zweiten Ambiguität die Instanzen *Itoh-Ci-8* und *mainMemory*.1 über den Rollenpfade (HAS-CENTRAL-UNIT,HAS-MOTHERBOARD,HAS-RAM) miteinander relationiert. Dies bedeutet, daß *Itoh-Ci-8* über die Rolle HAS-CENTRAL-UNIT mit irgendeiner Instanz x, diese über die Rolle HAS-MOTHERBOARD mit irgendeiner Instanz y und diese über die Rolle HAS-RAM mit *mainMemory*.1 relationiert ist.

Anhand der bisher gemachten Beobachtungen lassen sich mit Hilfe des zweiten und dritten Lernschritt des *Itoh*-Textes die drei wesentlichen Auswahl- und Verfeinerungsprinzipien von AQUA wie folgt veranschaulichen:

1. **Konzepthypothesenverfeinerung durch den Classifier**

   Die semantische Interpretation des zweiten Lernschritts der Tabelle 6.3 liefert die Rolle POSSESS-CO-PATIENT. Diese semantische Interpretation alleine verändert an den in Schritt 1 aufgebauten Konzepthypothesen nichts. Erst aufgrund der sich daran anschließenden Verbinterpretation wird für die Konzepthypothese PHYSICALOBJect die Relation HAS-SIZE zur Instanz *size*.1 eingezogen. Dadurch kann der Classifier des verwendeten terminologischen Systems und durch die Anwendung der Funktion `perm-hypo-special` die involvierte Konzepthypothese zu PRODUCT verfeinern.

2. **Hypothesenauswahl durch den Kalkül von AQUA**

   Da durch den zweiten Lernschritt eine Verbinterpretation ausgelöst wurde, wählt der Kalkül anhand der Qualitätsmarke CASEFRAME die Konzepthypothese PRODUCT vor allen anderen Konzepthypothesen aus. Dies ist an der Spalte **Hypothesen unter** $\mathcal{LQ}$ des zweiten Lernschritts, Tabelle 6.4 abzulesen. Der dritte Lernschritt der Tabelle 6.4 veranschaulicht die rein konzeptuell getriebene Auswahl des Kalküls. Die Konzepthypothese CENTRALUNIT wird aussortiert, da die drei anderen Hypothesen (OUTPUTDEVice, STORAGEDEVice und INPUTDEVice) drei ziemlich ähnliche Konzepte darstellen (alle drei Konzepthypothesen sind Spezialisierungen von DEVices) und durch die Qualitätsmarke M-DEDUCTION vor CENTRALUNIT bevorzugt worden.

3. **Hypothesenauswahl durch Verletzung von Constraints**

   Die semantische Interpretation des dritten Lernschritts in Tabelle 6.4 liefert die Rolle HAS-SWITCH. Nur die Constraints der PRODUCT-Hypothese des zweiten Lernschritts lassen diese Relationierung zu. Die anderen Konzepthypothesen werden für den dritten Lernschritt verworfen. Die PRODUCT-Hypothese wird aufgrund der Definition der Rolle HAS-SWITCH, der Funktion `permitted-role-filler` und der Hypothesengenerierungsregel `perm-hypo-special` verfeinert zu COMPUTER, OUTPUTDEVice, STRORAGEDEVice, INPUTDEVice und CENTRALUNIT.

Wie ich in den folgenden Abschnitten noch zeigen werde, erreicht man mit dieser Interaktion von Selektionsprinzipien einen hohen Grad an Auswahlgenauigkeit mit einem relativ geringen Grad an Aufwand in Form von aufzubauenden Konzepthypothesen. Die Auswahl bezieht sich dabei nicht nur auf das zu lernende Konzept, sondern auch auf die Auswahl zwischen rein konzeptuellen Ambiguitäten (vgl. Beispiel HAS-RAM und HAS-ROM) und semantischen Ambiguitäten (vgl. Beispiel EQUIP-PATIENT und EUQIP-AGENT).

Bevor ich diesen Abschnitt beende, will ich das Ergebnis des Texts *Stealth-Hi-Color* präsentieren, bei dem der Kalkül eine falsche Auswahl trifft. In Tabelle 6.5 und 6.6 sind jeweils die semantische Interpretationen und die Konzepthypothesen unter der Anwendung des Kalküls im Verlauf der fünf zugrundeliegenden Lernschritte gegeben. Ab dem zweiten Lernschritt wählt der Kalkül unter $\mathcal{KQ}$ die falschen Konzepte LCDDISPLAY und MONITOR aus. Der Grund für dieses Verhalten liegt daran, daß keine syntaktische Konstruktion (in Form von z.B. der Qualitätsmarke CASEFRAME) beim Aufbau der Phrasen für diesen Text gefunden werden konnte. Damit wird durch die linguistische Qualitätsdi-

	Phrase	Semantische Interpretation
1	... Hersteller *Diamond*	$(\emptyset, Diamond, (\text{PRODUCES}), Stealth)$
		$(\emptyset, Diamond, (\text{HAS-MEMBER}), Stealth)$
		$(\emptyset, Diamond, (\text{HAS-OFFICE}), Stealth)$
2	*Stealth* ... 86C911- *Grafikprozessor*	$(\emptyset, Stealth, (\text{HAS-PROCESSOR}), GraphicProc.1)$
		$(\emptyset, Stealth, (\text{USES}), GraphicProc.1)$
		$(\emptyset, Stealth, (\text{USES-GRAPHIC-CARD,HAS-PROCESSOR}), GraphicProc.1)$
3	Die maximale *Auflösung* ...	$(\emptyset, Stealth, (\text{HAS-V-RESOLUTION}), resolution.1)$
		$(\emptyset, Stealth, (\text{HAS-H-RESOLUTION}), resolution.1)$
		$(\emptyset, Stealth, (\text{USES-GRAPHIC-CARD,HAS-V-RESOLUTION}, resolution.1)$
		$(\emptyset, Stealth, (\text{USES-GRAPHIC-CARD,HAS-H-RESOLUTION}), resolution.1)$
4	Die *Größe* ...	$(\emptyset, Stealth, (\text{HAS-SIZE}), size.1)$
5	Der *Preis* ...	$(\emptyset, Stealth, (\text{HAS-PRICE}), price.1)$

Tabelle 6.5: Parse-Fragmente für den *Stealth-Hi-Color*-Text

mension $\mathcal{LQ}$ des Kalküls keine Selektion der durch die Hypothesengenerierung primär aufgebauten Konzepthypothesen vorgenommen. Dies entspricht der in Abschnitt 5.1.2.1 gemachten Bemerkungen zur Ordnung zwischen den Qualitätsdimensionen $\mathcal{LQ}$ und $\mathcal{KQ}$ und der Gefahr der falschen Auswahl bei der Anwendung von rein konzeptuellen Kriterien. Diese Tatsache will ich weiter unten wieder aufnehmen.

Z	L	Hypothesen unter −	Hypothesen unter $\mathcal{LQ}$	Hypothesen unter $\mathcal{KQ}$
GRAPHICCARD	1	GRAPHICCARD, OFFICE, VISUALDEV, SCREEN, USER	GRAPHICCARD, OFFICE, VISUALDEV, SCREEN, USER	GRAPHICCARD, SCREEN
	2	GRAPHICCARD, USER, LCDDISPLAY, MONITOR	GRAPHICCARD, USER, LCDDISPLAY, MONITOR	LCDDISPLAY, MONITOR
	3 4 5	GRAPHICCARD(2), LCDDISPLAY(2), MONITOR(2)	GRAPHICCARD(2), LCDDISPLAY(2), MONITOR(2)	LCDDISPLAY(2), MONITOR(2)

Tabelle 6.6: Konzepthypothesen für den *Stealth-Hi-Color*-Text

6.2 Evaluierungsmaße aus dem Bereich des Information Retrieval

Im folgenden gehe ich auf einige der im Bereich des Information Retrieval üblichen Evaluierungsmaße ein und wende diese auf AQUA an. Um die Leistung von AQUA besser beurteilen zu können, vergleiche ich diese Werte mit denen des von Hastings entwickelten und in Abschnitt 3.2.2.3 bereits vorgestellten Akquisitionssystems CAMILLE und zeige, daß AQUA bessere Werte besitzt als CAMILLE. Des weiteren zeige ich, daß AQUA bereits nach wenigen Lernschritten in der Lage ist, relativ genaue Ergebnisse zu liefern. Da jedoch die verwendeten IR-Maße die Konzepthierarchie nicht berücksichtigen, begründe ich die Erweiterung der IR-Maße um die Berücksichtigung von Generalisierungsbeziehungen im folgenden Abschnitt 6.3.

Zunächst will ich aber die ersten Ergebnisse, die sich auf das Ende jeder Textanalyse beziehen, diskutieren. Für 100 der 101 Texte (99%) ist das Zielkonzept am Ende der Textanalyse in der Liste der von AQUA ohne Qualitätskalkül generierten Konzepte enthalten. Nur für einen Text wird eine falsche Interpretation für das zu lernende Item aufgebaut (vgl. den mit $\longrightarrow$ markierten Text in Tabelle B.2). Durch die Anwendung des Kalküls wird ebenfalls nur für einen Text eine falsche Konzepthypothese ausgewählt, d.h. für 99 von 101 Texten (98%) ist das Zielkonzept in der Ergebnisliste enthalten. Dieser Text ist gerade der im vorherigen Abschnitt 6.1 bereits diskutiere Text über *Stealth-Hi-Color*. Eine Begründung dafür habe ich dort bereits gegeben. Diese ersten Ergebnisse sind ermutigend und führen zu folgenden Schlüssen über den Lernmechanismus von AQUA:

- AQUA scheint recht gut die "richtigen" Hypothesen aufzubauen, und der Kalkül wählt gleichzeitig nahezu nie "falsche" Hypothesen aus (nur eine im Fall von *Stealth-Hi-Color*). Da AQUA inkrementell lernt, spielt die Häufigkeit des Auftretens eines zu lernenden Wortes pro Text eine wesentliche Rolle. Insgesamt hat AQUA 793 Lernschritte ausgeführt, was im Schnitt 7.85 Lernschritte pro zu lernendem Item ergibt. Dies scheint darauf hinzudeuten, daß AQUA recht viele Evidenzen benötigt, um gute Ergebnisse zu liefern. Im weiteren Verlauf dieses Kapitels wird jedoch noch gezeigt werden, daß bereits nach dem 4-ten bzw. 5-ten Lernschritt

AQUA zufriedenstellende Ergebnisse liefert und damit mit relativ wenigen Evidenzen auskommt, um die "richtige Wahl" zu treffen.

- Die von AQUA aufgebauten Hypothesen bestehen in nur 21 Fällen (von 101) aus einer einzigen Konzepthypothese, die zugleich auch die richtige ist. In allen anderen Fällen wird eine Menge von Konzepthypothesen aufgebaut. Im Mittel werden 4.4 Konzepte pro unbekanntem Item aufgebaut. Erst durch die Anwendung der Dimension $\mathcal{KQ}$ verbessert sich dieses Bild deutlich. Für immerhin 31 Texte kommt es dann zur Auswahl des richtigen Konzepts, was eine Steigerung um ca. 50% ausmacht. Auch die mittlere Anzahl von prädizierten Konzepten reduziert sich durch die Anwendung von $\mathcal{KQ}$ deutlich. Diese Anzahl beträgt 2.5. Gründe, warum dies nicht noch besser ist, liegt meist an Modellierungslücken in der verwendeten Informationstechnikdomäne oder an mangelnden sprachlichen Evidenzen (beispielsweise das Auftreten von Appositionen). Beispielsweise gibt es im gesamten Datenmaterial nur folgende Fälle NOTEBOOK von PORTABLE zu unterscheiden:

  - In drei Texten kommt Notebook bzw. Portable als Apposition vor.
  - In fünf Texten wird eine Relationierung zu einem Trackball analysiert, wobei Trackball nur zu einem Notebook in Beziehung stehen kann.
  - In vier Texten wird eine Relationierung zu einem speziellen Notebook-Hersteller (z.B. Toshiba) analysiert.
  - In vier Texten wird eine Relationierung zu speziellen Notebook-Akkus (z.B. NimH-Akkus) analysiert.

In den restlichen zwanzig relevanten Texten existieren keine Unterscheidungskriterien. Deshalb bleibt AQUA nichts anderen übrig, als mindestens die NOTEBOOK- und PORTABLE-Hypothesen am Ende der Textanalyse beizubehalten. In fünf der zwanzig Fälle sind es sogar die zusätzlichen Hypothesen PC, WORKSTATION und DESKTOP, die sich nicht weiter einschränken lassen. Wichtig ist allein die Tatsache, daß der Kalkül eine erhebliche Reduzierung der Anzahl der Hypothesen bewirkt und dies über die Lernschritte hinweg (vgl. ausführliche Diskussion über die Anzahl von Hypothesen in Abschnitt 6.4.2).

Der Trade-off zwischen dem Ableiten der korrekten Hypothese und der Einschränkung der Anzahl an generierten Hypothesen macht es nötig, aussagekräftigere Maße zur Evaluierung heranzuziehen. Die im folgenden vorgestellten Maße wurden im Rahmen der MUC-Konferenzen (Chinchor, 1991) entwickelt und erfüllen zumindest teilweise die Forderung nach mehr Aussagekraft. Ich gehe dabei von folgenden Definitionen aus:

- **Hypothesis**: Menge, die aus Mengen von Konzepthypothesen besteht und für ein unbekanntes Wort über alle Texte aufgebaut wurde.

- **Correct**: Anzahl der Teilmengen aus **Hypothesis**, die das korrekte Konzept enthalten.

- **OneConceptCorrect**: Anzahl der Teilmenge aus **Hypothesis**, die das korrekte Konzept enthalten und einelementig sind.

- **ConceptSum**: Summe aller Konzepte, die für das unbekannte Wort jedes Textes generiert wurden.

- **Guesses**: Anzahl der generierten Menge **Hypothesis**.

- **Possible**: Anzahl der undefinierten Worte, denen man eine Menge **Hypothesis** zuordnen könnte.

- $\text{Recall} := \dfrac{\text{Correct}}{\text{Possible}}$

- $\text{Precision} := \dfrac{\text{Correct}}{\text{ConceptSum}}$

- $\text{Accuracy} := \dfrac{\text{Correct}}{\text{Guesses}}$

- $\text{Production} := \dfrac{\text{Guesses}}{\text{Possible}}$

- $\text{Parsimony} := \dfrac{\text{OneConceptCorrect}}{\text{Possible}}$

Das Maß **Recall** gibt die relative Stärke des Systems von korrekten Konzepthypothesen relativ zu möglichen Konzepthypothesen wieder. **Precision** ist ein Maß, das den Aufwand angibt, den man betreiben muß, um zu korrekt aufgebauten Konzepthypothesen zu gelangen. **Accuracy** gibt im Gegensatz zu **Recall** Auskunft über die relative Stärke des Systems von korrekten Konzepthypothesen zu tatsächlich aufgebauten Konzepthypothesen. **Production** spiegelt die Fähigkeit eines Systems wider, Unbekanntes aus Texten zu lernen. **Parsimony** gibt an, für wieviele Texte die einzig richtige Bedeutung für das zu lernende Item berechnet werden kann. Da wegen der fehlenden Parseranbindung die Texte in meiner Evaluierung von Hand vorkodiert werden mußten, unterscheidet sich das absolute Maß **Possible** nicht von dem Maß **Guesses**. Dies hat zur Folge, daß die relativen Maße **Recall** und **Accuracy** gleich sind und **Production** immer 100% beträgt. **Production** werde ich deshalb nicht weiter betrachten.

Anhand der Referenztexte *Megaline* und *Itoh-Ci-8* will ich die oben definierten Begriffen genauer erläutern. Für den Text *Megaline* ist ab dem zweiten Lernschritt das Zielkonzept PC für jede Dimension in der Hypothesenliste enthalten (vgl. Tabelle 6.2). Das entsprechende Maß **Recall** (bzw. **Accuracy**) wird dazu verwendet, um solche richtigen Konzepthypothesen zu bewerten. Der Unterschied zwischen den einzelnen Qualitätsdimensionen besteht in erster Linie in der Anzahl der Konzepthypothesen, die zusätzlich (und damit fälschlicherweise) in der Ergebnisliste auftreten. Diesen Unterschied berücksichtigt das Maß **Precision**. Für den zweiten Text *Itoh-Ci-8* tritt eine Besonderheiten auf. Obwohl der Kalkül in den Lernschritten 3, 4 und 5 die richtige, wenn auch noch recht generelle Auswahl trifft, können die oben beschriebenen Maße diese Leistung nicht berücksichtigen, da sie nur dann diese Leistung positiv bescheiden, falls das Zielkonzept exakt ausgewählt wird. Um auch solche korrekten Situationen einfangen zu können, führe ich in Abschnitt 6.3 eine Erweiterung der herkömmlichen Maße aus dem Bereich des Information Retrieval ein.

Als nächstes will ich die über alle 101 Texte gemittelten Maße für den Fall der bis zum Ende analysierten Texte wiedergeben (vgl. Tabelle 6.7). Die Werte von **Recall**, **Precision** und **Parsimony** liegen ohne die Anwendung des Kalküls jeweils bei 99%, 22% und 21%. Durch die Anwendung der beiden Qualitätsdimensionen verschlechtert sich der **Recall** nur unwesentlich (auf 98%), was darauf hindeutet, daß der Kalkül nahezu keine (bzw. nur eine) falsche Auswahl trifft. Jedoch verbessert sich das Maß **Precision** von 22% auf immerhin 39%. Dies ist eine Steigerung um über 75%. Diese Steigerung ist (fast) ausschließlich auf die Reduzierung der Anzahl der insgesamt aufgebauten Konzepthypothesen (**ConceptSum**) zurückzuführen (von 445 über 362 auf 255). Dies bedeutet, daß der Kalkül viele falsche Konzepthypothesen verwerfen kann. Das Maß **Par-**

	$-$	$\mathcal{LQ}$	$\mathcal{KQ}$
Correct	100	100	99
OneConceptCorrect	21	26	31
ConceptSum	445	362	255
Guesses = Possible	101	101	101
Recall = Accuracy	99%	99%	98%
Precision	22%	28%	39%
Parsimony	21%	26%	31%

Tabelle 6.7: IR-Maße am Ende der Textanalyse

simony verhält sich ähnlich wie **Precision**, wenn die Steigerung um fast 50% durch die Anwendung des Kalküls auch etwas geringer ausfällt.

Um die Werte der Evaluierungsmaße für AQUA besser beurteilen zu können, will ich sie mit den Ergebnissen für das System CAMILLE vergleichen. Wie bereits in Abschnitt 3.2.2.3 beschrieben, wurde CAMILLE auf zwei verschiedene Domänen (Terrorismus-Domäne und die Assembly-Line-Domäne aus dem MUC-Kontext) angewendet. Des weiteren hat Hastings in seinen Tests verschiedene Parameter von CAMILLE variiert, beispielsweise die der Berücksichtigung der gleichen Bedeutung von verschiedenen Worten. Da sechs verschiedene Variationen pro Domäne erstellt wurden und jeweils leicht unterschiedliche Ergebnisse auftraten, habe ich die zwölf Tests zusammengefaßt und die Ergebnisse gemittelt (vgl. Tabelle 6.8). Im Unterschied zu AQUA weist CAMILLE für alle vergleichbaren Maße geringere Prozentpunkte auf mit Ausnahme des Maßes **Precision**. AQUA weist ohne die Anwendung des Kalküls den gleichen Prozentsatz von 22% **Precision** auf. Diese Beobachtung deckt sich mit der Annahme

	CAMILLE
Recall	ca. 44%
Accuracy	ca. 56%
Precision	ca. 22%
Parsimony	ca. 14%

Tabelle 6.8: IR-Maße über alle Variationen von CAMILLE gemittelt

	−	$\mathcal{LQ}$	$\mathcal{KQ}$
Correct	79	79	70
OneConceptCorrect	10	15	16
ConceptSum	601	508	368
Guesses = Possible	101	101	101
Recall = Accuracy	78%	78%	69%
Precision	13%	16%	19%
Parsimony	10%	15%	16%

Tabelle 6.9: IR-Maße nach dem dritten Lernschritt

von Hastings, daß CAMILLE ein ähnliches Verhalten wie klassifikationsbasierte Systeme aufweist (vgl. Diskussion in Abschnitt 3.2.2.3).

Diese Vermutung von Hastings und die Bestätigung dieser Vermutung durch meine Empirische Untersuchung rechtfertigt den Einsatz eines terminologischen Systems mit der Erweiterung der in Abschnitt 4.5.4 vorgestellten Hypothesengenerierungsregel. Neben dieser Aussage läßt sich aufgrund der Vergleichergebnisse feststellen, daß die Anwendung des Kalküls zur wesentlichen Verbesserung in allen vergleichbaren Maßen beiträgt, selbst wenn die Vergleichbarkeit der Ergebnisse bzgl. **Recall** und **Parsimony** wegen der fehlenden Unterscheidbarkeit der Maße **Possible** und **Guesses** problematisch ist. Die Werte des Maßes **Precision** für CAMILLE und AQUA sind jedoch voll vergleichbar.

Ein Manko bleibt jedoch AQUA anhaften. Im Durchschnitt werden 7.85 Lernschritte benötigt, um die guten **Precision**-Werte zu erreichen, im Gegensatz zu CAMILLE, das nur 3.7 bzw. 2.7 Schritte in den verschiedenen Domänen benötigt. Deshalb will ich im folgenden aufzeigen, wie gut (oder schlecht) AQUA nach weniger Lernschritten operiert. Zunächst will ich die Ergebnisse meiner Tests nach dem dritten Lernschritt für alle Texte betrachten (Tabelle 6.9). Diese Ergebnisse nach drei Lernschritten sind dem ersten Anschein nach ernüchternd. Nur die drei **Recall**-Werte (78%, 78% und 69%) liegen noch etwas über dem entsprechenden Wert von CAMILLE (44% für **Recall** bzw. 56% für **Accuracy**). **Parsimony** liegt in etwa gleichauf (10%, 15% und 16% gegenüber 14%) und der wesentliche Wert **Precision** liegt für das gesamte Kalkülspektrum unter dem Wert von CAMILLE (22%). Bevor ich eine Begründung für die schlechten Ergebnisse gebe, betrachte ich zunächst die Ergebnisse nach vier Lernschritten

	−	$\mathcal{LQ}$	$\mathcal{KQ}$
Correct	88	88	79
OneConceptCorrect	13	16	17
ConceptSum	591	483	323
Guesses = Possible	101	101	101
Recall = Accuracy	87%	87%	78%
Precision	15%	18%	25%
Parsimony	13%	16%	17%

Tabelle 6.10: IR-Maße nach dem vierten Lernschritt

(Tabelle 6.10). Zuerst will ich festhalten, daß sich die Werte für **Recall** deutlich erhöht haben (87%, 87% und 78%). Dies liegt zum einen an der deutlich höheren Anzahl an Texten, die jetzt in das absolute Maß **Correct** fallen (88 und 79 gegenüber 79 und 70 nach dem dritten Lernschritt). Andererseits hat sich die Gesamtzahl an aufgebauten Konzepthypothesen leicht verringert (591, 483 und 323 gegenüber 601, 508 und 368 nach dem dritten Lernschritt). Dies legt den Schluß nahe, daß der Aufwand, den man betreibt, um wenigstens das korrekte Konzept in der Hypothesenliste zu generieren, sich deutlich reduziert hat, aber der Rückgang von 78% für die Qualitätsdimension $\mathcal{KQ}$ auf 87% für die Dimension $\mathcal{LQ}$ ist doch recht unbefriedigend. Auch sind die Werte für **Precision** nur für die Anwendung des vollen Kalküls (25%) befriedigend. Ebenso hat sich **Parsimony** gegenüber dem dritten Schritt nicht sonderlich verbessert. Wenn man sich die Ergebnistabellen nach den dritten und vierten Lernschritten (Anhang B) näher betrachtet, so fällt auf, daß in 20 Fällen nur deshalb ein Text nach dem dritten Lernschritt nicht in das absolute Maß **Correct** fällt, weil für diesen zu generelle Konzepthypothesen und nicht etwa, weil "falsche", d.h. zum Zielkonzept disjunkte Konzepthypothesen aufgebaut wurden. Im vierten Lernschritt treten immerhin noch 12 solcher Texte auf. Diese Situation trifft z.B. auch auf den *Itoh-Ci-8*-Text zu. Nach dem dritten Lernschritt wurden die Konzepthypothesen OUTPUTDEVice, INPUTDEVice und STORAGEDEVice aufgebaut, wobei OUTPUTDEVice bzgl. des Zielkonzepts LASERPRinter zu generell ist, die beiden anderen zum Zielkonzept jedoch disjunkt sind. Deutlicher fällt die fehlende Berücksichtigung von zu generellen Konzepthypothesen im vierten Lernschritt aus. Dort wurde neben einigen anderen Konzepthypothesen auch die Hypothese

	–	$\mathcal{LQ}$	$\mathcal{KQ}$
Correct	98	98	92
OneConceptCorrect	16	20	23
ConceptSum	500	431	305
Guesses = Possible	101	101	101
Recall = Accuracy	97%	97%	91%
Precision	20%	23%	30%
Parsimony	16%	20%	23%

Tabelle 6.11: IR-Maße nach dem fünften Lernschritt

PRINTER aufgebaut. Obwohl nur noch eine Spezialisierungsstufe zum Zielkonzept LASERPRinter fehlt, wird dieser Text nicht dem absoluten Maß **Correct** zugeschlagen. Im nächsten Abschnitt 6.3 erweitere ich die in diesem Abschnitt vorgestellten Evaluierungsmaße um den Begriff der zu generellen, aber korrekten Konzepthypothesen und werte die Ergebnisse diesbezüglich neu aus. Bevor ich dies tue, will ich zum Abschluß auf die Ergebnisse nach dem fünften Lernschritt schauen (Tabelle 6.11). Die Ergebnisse dieses Lernschritts sind nun deutlich besser als die des vierten Schritts und liegen nicht weit entfernt von den Ergebnissen am Ende der Textanalysen. Der Unterschied zwischen dem vierten und fünften Lernschritt ist recht groß. So verbessert sich **Recall** nochmals von 87%, 87% bzw. 78% auf 97%, 97% bzw. 91%. Die Differenz zwischen **Recall** der Qualitätsdimension $\mathcal{KQ}$ auf der einen Seite und der Qualitätsdimension $\mathcal{LQ}$ und der Verarbeitung ohne den Kalkül auf der anderen Seite beträgt noch 6%. Dies liegt in erster Linie an Texten, die bis zum fünften Schritt noch keine linguistischen Marken erzeugt haben und somit die grobe Vorauswahl fehlt, auf die die konzeptuellen Kriterien mit einem hohen Maß an Sicherheit operieren können. Die Werte für **Precision** sind 15%, 18% bzw. 25% für den vierten Schritt und 20%, 23% bzw. 30% für den fünften. Dies bedeutet immerhin eine Verbesserung von bis zu 33%. Die Verbesserung für das Maß **Parsimony** liegt in ähnlichen Dimensionen. Für den fünften Lernschritt gilt weiter, daß nur noch für zwei Texte zu generelle Konzepte aufgebaut wurden. Dies läßt den Schluß zu, daß im großen und ganzen die Werte für die früheren Lernschritte in erster Linie nur deshalb relativ schlecht sind, da die verwendeten Evaluierungsmaße keine Generalisierungsbeziehung berücksichtigen.

6.3 IR-Maße zur Berücksichtigung von Generalisierungsbeziehungen

In diesem Abschnitt erweitere ich die im vorangegangenen Abschnitt vorgestellten Evaluierungsmaße derart, daß Konzepthypothesen, die bzgl. des Zielkonzepts zu generell sind, als korrekte Hypothesen aufzufassen sind. Nur Konzepthypothesen, die disjunkt zum Zielkonzept sind, werden als falsche Konzepte interpretiert. Dazu habe ich die folgenden von Abschnitt 6.2 abweichenden Maße, sogenannte *"generalisierende IR-Maße"*, entwickelt:

- **G-Correct**: Anzahl der Teilmengen aus **Hypothesis**, die das korrekte Konzept oder ein Superkonzept des korrekten Konzepts enthalten.

- **G-OneConceptCorrect**: Anzahl der Teilmeng aus **Hypothesis**, die das korrekte Konzept oder ein Superkonzept des korrekten Konzepts enthalten und einelementig sind.

- **G-Recall** $:= \dfrac{\textbf{G-Correct}}{\textbf{Possible}}$

- **G-Precision** $:= \dfrac{\textbf{G-Correct}}{\textbf{ConceptSum}}$

- **G-Accuracy** $:= \dfrac{\textbf{G-Correct}}{\textbf{Guesses}}$

- **G-Parsimony** $:= \dfrac{\textbf{G-OneConceptCorrect}}{\textbf{Possible}}$

Aus der Gleichheit von **Possible** und **Guesses** folgt wieder die Gleichheit von **G-Recall** und **G-Accuracy**. Als nächstes will ich die Anwendung der "generalisierenden" Maße für den vierten Lernschritt (Tabelle 6.12) diskutieren. Auf die Darstellung der Werte nach dem fünften Lernschritt kann ich verzichten, da bereits die nach dem vierten gute Ergebnisse zeigen. Zur besseren Übersicht habe ich die nicht geänderten Maße mit aufnotiert: Die Werte kommen an die in Abschnitt 6.2 diskutierten Werte nach dem fünften Lernschritt ohne die Berücksichtigung der Generalisierungsbeziehung fast heran. Es fällt auf, daß der Wert für das absolute Maß **G-Correct** für die Qualitätsdimension $\mathcal{KQ}$ deutlich schlechter ist als für die beiden anderen Dimensionen, nämlich 89 gegenüber 100. Dies wird jedoch durch die teilweise deutlich besseren Ergebnisse bzgl. der absoluten Maße **G-OneConceptCorrect** und **ConceptSum** mehr als ausgeglichen, da die entsprechenden relativen Maße für $\mathcal{KQ}$ immer bessere Werte

	$-$	$\mathcal{LQ}$	$\mathcal{KQ}$
G-Correct	100	100	89
G-OneConceptCorrect	13	18	20
ConceptSum	591	483	323
Guesses = Possible	101	101	101
G-Recall = G-Accuracy	99%	99%	88%
G-Precision	17%	21%	28%
G-Parsimony	13%	18%	20%

Tabelle 6.12: Generalisierende IR-Maße nach dem vierten Lernschritt

besitzen. Daraus ergibt sich, daß die konzeptuellen Kriterien zwar einige falsche Konzepthypothesen auswählen (11 an der Zahl), aber insgesamt betrachtet viele (auch viele falsche) Konzepthypothesen verwerfen (268 Konzepthypothesen mehr verglichen mit dem terminologischen System und 160 verglichen mit der Anwendung der Dimension $\mathcal{LQ}$). Als ein Grund für die schlechtere Auswahl innerhalb $\mathcal{KQ}$ liegt daran, daß nach dem vierten Lernschritt nur in vierzehn Texten eine (grobe) Vorauswahl unter dem Kriterium $\mathcal{LQ}$ stattgefunden hat. Und wie bereits mehrfach argumentiert, kommt es unter $\mathcal{KQ}$ zu falschen Auswahlentscheidungen ohne die Vorauswahl mit $\mathcal{LQ}$. Ich erwarte in Zukunft durch die Integration weiterer linguistischer Qualitätsmarken in die Qualitätsdimension $\mathcal{LQ}$ eine Verbesserung auch des Kriteriums $\mathcal{KQ}$ bei früheren Lernschritten. Summa sumarum zeigen die Werte der generalisierenden IR-Maße nach dem vierten Lernschritt ähnlich bis leicht bessere Werte als die herkömmlichen IR-Maße nach dem fünften Lernschritt. Vollständigkeitshalber will ich noch die Werte der generalisierenden IR-Maße nach dem dritten Lernschritt auflisten. In Tabelle 6.13 ist abzulesen, daß die "generalisierten" Maße nach dem dritten Lernschritt ebenfalls gute Werte annehmen, insbesondere dann, wenn man sie mit den ursprünglichen (ohne Generalisierungsbeziehung) Werten der Tabelle 6.9 vergleicht.

Aber selbst die generalisierenden Evaluierungsmaße können nicht die ganze Güte der aufgebauten Konzepthypothese eines terminologischen Systems erfassen. Das nun folgende Beispiel soll diese Aussage stützen. Ich betrachte dazu wieder den fünften Lernschritt des Textes *Itoh-Ci-8* und die dazugehörigen Testergebnisse in Tabelle 6.4. Die Hypothesengenerierungsregeln und der Clas-

	–	$\mathcal{LQ}$	$\mathcal{KQ}$
G-Correct	99	99	88
G-OneConceptCorrect	12	18	19
ConceptSum	601	508	368
Guesses = Possible	101	101	101
G-Recall = G-Accuracy	98%	98%	87%
G-Precision	16%	19%	24%
G-Parsimony	12%	18%	19%

Tabelle 6.13: Generalisierende IR-Maße nach dem dritten Lernschritt

sifier berechnen für den fünften Lernschritt ohne Anwendung des Kalküls die Konzepthypothesen WORKSTATION, PC, DESKTOP, NOTEBOOK, PORTABLE, INKJETPRinter, NEEDLEPRinter und LASERPRinter. Dieselben Konzepthypothesen werden für die Qualitätsdimension $\mathcal{LQ}$ berechnet. Erst für die Qualitätsdimension $\mathcal{KQ}$ reduziert sich diese Liste auf die drei Spezialisierungen von PRINTER und zwar INKJETPRinter, NEEDLEPRinter und LASERPRinter. Bis auf die Maße **Recall** bzw. **G-Recall** berücksichtigt kein anderes Maß den Unterschied zwischen den beiden Konzeptlisten, obwohl offensichtlich ist, daß die beiden Alternativen unterschiedliche Güte haben.

Aber auch das Maß **Recall** bzw. **G-Recall** hat so seine Schwächen. Beide Maße verwenden die absolute Größe **ConceptSum**, die die Güte der prädizierten Konzepte bzgl. des Zielkonzepts nicht berücksichtigt. Dazu will ich den Lernschritt 2 der Tabelle 6.2 des *Megaline*-Textes unter $\mathcal{LQ}$ und den letzten Lernschritt des Textes *ASI-Easyline* ebenfalls unter $\mathcal{LQ}$, dessen Testergebnis in Tabelle B.2, Seite 243 gegeben sind, betrachten. Für jeden der beiden Texte gibt es je drei Hypothesen, wovon jeweils eine die korrekte Konzepthypothese ist. Für den *Megaline*-Text, der das Zielkonzept PC adressiert, sind das die Konzepte PC, WORKSTATION und USER, für den *ASI-Easyline*-Text mit dem Zielkonzept DESKTOP sind es DESKTOP, PC, WORKSTATION. Im Unterschied zu dem *ASI-Easyline*-Text wird im *Megaline*-Text für das unbekannte Item ein Konzept (USER) aufgebaut, daß konzeptuell betrachtet völlig verschieden von den beiden anderen ist. Im *ASI-Easyline*-Text ist dies nicht der Fall. Exakt diese Unterscheidung sind die bisher vorgestellten Maße nicht in der Lage zu berücksichtigen.

6.4 Evaluierungsmaße für Konzeptsysteme

In diesem Abschnitt stelle ich Evaluierungsmaße vor, die die in den vorangegangenen Abschnitten des öfteren diskutierten Nachteile herkömmlicher Evaluierungsmaße beheben (eine leicht abgeänderte Version wurde in Hahn & Schnattinger (1997b) vorgestellt). Das wesentliche Prinzip dieser Maße ist die Berücksichtigung der Konzepthierarchie, im Gegensatz zu den bereits vorgestellten Evaluierungsmaßen, in denen keine Konzepthierarchie verfügbar oder berücksichtigt wird. Im folgenden will ich mich dabei auf Fragen der Lerngenauigkeit, der Anzahl von Konzepthypothesen und der Lernrate konzentrieren.

6.4.1 Lerngenauigkeit LA

AQUA baut auf einem terminologischen System auf, was zur Folge hat, daß Voraussagen mehr oder weniger korrekt sein können, da sie das Zielkonzept auf unterschiedlichen Generalisierungsstufen approximieren können. Diese Abhängigkeiten sind in einem Maß für Lerngenauigkeit *(learning accuracy,* **LA***)* berücksichtigt, das die "konzeptuelle Distanz" einer Lernhypothese zum Zielkonzept der Instanz quantifiziert. Obwohl die Problematik der Bestimmung konzeptueller Distanzen bekannt ist, lassen sich durch einige Knowledge-Engineering-Prinzipien taugliche Metriken konstruieren. Mit der Lerngenauigkeit bezeichne ich den Grad, mit dem das System diejenige Konzeptklasse prädiziert, die das Zielkonzept subsumiert (das *Zielkonzept* wird hier mit dem neu zu lernenden Konzept identifiziert). Die *Lerngenauigkeit* **LA** wird hier definiert als:

$$LA := \sum_{i \in \{1...n\}} \frac{LA_i}{n} \quad \text{mit}$$

$$LA_i := \frac{GP_i}{PP_i + (PP_i - GP_i) + (ZP_i - GP_i)}$$

wobei n die Anzahl der Konzepthypothesen für ein einzelnes Ziel bezeichnet.

In obiger Formel bezeichnet ZP_i die Länge des kürzesten Pfads im Sinne der *Anzahl zu traversierender Knoten* ausgehend vom TOP-Knoten der Konzepthierarchie hin zum maximal spezifischen Konzept, das die zu lernende Instanz in Hypothesenraum i subsumiert, dem sogenannten *Zielknoten*. ZP steht hier für *Zielpfad*. PP_i steht für die Länge des kürzesten Pfads wieder ausgehend vom TOP-Knoten zu dem maximal spezifischen Konzeptknoten, den AQUA im

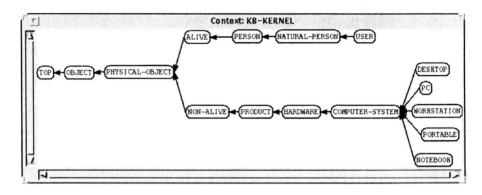

Abbildung 6.1: Beispiel für das Maß **LA**

Hypothesenraum i prädiziert, dem sogenannten *prädizierten Knoten*. Deshalb steht PP auch für *Prädiktionspfad*. GP_i kennzeichnet schließlich die maximale Länge des Pfads vom TOP-Knoten zu dem Konzeptknoten in Hypothesenraum i, der *gemeinsam* ist sowohl für den Zielpfad als auch für den Prädiktionspfad (wie oben definiert). Diesen Konzeptknoten nenne ich *gemeinsamer Knoten*. GP steht dann für *gemeinsamen Pfad*. Die Lerngenauigkeit LA_i in einem Hypothesenraum i ist dann das Verhältnis zwischen der Länge des gemeinsamen Pfades GP_i und der Summe der Länge des Prädiktionspfades PP_i, der Länge des Pfadabschnitts des Prädiktionspfades ohne den gemeinsamen Pfad ($PP_i - GP_i$; dies repräsentiert den Pfad vom prädizierten Knoten zum gemeinsamen Knoten) und der Länge des Pfadabschnitts des Zielpfades ohne den gemeinsamen Pfad ($ZP_i - GP_i$; dies repräsentiert den Pfad vom gemeinsamen Knoten zum Zielknoten). Die Lerngenauigkeit LA über alle Hypothesenräume ist dann die Lerngenauigkeit über alle Hypothesenräume gemittelt. Betrachten wir dazu den Ausschnitt aus der Konzepthierarchie der Abb. 6.1. Prinzipiell lassen sich zwei unterschiedliche Vorhersagen erkennen.

1. Im allgemeinen Fall liegt das prädizierte Konzept (z.B. USER) neben dem Zielkonzept (z.B. PC), d.h. das prädizierte Konzept ist disjunkt zu (ist kein Superkonzept zu) dem Zielkonzept. Der gemeinsame Pfad verläuft vom Konzept TOP zum Konzept PHYSICALOBJECT. Für die entsprechende Länge GP_i ergibt sich die Zahl 3. Der prädizierte Pfad beginnt ebenfalls beim Konzept TOP, endet aber bei USER. Es gilt dann $PP_i = 7$. Der Zielpfad beginnt bei TOP und endet bei PC mit $ZP_i = 8$. Für den entsprechenden Wert LA_i gilt dann:

$$LA_i = \frac{3}{7 + (7 - 3) + (8 - 3)} = \frac{3}{16} \approx 0.19$$

Mit dieser Formel wird aber auch der qualitative Unterschied von unterschiedlich falschen Vorhersagen deutlich. Wenn das prädizierte Konzept nun WORKSTATION statt USER ist, so berechnet sich LA_i wie folgt:

$$LA_i = \frac{7}{8 + (8 - 7) + (8 - 7)} = \frac{7}{10} = 0.7$$

Damit läßt sich nun der qualitative Unterschied von USER zu WORKSTATION bzgl. des Zielkonzepts PC ausdrücken.

2. Das vorhergesagte Konzept ist in einem Hypothesenraum i zu allgemein gegenüber dem Zielkonzept. Beispielsweise sei HARDWARE das prädizierte Konzept und PC das Zielkonzept. Dies hat zur Folge, daß $PP_i = GP_i$ ist. Damit reduziert sich die Definition von LA_i auf:

$$\frac{GP_i}{ZP_i}$$

Dies entspricht der intendierten Berechnung im Fall eines zu generellen prädizierten Konzepts. Im Beispiel gilt dann $GP_i = 6$ und $ZP_i = 8$. Daraus folgt:

$$LA_i = 0.75$$

Sei nun das prädizierte Konzept beispielweise COMPUTER, dann gilt für $GP_i = 7$, woraus für LA_i folgt:

$$LA_i = 0.88$$

Die Beispiele von oben verdeutlichen die qualitativen Unterschiede der verschiedenen Vorhersagen. Im Falle der Prädiktion USER gibt der errechnete Wert von 0.19 recht deutlich den ziemlich großen konzeptuellen Unterschied von USER und dem Zielkonzept PC wieder. Dieser Wert spiegelt die Tatsache wider, daß beide Konzepte ein von TOP verschiedenes gemeinsames Konzept haben (PHYSICALOBJect) und damit einige wenige konzeptuelle Beschreibungen (z.B. eine Gewichtsangabe) gemein sind. Ein um x Hierarchiestufen falsch (disjunkt) vorhergesagtes Konzept ist qualitativ gesehen eine schlechtere Prädiktion als ein um x Hierarchiestufen zu allgemein gehaltenes Konzept. Dieser allgemeinen qualitativen Aussage trägt die vorgestellte Formel ebenfalls Rechnung. Der

Konzept-hypothesen	LA –	LA $\mathcal{LQ}$	LA $\mathcal{KQ}$	Konzept-hypothesen	LA –	LA $\mathcal{LQ}$	LA $\mathcal{KQ}$
DOCUMENTAT(5)	0.50	0.50	0.50				
OEM(0)	0.50	0.50	0.50				
OFFICE(0)	0.29	0.29					
USER(0)	0.19	0.19		USER(0)	0.19	0.19	
SOFTWARE(26)	0.50	0.50	0.50	WORKSTATION(0)	0.70	0.70	0.70
HARDWARE(101)	0.75	0.75	0.75	PC(0)	1.00	1.00	1.00
				DESKTOP(0)	0.70		
				NOTEBOOK(0)	0.70		
				PORTABLE(0)	0.70		
	ϕ:0.45	ϕ:0.45	ϕ:0.56		ϕ:0.66	ϕ:0.63	ϕ:0.85
Lernschritt 1				**Lernschritt 2,3,4**			
USER(0)	0.19	0.19					
WORKSTATION(0)	0.70	0.70	0.70	WORKSTATION(0)	0.70	0.70	0.70
WORKSTATION(0)	0.70	0.70		WORKSTATION(0)	0.70	0.70	
PC(0)	1.00	1.00	1.00	PC(0)	1.00	1.00	1.00
PC(0)	1.00	1.00		PC(0)	1.00	1.00	
DESKTOP(0)	0.70			DESKTOP(0)	0.70		
DESKTOP(0)	0.70			DESKTOP(0)	0.70		
NOTEBOOK(0)	0.70			NOTEBOOK(0)	0.70		
NOTEBOOK(0)	0.70			NOTEBOOK(0)	0.70		
PORTABLE(0)	0.70			PORTABLE(0)	0.70		
PORTABLE(0)	0.70			PORTABLE(0)	0.70		
	ϕ:0.71	ϕ:0.72	ϕ:0.85		ϕ:0.76	ϕ:0.85	ϕ:0.85
Lernschritt 5,6,7				**Lernschritt 8,9**			

Tabelle 6.14: Lernergebnisse für den *Megaline*-Text

Wert von 0.7 für das (leicht falsch prädizierte) Konzept WORKSTATION und die Werte von 0.75 bzw. 0.88 für die Vorhersage der etwas zu generellen Konzepte HARDWARE bzw. COMPUTER erfüllen die obige Forderung. Allerdings fällt der Wert des zu generellen Konzepts im Falle von PRODUCT ($\frac{5}{8} = 0.63$) unter den Wert von WORKSTATION. Damit werden einige falsche Beschreibungen weniger stark bestraft als viele fehlende.

Die Beispiele von oben entsprechen der Lernsituation im *Megaline*-Text. Im Lernschritt zwei tritt zur Situation der zu generellen Prädiktion HARDWARE die der falschen Prädiktion USER hinzu. Im folgenden werde ich auf der Grundlage des Maßes **LA** zur Lerngenauigkeit zeigen, wie sich die unterschiedlichen Lernhypothesen für *Megaline* Schritt für Schritt entwickeln. In der Spalte **Konzepthypothesen** der Tabelle 6.14 werden alle für bestimmte Lern-

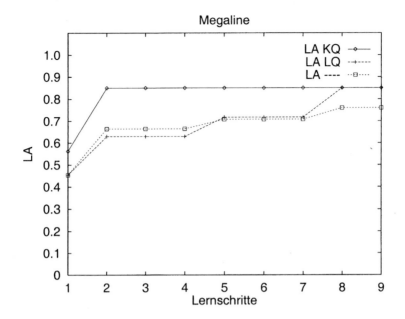

Abbildung 6.2: Lerngenauigkeit (**LA**) für den *Megaline*-Text

schritte prädizierten Konzepte aufgelistet. Die Zahlen in Klammern nach den Konzeptnamen geben für jedes hypothetisch angenommene Konzept die Anzahl der von diesem subsumierten Konzepte an (die für das in Abschnitt 6.4.3 noch näher diskutierte Lernmaß **LR** wesentlich sind). In der Spalte **LA** $\mathcal{KQ}$ wird die Genauigkeitsrate des vollständigen Qualitätskalküls, d.h. für die Qualitätsdimension $\mathcal{KQ}$ und $\mathcal{LQ}$, pro Konzepthypothese beschreibt, in der Spalte **LA** $\mathcal{LQ}$ nur für die Qualitätsdimension $\mathcal{LQ}$, wohingegen in der Spalte **LA** − die Genauigkeitswerte wiedergegeben werden, die aus der ausschließlichen Verwendung der terminologischen Schlußfolgerungskomponente ohne Qualitätskalkül und der Anwendung der Hypothesengenerierungsregeln herrühren. Der Durchschnittswert der Genauigkeitsgrade pro Spalte **LA** $\mathcal{KQ}$, **LA** $\mathcal{LQ}$ und **LA** − ist ebenfalls notiert. Wie die Tabelle 6.14 weiter zeigt, erzeugt der vollständige Qualitätskalkül genauere Ergebnisse wie die beiden anderen Varianten. Die Daten verdeutlichen auch die zunehmende Spezialisierung der Konzepthypothesen durch die Art der Hypothesengenerierung, etwa von HARDWARE in Schritt 1 zu WORKSTATION, PC, DESKTOP, NOTEBOOK und PORTABLE in Schritt 2. Die bereits diskutierte, durch semantische Ambiguitäten bewirkte Verdopplung der

Konzepthypothesen WORKSTATION, PC, DESKTOP, NOTEBOOK und PORTA-BLE im Lernschritt 5 wird in der Tabelle durch doppelte Aufschreibung der betroffenen Konzepte dargestellt. Dies hat zur Konsequenz, daß ab dem fünften Lernschritt die entsprechenden Werte für **LA** − und **LA** $\mathcal{LQ}$ besser sind als die entsprechenden Wert der vorherigen Schritte. Dies ist meiner Meinung nach sinnvoll, da jede (auch ambige) Konzepthypothese zur Bewertung heranzuziehen ist, auch wenn eine Konzepthypothese mehrfach auftritt. Zu bemerken ist ferner, daß für den *Megaline*-Text die kombinierte Lerngenauigkeit über alle Hypothesenräume <u>stets</u> zunimmt oder gleich bleibt und zwar für **LA** −, **LA** $\mathcal{LQ}$ und **LA** $\mathcal{KQ}$. Zusätzlich zur Tabelle 6.14 gibt Abb. 6.2 den graphischen Verlauf der durchschnittlichen Werte **LA** $\mathcal{KQ}$, **LA** $\mathcal{LQ}$ und **LA** − wieder.

Als nächstes will ich die Lerngenauigkeit **LA** im Verlauf der Analyse zum *Itoh-Ci-8* vorstellen. Die Tabelle 6.15 zeigt die entsprechende Entwicklung der unterschiedlichen Lernhypothesen im Takt der Lernschritte. Wie sich der Tabelle leicht entnehmen läßt, erzeugt der vollständige Qualitätskalkül entweder die gleichen oder genauere Ergebnisse, die gleiche oder geringere Anzahl an Hypothesenräumen (dies entspricht der Anzahl der Zeilen) und leitet die korrekte Prädiktion schneller ab (in Schritt 6) als die wissensärmeren Varianten (in Schritt 9). Die Daten verdeutlichen auch die zunehmende Spezialisierung der Konzepthypothesen durch den terminologischen Classifier, etwa von PHYSICALOBJect in Schritt 1 via PRODUCT in Schritt 2, und durch die Hypothesengenerierungsregeln, etwa OUTPUTDEVice und PRINTER in den Schritten 3 und 4 bishin zum (Ziel-)Konzept LASERPRinter ab Schritt 5. Die kombinierte Lerngenauigkeit über alle Hypothesenräume kann, bedingt durch die Spezialisierungsstrategie des Hypothesengenerierungsregel `perm-hypo-special` kurzzeitig durchaus absinken, von beispielsweise Schritt 3 auf Schritt 4 oder Schritt 5 auf Schritt 6 für **LA** − und **LA** $\mathcal{LQ}$, die Lerngenauigkeit des vollständigen Qualitätslerners **LA** $\mathcal{KQ}$ nimmt aber <u>stets</u> zu. Dazu will ich die **LA**-Werte zwischen Schritt 5 und Schritt 6 näher betrachten. Der Unterschied dieser beiden Lernschritte besteht darin, daß durch die Verletzung von Constraints, die Konzepthypothesen von NEEDLEPRinter und INKJETPRinter verworfen werden. Dies hat zur Folge, daß zwei leicht falsche Hypothesen bzgl. des Zielkonzepts LASERPRinter mit relativ hohen **LA**-Werten verworfen werden und damit die verbleibenden stark falschen Konzepthypothesen mit relativ niedrigen **LA**-

Konzept-hypothesen	LA −	LA $\mathcal{LQ}$	LA $\mathcal{KQ}$	Konzept-hypothesen	LA −	LA $\mathcal{LQ}$	LA $\mathcal{KQ}$
PhysicalObj(176)	0.30	0.30	0.30	Product(136)	0.50	0.50	0.50
MentalObj(0)	0.16	0.16	0.16	MentalObj(0)	0.16		
InformatObj(5)	0.16	0.16	0.16	InformatObj(5)	0.16		
MassObj(0)	0.16	0.16	0.16	MassObj(0)	0.16		
Norm(3)	0.16	0.16	0.16	Norm(3)	0.16		
Technology(1)	0.16	0.16	0.16	Technology(1)	0.16		
Mode(5)	0.16	0.16	0.16	Mode(5)	0.16		
Feature(0)	0.16	0.16	0.16	Feature(0)	0.16		
	ϕ:0.18	ϕ:0.18	ϕ:0.18		ϕ:0.21	ϕ:0.50	ϕ:0.50
Lernschritt 1				**Lernschritt 2**			
Computer(5)	0.50	0.50		Notebook(0)	0.43	0.43	
				Portable(0)	0.43	0.43	
				PC(0)	0.43	0.43	
				Workstation(0)	0.43	0.43	
				Desktop(0)	0.43	0.43	
OutputDev(9)	0.80	0.80	0.80	VisualDev(2)	0.66	0.66	0.66
				Printer(3)	0.90	0.90	0.90
				Loudspeaker(0)	0.66	0.66	0.66
				Plotter(0)	0.66	0.66	0.66
StorageDev(5)	0.58	0.58	0.58	RW-MassStore(2)	0.50	0.50	0.50
				RO-MassStore(1)	0.50	0.50	0.50
InputDev(0)	0.55	0.55	0.55	Mouse(0)	0.50	0.50	
				Keyboard(0)	0.50	0.50	
CentralUnit(0)	0.58	0.58					
	ϕ:0.60	ϕ:0.60	ϕ:0.63		ϕ:0.54	ϕ:0.54	ϕ:0.65
Lernschritt 3				**Lernschritt 4**			
Notebook(0)	0.43	0.43		Notebook(0)	0.43	0.43	
Portable(0)	0.43	0.43		Portable(0)	0.43	0.43	
PC(0)	0.43	0.43		PC(0)	0.43	0.43	
Workstation(0)	0.43	0.43		Workstation(0)	0.43	0.43	
Desktop(0)	0.43	0.43		Desktop(0)	0.43	0.43	
LaserPr(0)	1.00	1.00	1.00	LaserPr(0)	1.00	1.00	1.00
InkjetPr(0)	0.75	0.75	0.75				
NeedlePr(0)	0.75	0.75	0.75				
	ϕ:0.58	ϕ:0.58	ϕ:0.83		ϕ:0.52	ϕ:0.52	ϕ:1.00
Lernschritt 5				**Lernschritt 6,7,8**			
LaserPr(0)	1.00	1.00	1.00				
	ϕ:1.00	ϕ:1.00	ϕ:1.00				
Lernschritt 9							

Tabelle 6.15: Lernergebnisse für den *Itoh-Ci-8*-Text

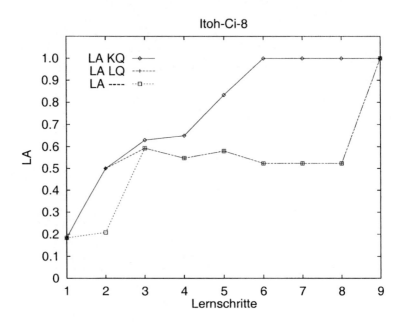

Abbildung 6.3: Lerngenauigkeit (**LA**) für den *Itoh*-Text

Werte stärker ins Gewicht fallen. Eine positive Auswirkung hat jedoch der Übergang von Schritt 5 zu Schritt 6. Durch die Anwendung der Qualitätsdimension $\mathcal{K Q}$ wird im Unterschied zu Schritt 5 nur eine Konzepthypothese ausgewählt, die gerade dem Zielkonzept entspricht. Daran ist sehr schön zu erkennen, daß erst die Verwendung der Qualitätsdimension $\mathcal{K Q}$ sich positiv auf die Auswahlleistung des Kalküls auswirkt. Abb. 6.3 stellt die schrittweise sich ergebenden **LA**-Werte graphisch dar.

Zu guter Letzt gehe ich kurz auf die sich schrittweise entwickelnde Lerngenauigkeit **LA** im Verlauf der Analyse des *Stealth-Hi-Color*-Textes ein. Tabelle 6.16 zeigt die entsprechende Entwicklung der unterschiedlichen Lernhypothesen im Takt der Lernschritte, Abb. 6.3 die entsprechende graphische Entwicklung. Tabelle 6.16 belegt, daß der vollständige Kalkül ab dem zweiten Lernschritt eine falsche Auswahl trifft, obwohl das Zielkonzept GRAPHICCARD als Konzepthypothese aufgebaut wird. Diese falsche Auswahl ist an dem Verlauf der Kurven leicht abzulesen. Die Kurve für **LA** $\mathcal{K Q}$ schneidet die Kurven für **LA** $\mathcal{L Q}$ bzw. **LA** − und bleibt ab dem Schnittpunkt immer unterhalb der beiden anderen. Die Gründe für diese falsche Auswahl habe ich bereits in Abschnitt 6.1

Konzept- hypothesen	LA –	LA $\mathcal{LQ}$	LA $\mathcal{KQ}$	Konzept- hypothesen	LA –	LA $\mathcal{LQ}$	LA $\mathcal{KQ}$
GRAPHICCARD(0)	1.00	1.00	1.00	GRAPHICCARD(0)	1.00	1.00	
SCREEN(1)	0.54	0.54	0.54				
VISUALDEV(2)	0.47	0.47		LCDDISPLAY(0)	0.41	0.41	0.41
				MONITOR(0)	0.41	0.41	0.41
USER(0)	0.18	0.18		USER(0)	0.18	0.18	
OFFICE(0)	0.27	0.27					
	ϕ: 0.49	ϕ: 0.49	ϕ:0.77		ϕ: 0.50	ϕ: 0.50	ϕ:0.41
Lernschritt 1				**Lernschritt 2**			
GRAPHICCARD(0)	1.00	1.00					
GRAPHICCARD(0)	1.00	1.00					
LCDDISPLAY(0)	0.41	0.41	0.41				
LCDDISPLAY(0)	0.41	0.41	0.41				
MONITOR(0)	0.41	0.41	0.41				
MONITOR(0)	0.41	0.41	0.41				
	ϕ: 0.61	ϕ: 0.61	ϕ:0.41				
Lernschritt 3,4,5							

Tabelle 6.16: Lernergebnisse für den *Stealth-Hi-Color*-Text

vorgetragen. Hauptursache ist das Fehlen von linguistischen Qualitätsmarken, um damit über die Qualitätsdimension $\mathcal{LQ}$ eine Vorselektion treffen zu können. Diesen Sachverhalt spiegelt Tabelle 6.16 dadurch wider, daß jedes Feld, das mit einem Wert für die Spalte **LA** – belegt ist, auch mit einem Wert für das entsprechende Feld der Spalte **LA** $\mathcal{LQ}$ aufwartet. Zwar steigen die durchschnittlichen Werte bzgl. **LA** – und **LA** $\mathcal{LQ}$ über alle Lernschritte hinweg auf 0.61, die Qualitätsdimension $\mathcal{KQ}$ bleibt ab dem zweiten Lernschritt jedoch immer deutlich unterhalb davon (bei 0.41).

Die Lernkurve für die Genauigkeitswerte bezogen auf den gesamten Testset zeigt Abb. 6.5. Da die 101 zur Evaluierung verwendeten Texte keine einheitliche Anzahl von Lernschritten besitzen (die Anzahl der Lernschritte variiert von 5 bis 15) habe ich eine Normierung vorgenommen. Jeder Text mit weniger als 15 Lernschritten schreibt die errechneten Werte seines letzten Lernschritts bis zum fünfzehnten Lernschritt fort. In Abb. 6.5 liegen die **LA**-Werte im ersten Lernschritt zwischen 48% bis 54% für **LA** –, **LA** $\mathcal{LQ}$ und **LA** $\mathcal{KQ}$. Im letzten Lernschritt steigen die **LA**-Werte auf 79%, 83% bis 87% jeweils für **LA** –, **LA** $\mathcal{LQ}$ und **LA** $\mathcal{KQ}$. Es zeigt sich, daß ein rein terminologischer Schlußfolgerungsansatz beim Konzepterwerb ein durchgängig schwächeres Niveau an

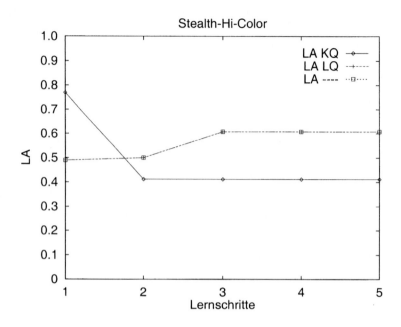

Abbildung 6.4: Lerngenauigkeit (**LA**) für den *Stealth-Hi-Color*-Text

Lerngenauigkeit erzielt als ein solcher, der um Qualitätskriterien erweitert ist. Darüber hinaus ist festzustellen, daß die Einbeziehung konzeptueller Kriterien ($\mathcal{KQ}$) als Ergänzung zu linguistischen Kriterien ($\mathcal{LQ}$) erheblich zur Fokussierung auf die relevanten Hypothesenräume beiträgt (ein Zugewinn von 4% an Präzision). Zu bemerken ist ferner, daß ein vergleichsweise hohes Genauigkeitsniveau nach dem fünften Lernschritt erreicht wird, nämlich 75%, 79% und 82% jeweils für **LA** −, **LA** $\mathcal{LQ}$, und **LA** $\mathcal{KQ}$. Nach dem vierten Lernschritt werden die Werte 70%, 75% und 78% und nach dem dritten Lernschritt immerhin noch die 67%, 73% und 76% jeweils für **LA** −, **LA** $\mathcal{LQ}$, und **LA** $\mathcal{KQ}$ erreicht. Dieses Ergebnis zusammen mit den Ergebnissen zu den Evaluierungsmaßen aus dem Information Retrieval unter Berücksichtigung der Generalisierungsbeziehungen von Abschnitt 6.3 belegt, daß AQuA bereits nach wenigen Lernschritten ein hohes Maß an Genauigkeit beim Aufbau von und der Auswahl zwischen Konzepthypothesen erlangt.

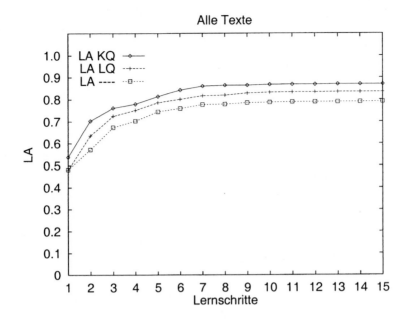

Abbildung 6.5: Lerngenauigkeit (**LA**) für die gesamte Datenmenge

6.4.1.1 Reduzierte Lerngenauigkeit LA

In einer realistischen Wissensakquisitionsanwendung wie die dieser Arbeit zu-grundeliegende stellt sich natürlich die Frage, wie robust das Lernverfahren ist. Dies korrespondiert mit der Abschätzung, welches Ausmaß an Präzision man als (noch) befriedigendes Resultat gewillt ist hinzunehmen. Ich werde diesen Aspekt aus der Perspektive der Lerngenauigkeit **LA** diskutieren. Dazu interessiert der Zusammenhang zwischen einem fest vorgegebenen Genauigkeitsniveau und der Anzahl der Texte, die dieses Niveau erreichen und wieviele Lernschritte im Durchschnitt bearbeitet werden müssen, damit das Niveau erreicht wird. Unter idealen Lernbedingungen (wie sie für ein realistisches Anwendungsszenario auszuschließen sind) könnte man versuchen, eine 100%-ige Lerngenauigkeit anzustreben. Tabelle 6.17 gibt die Anzahl von Texten und diesbezüglicher Lernschritte für die bekannten Kriterien **LA** $-$, **LA** $\mathcal{LQ}$ und **LA** $\mathcal{KQ}$ wieder, die mit dieser denkbar härtesten Zielvorgabe überhaupt verarbeitet werden können. Unter der rigiden Annahme, daß genau das Zielkonzept gelernt werden muß, können unter den drei Kriterien nur jeweils 21, 26 bzw. 31 Texte verarbeitet werden. Dieses Ergebnis entspricht dem absoluten Maß **OneConceptCorrect**

	# Texte	Schritte
LA $-$	21	4.68
LA $\mathcal{L}Q$	26	4.16
LA $\mathcal{K}Q$	31	4.15

Tabelle 6.17: Lernschritte auf dem Niveau von **LA** $= 1.0$

aus Abschnitt 6.2. Die durchschnittliche Anzahl von Lernschritten zur Erlangung eines Niveaus von 100% variiert von 4.69 Lernschritten für **LA** $-$ über 4.16 Lernschritte für **LA** $\mathcal{L}Q$ bis hin zu 4.15 Lernschritte für das volle Kalkül **LA** $\mathcal{K}Q$. Die relativ geringe Anzahl an Texten und die relativ hohe Anzahl an durchschnittlichen Lernschritten zur Berechnung dieser Texte ist ein eher unbefriedigendes Ergebnis. Die Gründe dafür liegen in erster Linie an der schon erwähnten unvollständigen Modellierung und den fehlenden sprachlichen Evidenzen der verwendeten Domäne. Dies führt dazu, das Streben nach einem 100%-igem Genauigkeitsniveau fallen zu lassen und den Anspruch zu senken.

Zunächst betrachte ich die Ergebnisse bei einem Präzisionsniveau von 80%. Darunter fallen Auswahlentscheidungen des Kalküls wie die beispielsweise in Lernschritt 2 der Tabelle 6.14 beschriebene. Dort ist PC das Zielkonzept und der volle Kalkül prädiziert die Konzepte PC und WORKSTATION, was zusammen einen **LA**-Wert von 0.85 ergibt. Das Niveau von 80% übersteigt nicht nur Prädiktionen mit leicht falschen Konzepthypothesen, sondern auch etwas zu allgemeine Konzepthypothesen, wie auf Seite 189 bei der Diskussion zu allgemeiner Konzepthypothesen vorgestellt. Ein Beispiel eines noch akzeptablen zu generellen Konzepts wäre HARDWARE beim Zielkonzept PC. Wie Tabelle 6.18 zeigt, ändert sich das Bild bei einem auf 80% abgesenktem Präzisionsniveau gravierend gegenüber dem Niveau von 100%. Unter dieser relaxierten Annahme werden durchgängig mehr als doppelt so viele Texte verarbeitet als bei 100%, aber nur für den vollständigen Qualitätskalkül (also unter Anwendung der Qua-

	# Texte	Schritte
LA $-$	58	4.69
LA $\mathcal{L}Q$	74	4.36
LA $\mathcal{K}Q$	86	3.71

Tabelle 6.18: Lernschritte auf dem Niveau von **LA** $= 0.8$

	# Texte	Schritte
LA –	74	3.5
LA $\mathcal{LQ}$	86	3.4
LA $\mathcal{KQ}$	99	2.2

Tabelle 6.19: Lernschritte auf dem Niveau von **LA** $= 0.7$

litätsdimension $\mathcal{KQ}$) sinkt die Anzahl der Lernschritte um einen Lernschritt auf 3.71. Daraus läßt sich schließen, daß – gegeben ein **LA**-Niveau von 80% – zumindest für den vollständigen Qualitätskalkül nurmehr 15% der zu lernenden Konzepte falsch ausgewählt und dafür nur 3.71 Lernschritte benötigt werden. Zu beachten ist, daß der Unterschied zu den **LA**-Werten aus Abb. 6.5 dadurch entsteht, daß diese Ergebnisse auf der Durchschnittsbildung einzelner **LA**-Werte beruhen und somit nicht miteinander vergleichbar sind.

Wird das Präzisionsniveau weiter gesenkt, auf beispielsweise 70%, so werden für $\mathcal{KQ}$ nahezu alle Texte verarbeitet (99 von 101) und zwar in nur noch durchschnittlich 2.2 Lernschritten (vgl. Tabelle 6.19). Die Werte der anderen Dimensionen haben sich ebenfalls deutlich gegenüber denen des Niveaus von 80% verbessert. Allerdings bedeuten 70%, daß entweder

1. relativ viele leicht falsche Konzepthypothesen oder

2. eine einzige, ziemlich falsche Konzepthypothese

aufgebaut wurde. Beispielsweise nimmt im ersten Fall **LA** für das Zielkonzept PC und die prädizierte Hypothesenmenge PC, WORKSTATION, DESKTOP, PORTABLE und NOTEBOOK den Wert 0.76 an. Für den zweiten Fall ist für das Zielkonzept PC und die Konzepthypothesen PC und USER der resultierende LA-Wert gerade 0.70 (wie bereits auf Seite 189 diskutiert). Damit scheint das Präzisionsniveau von 70% zu ungenau zu sein.

Dieser Teil der Diskussion läßt sich wie folgt zusammenfassen: Eine auf 100%-ige Genauigkeit abzielende Anwendung ist mit dem hier aufgestellten Lernansatz nicht zu bewerkstelligen. Eine solche Anforderung scheint auch völlig unrealistisch zu sein. Wenn man die Anforderungen auf noch vertretbare Präzisionsraten für Lernresultate innerhalb sinnvoller Grenzen absenkt (beispielsweise ein Präzisierungsniveau von 80%), generiert das hier vorgestellte Verfahren akzeptable Ergebnisse in durchschnittlich weniger als vier Lernschritten.

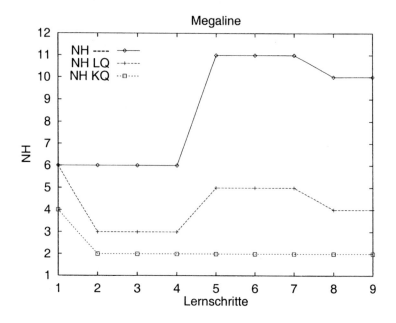

Abbildung 6.6: Anzahl von Hypothesen (**NH**) für den *Megaline*-Text

6.4.2 Anzahl an Konzepthypothesen NH

In diesem Abschnitt will ich das Verhalten der Anzahl der Konzepthypothesen *(number of hypotheses, **NH**)* im Verlauf der Textanalyse anhand der Dimensionen $\mathcal{KQ}$, $\mathcal{LQ}$ und ohne Anwendung des Kalküls vorstellen. Das Maß **NH** hat zwar nichts mit der Berücksichtigung der Konzepthierarchie zu tun, läßt sich aber anhand der im vorigen Abschnitt aufgebauten Ergebnistabellen leicht ableiten und erklären. Die **NH**-Werte pro Lernschritt kann man durch Zählen der Konzepte und vergleichen mit den Angaben in den drei Spalten für die **LA**-Werte errechnen. Dadurch läßt sich das Maß **NH** auch auf jede Dimension anwenden, es gibt also Werte für **NH** −, **NH** $\mathcal{LQ}$ und **NH** $\mathcal{KQ}$ mit entsprechender Bedeutung.

Die Lernkurve für die Hypothesenanzahlwerte bezogen auf den ersten Text *Megaline* zeigt Abb. 6.6. Die **NH**-Werte im ersten Lernschritt liegen zwischen 6 und 4 für **NH** −, **NH** $\mathcal{LQ}$ und **NH** $\mathcal{KQ}$. Im letzten Lernschritt verändern sich diese Werte auf 10, 4 und 2 jeweils für **NH** −, **NH** $\mathcal{LQ}$ und **NH** $\mathcal{KQ}$. Daß die Werte für **NH** − und **NH** $\mathcal{LQ}$ im Verlauf der Analyse relativ hoch sind, liegt in erster Linie an der in Abschnitt 6.4.1 beschriebenen konzeptuellen Am-

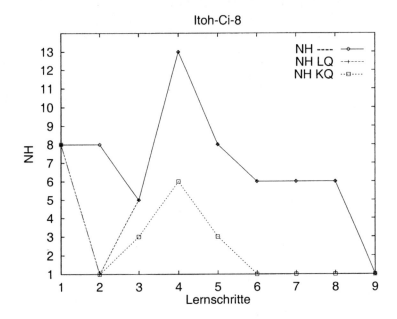

Abbildung 6.7: Anzahl von Hypothesen (**NH**) für den *Itoh*-Text

biguität ab dem fünften Lernschritt. Bemerkenswert ist die Selektionsleistung der Dimension $\mathcal{KQ}$, da ab dem zweiten Schritt immer nur die Konzepthypothesen PC (das Zielkonzept) und WORKSTATION gewählt werden, obwohl ab dem fünften Lernschritt durch semantische Ambiguitäten bedingte, identische Konzepthypothesen aufgebaut werden.

Für den Text *Itoh-Ci-8* gibt Abb. 6.7 die Lernkurve aller **NH**-Werte wieder. Im ersten Lernschritt liegt der Wert für alle drei Dimensionen bei 8 und im letzten, dem neunten Lernschritt, bei 1. Dazwischen jedoch liegen die Werte für **NH** $\mathcal{KQ}$ immer deutlich unter denen von **NH** $\mathcal{LQ}$ und **NH** − (im zweiten nur unter dem von **NH** −), beispielsweise 8 für **NH** − und 1 für **NH** $\mathcal{LQ}$, **NH** $\mathcal{KQ}$ im zweiten Lernschritt, 13 für **NH** −, **NH** $\mathcal{LQ}$ und 6 für **NH** $\mathcal{KQ}$ im vierten Lernschritt, 8 für **NH** −, **NH** $\mathcal{LQ}$ und 3 für **NH** $\mathcal{KQ}$ im fünften Lernschritt und 6 für **NH** −, **NH** $\mathcal{LQ}$ und 1 für **NH** $\mathcal{KQ}$ im sechsten bis achten Lernschritt. Diese starke Reduzierung der Konzepthypothesen vor allem durch die Qualitätsdimension $\mathcal{KQ}$ korreliert mit der im vorangegangenen Abschnitt diskutieren Zunahme der Lerngenauigkeit **LA**. Bemerkenswert ist hier außerdem, daß ab dem sechsten Lernschritt die Dimension $\mathcal{KQ}$ nur eine, nämlich die korrekte Konzepthypothe-

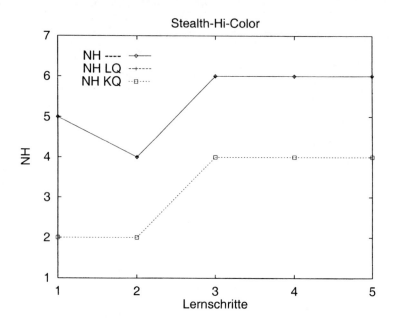

Abbildung 6.8: Anzahl von Hypothesen (**NH**) für den *Stealth-Hi-Color*-Text

se auswählt, und somit vier Lernschritte früher als die auf terminologischem Schließen und der Verfeinerung von Konzepthypothesen ausgerichteten Regeln beruhende Dimension **NH** −. Des weiteren werden ab dem dritten Lernschritt nur noch durch die Dimension $\mathcal{KQ}$ Konzepthypothesen ausgewählt. Dies läßt den Schluß zu, daß die auf rein konzeptuellen Kriterien beruhende Dimension $\mathcal{KQ}$ frühzeitig das richtige Konzept bevorzugen kann. Erwähnen möchte ich noch, daß die Auswahlleistung von **NH** $\mathcal{LQ}$ im Lernschritt 2 zwar beträchtlich ist (das bzgl. des Zielkonzepts zu generelle Konzept PRODUCT wird unter acht Konzepthypothesen ausgewählt), aber im dritten Lernschritt werden sowieso nur Spezialisierungen des im zweiten Lernschritt ausgewählten Konzepts PRODUCT von den konzeptuellen Constraints zugelassen, d.h. auch ohne die Dimension $\mathcal{LQ}$ würde ausschließlich durch die Anwendung der konzeptuellen Kriterien im dritten Lernschritt die Auswahlleistung bewerkstelligt.

Abb. 6.8 zeigt den Verlauf der Kurven über die Anzahl der Konzepthypothesen bei der Verarbeitung des Textes über *Stealth-Hi-Color*, der für die Dimension $\mathcal{KQ}$ eine falsche Auswahl trifft. Der Verlauf dieser Kurven zeigt, im Gegensatz zu den Kurven über die Lerngenauigkeit von *Stealth-Hi-Color* (vgl. Abb. 6.4),

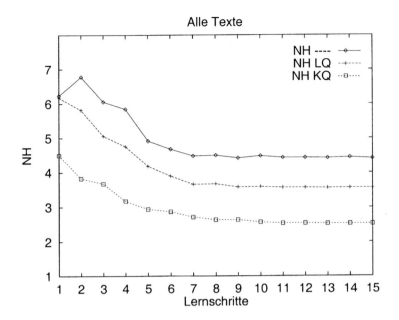

Abbildung 6.9: Anzahl von Hypothesen (**NH**) für die gesamte Datenmenge

kein außergewöhnliches Verhalten. Die Kurve für **NH** $\mathcal{KQ}$ bleibt für alle Lernschritte immer unterhalb der für **NH** $\mathcal{LQ}$ bzw. **NH** $-$. Wenn schon die Lerngenauigkeit für den *Stealth-Hi-Color* bzgl. der Anwendung des Kalküls sinkt, so verbessert sich wenigstens die Auswahlleistung des Kalküls bzgl. der Anzahl der aufgebauten Konzepthypothesen. Anzumerken ist noch, daß im Gegensatz zur Auswahlleistung im Text über *Megaline* die durch semantische Ambiguitäten verursachten identischen Konzepthypothesen ab Lernschritt 3 ebenfalls nicht selektiert werden können.

Ergänzend zu der Diskussion des Maßes **NH** für die Texte *Megaline, Itoh-Ci-8* und *Stealth-Hi-Color* sei der Graph angefügt, der das Wachstumsverhalten für Hypothesenräume gemittelt über alle 101 Texte zeigt (siehe Abb. 6.9). Es zeigt sich wie in Abschnitt 6.4.1 bei dem Verlauf der Lerngenauigkeit auch, daß ein rein terminologischer Schlußfolgerungsansatz beim Konzepterwerb wesentlich mehr Hypothesenräume aufbaut (also schlechter ist) als ein solcher, der um Qualitätskriterien erweitert wurde (also besser ist). Im ersten Lernschritt bewegt sich die Anzahl der Hypothesenräume in einem Bereich zwischen 6.2 und 4.5. Im letzten Lernschritt sinken die **NH**-Werte auf 4.3, 3.6 und 2.5 für jedes der drei Kriterien. Auch liegt der Abstand zwischen den drei Kriterien (bis auf den ersten Lernschritt) immer bei ca. 1.0 (zwischen 1.3 und 0.8 für **NH** − und **NH** $\mathcal{LQ}$) bzw. bei 1.5 (zwischen 2.0 und 1.1 für **NH** $\mathcal{LQ}$ und **NH** $\mathcal{KQ}$). Dieses Ergebnis werte ich als Indiz dafür, daß die Dimension $\mathcal{KQ}$ deutlich mehr durch $\mathcal{LQ}$ vorselektierte Konzepthypothesen (in einigen Fällen auch falsche Konzepthypothesen) auswählt als $\mathcal{LQ}$ alleine. Von allen 101 Texten bleiben für **NH** − am Ende jeder Textanalyse 33 Text, für **NH** $\mathcal{LQ}$ immerhin noch 26, aber für **NH** $\mathcal{KQ}$ nur noch 7 Texte mit identischen Konzepthypothesen bestehen. Für die Lernschritte 3, 4 und 5 sieht das Verhältnis etwas anders aus. Für den dritten Lernschritt sind es 11, 9, 5 Texte, für den vierten Lernschritt 16, 15, 7 Texte und für den fünften Lernschritt werden 22, 17, 8 Texte (jeweils **NH** −, **NH** $\mathcal{LQ}$ und **NH** $\mathcal{KQ}$) mit identischen Konzepthypothesen aufgebaut. Zu beobachten ist, daß zwar die Anzahl von identischen Konzepthypothesen im Verlauf der Textanalysen steigt von 11 im dritten bis hin zu 33 im letzten Lernschritt (dies bedeutet eine Verdreifachung), aber durch die Anwendung des vollen Kalküls die Anzahl der identischen Konzepthypothesen im wesentlichen gleich bleibt. Dies läßt den Schluß zu, daß insbesonders die konzeptuellen Kriterien tauglich sind, durch semantische Ambiguitäten verursachte identische Konzepthypothesen zu selektieren. Die Anzahl der identischen Konzepthypothesen im Verlauf der Textanalyse unter Berücksichtigung des vollen Kalküls geht von 5 Texten im dritten, über 7 und 8 Texten im vierten bzw. fünften wieder zu 7 Texten im letzten Lernschritt. Dies ist auch ein Indiz für die Stärke des Kalküls von AQUA.

Die Beobachtung der besonderen Bedeutung der Lernschritte 3, 4 und 5 korrespondiert mit der zu diesem Zeitpunkt auftretenden durchschnittlichen Anzahl von Hypothesenräumen. Für den Lernschritt 3 gilt die durchschnittlichen Anzahl 6.1, 5.1, und 3.7, für den vierten Lernschritt die Werte 5.8, 4.8 und 3.2 und für den fünften Lernschritt die Werte jeweils 4.9, 4.2 und 2.9 für **NH** −, **NH** $\mathcal{LQ}$ und **NH** $\mathcal{KQ}$. Auch hier ist die Reduzierung auf 3.2 im vierten Lernschritt der Dimension $\mathcal{KQ}$ beträchtlich und kann als weiteres Indiz für den richtigen Auswahlzeitpunkt gewertet werden.

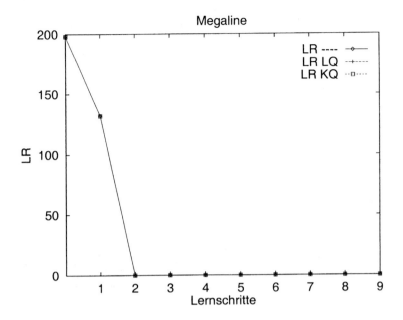

Abbildung 6.10: Lernrate (**LR**) für den *Megaline*-Text

6.4.3 Lernrate LR

Ich fasse Lernen als die kontinuierliche Verfeinerung mehrerer alternativer Hypothesen über die Klassenzugehörigkeit einer Instanz auf, d.h. jeder Hypothesenraum denotiert ein Konzept, das transitiv eine Reihe von Subkonzepten subsumiert. Durch die stete Hinzunahme von (möglichst diskriminierenden) Merkmalen soll der Lernprozeß möglichst in einer Lernhypothese mit maximaler Lerngenauigkeit konvergieren. In diesem Sinne mißt die *Lernrate (learning rate,* **LR***)* den Verlauf der Reduktionsquote aller noch möglichen Konzepthypothesen, wenn im Text immer mehr Wissen über die jeweilige Instanz verfügbar wird. Im Unterschied dazu betrachten IBL-artige Algorithmen nur *eine* Konzepthypothese pro Lernzyklus oder das System CAMILLE fast ausschließlich spezifische Konzepthypothesen ("Blätter" des Konzeptgraphen), die bereits als Initialhypothesen aufgebaut werden. Zur Erläuterung der Lernrate **LR** betrachte ich zunächst wieder die drei Referenztexte im einzelnen, bevor ich auf das Verhalten aller 101 Texte eingehe.

Abb. 6.10 beschreibt die durchschnittliche Anzahl von transitiv eingeschlossenen Konzepten für alle in Frage kommenden Hypothesenräume pro Lern-

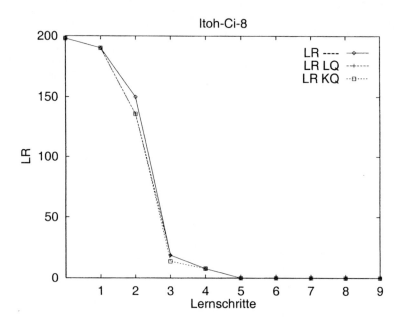

Abbildung 6.11: Lernrate (**LR**) für den *Itoh-Ci-8*-Text

schritt für den *Megaline*-Text. Die Abbildung gibt das Verhalten der Lernrate
für die Dimension $\mathcal{K}Q$, für die Dimension $\mathcal{L}Q$ und ohne die Anwendung des
Kalküls wieder (bezeichnet mit **LR** $\mathcal{K}Q$, **LR** $\mathcal{L}Q$ und **LR** −). Dabei wird für
die generellste Starthypothese vom Konzept OBJECT ausgegangen. OBJECT
subsumiert insgesamt 196 Konzepte. Zunächst einmal fällt der starke Abfall
der Kurven auf, da bereits ab dem zweiten Lernschritt Konzepthypothesen aufgebaut wurden, die keine spezifischeren Subkonzepte besitzen und somit alle
NH Werte 0 ergeben. Diese spezifischsten Konzepte will ich im folgenden als
Blattkonzepte bezeichnen, wohlwissendlich, daß man den Begriff *Blätter* i.a. nur
für Baumstrukturen verwendet und nicht für Graphen. Im ersten Lernschritt
beträgt die Anzahl der Subkonzepte noch 132 (5 für das Konzept DOKUMEN-
TATion, 26 für SOFTWARE und 101 für HARDWARE). Da die Dimension $\mathcal{K}Q$ im
ersten Lernschritt nur Hypothesen verwirft, deren denotierten Konzepte keine
Konzepte subsumieren, bleibt der entsprechende **LR**-Wert gegenüber den Werte bzgl. $\mathcal{L}Q$ und der Anwendung ohne den Kalkül gleich. In diesem Fall basiert
die starke Reduktion also nur auf den terminologischen Constraints und auf den
die Konzepthypothesen verfeinernden und damit die **LR**-Werte reduzierenden

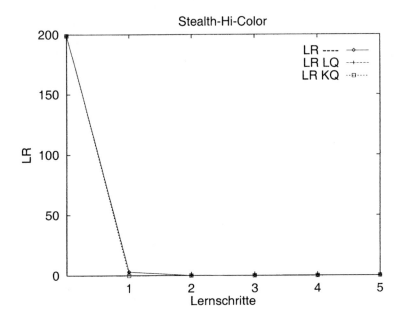

Abbildung 6.12: Lernrate (**LR**) für den *Stealth-Hi-Color*-Text

Hypothesengenerierungsregeln. Im übrigen bestätigt sich damit die Annahme, daß spezifische Konzepte leichter zu falsifizieren sind.

Für den Text über *Itoh-Ci-8* (vgl. Abb. 6.11) ändert sich das Bild im Vergleich zum Text *Megaline* bzgl. der Generierung von Blattkonzepten und der Reduzierungsfähigkeit des Kalküls. Zunächst ist festzustellen, daß erst ab Schritt 5 nur noch Blattkonzepte als Konzepthypothesen im Spiel sind. Die Hypothesengenerierungsregeln bauen also mit Hilfe der bis dahin angesprochenen terminologischen Constraints erst wesentlich später Blattkonzepte auf. Die Fähigkeit des Kalküls, zur Reduzierung der Lernrate beizutragen, wird im Lernschritt 2 und 3 deutlich. In Schritt zwei tragen die Dimensionen **LR** $\mathcal{LQ}$ und **LR** $\mathcal{KQ}$ gleichermaßen dazu bei, den **LR**-Wert von 150 auf immerhin 136 zu vermindern. Dies liegt daran, daß von acht aufgebauten Konzepthypothesen, sieben Hypothesen mit zusammen 14 subsumierten Konzepten verworfen werden können. Dies entspricht einer Reduzierung um ca. 10%. Die richtig ausgewählte Hypothese PRODUCT subsumiert dabei auf immerhin noch 136 speziellere Konzepte. Im dritten Lernschritt wurde im Vergleich zum zweiten nur die PRODUCT-Hypothese weiter verfeinert, die anderen wurden aufgrund Verletzung termino-

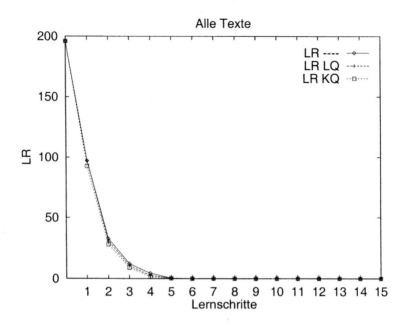

Abbildung 6.13: Lernrate (**LR**) für den gesamten Datenbestand

logischer Constraints durch die semantische Interpretation bzgl. HAS-SWITCH (vgl. Tabelle 6.3) verworfen. Die Verfeinerung von PRODUCT (und die Anwendung der Constraints) ergibt für alle verbleibenden Konzepthypothesen einen **LR**-Wert von zusammen nur noch 19. Die Dimension $\mathcal{KQ}$ ist jedoch in der Lage, nur Konzepthypothesen auszuwählen, die zusammen einen **LR**-Wert von 14 ergeben. Dies ist immerhin eine Reduzierung um ca. 25%.

Bevor ich auf die Lernrate gemittelt über alle 101 Texte eingehe, will ich die Lernrate des problematischen *Stealth-Hi-Color*-Textes kurz diskutieren. Die entsprechende Abb. 6.12 zeigt eine noch extremere Reduzierung als beim *Megaline*. Bereits im ersten Lernschritt werden durch die Dimension **LR** $\mathcal{KQ}$ nur noch Blattkonzepte ausgewählt. Für die beiden anderen Dimensionen beträgt die Lernrate nur 2. Dies liegt daran, daß für die erste analysierte Phrase ("... Hersteller *Diamond*"; vgl. Tabelle 6.5) davon ausgegangen wird, daß der Hersteller *Diamond* nur Grafikkarten oder visuelle Geräte herstellt. Es existieren also konzeptuelle Constraints, die für das unbekannte Item in Verbindung mit den Hypothesengenerierungsregeln ziemlich spezielle Konzepthypothesen aufbauen. Dies erklärt jedoch nicht die falsche Auswahl ab Lernschritt 2, sondern die Reduzie-

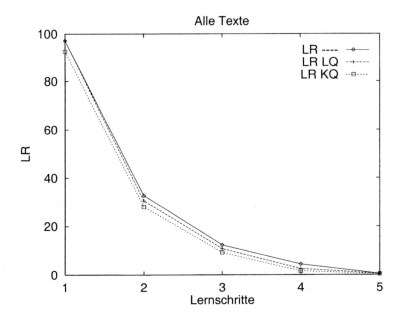

Abbildung 6.14: Ausschnitt aus **LR** für den gesamten Datenbestand

rungskraft konzeptueller Constraints in Verbindung mit den Hypothesengenerierungsregeln.

Abb. 6.13 beschreibt die durchschnittliche Anzahl von transitiv eingeschlossenen Konzepten für alle in Frage kommenden Hypothesenräume pro Lernschritt gemittelt über alle Texte. Ausgehend von 196 möglichen Konzepte fällt ganz allgemein betrachtet das stark negative Abfallen der Kurven für die Lernrate auf. Nach dem ersten Lernschritt sind bereits etwas weniger als 50% der Konzepte ausgeschlossen. Das Reduktionsverhältnis zwischen den Lernschritten beläuft sich auf ca. 30% zwischen dem ersten und zweiten, dem zweiten und dritten und dem dritten und vierten Lernschritt. Ab dem fünften Lernschritt werden fast ausschließlich Blattkonzepte verarbeitet. Interessantes bzgl. des Kalküls zeigen die Kurven vom ersten bis zum fünften Lernschritt. Den entsprechenden Ausschnitt gibt Abb. 6.14 wieder. Für den ersten Lernschritt verbleiben durchschnittlich 92.6 und 97.2 Konzepte jeweils für **LR** $\mathcal{K}Q$, **LR** $\mathcal{L}Q$ und **LR** $-$. Für den zweiten Lernschritt verbleiben durchschnittlich 32.7, 30.5, 28.1, im dritten Lernschritt 12.3, 10.7 und 9.2 und im vierten Lernschritt 4.4, 2.5 und 1.6 Konzepte jeweils für **LR** $\mathcal{K}Q$, **LR** $\mathcal{L}Q$ und **LR** $-$. Ab dem fünften

Lernschritt verbleiben nahezu keine Konzepte mehr. Wieder erweisen sich die Lernschritte 3, 4 und 5 als ein möglicher diskriminativer Übergang, hier für die Reduktion der Anzahl noch zu betrachtender Konzepte, da sich aus den absoluten Zahlen zur Reduzierung folgende relative Zahlen ergeben: Für die ersten vier Lernschritte beträgt die Reduzierung ca. 5%, 14%, 25% und 63%. Für die Lernrate kann sich der vierte Schritt ebenfalls "sehen lassen", auch wenn er nur relativ gesehen am besten abschneidet.

6.5 Zusammenfassung der empirischen Untersuchungen

Zusammenfassend läßt sich festhalten, daß das qualitätsbasierte Lernsystem vergleichsweise kompetitive Genauigkeitsquoten erzielt (im mittleren Bereich von 87%) und gleichzeitig kompakte Reduktionen bei der Prädiktion erreicht werden (bis zu zwei verbleibende Konzepte im Durchschnitt). Ich interpretiere diesen Befund als ein Indiz dafür, daß mit meinem Ansatz die relevanten Unterscheidungen schon in einer sehr frühen Phase des Lernprozesses verfügbar sind, d.h., das Verfahren benötigt vergleichsweise wenige Beispiele. Im einzelnen gilt, daß

- durch die Anwendung des Kalküls von AQUA prinzipiell deutlich früher eine höhere Genauigkeit zu erreichen ist,

- eine Forderung nach 100%-iger Genauigkeit für nur 30% der analysierten Texte erreicht werden kann, wobei die Anzahl an dafür benötigten Lernschritten zwischen 4 und 5 liegt,

- bei etwas zu generellen bzw. leicht falschen Konzeptbeschreibungen (d.h., der Zulassung von ungenaueren Konzeptbeschreibungen) wesentlich mehr Texte in deutlich weniger Lernschritten korrekt verarbeitet werden können,

- zwischen ambigen Interpretationen mit dem Kalkül gut ausgewählt wird, ebenso wie aus den daraus entstehenden identischen Konzepthypothesen,

- die Dimension $\mathcal{KQ}$ mehr Konzepthypothesen als $\mathcal{LQ}$ verwirft, selbst auf die Gefahr hin, korrekte Konzepthypothesen fälschlicherweise zu verwerfen und

- in erster Linie die Lernrate auf Grund der Hypothesengenerierung stark reduziert wird, aber der Kalkül unter den verbleibenden Konzepthypothesen durchaus zur Reduzierung noch einiges beträgt (relative gesehen bis zu 60% und absolut bis zu 5 Konzepthypothesen).

Kapitel 7

Zusammenfassung und Ausblick

Gegenstand der vorliegenden Arbeit ist ein Modell zum Aufbau, Bewerten und Selektieren von Konzepthypothesen. Es wurde ein Verfahren vorgestellt, das ausgehend von einem in einer Phrase vorkommenden unbekannten Item Konzepthypothesen aufbaut, diese bewertet und die "plausibelste(n)" berechnet. Das vorgestellte System AQUA besteht aus einer Komponente zur inkrementellen Generierung von Konzepthypothesen und einem Kalkül, der die Hypothesen anhand von linguistischen und konzeptuellen Kriterien bewertet und ordnet. Zur Darstellung von Konzepthypothesen wurde der terminologische Formalismus um den Begriff des Hypothesenraums erweitert. Zur Berechnung von konzeptuellen Eigenschaften werden Ausdrücke zweiter Ordnung benötigt, die in einer terminologischen Sprache (und nicht nur dort, sondern in Logik erster Stufe ganz allgemein) durch die Reifikation assertionaler Axiome effizient bewerkstelligt wird. Damit ganze Hypothesenräume bewertet werden können, werden die qualitativen Aussagen einzelner Axiome auf Hypothesenrauminstanzen durch die konsequente Ausnutzung von Klassifikation übertragen. Die sich daraus ergebenden konzeptuellen Strukturen werden im wesentlichen durch den um einen speziellen terminologischen Konstruktor **max** erweiterten Classifier berechnet.

Zur empirischen Validierung von AQUA wurde ein Testszenario entwickelt, dem 101 Texte aus Computerzeitschriften zugrundelagen. Zunächst wurden herkömmliche Maße aus dem Information Retrieval verwendet und die Resultate der empirischen Untersuchungen von AQUA mit den Resultaten zum System CAMILLE von Hastings verglichen. Zwar sind die Textkorpora der beiden Systeme nicht gleich, aber die Kernthese, daß terminologische Systeme (ohne den Kalkül von AQUA) eine ähnliche Lernleistung aufweisen wie CAMILLE, ließ sich bestätigen. Außerdem konnte gezeigt werden, daß durch die Verwendung des Kalküls von AQUA eine weitere Präzisierung der Konzepthypothesen ermöglich wird.

Trotz der empirischen Bestätigung von AQUA gibt es Beschränkungen und weitere Untersuchungsrichtungen, die ich nun zusammenfassend aufzeigen will:

- Beim Auftreten von zwei unbekannten Items in einer Phrase ist der PathFinder nicht in der Lage, vernünftige semantische Interpretationen zu liefern. Der Pathfinder müßte diesbezgl. erweitert werden und generelle Rollenpfade zwischen beiden unbekannten Items liefern. Bisher ist dies nicht vorgesehen.

- Bestimmte konzeptuelle Qualitätsmarken (beispielsweise die Marken SUP-PORT und C-SUPPORT) kamen in der empirischen Studie relativ selten vor, so daß eine verläßliche Aussage über deren Diskriminationskraft kaum möglich war. Erst durch die Analyse von mehreren tausend Texten ließe sich das Verhalten dieser Marken präzisieren. Dazu wird aktuell in der Arbeitsgruppe Linguistische Informatik das Gesamtsystem SYNDIKATE ausgebaut (vgl. dazu die Portierung auf eine medizinische Domäne (Hahn & Romacker, 1997) mit einem Textkorpus von mehreren tausend Texten). Ebenso soll SYNDIKATE um eine Komponente zur Synthese von Text-wissensbasen erweitert werden. Meine empirischen Tests hingegen wurden ohne den Parser PARSETALK mit manuell aufbereiteten Texten gemacht, was natürlich die Anzahl der in vertretbarem Zeitaufwand zu analysieren-den Texte einschränkt.

- Die Erkennung lernrelevanter Items wurde in der vorliegenden Arbeit nicht thematisiert. Eine solche Entscheidungskomponente trägt ganz wesentlich zur Anwendbarkeit von AQUA auf realistische Texte bei. Die vorliegende Arbeit hingegen hatte zum Ziel, einen Ansatz zu entwerfen, mit dem Konzepthypothesen eines Textverstehenssystems aufgebaut, bewertet und selektiert werden können. Was ein Textverstehenssystem als lern-relevant ansieht, wurde nicht thematisiert.

- Mit diesem Ansatz sollen in Zukunft auch Anwendungen im Bereich des Knowledge Discovery in Databases (kurz KDD) angestrebt werden. In (Hahn & Schnattinger, 1997a; Schnattinger & Hahn, 1997b) wurden die ersten Ideen bzgl. der massenhaften Analyse von Texten, das sogenannte *Textmining*, bereits beschrieben.

- Neben den in der vorliegenden Arbeit beschriebenen Qualitätszusammenhängen lassen sich in Zukunft sowohl weitere Qualitätsmarken innerhalb der beschriebenen Dimensionen $\mathcal{LQ}$ und $\mathcal{KQ}$ ermitteln, als auch neue Dimensionen im Bereich des Textverstehens herausfinden (vgl. auch Erweiterungsvorschläge in Abschnitt 5.1.1). Eine weitere Fragestellung könnte darin liegen, ob sich für andere Anwendungsgebiete ebenfalls Qualitätsdimensionen finden lassen und ob sich über alle Anwendungsgebiete hinweg ein *Kern von allgemeingültigen Qualitätsdimensionen* gibt.

Anhang A

Die Informationstechnikdomäne

In diesem Anhang gebe ich das Domänenwissen der Informationstechnikdomäne wieder. Zur Darstellung verwende ich GROOM (Schnattinger & Gürtler, 1995), ein grafisches Browsersystem zur Darstellung aller Konzepte, Relationen und Instanzen für das terminologische Wissensrepräsentationssystem LOOM.

A.1 Darstellung von Wissen in GROOM

In GROOM wird jedes Konzeptsymbol als Rechteck mit runden Ecken dargestellt und die ISA-Beziehungen durch einen Pfeil, ausgehend vom Unterkonzept zum Oberkonzept. In Abb. A.1 sind die Konzepte WORKSTATION, PC, DESKTOP, NOTEBOOK und PORTABLE als Unterkonzepte von COMPUTER-SYSTEM dargestellt. Die entsprechende terminologische Definition von beispielweise PC lautet dann: PC ⊑ COMPUTER-SYSTEM. Ein Rollensymbol wird durch einen Kreis mit einem Rechteck darin dargestellt, so wie es in der KL-ONE-Literatur üblich ist. Im Rechteck ist entweder ein d oder ein i enthalten je nach dem, ob die Rolle zu einer Konzeptdefinition oder zur Beschreibung von Constraints gehört. Unterhalb eines Rollensymbols ist ein Intervall angegeben, das die numerischen Anzahlrestriktionen bezeichnet (vgl. Abb. A.2). Im Intervall bedeutet das Symbol NIL ein offenes Intervall. Eine Rolle ist eine gerichtete Beziehung, ausgehend von einem Konzept, dem Domänenkonzept zu einem Konzept, dem Rangekonzept. Die Gerichtetheit einer Rolle deutet ein Pfeil vom Domänenkonzept zum Rangekonzept an. In Abb. A.2 ist die Rolle HAS-TRACKBALL dargestellt. Dabei ist NOTEBOOK das Domänenkonzept, TRACKBALL das Rangekonzept und das Intervall [0,NIL] besagt, daß kein oder beliebig viele Füller vom Typ TRACKBALL über der Rolle HAS-TRACKBALL vorhanden

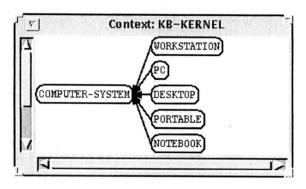

Abbildung A.1: Konzepte und ISA-Beziehung

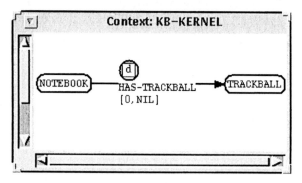

Abbildung A.2: Rolle, Domänen- und Rangebeziehung

sein dürfen. Der entsprechende terminologische Ausdruck in der Definition von NOTEBOOK lautet dann: ∀HAS-TRACKBALL.TRACKBALL. In GROOM wird eine Instanz als Rechteck mit spitzen Ecken repräsentiert (vgl. Abb. A.3). Deren Zugehörigkeit zu einem Konzept gibt ein Pfeil der Art ⟶ wieder. Eine Rollenbeziehung zwischen zwei Instanzen wird wie bei Konzeptrollen dargestellt, wobei natürlich keine Anzahlrestriktionen in Form von Intervallen existieren. Beide Arten entsprechen dabei assertionalen Axiomen in terminologischer Logik, nämlich *equip.*1 : EQUIP und *equip.*1 EQUIP-PATIENT *Megaline*. Abb. A.4 betrifft die Definition von Relationen und Rollen. Rollen unterscheiden sich von Relationen dadurch, daß sie in Konzeptdefinitionen vorkommen müssen. Somit sind Rollen eine Teilmenge der Menge aller Relationen. In Abb. A.4 bezeichnen CASE-ROLE und EQUIP-CO-PATIENT Relationen, wobei EQUIP-CO-PATIENT auch eine Rolle ist, die in der Definition von EQUIP (vgl. Abb. A.5) vorkommt. Die Relation CASE-ROLE hat die Domänen- und Rangerestriktion THING, was

218

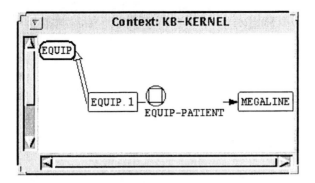

Abbildung A.3: Instanzbeziehung und Instanzrolle

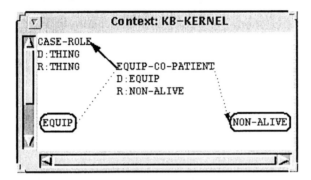

Abbildung A.4: Relationen und ISA-Beziehungen

bedeutet, daß keine Restriktionen angegeben sind. Die Domänenrestriktion wird bei Relationen unterhalb des Relationennamens aufnotiert und beginnt immer mit **D:**, die Rangerestriktion beginnt immer mit **R:** und steht unterhalb der Domänenrestriktion. EQUIP-CO-PATIENT ist dann definiert als Unterrelation von CASE-ROLE mit der Domänenrestriktion EQUIP und der Rangerestriktion NON-ALIVE. Die entsprechenden terminologischen Ausdrücke lautet dann EQUIP-CO-PATIENT $\doteq$ CASE-ROLE $\wedge$ $_{\text{EQUIP}}|\text{CASE-ROLE}|_{\text{NON-ALIVE}}$. Abb. A.5 zeigt einen Ausschnitt aus der Aktionshierarchie der verwendeten Domäne. Das Konzept EQUIP ist Unterkonzept der allgemeineren Ausstattungsaktion EQUIP-MENT, welches seinerseits Unterkonzept von sowohl dem allgemeinen Konzept ACTION als dem Konzept SEP-AND-JOIN[1] ist. EQUIP ist definiert über die Rollen EQUIP-CO-PATIENT, EQUIP-PATIENT und EQUIP-AGENT. Die entsprechen-

---

[1]Auf die methodischen Grundlagen der Modellierung von Aktionen gehe ich nicht ein, sondern nur auf die graphische Darstellung in GROOM.

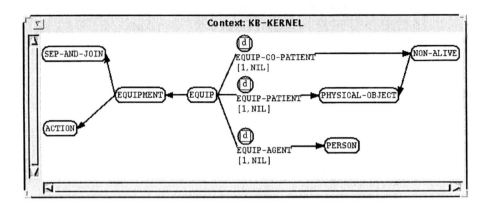

Abbildung A.5: Das Konzept EQUIP

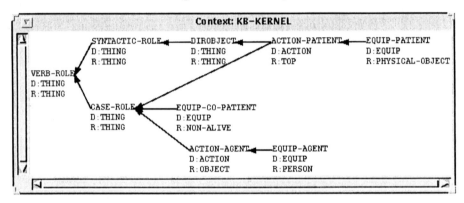

Abbildung A.6: Die Hierarchie der Relationen bzgl. des Konzepts EQUIP

den Rangerestriktionen (NON-ALIVE, PHYSICALOBJECT und PERSON) sind ebenfalls dargestellt. Abb. A.6 zeigt einen Ausschnitt aus der Relationenhierarchie, der Bezug nimmt auf die Relationen des Konzepts EQUIP. Auch in diesem Beispiel gibt es eine multiple Vererbung, denn die Relation ACTION-PATIENT wird sowohl von DIROBJECT als auch von CASE-ROLE subsumiert. Jeder Relation kann man auch die Domänen- und Rangerestriktion entnehmen. Abb. A.7 soll einen Einblick in die Definition der Informationstechnologiekonzepte geben. Dazu zeigt Abb. A.7 das Konzept PC mit seinen 17 Rollen. Der Übersichtlichkeit wegen habe ich die entsprechenden Rangerestriktionen weggelassen. Die Definition zeigt die vielfältigen Möglichkeiten der Anbindung anderer Konzepte der Hierarchie zum PC .

220

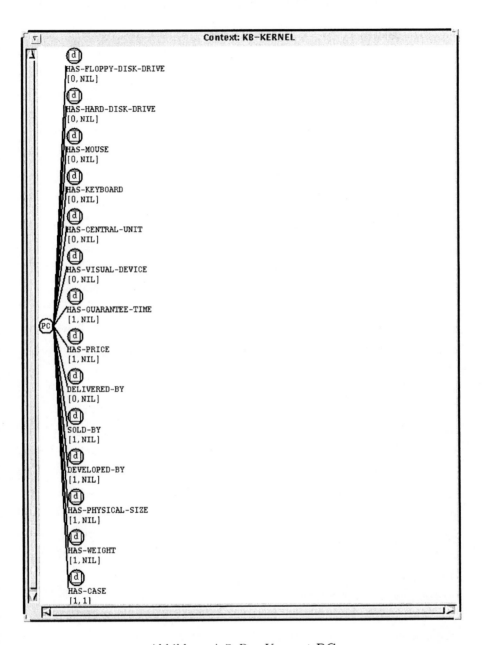

Abbildung A.7: Das Konzept PC

A.2 Die Informationstechnologiedomäne dargestellt mit GROOM

Aus Dokumentationsgründen gebe ich an dieser Stelle eine mit GROOM dargestellte, graphische Repräsentation der zugrundeliegenden Informationstechologiedomäne. Zunächst folgt im Abschnitt A.2.1 die Hierarchie der verwendeten Konzepte, wobei ich aus Gründen der Übersichtlichkeit nur die ISA-Hierarchie der Konzepte ohne die dazugehörenden Rollen dargestellt habe. In Abschnitt A.2.2 habe ich dafür die komplette Relationenhierarchie dargestellt.

A.2.1 Die Konzepthierarchie

Die Konzepthierarchie teilt sich im wesentlichen in die Bereiche informationstechnische Objekte und informationstechnische Aktionen auf. Die wesentlichen Konzepte der Informationstechnik-Ontologie sind von Nirenburg & Raskin (1987) übernommen. Ich will an dieser Stelle nur bemerken, daß die Hierarchie der Informationsobjekte nach physikalischen Gesichtpunkten modelliert wurde und nicht danach, wie man das Konzept in der Sprache gebraucht. Beispielsweise lautet eine in Bezug auf CPUs typische sprachliche Konstruktion *"Der 80386er des Lte-Lite ist mit 30 MHz getaktet"*. Sprachlich wird vermittelt, daß der Notebook *Lte-Lite* direkt mit einem Prozessor (hier dargestellt als *80386er*) verbunden ist. Tatsächlich besitzt ein Notebook eine Zentraleinheit (engl. CENTRALUNIT), die ein Motherboard enthält, auf dem dann die CPU sitzt. Damit diese Rollenketten gefunden werden können, wurde die Funktion `PathFinder` entwickelt (vgl. Abschnitt 2.2). Die Modellierung der Aktionshierarchie richtet sich nach den Kasusrahmen der die Aktionen repräsentierenden Verben. Die Kasusrahmen werden durch die Relationen VERB-ROLE und deren Unterrelationen (vgl. in Abschnitt A.2.2 die Hierarchie der Kasusrelationen, Abb. A.20, A.21, A.22 und A.23) dargestellt.

Folgende Abb. A.8 zeigt das Upper-Model der Informationstechnologiedomäne. Diese ist in drei Teile unterteilt, in den OBJECT-Bereich (siehe Abb. A.9 und die Verfeinerung der PRODUCT-Hierarchie in Abb. A.10, A.11 und A.12), in den ACTION-Teil (siehe Abb. A.13 und A.14, sowie die Prozeß- und Zustandskonzepte A.15) und in sonstige Konzepte (beispielsweise die DEGREE-Hierarchie).

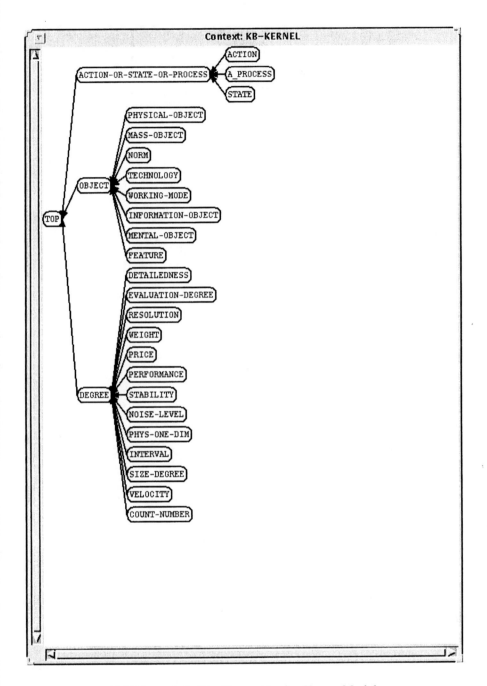

Abbildung A.8: Die Hierarchie der Upper-Models

223

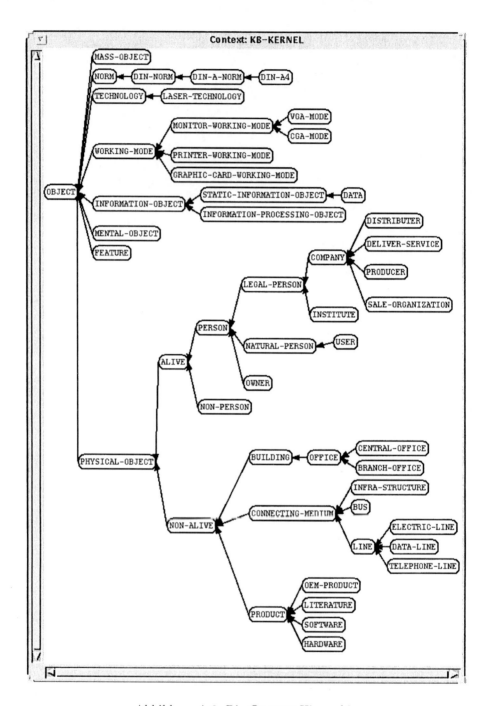

Abbildung A.9: Die OBJECT-Hierarchie

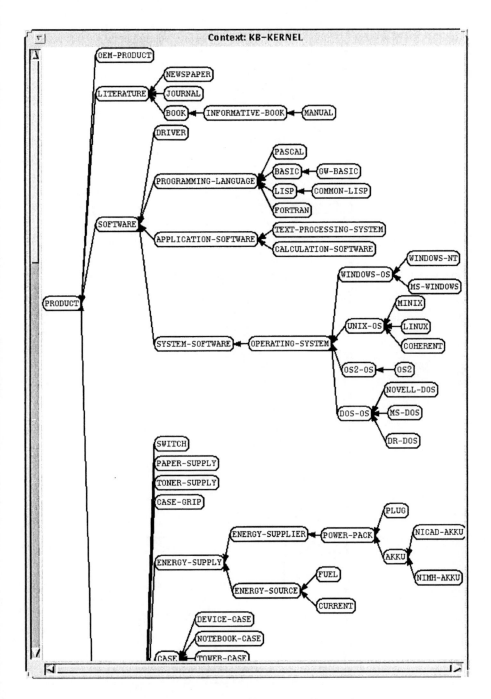

Abbildung A.10: Die PRODUCT-Hierarchie

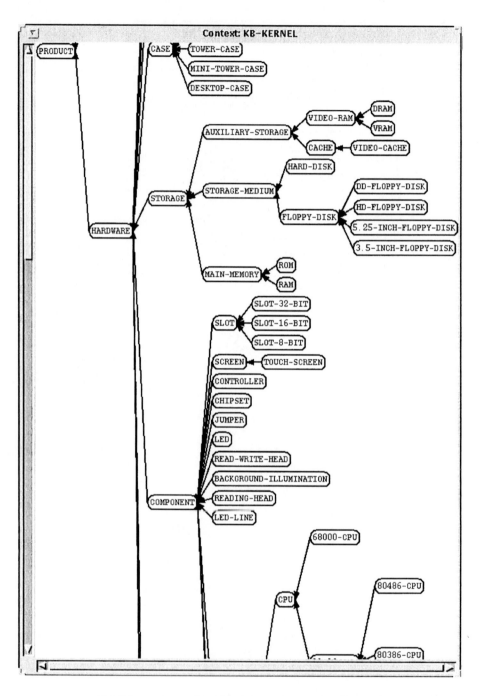

Abbildung A.11: Die PRODUCT-Hierarchie (Forts.)

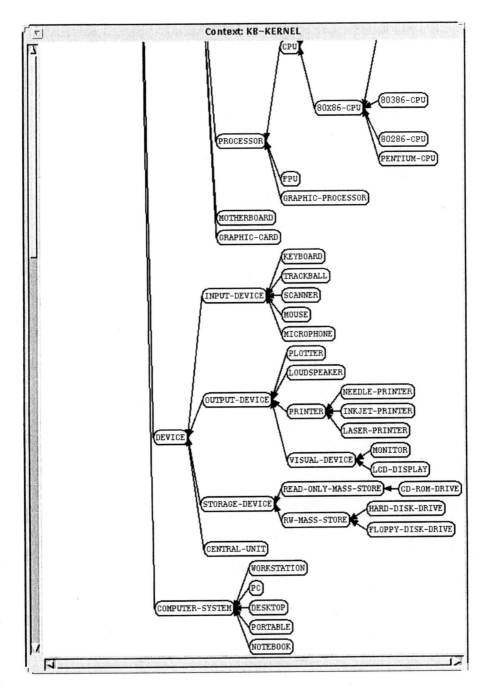

Abbildung A.12: Die PRODUCT-Hierarchie (Forts.)

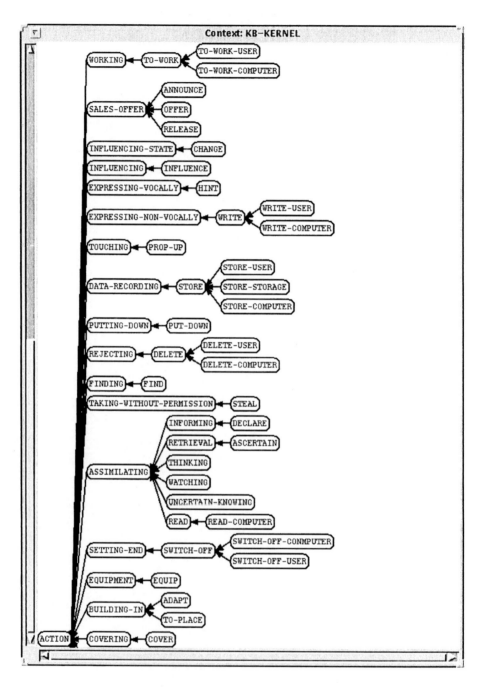

Abbildung A.13: Die ACTION-Hierarchie

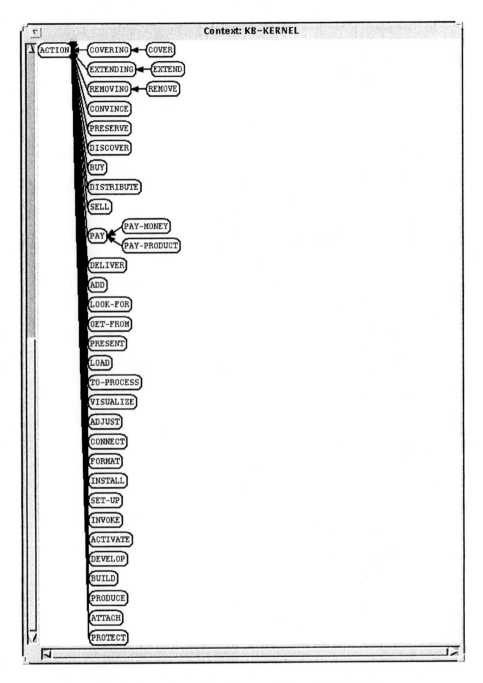

Abbildung A.14: Die ACTION-Hierarchie (Forts.)

229

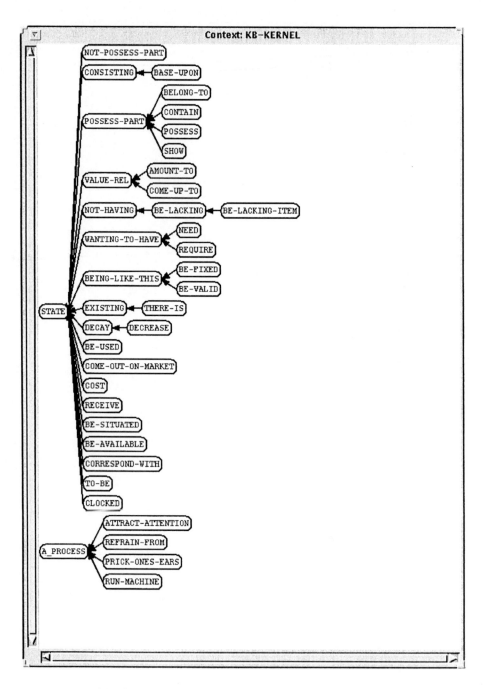

Abbildung A.15: Die STATE- und PROCESS-Hierarchie

230

A.2.2   Die Relationenhierarchie

Die Hierarchie der Relationen besteht wie die Konzepthierarchie aus zwei wesentlichen Teilen. Zum einen ist das der auf die Informationstechnik abzielende Bereich aller HAS-PART-Relationen und der Bereich aller Kasusrelationen, der die Aktionskonzepte mit den Informationstechnikkonzepten verbindet. Die HAS-PART-Relationen und deren Unterrelationen sind dabei, wie bereits im letzten Abschnitt erwähnt, nach rein physikalischen Gesichtpunkten modelliert. Die Kasusrelationen beschreiben die Aktions-, Prozeß- und Zustandskonzepte dergestalt, daß eine möglichst domänenspezifische Bedeutung der zugrundegelegten Verben vermittelt wird und (Verb-)Interpretationen möglichst eindeutig formuliert werden können. Auf eine Darstellung der Verbinterpretationsregeln habe ich verzichtet. Zu erwähnen ist noch, daß alle Blattrelationen der Relationenhierarchie als Rolle in entsprechenden Konzepten vorkommen.

Folgende Abb. A.16 zeigt das Upper-Model der verwendeten Relationenhierarchie. Diese ist im wesentlichen in drei Teile unterteilt, in den HAS-PART-Bereich (siehe Abb. A.17, A.18 und A.19), in den Bereich, in dem die Kasusrollen definiert sind (siehe Abb. A.20, A.21, A.22 und A.23), und in sonstige Relationen, die in keinen der beiden anderen Bereiche eingeordnet sind (beispielsweise die Relation HAS-WORKING-MODE und HAS-DRIVER).

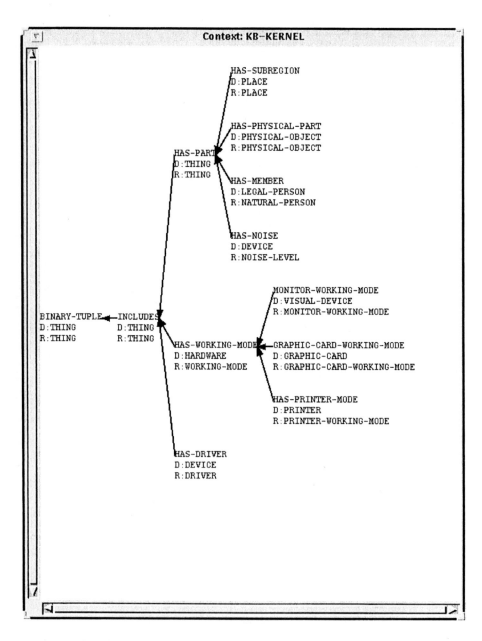

Abbildung A.16: Die Relationenhierarchie des Upper-Models

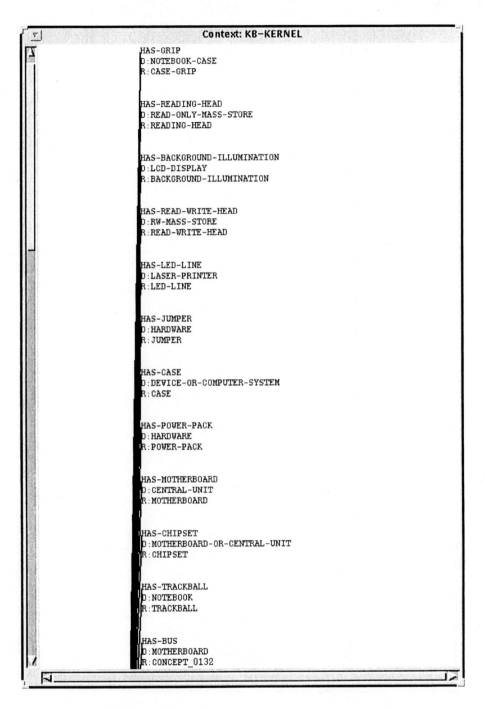

Abbildung A.17: Die HAS-PHYSICAL-PART-Hierarchie

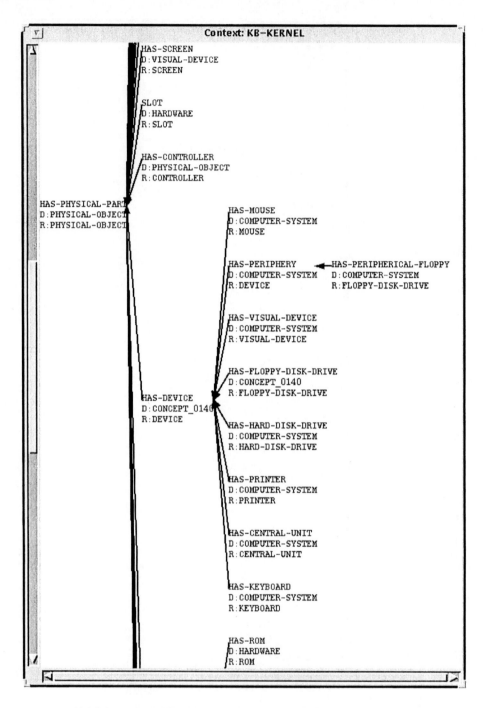

Abbildung A.18: Die HAS-PHYSICAL-PART-Hierarchie (Forts.)

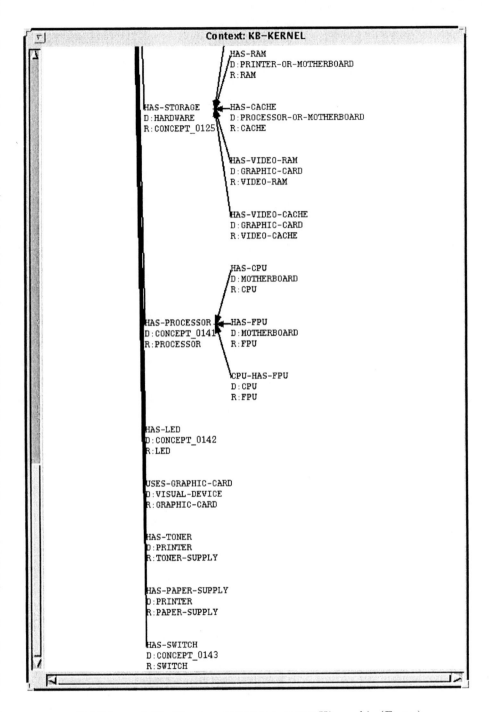

Abbildung A.19: Die HAS-PHYSICAL-PART-Hierarchie (Forts.)

235

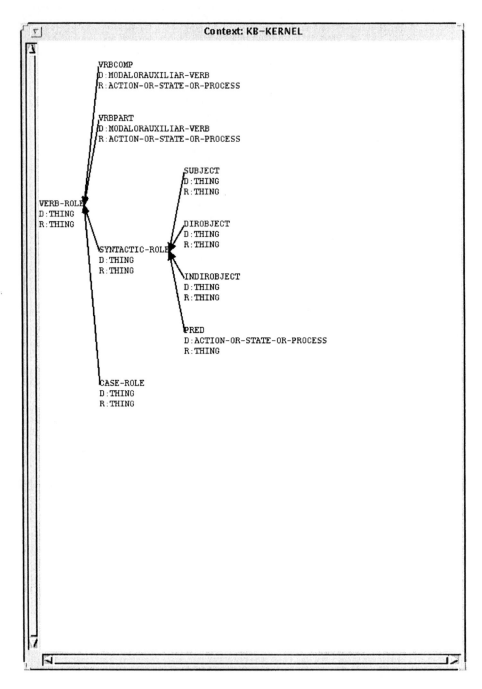

Abbildung A.20: Die Kasusrollenhierarchie

236

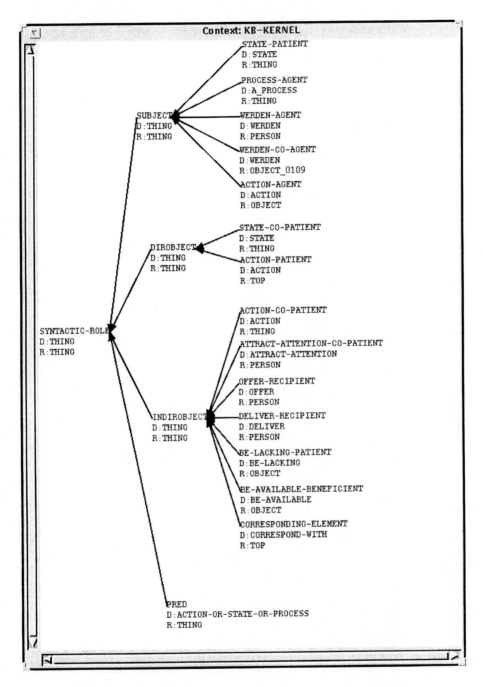

Abbildung A.21: Ausschnitt aus der SYNTACTIC-ROLE-Hierarchie

237

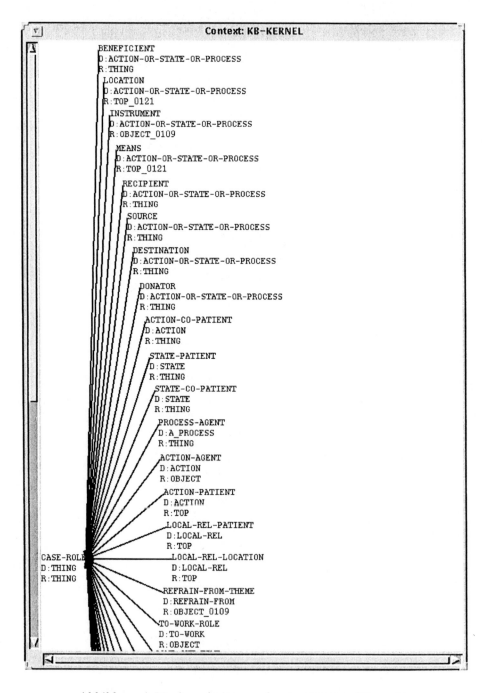

Abbildung A.22: Ausschnitt aus der CASE-ROLE-Hierarchie

238

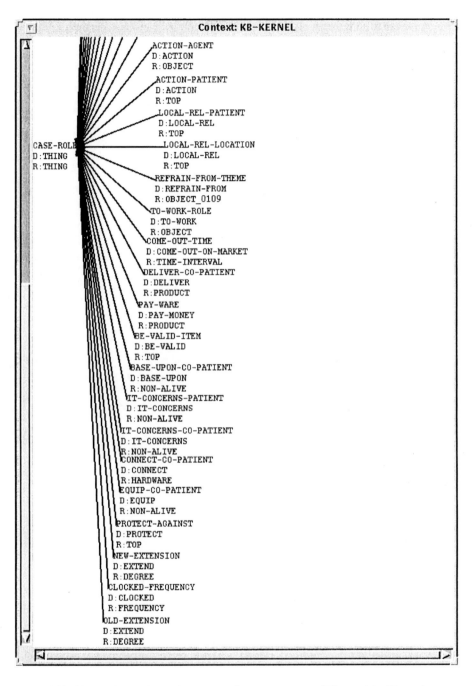

```
                          ACTION-AGENT
                           D:ACTION
                           R:OBJECT
                          ACTION-PATIENT
                           D:ACTION
                           R:TOP
                          LOCAL-REL-PATIENT
                           D:LOCAL-REL
                           R:TOP
                          LOCAL-REL-LOCATION
CASE-ROLE                  D:LOCAL-REL
D:THING                    R:TOP
R:THING                   REFRAIN-FROM-THEME
                           D:REFRAIN-FROM
                           R:OBJECT_0109
                          TO-WORK-ROLE
                           D:TO-WORK
                           R:OBJECT
                          COME-OUT-TIME
                           D:COME-OUT-ON-MARKET
                           R:TIME-INTERVAL
                          DELIVER-CO-PATIENT
                           D:DELIVER
                           R:PRODUCT
                          PAY-WARE
                           D:PAY-MONEY
                           R:PRODUCT
                          BE-VALID-ITEM
                           D:BE-VALID
                           R:TOP
                          BASE-UPON-CO-PATIENT
                           D:BASE-UPON
                           R:NON-ALIVE
                          IT-CONCERNS-PATIENT
                           D:IT-CONCERNS
                           R:NON-ALIVE
                          IT-CONCERNS-CO-PATIENT
                           D:IT-CONCERNS
                           R:NON-ALIVE
                          CONNECT-CO-PATIENT
                           D:CONNECT
                           R:HARDWARE
                          EQUIP-CO-PATIENT
                           D:EQUIP
                           R:NON-ALIVE
                          PROTECT-AGAINST
                           D:PROTECT
                           R:TOP
                          NEW-EXTENSION
                           D:EXTEND
                           R:DEGREE
                          CLOCKED-FREQUENCY
                           D:CLOCKED
                           R:FREQUENCY
                          OLD-EXTENSION
                           D:EXTEND
                           R:DEGREE
```

Abbildung A.23: Ausschnitt aus der CASE-ROLE-Hierarchie (Forts.)

Anhang B

Testergebnisse

Dieser Anhang beschreibt einige Ergebnisse der empirischen Tests, innerhalb derer AQUA auf den Textbestand angewendet wurde. Jeder Test bestand darin, einen aufbereiteten Text nach den in dieser Arbeit beschriebenen Methoden zu verarbeiten. Insgesamt wurden so 101 Texte mit insgesamt 793 Phrasen analysiert. Jeder Text wurde mit der initialen Informationstechnikdomäne verarbeitet, eine kumulierte Verarbeitung fand also nicht statt.

Um die Ergebnisse der 101 Texte in einer kompakten Form darzustellen, habe ich Tabellen aufbereitet, in denen das Zielkonzept (Spalte **Ziel**), das zu lernende Item (Spalte **unbekanntes Wort**) und die von AQUA unter den drei Qualitätsdimensionen (jeweils die Spalten **Hypothesen unter** $-$, **Hypothesen unter** $\mathcal{L}\mathcal{Q}$ und **Hypothesen unter** $\mathcal{K}\mathcal{Q}$) aufgebauten Konzepthypothesen enthalten ist. In den drei letzten Spalten werden die Konzepthypothesen durch die Angabe der Konzeptnamen und bei gleichen Konzeptnamen deren Anzahl in Klammer angegeben. Zusätzlich sind Texte, bei denen der Kalkül eine falsche Auswahl trifft, mit dem Pfeil $\Longrightarrow$ und bei denen der `PathFinder` falsche Rollenpfade generiert, mit dem Pfeil $\longrightarrow$ markiert. Die ersten vier Tabellen B.1, B.2, B.3 und B.4 geben die Konzepthypothesen am Ende jeder Textanalyse wieder. Um zu entscheiden, ab welchem Lernschritt vernünftige Ergebnisse von AQUA produziert werden, habe ich die Ergebnisse nach dem dritten, vierten und fünften Lernschritt angegeben. Die Tabellen B.5, B.6, B.7, B.8, B.9 und B.10 geben die Konzepthypothesen nach drei Lernschritten wieder. Die Ergebnisse nach dem vierten Lernschritt zeigen die Tabellen B.11, B.12, B.13, B.14, B.15 und B.16 und nach dem fünften Lernschritt die Tabellen B.17, B.18, B.19, B.20, und B.21.

Ziel	unbekan-tes Wort	Hypothesen unter –	Hypothesen unter $\mathcal{L}Q$	Hypothesen unter $\mathcal{K}Q$
NOTE BOOK	ACD-3300	NOTEBOOK, PORTABLE	NOTEBOOK, PORTABLE	NOTEBOOK, PORTABLE
	ACL386SX	NOTEBOOK	NOTEBOOK	NOTEBOOK
	ASI-168	DESKTOP, DEV.CASE, NOTEBOOK, PORTABLE, LED	DESKTOP, DEV.CASE, NOTEBOOK, PORTABLE, LED	NOTEBOOK, PORTABLE
	AST-386SX	NOTEBOOK, PORTABLE	NOTEBOOK, PORTABLE	NOTEBOOK, PORTABLE
	Abeco	NOTEBOOK, PORTABLE	NOTEBOOK, PORTABLE	NOTEBOOK, PORTABLE
	B310	NOTEBOOK, PORTABLE	NOTEBOOK, PORTABLE	NOTEBOOK, PORTABLE
	BibleSize	DESKTOP, PC, NOTEBOOK(2), PORTABLE, WORKSTATION	DESKTOP, PC, NOTEBOOK(2), PORTABLE, WORKSTATION	DESKTOP, PC, NOTEBOOK(2), PORTABLE, WORKSTATION
	Compaq-Contura	NOTEBOOK(2), PORTABLE(2), DESKTOP(2)	NOTEBOOK(2), PORTABLE(2), DESKTOP(2)	NOTEBOOK(2), PORTABLE(2)
	Compri-22(1)	NOTEBOOK	NOTEBOOK	NOTEBOOK
	Compri-22(2)	NOTEBOOK(2)	NOTEBOOK(2)	NOTEBOOK
	Contura-4-25	NOTEBOOK	NOTEBOOK	NOTEBOOK
	Decision Mate	NOTEBOOK, PORTABLE	NOTEBOOK, PORTABLE	NOTEBOOK, PORTABLE
	Dell-316LT	NOTEBOOK, PORTABLE DRIVER, DEV.CASE, JUMPER	NOTEBOOK, PORTABLE DRIVER, DEV.CASE, JUMPER	NOTEBOOK, PORTABLE
	Dell-325SL	NOTEBOOK(2)	NOTEBOOK(2)	NOTEBOOK
	HP-Omni book-300	NOTEBOOK, PORTABLE USER(3)	NOTEBOOK, PORTABLE	NOTEBOOK, PORTABLE
	IBM-CL57	NOTEBOOK(2), PORTABLE	NOTEBOOK(2), PORTABLE	NOTEBOOK
	M-Tek-Book-Size	DESKTOP, PC NOTEBOOK, PORTABLE, WORKSTATION	DESKTOP, PC NOTEBOOK, PORTABLE, WORKSTATION	DESKTOP, PC NOTEBOOK, PORTABLE, WORKSTATION
	Momenta	DESKTOP, PC NOTEBOOK(2), PORTABLE WORKSTATION	DESKTOP, PC NOTEBOOK(2), PORTABLE WORKSTATION	NOTEBOOK
	NB-386SX-20	NOTEBOOK, PORTABLE	NOTEBOOK, PORTABLE	NOTEBOOK, PORTABLE
	NEC-Ultra liteSL25C	NOTEBOOK, PORTABLE	NOTEBOOK, PORTABLE	NOTEBOOK, PORTABLE
	NP-825	DESKTOP, PC, NOTEBOOK(2), PORTABLE, WORKSTATION	DESKTOP, PC, NOTEBOOK(2), PORTABLE, WORKSTATION	NOTEBOOK
	Ruggbook	NOTEBOOK, PORTABLE	NOTEBOOK, PORTABLE	NOTEBOOK, PORTABLE
	SN8650	DESKTOP, PC, NOTEBOOK, PORTABLE, WORKSTATION, CACHE, MOTHERBOARD	DESKTOP, PC, NOTEBOOK, PORTABLE, WORKSTATION, CACHE, MOTHERBOARD	DESKTOP, PC, NOTEBOOK, PORTABLE WORKSTATION,
	T3100SX	NOTEBOOK	NOTEBOOK	NOTEBOOK
	T4900	NOTEBOOK(10)	NOTEBOOK(10)	NOTEBOOK(3)
	Tandon NB-386	NOTEBOOK(2), PORTABLE, USER	NOTEBOOK(2), PORTABLE	NOTEBOOK
	Toshiba-T2200SX	NOTEBOOK(2)	NOTEBOOK(2)	NOTEBOOK
	Toshiba-T4400SX	NOTEBOOK(4)	NOTEBOOK	NOTEBOOK
	Travelmate	DESKTOP, PC, NOTEBOOK, PORTABLE, WORKSTATION	DESKTOP, PC, NOTEBOOK, PORTABLE, WORKSTATION	DESKTOP, PC, NOTEBOOK, PORTABLE, WORKSTATION
	UltraLite	NOTEBOOK(2), PORTABLE(2)	NOTEBOOK(2), PORTABLE(2)	NOTEBOOK, PORTABLE

Tabelle B.1: Testergebnisse am Ende jeder Textanalyse

Ziel	unbekan-tes Wort	Hypothesen unter −	Hypothesen unter $\mathcal{L}Q$	Hypothesen unter $\mathcal{K}Q$
NOTE BOOK	VersaP	NOTEBOOK(4), PORTABLE(4) USER	NOTEBOOK(4), PORTABLE(4)	NOTEBOOK(2), PORTABLE(2)
	Zenit-Note	NOTEBOOK, PORTABLE, USER, CACHE(2)	NOTEBOOK, PORTABLE	NOTEBOOK, PORTABLE
	Zenith-Sport	NOTEBOOK	NOTEBOOK	NOTEBOOK
	Zenith-Z-Lite	NOTEBOOK(2), PORTABLE(2), USER	NOTEBOOK(2)	NOTEBOOK
PORT ABLE	Compaq-LTE286	PORTABLE	PORTABLE	PORTABLE
	HL400C	NOTEBOOK(2), PORTABLE(2)	NOTEBOOK(2), PORTABLE(2)	NOTEBOOK, PORTABLE
DESK TOP	ALR-Flyer	DESKTOP, PC, USER, WORKSTATION	DESKTOP, PC, USER, WORKSTATION	DESKTOP
	ASI-Easyline	DESKTOP, PC, WORKSTATION	DESKTOP, PC, WORKSTATION	DESKTOP, PC, WORKSTATION
	AST-486	DESKTOP, PC, NOTEBOOK, PORTABLE, WORKSTATION	DESKTOP, PC, NOTEBOOK, PORTABLE, WORKSTATION	DESKTOP, PC, NOTEBOOK, PORTABLE, WORKSTATION
	Amstrad-4386	DESKTOP, PC, NOTEBOOK, PORTABLE, WORKSTATION, USER(3)	DESKTOP, PC, NOTEBOOK, PORTABLE, WORKSTATION, USER(3)	DESKTOP, PC, NOTEBOOK, PORTABLE WORKSTATION
	ESCOM-MPC	DESKTOP(2), PC(2), WORKSTATION(2), DELIVERER, SALESORG, PRODUCER	DESKTOP(2), PC(2), WORKSTATION(2), DELIVERER, SALESORG, PRODUCER	DESKTOP, PC, WORKSTATION,
	Euro-486SX	DESKTOP, PC, NOTEBOOK, PORTABLE, WORKSTATION	DESKTOP, PC, NOTEBOOK, PORTABLE, WORKSTATION	DESKTOP, PC, NOTEBOOK, PORTABLE, WORKSTATION
	Highscreen CD-PC	DESKTOP(6), PC(6), WORKSTATION(6), USER(4)	DESKTOP(2), PC(2), WORKSTATION(2)	DESKTOP, PC, WORKSTATION
	Hurdla-486SX	DESKTOP, PC, WORKSTATION	DESKTOP, PC, WORKSTATION	DESKTOP, PC
	IBM-PS2-57SX	DESKTOP, PC, NOTEBOOK, PORTABLE, WORKSTATION, PRODUCER	DESKTOP, PC, NOTEBOOK, PORTABLE, WORKSTATION	DESKTOP, PC, NOTEBOOK, PORTABLE, WORKSTATION
	IBM-Ultimedia	DESKTOP, PC, NOTEBOOK, PORTABLE, WORKSTATION	DESKTOP, PC, NOTEBOOK, PORTABLE, WORKSTATION	DESKTOP, PC, NOTEBOOK, PORTABLE, WORKSTATION
	IBM-Valuepoint	DESKTOP, PC, WORKSTATION, USER	DESKTOP, PC, WORKSTATION	DESKTOP, PC, WORKSTATION
	KC320SX	DESKTOP, PC, USER(3) NOTEBOOK, PORTABLE WORKSTATION	DESKTOP, PC, NOTEBOOK, PORTABLE WORKSTATION	DESKTOP, PC, NOTEBOOK, PORTABLE
	SCT-Proline	DESKTOP, PC, WORKSTATION	DESKTOP, PC, WORKSTATION	DESKTOP, PC, WORKSTATION
	SH-486-33	DESKTOP, PC, WORKSTATION, PRODUCER	DESKTOP, PC, WORKSTATION, PRODUCER	DESKTOP, PC, WORKSTATION
PC	ASI-Megaline	DESKTOP(2), PC(2), NOTEBOOK(2), PORTABLE(2), WORKSTATION(2)	PC(2), WORKSTATION(2)	PC, WORKSTATION
	ASI-TBird	PC, WORKSTATION, DELIVERER, SALESORG	PC, WORKSTATION, DELIVERER, SALESORG	PC, WORKSTATION,
→	Amtec486-33	DELIVERER, SALESORG	DELIVERER, SALESORG	DELIVERER, SALESORG
	Compaq-Deskpro	DESKTOP(2), PC(2), NOTEBOOK(2), PORTABLE(2), WORKSTATION(2)	DESKTOP(2), PC(2), NOTEBOOK(2), PORTABLE(2), WORKSTATION(2)	DESKTOP, PC, NOTEBOOK, PORTABLE, WORKSTATION

Tabelle B.2: Testergebnisse am Ende jeder Textanalyse (Forts.)

Ziel	unbekan-tes Wort	Hypothesen unter −	Hypothesen unter $\mathcal{LQ}$	Hypothesen unter $\mathcal{KQ}$
PC	Compaq-Prolinea	DESKTOP, PC, NOTEBOOK, PORTABLE, WORKSTATION, USER	DESKTOP, PC, NOTEBOOK, PORTABLE, WORKSTATION, USER	DESKTOP, PC, NOTEBOOK, PORTABLE, WORKSTATION
	MPC-GX1	DESKTOP, PC, WORKSTATION	DESKTOP, PC, WORKSTATION	DESKTOP, PC, WORKSTATION
	SXT-486	DESKTOP(2), PC(2), NOTEBOOK(4), PORTABLE(2), WORKSTATION(2)	PC(2), WORKSTATION(2)	PC, WORKSTATION
	Tandon 486-50	PC(2), WORKSTATION(2)	PC(2), WORKSTATION(2)	PC, WORKSTATION
	TerraAT486	DESKTOP, PC, WORKSTATION, PRODUCER	PC, WORKSTATION	PC, WORKSTATION
	Vantage 80486-50	DESKTOP, PC, NOTEBOOK, PORTABLE, WORKSTATION	DESKTOP, PC, NOTEBOOK, PORTABLE, WORKSTATION	DESKTOP, PC, NOTEBOOK, PORTABLE, WORKSTATION
	Versaline40	PC, WORKSTATION, PRODUCER	PC, WORKSTATION, PRODUCER	PC, WORKSTATION
	Vobis AlphaAXP	DESKTOP, PC, WORKSTATION	DESKTOP, PC, WORKSTATION	DESKTOP, PC, WORKSTATION
	Wonderlite 486-33	DESKTOP, PC, WORKSTATION, PRODUCER	DESKTOP, PC, WORKSTATION	DESKTOP, PC, WORKSTATION
	Zenith-Server	DESKTOP, PC, NOTEBOOK, PORTABLE, WORKSTATION	DESKTOP, PC, NOTEBOOK, PORTABLE, WORKSTATION	DESKTOP, PC, NOTEBOOK, PORTABLE, WORKSTATION
WORK STA TION	Dell-Powerline	PC, WORKSTATION	PC, WORKSTATION	PC, WORKSTATION
	Wang EC460	DESKTOP, PC, NOTEBOOK, PORTABLE, WORKSTATION, USER	DESKTOP, PC, NOTEBOOK, PORTABLE, WORKSTATION	DESKTOP, PC, NOTEBOOK, PORTABLE, WORKSTATION
LASER PR	Brother-HL10DPS	INKJETPR, NEEDLEPR, LASERPR, PLOTTER, MONITOR(2), LCDDISPLAY(2), LOUDSPEAKER	INKJETPR, NEEDLEPR, LASERPR, PLOTTER, MONITOR(2), LCDDISPLAY(2), LOUDSPEAKER	INKJETPR, NEEDLEPR, LASERPR
	Brother-HL4V	INKJETPR, NEEDLEPR, LASERPR	INKJETPR, NEEDLEPR, LASERPR	INKJETPR, NEEDLEPR, LASERPR
	Brother-HL6	INKJETPR(2), NEEDLEPR(2), LASERPR(2)	INKJETPR, NEEDLEPR, LASERPR	INKJETPR, NEEDLEPR, LASERPR
	EPL-5600	INKJETPR, NEEDLEPR, LASERPR	INKJETPR, NEEDLEPR, LASERPR	INKJETPR, NEEDLEPR, LASERPR
	Epson-EPL-4100	INKJETPR, NEEDLEPR, LASERPR	INKJETPR, NEEDLEPR, LASERPR	INKJETPR, NEEDLEPR, LASERPR
	HL-1260	INKJETPR, NEEDLEPR, LASERPR	INKJETPR, NEEDLEPR, LASERPR	INKJETPR, NEEDLEPR, LASERPR
	HL-660	INKJETPR, NEEDLEPR, LASERPR, PRODUCER	INKJETPR, NEEDLEPR, LASERPR, PRODUCER	INKJETPR, NEEDLEPR, LASERPR
	HP-Laserjet4	LASERPR	LASERPR	LASERPR
	HP-Laserjet4L	INKJETPR, NEEDLEPR, LASERPR	INKJETPR, NEEDLEPR, LASERPR	INKJETPR, NEEDLEPR, LASERPR
	HP-LaserjetIIIp	DESKTOP, PC, NOTEBOOK, PORTABLE, WORKSTATION, INKJETPR, NEEDLEPR, LASERPR	DESKTOP, PC, NOTEBOOK, PORTABLE, WORKSTATION, INKJETPR, NEEDLEPR, LASERPR	INKJETPR, NEEDLEPR, LASERPR
	IBM 4029030	INKJETPR, NEEDLEPR, LASERPR	INKJETPR, NEEDLEPR, LASERPR	INKJETPR, NEEDLEPR, LASERPR
	Itoh-Ci-8	LASERPR	LASERPR	LASERPR

Tabelle B.3: Testergebnisse am Ende jeder Textanalyse (Forts.)

Ziel	unbekantes Wort	Hypothesen unter –	Hypothesen unter $\mathcal{LQ}$	Hypothesen unter $\mathcal{KQ}$
LASER PR	Kyocera-FS1500	LASERPR(2), USER(2)	LASERPR	LASERPR
	Kyocera-FS1500A	LASERPR	LASERPR	LASERPR
	Kyocera-FS820	LASERPR	LASERPR	LASERPR
	Kyocera-FS850(1)	LASERPR	LASERPR	LASERPR
	Kyocera-FS850(2)	LASERPR PRINTERMODE(2)	LASERPR	LASERPR
	LSR-615	DESKTOP(2), PC(2), NOTEBOOK(4), PORTABLE(2), WORKSTATION(2), INKJETPR, NEEDLEPR, LASERPR	DESKTOP(2), PC(2), NOTEBOOK(4), PORTABLE(2), WORKSTATION(2), INKJETPR, NEEDLEPR, LASERPR	INKJETPR, NEEDLEPR, LASERPR
	Minolta-SP3000	INKJETPR, NEEDLEPR, LASERPR	INKJETPR, NEEDLEPR, LASERPR	INKJETPR, NEEDLEPR, LASERPR
	OKI-OL810	LASERPR	LASERPR	LASERPR
	Ricoh LP1200	INKJETPR, NEEDLEPR, LASERPR	INKJETPR, NEEDLEPR, LASERPR	INKJETPR, NEEDLEPR, LASERPR
	StarLS5	INKJETPR, NEEDLEPR, LASERPR, PLOTTER, MONITOR, LCDDISPLAY, OFFICE, USER, LOUDSPEAKER	INKJETPR, NEEDLEPR, LASERPR	INKJETPR, NEEDLEPR, LASERPR
NEEDLE PR	Citizen224	INKJETPR, NEEDLEPR, LASERPR	INKJETPR, NEEDLEPR, LASERPR	INKJETPR, NEEDLEPR, LASERPR
	StarLC 24-20	INKJETPR, NEEDLEPR, LASERPR	INKJETPR, NEEDLEPR, LASERPR	INKJETPR, NEEDLEPR, LASERPR
	TI-Micromarc	INKJETPR, NEEDLEPR, LASERPR, CENTRALUNIT	INKJETPR, NEEDLEPR, LASERPR, CENTRALUNIT	INKJETPR, NEEDLEPR, LASERPR
INKJET PR	HP-Deskjet 500C	INKJETPR, NEEDLEPR, LASERPR	INKJETPR, NEEDLEPR, LASERPR	INKJETPR, NEEDLEPR, LASERPR
	SL-90	INKJETPR, NEEDLEPR, LASERPR	INKJETPR, NEEDLEPR, LASERPR	INKJETPR, NEEDLEPR, LASERPR
MONITOR	Eizo-T560i	MONITOR(3)	MONITOR(3)	MONITOR(3)
	Hitachi-17MVX	MONITOR	MONITOR	MONITOR
	MultiSync 5FG	DESKTOP, PC, NOTEBOOK, PORTABLE, WORKSTATION, INKJETPR, NEEDLEPR, LASERPR, ROM-DRIVE, SCANNER, PLOTTER, CENTRALUNIT, HARDDISKDRIVE, FLOPPYDISKDRIVE LCDDISPLAY, MONITOR LOUDSPEAKER	MONITOR	MONITOR
	MultiSync XP21	MONITOR	MONITOR	MONITOR
HARDDISK DRIVE	LPS105	HARDDISKDRIVE, FloppyDiskDrive	HARDDISKDRIVE, FloppyDiskDrive	HARDDISKDRIVE, FloppyDiskDrive
MOTHER BOARD	Orchid-Board-486	MOTHERBOARD	MOTHERBOARD	MOTHERBOARD
FPU	SS-3c875	FPU(2), GRAPHICPROC(2)	FPU(2)	FPU(2)
GRAPHIC CARD $\Longrightarrow$	Stealth-Hi-Color	LCDDISPLAY(2), MONITOR(2), GRAPHICCARD(2)	LCDDISPLAY(2), MONITOR(2), GRAPHICCARD(2)	LCDDISPLAY(2), MONITOR(2)

Tabelle B.4: Testergebnisse am Ende jeder Textanalyse (Forts.)

Ziel	unbekan-tes Wort	Hypothesen unter −	Hypothesen unter $\mathcal{L}Q$	Hypothesen unter $\mathcal{K}Q$
NOTE BOOK	ACD-3300	DESKTOP, PC, NOTEBOOK, PORTABLE, WORKSTATION	DESKTOP, PC, NOTEBOOK, PORTABLE, WORKSTATION	DESKTOP, PC, NOTEBOOK, PORTABLE, WORKSTATION
	ACL386SX	NOTEBOOK, PRODUCER, DELIVERER, SALEORG	NOTEBOOK	NOTEBOOK
	ASI-168	COMPUTER, CASE, COMPONENT, DEV, STORAGE, GRIP, PAPERSUP, TONERSUP, ENERGYSUP, SWITCH	COMPUTER, CASE, COMPONENT, DEV, STORAGE, GRIP, PAPERSUP, TONERSUP, ENERGYSUP, SWITCH	COMPUTER, CASE, COMPONENT, DEV, STORAGE, GRIP, PAPERSUP, TONERSUP, ENERGYSUP, SWITCH
	AST-386SX	DESKTOP, PC, NOTEBOOK, PORTABLE WORKSTATION	DESKTOP, PC, NOTEBOOK, PORTABLE WORKSTATION	DESKTOP, PC, NOTEBOOK, PORTABLE WORKSTATION
	Abeco	NOTEBOOK, PORTABLE	NOTEBOOK, PORTABLE	NOTEBOOK, PORTABLE
	B310	DESKTOP, PC, NOTEBOOK, PORTABLE WORKSTATION	DESKTOP, PC, NOTEBOOK, PORTABLE WORKSTATION	DESKTOP, PC, NOTEBOOK, PORTABLE WORKSTATION
	BibleSize	DESKTOP, PC, NOTEBOOK, PORTABLE, WORKSTATION, HARDDISKDRIVE	DESKTOP, PC, NOTEBOOK, PORTABLE, WORKSTATION, HARDDISKDRIVE	DESKTOP, PC, NOTEBOOK, PORTABLE, WORKSTATION, HARDDISKDRIVE
	Compaq-Contura	NOTEBOOK, PORTABLE, WORKSTATION, PC, DESKTOP, PRODUCER, HARDDISKDRIVE, DELIVERER, SALEORG	NOTEBOOK, PORTABLE, WORKSTATION, PC, DESKTOP, PRODUCER, HARDDISKDRIVE, DELIVERER, SALEORG	NOTEBOOK, PORTABLE WORKSTATION, PC, DESKTOP,
	Compri-22(1)	NOTEBOOK	NOTEBOOK	NOTEBOOK
$\Rightarrow$	Compri-22(2)	NOTEBOOK, PORTABLE, DESKTOP, PC, WORKSTATION, RAM, DRIVER, SWITCH, USER(3), DEV.CASE, PAPERSUP, TONERSUP, LED, 32-BIT-SLOT, 16-BIT-SLOT, 8-BIT-SLOT	NOTEBOOK, PORTABLE, DESKTOP, PC, WORKSTATION, RAM, DRIVER, SWITCH, USER(3), DEV.CASE, PAPERSUP, TONERSUP, LED, 32-BIT-SLOT, 16-BIT-SLOT, 8-BIT-SLOT	32-BIT-SLOT, 16-BIT-SLOT, 8-BIT-SLOT
	Contura-4-25	COMPUTER, DEV, MOTHERBOARD, GRIP, CASE, ENERGYSUP, TONERSUP, PAPERSUP, SWITCH, STORAGE	COMPUTER, DEV, MOTHERBOARD, GRIP, CASE, ENERGYSUP, TONERSUP, PAPERSUP, SWITCH, STORAGE	COMPUTER, DEV, MOTHERBOARD, GRIP, CASE, ENERGYSUP, TONERSUP, PAPERSUP, SWITCH, STORAGE
	Decision Mate	NOTEBOOK, PORTABLE, DESKTOP, PC, WORKSTATION, MOTHERBOARD, CACHE	NOTEBOOK, PORTABLE, DESKTOP, PC, WORKSTATION, MOTHERBOARD, CACHE	NOTEBOOK, PORTABLE, DESKTOP, PC, WORKSTATION
	Dell-316LT	NOTEBOOK, PORTABLE, WORKSTATION, PC, DESKTOP, HARDDISK, DRIVER, DEV.CASE, JUMPER, RW-HEAD	NOTEBOOK, PORTABLE, WORKSTATION, PC, DESKTOP, HARDDISK, DRIVER, DEV.CASE, JUMPER, RW-HEAD	NOTEBOOK, PORTABLE, WORKSTATION, PC, DESKTOP
	Dell-325SL	NOTEBOOK, DEV.CASE	NOTEBOOK, DEV.CASE	NOTEBOOK, DEV.CASE
	HP-Omni book-300	NOTEBOOK, PORTABLE DESKTOP, PC, WORKSTATION, USER	NOTEBOOK, PORTABLE DESKTOP, PC, WORKSTATION, USER	NOTEBOOK, PORTABLE DESKTOP, PC, WORKSTATION
	IBM-CL57	COMPUTER, DEV, STORAGE, GRIP, CASE, ENERGYSUP, TONERSUP, PAPERSUP, COMPONENT, SWITCH	COMPUTER, DEV, STORAGE, GRIP, CASE, ENERGYSUP, TONERSUP, PAPERSUP, COMPONENT, SWITCH	COMPUTER, DEV, STORAGE, GRIP, CASE, ENERGYSUP, TONERSUP, PAPERSUP, COMPONENT, SWITCH

Tabelle B.5: Testergebnisse nach dem dritten Lernschritt

Ziel	unbekan-tes Wort	Hypothesen unter −	Hypothesen unter $\mathcal{L}Q$	Hypothesen unter $\mathcal{K}Q$
NOTE BOOK	M-Tek-Book-Size	DESKTOP, PC, OFFICE, NOTEBOOK, PORTABLE, WORKSTATION, USER	DESKTOP, PC NOTEBOOK, PORTABLE, WORKSTATION	DESKTOP, PC NOTEBOOK, PORTABLE, WORKSTATION
	Momenta	COMPUTER, DEV, STORAGE, GRIP, CASE, ENERGYSUP, TONERSUP, PAPERSUP, COMPONENT, SWITCH	COMPUTER, DEV, STORAGE, GRIP, CASE, ENERGYSUP, TONERSUP, PAPERSUP, COMPONENT, SWITCH	COMPUTER, DEV, STORAGE, GRIP, CASE, ENERGYSUP, TONERSUP, PAPERSUP, COMPONENT, SWITCH
	NB-386 SX-20	COMPUTER, DEV, STORAGE, BOOK, NEWSPAPER, JOURNAL, CASE, ENERGYSUP, TONERSUP, PAPERSUP, MOTHERBOARD, SWITCH, GRIP	COMPUTER, MOTHERBOARD	COMPUTER, MOTHERBOARD
	NEC-Ultra liteSL25C	NOTEBOOK, PORTABLE	NOTEBOOK, PORTABLE	NOTEBOOK, PORTABLE
	NP-825	DESKTOP, PC, NOTEBOOK, PORTABLE, WORKSTATION	DESKTOP, PC, NOTEBOOK, PORTABLE, WORKSTATION	DESKTOP, PC, NOTEBOOK, PORTABLE, WORKSTATION
	Ruggbook	NOTEBOOK, PORTABLE, WORKSTATION, PC, DESKTOP, CENTRALUNIT, INPUTDEV, OUTPUTDEV, STORAGEDEV	NOTEBOOK, PORTABLE, WORKSTATION, PC, DESKTOP, CENTRALUNIT, INPUTDEV, OUTPUTDEV, STORAGEDEV	NOTEBOOK, PORTABLE, WORKSTATION, PC, DESKTOP, CENTRALUNIT, INPUTDEV, OUTPUTDEV, STORAGEDEV
	SN8650	DESKTOP, PC, NOTEBOOK, PORTABLE, WORKSTATION, CACHE, MOTHERBOARD	DESKTOP, PC, NOTEBOOK, PORTABLE, WORKSTATION, CACHE, MOTHERBOARD	DESKTOP, PC, NOTEBOOK, PORTABLE WORKSTATION
	T3100SX	NOTEBOOK	NOTEBOOK	NOTEBOOK
	T4900	NOTEBOOK	NOTEBOOK	NOTEBOOK
⟹	Tandon NB-386	NOTEBOOK, PORTABLE, DESKTOP, PC, WORKSTATION, MOTHERBOARD(2), USER	NOTEBOOK, PORTABLE DESKTOP, PC, WORKSTATION, MOTHERBOARD(2), USER	MOTHERBOARD(2)
	Toshiba-T2200SX	NOTEBOOK	NOTEBOOK	NOTEBOOK
	Toshiba-T4400SX	NOTEBOOK(4)	NOTEBOOK	NOTEBOOK
	Travel mate	COMPUTER, DEV, STORAGE, GRIP, CASE, ENERGYSUP, TONERSUP, PAPERSUP, COMPONENT, SWITCH	COMPUTER, DEV, STORAGE, GRIP, CASE, ENERGYSUP, TONERSUP, PAPERSUP, COMPONENT, SWITCH	COMPUTER, DEV, STORAGE, GRIP, CASE, ENERGYSUP, TONERSUP, PAPERSUP, COMPONENT, SWITCH
⟹	UltraLite	MENTALOBJ, MASSOBJ, IP-OBJ, DIN-NORM, OEM, LASERTECHNO, PRINTERMODE, FEATURE, MONITORMODE, SI-OBJ, GRAPHICMODE, HARDWARE, SOFTWARE, OUTPUTDEV, LITERATURE, COMPUTER	OEM, HARDWARE, SOFTWARE, OUTPUTDEV, LITERATURE, COMPUTER	OUTPUTDEV
	VersaP	NOTEBOOK(2), PORTABLE(2), CASE, ILLUMINATION, DRIVER, USER	NOTEBOOK(2), PORTABLE(2), CASE, ILLUMINATION, DRIVER, USER	NOTEBOOK, PORTABLE
⟹	Zenit-Note	NOTEBOOK, PORTABLE, USER, CACHE(2)	NOTEBOOK, PORTABLE, USER, CACHE(2)	CACHE(2)
	Zenith-Sport	NOTEBOOK	NOTEBOOK	NOTEBOOK
	Zenith-Z-Lite	NOTEBOOK(2), PORTABLE(2), USER	NOTEBOOK(2), PORTABLE(2), USER	NOTEBOOK, PORTABLE

Tabelle B.6: Testergebnisse nach dem dritten Lernschritt (Forts.)

Ziel	unbekan- tes Wort	Hypothesen unter −	Hypothesen unter $\mathcal{L}Q$	Hypothesen unter $\mathcal{K}Q$
PORT ABLE	Compaq- LTE286	NOTEBOOK, PORTABLE, WORKSTATION, PC, DESKTOP, USER	NOTEBOOK, PORTABLE WORKSTATION, PC, DESKTOP, USER	NOTEBOOK, PORTABLE WORKSTATION, PC, DESKTOP
	HL400C	NOTEBOOK, PORTABLE	NOTEBOOK, PORTABLE	NOTEBOOK, PORTABLE
DESK TOP	ALR-Flyer	DESKTOP, PC, USER, WORKSTATION	DESKTOP, PC, USER, WORKSTATION	DESKTOP
	ASI-Easyline	DESKTOP, PC, WORKSTATION	DESKTOP, PC, WORKSTATION	DESKTOP, PC, WORKSTATION
	AST-486	DESKTOP, PC, NOTEBOOK, PORTABLE, WORKSTATION, HARDDISKDRIVE	DESKTOP, PC, NOTEBOOK, PORTABLE, WORKSTATION, HARDDISKDRIVE	DESKTOP, PC, NOTEBOOK, PORTABLE, WORKSTATION
	Amstrad- 4386	DESKTOP, PC, NOTEBOOK, PORTABLE, WORKSTATION, USER	DESKTOP, PC, NOTEBOOK, PORTABLE, WORKSTATION, USER	DESKTOP, PC, NOTEBOOK, PORTABLE WORKSTATION
$\Longrightarrow$	ESCOM- MPC	DESKTOP, PC, WORKSTATION, DELIVERER, SALESORG, PRODUCER	DESKTOP, PC, WORKSTATION, DELIVERER, SALESORG, PRODUCER	DELIVERER, SALESORG, PRODUCER
	Euro- 486SX	DESKTOP, PC, NOTEBOOK, PORTABLE, WORKSTATION, HARDDISKDRIVE	DESKTOP, PC, NOTEBOOK, PORTABLE, WORKSTATION, HARDDISKDRIVE	DESKTOP, PC, NOTEBOOK, PORTABLE, WORKSTATION
	Highscreen CD-PC	DESKTOP, PC, WORKSTATION, USER	DESKTOP, PC, WORKSTATION, USER	DESKTOP, PC, WORKSTATION
	Hurdla- 486SX	DESKTOP, PC, NOTEBOOOK, PORTABLE, WORKSTATION, FEATURE, MENTALOBJ, MASSOBJ, IP-OBJ, SI-OBJ, LASERTECHNO, DIN-NORM, GRAPHICMODE MONITORMODE, PRINTERMODE	DESKTOP, PC, NOTEBOOOK, PORTABLE, WORKSTATION	DESKTOP, PC, NOTEBOOOK, PORTABLE
	IBM-PS2- 57SX	DESKTOP, PC, NOTEBOOK, PORTABLE, WORKSTATION, PRODUCER	DESKTOP, PC, NOTEBOOK, PORTABLE, WORKSTATION, PRODUCER	DESKTOP, PC, NOTEBOOK, PORTABLE, WORKSTATION
	IBM- Ultimedia	HARDWARE	HARDWARE	HARDWARE
	IBM- Valuepoint	DESKTOP, PC, NOTEBOOK, PORTABLE, WORKSTATION, USER	DESKTOP, PC, NOTEBOOK, PORTABLE, WORKSTATION, USER	DESKTOP, PC, NOTEBOOK, PORTABLE, WORKSTATION
	KC320SX	DESKTOP, PC, NOTEBOOK, PORTABLE, WORKSTATION, USER	DESKTOP, PC, NOTEBOOK, PORTABLE, WORKSTATION, USER	DESKTOP, PC, NOTEBOOK, PORTABLE,
	SCT- Proline	DESKTOP, PC, WORKSTATION	DESKTOP, PC, WORKSTATION	DESKTOP, PC, WORKSTATION
	SH-486-33	DESKTOP, PC, WORKSTATION, PRODUCER	DESKTOP, PC, WORKSTATION, PRODUCER	DESKTOP, PC, WORKSTATION
PC	ASI- Megaline	DESKTOP, PC, NOTEBOOK, PORTABLE, WORKSTATION, USER	PC, WORKSTATION, USER	PC, WORKSTATION
$\Longrightarrow$	ASI-TBird	PC, WORKSTATION, DESKTOP, PRODUCER, DELIVERER, SALESORG	PC, WORKSTATION, DESKTOP, PRODUCER, DELIVERER, SALESORG	PRODUCER, DELIVERER, SALESORG
$\longrightarrow$	Amtec486-33	DELIVERER, SALESORG	DELIVERER, SALESORG	DELIVERER, SALESORG

Tabelle B.7: Testergebnisse nach dem dritten Lernschritt (Forts.)

Ziel	unbekan-tes Wort	Hypothesen unter −	Hypothesen unter $\mathcal{L}Q$	Hypothesen unter $\mathcal{K}Q$
PC	Compaq-Deskpro	DESKTOP(2), PC(2), NOTEBOOK(2), PORTABLE(2), WORKSTATION(2)	DESKTOP(2), PC(2), NOTEBOOK(2), PORTABLE(2), WORKSTATION(2)	DESKTOP, PC, NOTEBOOK, PORTABLE, WORKSTATION
	Compaq-Prolinea	DESKTOP, PC, NOTEBOOK, PORTABLE, WORKSTATION, USER	DESKTOP, PC, NOTEBOOK, PORTABLE, WORKSTATION, USER	DESKTOP, PC, NOTEBOOK, PORTABLE, WORKSTATION
	MPC-GX1	COMPUTER, DEV, STORAGE, GRIP, CASE, ENERGYSUP, TONERSUP, PAPERSUP, COMPONENT, SWITCH	COMPUTER, DEV, STORAGE, GRIP, CASE, ENERGYSUP, TONERSUP, PAPERSUP, COMPONENT, SWITCH	COMPUTER, DEV, STORAGE, GRIP, CASE, ENERGYSUP, TONERSUP, PAPERSUP, COMPONENT, SWITCH
	SXT-486	DESKTOP, PC, NOTEBOOK, PORTABLE, WORKSTATION	PC, WORKSTATION	PC, WORKSTATION
	Tandon 486-50	COMPUTER	COMPUTER	COMPUTER
	Terra AT486	NOTEBOOK, PORTABLE, PC, WORKSTATION, DESKTOP, PRODUCER	PC, WORKSTATION, PRODUCER	PC, WORKSTATION
	Vantage 80486-50	DESKTOP, PC, NOTEBOOK, PORTABLE, WORKSTATION	DESKTOP, PC, NOTEBOOK, PORTABLE, WORKSTATION	DESKTOP, PC, NOTEBOOK, PORTABLE, WORKSTATION
	Versaline40	PC, WORKSTATION, NOTEBOOK, PORTABLE, DESKTOP, PRODUCER	PC, WORKSTATION, NOTEBOOK, PORTABLE, DESKTOP, PRODUCER	PC, WORKSTATION, NOTEBOOK, PORTABLE, DESKTOP
	Vobis AlphaAXP	COMPUTER, FEATURE, MENTALOBJ, MASSOBJ, INFORMATIONOBJ, TECHNO, NORM MODE, HARDDISKDRIVE	COMPUTER	COMPUTER
	Wonderlite 486-33	WORKSTATION, PC, DESKTOP, PRODUCER	WORKSTATION, PC, DESKTOP, PRODUCER	WORKSTATION, PC, DESKTOP
	Zenith-Server	DESKTOP, PC, NOTEBOOK, PORTABLE, WORKSTATION	DESKTOP, PC, NOTEBOOK, PORTABLE, WORKSTATION	DESKTOP, PC, NOTEBOOK, PORTABLE, WORKSTATION
WORK STA TION $\Longrightarrow$	Dell-Powerline	COMPUTER, DEV, STORAGE, GRIP, CASE, ENERGYSUP, TONERSUP, PAPERSUP, COMPONENT, SWITCH	COMPUTER, DEV, STORAGE, GRIP, CASE, ENERGYSUP, TONERSUP, PAPERSUP, COMPONENT, SWITCH	COMPUTER, DEV, STORAGE, GRIP, CASE, ENERGYSUP, TONERSUP, PAPERSUP, COMPONENT, SWITCH
	Wang EC460	DESKTOP, PC, NOTEBOOK, PORTABLE, WORKSTATION, USER, CACHE, MOTHERBOARD(2)	DESKTOP, PC, NOTEBOOK, PORTABLE, WORKSTATION, USER, CACHE, MOTHERBOARD(2)	MOTHERBOARD(2)
LASER PR	Brother-HL10DPS	INKJETPR, NEEDLEPR, LASERPR, PLOTTER, MONITOR, LCDDISPLAY, LOUDSPEAKER	INKJETPR, NEEDLEPR, LASERPR, PLOTTER, MONITOR, LCDDISPLAY, LOUDSPEAKER	INKJETPR, NEEDLEPR, LASERPR, MONITOR, LCDDISPLAY
	Brother-HL4V	PRINTER, VISUALDEV, PLOTTER, LOUDSPEAKER	PRINTER, VISUALDEV, PLOTTER, LOUDSPEAKER	PRINTER, VISUALDEV, PLOTTER, LOUDSPEAKER
	Brother-HL6	INKJETPR, NEEDLEPR, LASERPR	INKJETPR, NEEDLEPR, LASERPR	INKJETPR, NEEDLEPR, LASERPR
	EPL-5600	PRINTER, MOTHERBOARD	PRINTER, MOTHERBOARD	PRINTER, MOTHERBOARD
	Epson-EPL-4100	INKJETPR, NEEDLEPR, LASERPR, DESKTOP, WORKSTATION, PC, NOTEBOOK, PORTABLE	INKJETPR, NEEDLEPR, LASERPR, DESKTOP, WORKSTATION, PC, NOTEBOOK, PORTABLE	INKJETPR, NEEDLEPR, LASERPR

Tabelle B.8: Testergebnisse nach dem dritten Lernschritt (Forts.)

Ziel	unbekantes Wort	Hypothesen unter −	Hypothesen unter $\mathcal{L}Q$	Hypothesen unter $\mathcal{K}Q$
LASERPR	HL-1260	INKJETPR, NEEDLEPR, LASERPR, PLOTTER, HARDDISKDRIVE, CD-ROM-DRIVE, SCANNER, FLOPPYDISKDRIVE, MONITOR, LCDDISPLAY, CENTRALUNIT, LOUDSPEAKER	INKJETPR, NEEDLEPR, LASERPR, PLOTTER, HARDDISKDRIVE, CD-ROM-DRIVE, SCANNER, FLOPPYDISKDRIVE, MONITOR, LCDDISPLAY, CENTRALUNIT, LOUDSPEAKER	INKJETPR, NEEDLEPR, LASERPR, HARDDISKDRIVE, FLOPPYDISKDRIVE, MONITOR, LCDDISPLAY
	HL-660	INKJETPR, NEEDLEPR, LASERPR, PRODUCER	INKJETPR, NEEDLEPR, LASERPR, PRODUCER	INKJETPR, NEEDLEPR, LASERPR
	HP-Laserjet4	INKJETPR, NEEDLEPR, LASERPR, DESKTOP, WORKSTATION, PC, NOTEBOOK, PORTABLE	INKJETPR, NEEDLEPR, LASERPR, DESKTOP, WORKSTATION, PC, NOTEBOOK, PORTABLE	INKJETPR, NEEDLEPR, LASERPR
	HP-Laserjet4L	INKJETPR, NEEDLEPR, LASERPR, DESKTOP, WORKSTATION, PC, NOTEBOOK, PORTABLE	INKJETPR, NEEDLEPR, LASERPR, DESKTOP, WORKSTATION, PC, NOTEBOOK, PORTABLE	INKJETPR, NEEDLEPR, LASERPR
	HP-LaserjetIIIp	DEV, COMPUTER	DEV, COMPUTER	DEV, COMPUTER
	IBM 4029030	INKJETPR, NEEDLEPR, LASERPR	INKJETPR, NEEDLEPR, LASERPR	INKJETPR, NEEDLEPR, LASERPR
	Itoh-Ci-8	OUTPUTDEV, INPUTDEV, STORAGEDEV, COMPUTER, CENTRALUNIT	OUTPUTDEV, INPUTDEV, STORAGEDEV, COMPUTER, CENTRALUNIT	OUTPUTDEV, INPUTDEV, STORAGEDEV
	Kyocera-FS1500	B-OFFICE(2), C-OFFICE(2), LASERPR(2), PROGRLANG(2), APPLICATSW(2), SYSTEMSW(2), USER(2), DRIVER(2)	LASERPR	LASERPR
	Kyocera-FS1500A	LASERPR	LASERPR	LASERPR
	Kyocera-FS820	LASERPR, OFFICE, USER	LASERPR	LASERPR
	Kyocera-FS850(1)	LASERPR	LASERPR	LASERPR
	Kyocera-FS850(2)	LASERPR, LASERTECHNO, PRINTERMODE, MONITORMODE, GRAPHICMODE, FEATURE, IP-OBJ, SI-OBJ, MENTALOBJ, MASSOBJ, DIN-NORM	LASERPR	LASERPR
	LSR-615	DESKTOP, PC, NOTEBOOK, PORTABLE, WORKSTATION, INKJETPR, NEEDLEPR, LASERPR	DESKTOP, PC, NOTEBOOK, PORTABLE, WORKSTATION, INKJETPR, NEEDLEPR, LASERPR	INKJETPR, NEEDLEPR, LASERPR
	Minolta-SP3000	PRINTER	PRINTER	PRINTER
	OKI-OL810	LASERPR, DRIVER, OFFICE, PROGRLANG, APPLICATSW, SYSTEMSW	LASERPR	LASERPR
	Ricoh LP1200	INKJETPR, NEEDLEPR, LASERPR, DESKTOP, WORKSTATION, PC, NOTEBOOK, PORTABLE	INKJETPR, NEEDLEPR, LASERPR, DESKTOP, WORKSTATION, PC, NOTEBOOK, PORTABLE	INKJETPR, NEEDLEPR, LASERPR

Tabelle B.9: Testergebnisse nach dem dritten Lernschritt (Forts.)

Ziel	unbekan-tes Wort	Hypothesen unter –	Hypothesen unter $\mathcal{LQ}$	Hypothesen unter $\mathcal{KQ}$
LASER PR	StarLS5	INKJETPR, NEEDLEPR, LASERPR, PLOTTER, MONITOR, LCDDISPLAY, OFFICE, USER, LOUDSPEAKER	INKJETPR, NEEDLEPR, LASERPR	INKJETPR, NEEDLEPR, LASERPR
NEED LEPR	Citizen224	INKJETPR, NEEDLEPR, LASERPR	INKJETPR, NEEDLEPR, LASERPR	INKJETPR, NEEDLEPR, LASERPR
	StarLC 24-20	INKJETPR, NEEDLEPR, LASERPR, PLOTTER, MONITOR, LCDDISPLAY, LOUDSPEAKER	INKJETPR, NEEDLEPR, LASERPR, PLOTTER, MONITOR, LCDDISPLAY, LOUDSPEAKER	INKJETPR, NEEDLEPR, LASERPR, MONITOR, LCDDISPLAY
	TI-Micro marc	PRINTER, PLOTTER, LOUDSPEAKER, MICROPHONE, KEYBOARD, MOUSE, RO-MASSSTORE, RW-MASSSTORE, CENTRALUNIT, VISUALDEV, TRACKBALL, SCANNER	PRINTER, PLOTTER, LOUDSPEAKER, MICROPHONE, KEYBOARD, MOUSE, RO-MASSSTORE, RW-MASSSTORE, CENTRALUNIT, VISUALDEV, TRACKBALL, SCANNER	PRINTER, PLOTTER, LOUDSPEAKER, MICROPHONE, KEYBOARD, MOUSE, RO-MASSSTORE, RW-MASSSTORE, VISUALDEV, TRACKBALL, SCANNER
INKJET PR	Deskjet 500C	PRINTER, PLOTTER, LOUDSPEAKER, MICROPHONE, KEYBOARD, MOUSE, RO-MASSSTORE, RW-MASSSTORE, CENTRALUNIT, VISUALDEV, TRACKBALL, SCANNER	PRINTER, PLOTTER, LOUDSPEAKER, MICROPHONE, KEYBOARD, MOUSE, RO-MASSSTORE, RW-MASSSTORE, CENTRALUNIT, VISUALDEV, TRACKBALL, SCANNER	PRINTER, PLOTTER, LOUDSPEAKER, MICROPHONE, KEYBOARD, MOUSE, RO-MASSSTORE, RW-MASSSTORE, VISUALDEV, TRACKBALL, SCANNER
	SL-90	INKJETPR, NEEDLEPR, LASERPR, DESKTOP, WORKSTATION, PC, NOTEBOOK, PORTABLE, PRODUCER	INKJETPR, NEEDLEPR, LASERPR	INKJETPR, NEEDLEPR, LASERPR
MONITOR	Eizo-T560i	MONITOR(3)	MONITOR(3)	MONITOR(3)
	Hitachi-17MVX	NOTEBOOK, PORTABLE, DESKTOP, PC, WORKSTATION, LCDDISPLAY, MONITOR	NOTEBOOK, PORTABLE, DESKTOP, PC, WORKSTATION, LCDDISPLAY, MONITOR	LCDDISPLAY, MONITOR
$\Rightarrow$	MultiSync 5FG	OUTPUTDEV, SCANNER, COMPUTER, CENTRALUNIT, RO-MASSSTORE, RW-MASSSTORE	OUTPUTDEV, SCANNER, COMPUTER, CENTRALUNIT, RO-MASSSTORE, RW-MASSSTORE	RO-MASSSTORE, RW-MASSSTORE
	MultiSync XP21	MONITOR	MONITOR	MONITOR
HARDDISK DRIVE	LPS105	HARDWARE, LITERATURE	HARDWARE, LITERATURE	HARDWARE, LITERATURE
MOTHER BOARD	Orchid-Board-486	MOTHERBOARD, FPU	MOTHERBOARD, FPU	MOTHERBOARD, FPU
FPU	SS-3c875	FPU, GRAPHICPROC, GRAPHICCARD, OFFICE, MOTHERBOARD	FPU, GRAPHICPROC, GRAPHICCARD, MOTHERBOARD	FPU, GRAPHICPROC
GRAPHIC CARD $\Rightarrow$	Stealth-Hi-Color	LCDDISPLAY(2), MONITOR(2), GRAPHICCARD(2)	LCDDISPLAY(2), MONITOR(2), GRAPHICCARD(2)	LCDDISPLAY(2), MONITOR(2)

Tabelle B.10: Testergebnisse nach dem dritten Lernschritt (Forts.)

Ziel	unbekan-tes Wort	Hypothesen unter −	Hypothesen unter $\mathcal{LQ}$	Hypothesen unter $\mathcal{CB}$
NOTE BOOK	ACD-3300	DESKTOP, PC, NOTEBOOK, PORTABLE, WORKSTATION	DESKTOP, PC, NOTEBOOK, PORTABLE, WORKSTATION	DESKTOP, PC, NOTEBOOK, PORTABLE, WORKSTATION
	ACL386SX	NOTEBOOK, PRODUCER, DELIVERER, SALEORG	NOTEBOOK	NOTEBOOK
	ASI-168	DESKTOP, PC, NOTEBOOK, PORTABLE, WORKSTATION, LED, DEV.CASE	DESKTOP, PC, NOTEBOOK, PORTABLE, WORKSTATION, LED, DEV.CASE	DESKTOP, PC, NOTEBOOK, PORTABLE, WORKSTATION
	AST-386SX	DESKTOP, PC, NOTEBOOK, PORTABLE WORKSTATION	DESKTOP, PC, NOTEBOOK, PORTABLE WORKSTATION	DESKTOP, PC, NOTEBOOK, PORTABLE WORKSTATION
	Abeco	NOTEBOOK, PORTABLE	NOTEBOOK, PORTABLE	NOTEBOOK, PORTABLE
	B310	DESKTOP, PC, NOTEBOOK, PORTABLE WORKSTATION	DESKTOP, PC, NOTEBOOK, PORTABLE WORKSTATION	DESKTOP, PC, NOTEBOOK, PORTABLE WORKSTATION
	BibleSize	DESKTOP, PC, NOTEBOOK, PORTABLE, WORKSTATION	DESKTOP, PC, NOTEBOOK, PORTABLE, WORKSTATION	DESKTOP, PC, NOTEBOOK, PORTABLE, WORKSTATION
	Compaq-Contura	NOTEBOOK, PORTABLE, WORKSTATION, PC, DESKTOP	NOTEBOOK, PORTABLE, WORKSTATION, PC, DESKTOP	NOTEBOOK, PORTABLE WORKSTATION, PC, DESKTOP
	Compri-22(1)	NOTEBOOK	NOTEBOOK	NOTEBOOK
	Compri-22(2)	NOTEBOOK, PORTABLE, DESKTOP, PC, WORKSTATION	NOTEBOOK, PORTABLE, DESKTOP, PC, WORKSTATION	NOTEBOOK, PORTABLE, DESKTOP, PC, WORKSTATION
$\Longrightarrow$	Contura-4-25	NOTEBOOK, PORTABLE, VRAM, DRAM, SWITCH, DEV.CASE, CACHE(2)	NOTEBOOK, PORTABLE, VRAM, DRAM, SWITCH, DEV.CASE, CACHE(2)	VRAM, DRAM
	Decision Mate	NOTEBOOK, PORTABLE, DESKTOP, PC, WORKSTATION, MOTHERBOARD	NOTEBOOK, PORTABLE, DESKTOP, PC, WORKSTATION, MOTHERBOARD	NOTEBOOK, PORTABLE, DESKTOP, PC, WORKSTATION
	Dell-316LT	NOTEBOOK, PORTABLE, DEV.CASE, JUMPER, DRIVER	NOTEBOOK, PORTABLE, DEV.CASE, JUMPER, DRIVER	NOTEBOOK, PORTABLE
	Dell-325SL	NOTEBOOK, DEV.CASE	NOTEBOOK, DEV.CASE	NOTEBOOK, DEV.CASE
	HP-Omni book-300	NOTEBOOK, PORTABLE, USER	NOTEBOOK, PORTABLE, USER	NOTEBOOK, PORTABLE
	IBM-CL57	COMPUTER, MOTHERBOARD, STORAGE, GRIP, CASE, ENERGYSUP, TONERSUP, PAPERSUP, DEV, SWITCH	COMPUTER, MOTHERBOARD	COMPUTER,
	M-Tek-Book-Size	DESKTOP, PC, NOTEBOOK, PORTABLE, WORKSTATION, USER	DESKTOP, PC, NOTEBOOK, PORTABLE, WORKSTATION	DESKTOP, PC, NOTEBOOK, PORTABLE, WORKSTATION
	Momenta	DESKTOP, PC, NOTEBOOK, PORTABLE, WORKSTATION, LED, DEV.CASE	DESKTOP, PC, NOTEBOOK, PORTABLE, WORKSTATION, LED, DEV.CASE	DESKTOP, PC, NOTEBOOK, PORTABLE, WORKSTATION
	NB-386 SX-20	DESKTOP, PC, NOTEBOOK, PORTABLE, WORKSTATION, MOTHERBOARD, CACHE	DESKTOP, PC, NOTEBOOK, PORTABLE, WORKSTATION, MOTHERBOARD	DESKTOP, PC, NOTEBOOK, PORTABLE, WORKSTATION
	NEC-Ultra liteSL25C	NOTEBOOK, PORTABLE	NOTEBOOK, PORTABLE	NOTEBOOK, PORTABLE

Tabelle B.11: Testergebnisse nach dem vierten Lernschritt

Ziel	unbekantes Wort	Hypothesen unter −	Hypothesen unter $\mathcal{LQ}$	Hypothesen unter $\mathcal{CB}$
NOTEBOOK	NP-825	DESKTOP, PC, NOTEBOOK, PORTABLE, WORKSTATION	DESKTOP, PC, NOTEBOOK, PORTABLE, WORKSTATION	DESKTOP, PC, NOTEBOOK, PORTABLE, WORKSTATION
	Ruggbook	NOTEBOOK, PORTABLE, WORKSTATION, PC, DESKTOP, CENTRALUNIT	NOTEBOOK, PORTABLE, WORKSTATION, PC, DESKTOP, CENTRALUNIT	NOTEBOOK, PORTABLE, WORKSTATION, PC, DESKTOP, CENTRALUNIT
	SN8650	DESKTOP, PC, NOTEBOOK, PORTABLE, WORKSTATION, CACHE, MOTHERBOARD	DESKTOP, PC, NOTEBOOK, PORTABLE, WORKSTATION, CACHE, MOTHERBOARD	DESKTOP, PC, NOTEBOOK, PORTABLE WORKSTATION
	T3100SX	NOTEBOOK	NOTEBOOK	NOTEBOOK
	T4900	NOTEBOOK	NOTEBOOK	NOTEBOOK
⟹	Tandon NB-386	NOTEBOOK, PORTABLE, DESKTOP, PC, WORKSTATION, MOTHERBOARD(2), USER	NOTEBOOK, PORTABLE DESKTOP, PC, WORKSTATION, MOTHERBOARD(2), USER	MOTHERBOARD(2)
	Toshiba-T2200SX	NOTEBOOK	NOTEBOOK	NOTEBOOK
	Toshiba-T4400SX	NOTEBOOK(4)	NOTEBOOK	NOTEBOOK
	Travelmate	NOTEBOOK, PORTABLE, DESKTOP, PC, WORKSTATION, CACHE, MOTHERBOARD	NOTEBOOK, PORTABLE, DESKTOP, PC, WORKSTATION, CACHE, MOTHERBOARD	NOTEBOOK, PORTABLE, DESKTOP, PC, WORKSTATION
⟹	UltraLite	MENTALOBJ, MASSOBJ, IP-OBJ, DIN-NORM, OEM, LASERTECHNO, PRINTERMODE, FEATURE, MONITORMODE, SI-OBJ, GRAPHICMODE, FPU(2), SOFTWARE, MOTHERBOARD(2), LITERATURE, COMPUTER	MOTHERBOARD(2), COMPUTER	MOTHERBOARD(2)
	VersaP	NOTEBOOK(4), PORTABLE(4), CASE, ILLUMINATION, DRIVER, USER	NOTEBOOK(4), PORTABLE(4)	NOTEBOOK(2), PORTABLE(2)
⟹	Zenit-Note	NOTEBOOK, PORTABLE, USER, CACHE(2)	NOTEBOOK, PORTABLE, USER, CACHE(2)	CACHE(2)
	Zenith-Sport	NOTEBOOK	NOTEBOOK	NOTEBOOK
	Zenith-Z-Lite	NOTEBOOK(2), PORTABLE(2), USER	NOTEBOOK(2), PORTABLE(2), USER	NOTEBOOK, PORTABLE
PORTABLE	Compaq-LTE286	PORTABLE	PORTABLE	PORTABLE
	HL400C	NOTEBOOK, PORTABLE	NOTEBOOK, PORTABLE	NOTEBOOK, PORTABLE
DESKTOP	ALR-Flyer	DESKTOP, PC, USER, WORKSTATION	DESKTOP, PC, USER, WORKSTATION	DESKTOP
	ASI-Easyline	DESKTOP, PC, WORKSTATION	DESKTOP, PC, WORKSTATION	DESKTOP, PC, WORKSTATION
	AST-486	DESKTOP, PC, NOTEBOOK, PORTABLE, WORKSTATION, HARDDISKDRIVE	DESKTOP, PC, NOTEBOOK, PORTABLE, WORKSTATION, HARDDISKDRIVE	DESKTOP, PC, NOTEBOOK, PORTABLE, WORKSTATION
	Amstrad-4386	DESKTOP, PC, NOTEBOOK, PORTABLE, WORKSTATION, USER	DESKTOP, PC, NOTEBOOK, PORTABLE, WORKSTATION, USER	DESKTOP, PC, NOTEBOOK, PORTABLE WORKSTATION
⟹	ESCOM-MPC	DESKTOP, PC, WORKSTATION, DELIVERER, SALESORG, PRODUCER	DESKTOP, PC, WORKSTATION, DELIVERER, SALESORG, PRODUCER	DELIVERER, SALESORG, PRODUCER

Tabelle B.12: Testergebnisse nach dem vierten Lernschritt (Forts.)

Ziel	unbekantes Wort	Hypothesen unter −	Hypothesen unter $\mathcal{LQ}$	Hypothesen unter $\mathcal{CB}$
DESKTOP	Euro-486SX	DESKTOP, PC, NOTEBOOK, PORTABLE, WORKSTATION	DESKTOP, PC, NOTEBOOK, PORTABLE, WORKSTATION	DESKTOP, PC, NOTEBOOK, PORTABLE, WORKSTATION
	Highscreen CD-PC	DESKTOP(2), PC(2), WORKSTATION(2), USER(2)	DESKTOP(2), PC(2), WORKSTATION(2), USER(2)	DESKTOP, PC
	Hurdla-486SX	DESKTOP, PC, NOTEBOOK, PORTABLE, WORKSTATION, FEATURE, MENTALOBJ, MASSOBJ, IP-OBJ, SI-OBJ, LASERTECHNO, DIN-NORM, GRAPHICMODE, MONITORMODE, PRINTERMODE	DESKTOP, PC, NOTEBOOOK, PORTABLE, WORKSTATION	DESKTOP, PC, NOTEBOOOK, PORTABLE WORKSTATION
	IBM-PS2-57SX	DESKTOP, PC, NOTEBOOK, PORTABLE, WORKSTATION, PRODUCER	DESKTOP, PC, NOTEBOOK, PORTABLE, WORKSTATION	DESKTOP, PC, NOTEBOOK, PORTABLE, WORKSTATION
	IBM-Ultimedia	COMPUTER, DEV, COMPONENT, STORAGE, ENERGYSUP, TONERSUP, PAPERSUP, GRIP, CASE	COMPUTER, DEV, COMPONENT, STORAGE, ENERGYSUP, TONERSUP, PAPERSUP, GRIP, CASE	COMPUTER, DEV, COMPONENT, STORAGE, ENERGYSUP, TONERSUP, PAPERSUP, GRIP, CASE
	IBM-Valuepoint	DESKTOP, PC, NOTEBOOK, PORTABLE, WORKSTATION, USER	DESKTOP, PC, NOTEBOOK, PORTABLE, WORKSTATION, USER	DESKTOP, PC, NOTEBOOK, PORTABLE, WORKSTATION
	KC320SX	DESKTOP, PC, NOTEBOOK, PORTABLE, WORKSTATION, USER	DESKTOP, PC, NOTEBOOK, PORTABLE, WORKSTATION, USER	DESKTOP, PC, NOTEBOOK, PORTABLE, WORKSTATION
	SCT-Proline	DESKTOP, PC, WORKSTATION	DESKTOP, PC, WORKSTATION	DESKTOP, PC, WORKSTATION
	SH-486-33	DESKTOP, PC, WORKSTATION, PRODUCER	DESKTOP, PC, WORKSTATION, PRODUCER	DESKTOP, PC, WORKSTATION
PC ⟹ → ⟹	ASI-Megaline	DESKTOP, PC, NOTEBOOK, PORTABLE, WORKSTATION, USER	PC, WORKSTATION, USER	PC, WORKSTATION
	ASI-TBird	PC, WORKSTATION, DESKTOP, PRODUCER, DELIVERER, SALESORG	PC, WORKSTATION, DESKTOP, PRODUCER, DELIVERER, SALESORG	PRODUCER, DELIVERER, SALESORG
	Amtec486-33	DELIVERER, SALESORG	DELIVERER, SALESORG	DELIVERER, SALESORG
	Compaq-Deskpro	DESKTOP(2), PC(2), NOTEBOOK(2), PORTABLE(2), WORKSTATION(2)	DESKTOP(2), PC(2), NOTEBOOK(2), PORTABLE(2), WORKSTATION(2)	DESKTOP, PC, NOTEBOOK, PORTADLE, WORKSTATION
	Compaq-Prolinea	DESKTOP, PC, NOTEBOOK, PORTABLE, WORKSTATION, USER	DESKTOP, PC, NOTEBOOK, PORTABLE, WORKSTATION, USER	DESKTOP, PC, NOTEBOOK, PORTABLE, WORKSTATION
	MPC-GX1	PC, WORKSTATION, NOTEBOOK, PORTABLE, DESKTOP, CHIPSET, 68000, 80x86, RAM, CACHE, 8-BIT-SLOT, 16-BIT-SLOT, 32-BIT-SLOT	PC, WORKSTATION, NOTEBOOK, PORTABLE, DESKTOP, CHIPSET, 68000, 80x86, RAM, CACHE, 8-BIT-SLOT, 16-BIT-SLOT, 32-BIT-SLOT	68000, 80x86
	SXT-486	DESKTOP, PC, NOTEBOOK, PORTABLE, WORKSTATION	PC, WORKSTATION	PC, WORKSTATION
	Tandon 486-50	PC, WORKSTATION, NOTEBOOK, PORTABLE, DESKTOP	PC, WORKSTATION, NOTEBOOK, PORTABLE, DESKTOP	PC, WORKSTATION, NOTEBOOK, PORTABLE, DESKTOP

Tabelle B.13: Testergebnisse nach dem vierten Lernschritt (Forts.)

Ziel	unbekan- tes Wort	Hypothesen unter −	Hypothesen unter $\mathcal{LQ}$	Hypothesen unter $\mathcal{CB}$
PC	Terra AT486	NOTEBOOK(2), PORTABLE(2), PC(2), WORKSTATION(2), DESKTOP(2), PRODUCER	PC(2), WORKSTATION(2), PRODUCER	PC, WORKSTATION
	Vantage 80486-50	DESKTOP, PC, NOTEBOOK, PORTABLE, WORKSTATION	DESKTOP, PC, NOTEBOOK, PORTABLE, WORKSTATION	DESKTOP, PC, NOTEBOOK, PORTABLE, WORKSTATION
	Versaline40	PC, WORKSTATION, NOTEBOOK, PORTABLE, DESKTOP, PRODUCER	PC, WORKSTATION, NOTEBOOK, PORTABLE, DESKTOP, PRODUCER	PC, WORKSTATION, NOTEBOOK, PORTABLE, DESKTOP
	Vobis AlphaAXP	COMPUTER, FEATURE, MENTALOBJ, MASSOBJ, INFORMATIONOBJ, TECHNO, NORM MODE, HARDDISKDRIVE	COMPUTER	COMPUTER
	Wonderlite 486-33	WORKSTATION, PC, DESKTOP, PRODUCER	WORKSTATION, PC, DESKTOP, PRODUCER	WORKSTATION, PC, DESKTOP
	Zenith- Server	DESKTOP, PC, NOTEBOOK, PORTABLE, WORKSTATION	DESKTOP, PC, NOTEBOOK, PORTABLE, WORKSTATION	DESKTOP, PC, NOTEBOOK, PORTABLE, WORKSTATION
WORK STA TION	Dell- Powerline	COMPUTER, DEV, STORAGE, GRIP, CASE, ENERGYSUP, TONERSUP, PAPERSUP, MOTHERBOARD, SWITCH	COMPUTER, MOTHERBOARD	COMPUTER, MOTHERBOARD
⟹	Wang EC460	DESKTOP, PC, NOTEBOOK, PORTABLE, WORKSTATION, USER, MOTHERBOARD(2)	DESKTOP, PC, NOTEBOOK, PORTABLE, WORKSTATION, USER, MOTHERBOARD(2)	MOTHERBOARD(2)
LASER PR	Brother- HL10DPS	INKJETPR, NEEDLEPR, LASERPR, PLOTTER, MONITOR(2), LCDDISPLAY(2), LOUDSPEAKER	INKJETPR, NEEDLEPR, LASERPR, PLOTTER, MONITOR(2), LCDDISPLAY(2), LOUDSPEAKER	INKJETPR, NEEDLEPR, LASERPR
	Brother- HL4V	PRINTER, VISUALDEV, PLOTTER, LOUDSPEAKER	PRINTER, VISUALDEV, PLOTTER, LOUDSPEAKER	PRINTER, VISUALDEV, PLOTTER, LOUDSPEAKER
	Brother- HL6	INKJETPR(2), NEEDLEPR(2), LASERPR(2)	INKJETPR(2), NEEDLEPR(2), LASERPR(2)	INKJETPR, NEEDLEPR, LASERPR
	EPL- 5600	PRINTER, MOTHERBOARD	PRINTER, MOTHERBOARD	PRINTER, MOTHERBOARD
	Epson- EPL-4100	INKJETPR, NEEDLEPR, LASERPR, DESKTOP, WORKSTATION, PC, NOTEBOOK, PORTABLE	INKJETPR, NEEDLEPR, LASERPR, DESKTOP, WORKSTATION, PC, NOTEBOOK, PORTABLE	INKJETPR, NEEDLEPR, LASERPR
	HL-1260	INKJETPR, NEEDLEPR, LASERPR, PLOTTER, MONITOR , LCDDISPLAY, LOUDSPEAKER	INKJETPR, NEEDLEPR, LASERPR, PLOTTER, MONITOR , LCDDISPLAY, LOUDSPEAKER	INKJETPR, NEEDLEPR, LASERPR, MONITOR , LCDDISPLAY
	HL-660	INKJETPR, NEEDLEPR, LASERPR, PRODUCER	INKJETPR, NEEDLEPR, LASERPR, PRODUCER	INKJETPR, NEEDLEPR, LASERPR
	HP- Laserjet4	INKJETPR, NEEDLEPR, LASERPR	INKJETPR, NEEDLEPR, LASERPR	INKJETPR, NEEDLEPR, LASERPR
	HP- Laserjet4L	INKJETPR, NEEDLEPR, LASERPR, DESKTOP, WORKSTATION, PC, NOTEBOOK, PORTABLE	INKJETPR, NEEDLEPR, LASERPR, DESKTOP, WORKSTATION, PC, NOTEBOOK, PORTABLE	INKJETPR, NEEDLEPR, LASERPR
	HP- LaserjetIIIp	WORKSTATION, PC, NOTEBOOK, PORTABLE, DESKTOP, CENTRALUNIT, INPUTDEV, OUTPUTDEV, STORAGEDEV	WORKSTATION, PC, NOTEBOOK, PORTABLE, DESKTOP, CENTRALUNIT, INPUTDEV, OUTPUTDEV, STORAGEDEV	WORKSTATION, PC, NOTEBOOK, PORTABLE, DESKTOP, CENTRALUNIT, INPUTDEV, OUTPUTDEV, STORAGEDEV

Tabelle B.14: Testergebnisse nach dem vierten Lernschritt (Forts.)

Ziel	unbekan-tes Wort	Hypothesen unter −	Hypothesen unter $\mathcal{LQ}$	Hypothesen unter $\mathcal{CB}$
LASER PR	IBM 4029030	INKJETPR, NEEDLEPR, LASERPR	INKJETPR, NEEDLEPR, LASERPR	INKJETPR, NEEDLEPR, LASERPR
	Itoh-Ci-8	WORKSTATION, PC, NOTEBOOK, PORTABLE, DESKTOP, KEYBOARD, VISUALDEV, PRINTER, LOUDSPEAKER, PLOTTER, RW-MASSSTORE, RO-MASSSTORE, MOUSE	WORKSTATION, PC, NOTEBOOK, PORTABLE, DESKTOP, KEYBOARD, VISUALDEV, PRINTER, LOUDSPEAKER, PLOTTER, RW-MASSSTORE, RO-MASSSTORE, MOUSE	VISUALDEV, PRINTER, LOUDSPEAKER, PLOTTER, RW-MASSSTORE, RO-MASSSTORE
	Kyocera-FS1500	LASERPR(2), USER(2)	LASERPR(2)	LASERPR(2)
	Kyocera-FS1500A	LASERPR	LASERPR	LASERPR
	Kyocera-FS820	LASERPR	LASERPR	LASERPR
	Kyocera-FS850(1)	LASERPR	LASERPR	LASERPR
	Kyocera-FS850(2)	LASERPR, LASERTECHNO, PRINTERMODE, MONITORMODE, GRAPHICMODE, FEATURE IP-OBJ, SI-OBJ, MENTALOBJ, MASSOBJ, DIN-NORM	LASERPR	LASERPR
	LSR-615	DESKTOP, PC, NOTEBOOK, PORTABLE, WORKSTATION, INKJETPR, NEEDLEPR, LASERPR	DESKTOP, PC, NOTEBOOK, PORTABLE, WORKSTATION, INKJETPR, NEEDLEPR, LASERPR	INKJETPR, NEEDLEPR, LASERPR
	Minolta-SP3000	INKJETPR, NEEDLEPR, LASERPR	INKJETPR, NEEDLEPR, LASERPR	INKJETPR, NEEDLEPR, LASERPR
	OKI-OL810	LASERPR	LASERPR	LASERPR
	Ricoh LP1200	INKJETPR, NEEDLEPR, LASERPR, DESKTOP(2), WORKSTATION(2), PC(2), NOTEBOOK(2), PORTABLE(2)	INKJETPR, NEEDLEPR, LASERPR, DESKTOP(2), WORKSTATION(2), PC(2), NOTEBOOK(2), PORTABLE(2)	INKJETPR, NEEDLEPR, LASERPR
	StarLS5	INKJETPR, NEEDLEPR, LASERPR, PLOTTER, MONITOR, LCDDISPLAY, OFFICE, USER, LOUDSPEAKER	INKJETPR, NEEDLEPR, LASERPR	INKJETPR, NEEDLEPR, LASERPR
NEED LEPR	Citizen224	INKJETPR, NEEDLEPR, LASERPR	INKJETPR, NEEDLEPR, LASERPR	INKJETPR, NEEDLEPR, LASERPR
	StarLC 24-20	INKJETPR, NEEDLEPR, LASERPR, MONITOR, LCDDISPLAY,	INKJETPR, NEEDLEPR, LASERPR, MONITOR, LCDDISPLAY,	INKJETPR, NEEDLEPR, LASERPR MONITOR, LCDDISPLAY
	TI-Micro marc	INKJETPR, NEEDLEPR, LASERPR, CENTRALUNIT	INKJETPR, NEEDLEPR, LASERPR, CENTRALUNIT	INKJETPR, NEEDLEPR, LASERPR
INKJET PR	Deskjet 500C	PRINTER, PLOTTER, LOUDSPEAKER, MICROPHONE, KEYBOARD, MOUSE, RO-MASSSTORE, RW-MASSSTORE, CENTRALUNIT, VISUALDEV, TRACKBALL, SCANNER	PRINTER	PRINTER
	SL-90	INKJETPR, NEEDLEPR, LASERPR	INKJETPR, NEEDLEPR, LASERPR	INKJETPR, NEEDLEPR, LASERPR

Tabelle B.15: Testergebnisse nach dem vierten Lernschritt (Forts.)

Ziel	unbekan- tes Wort	Hypothesen unter −	Hypothesen unter $\mathcal{LQ}$	Hypothesen unter $\mathcal{CB}$
MONITOR	Eizo-T560i	MONITOR(3)	MONITOR(3)	MONITOR(3)
	Hitachi-17MVX	NOTEBOOK, PORTABLE, DESKTOP, PC, WORKSTATION, LCDDISPLAY, MONITOR	PC, WORKSTATION, LCDDISPLAY, MONITOR	LCDDISPLAY, MONITOR
⟹	MultiSync 5FG	NOTEBOOK, PORTABLE, WORKSTATION, PC, DESKTOP, CENTRALUNIT, HARDDISKDRIVE, PRINTER, FLOPPYDISKDRIVE, SCANNER, CD-ROM-DRIVE, LOUDSPEAKER, VISUALDEV, PLOTTER	NOTEBOOK, PORTABLE, WORKSTATION, PC, DESKTOP, CENTRALUNIT, HARDDISKDRIVE, PRINTER, FLOPPYDISKDRIVE, SCANNER, CD-ROM-DRIVE, LOUDSPEAKER, VISUALDEV, PLOTTER	HARDDISKDRIVE, FLOPPYDISKDRIVE
	MultiSync XP21	MONITOR	MONITOR	MONITOR
HARDDISK DRIVE ⟹	LPS105	NOTEBOOK, PORTABLE, WORKSTATION, PC, DESKTOP, SWITCH, PAPERSUP ,TONERSUP, ENERGYSUP, GRIP, CASE, COMPONENT, STORAGE, DEV, COMPUTER	NOTEBOOK, PORTABLE, WORKSTATION, PC, DESKTOP, SWITCH, PAPERSUP ,TONERSUP, ENERGYSUP, GRIP, CASE, COMPONENT, STORAGE, DEV, COMPUTER	NOTEBOOK, PORTABLE, WORKSTATION, PC, DESKTOP, COMPUTER
MOTHER BOARD	Orchid-Board-486	MOTHERBOARD, FPU	MOTHERBOARD, FPU	MOTHERBOARD, FPU
FPU	SS-3c875	FPU, GRAPHICPROC, GRAPHICCARD, OFFICE, MOTHERBOARD	FPU, GRAPHICPROC, GRAPHICCARD MOTHERBOARD	FPU, GRAPHICPROC
GRAPHIC CARD ⟹	Stealth-Hi-Color	LCDDISPLAY(2), MONITOR(2), GRAPHICCARD(2)	LCDDISPLAY(2), MONITOR(2), GRAPHICCARD(2)	LCDDISPLAY(2), MONITOR(2)

Tabelle B.16: Testergebnisse nach dem vierten Lernschritt (Forts.)

Ziel	unbekan-tes Wort	Hypothesen unter −	Hypothesen unter $\mathcal{L}Q$	Hypothesen unter $\mathcal{K}Q$
NOTE BOOK	ACD-3300	DESKTOP, PC, NOTEBOOK, PORTABLE, WORKSTATION	DESKTOP, PC, NOTEBOOK, PORTABLE, WORKSTATION	DESKTOP, PC, NOTEBOOK, PORTABLE, WORKSTATION
	ACL386SX	NOTEBOOK, PRODUCER, DELIVERER, SALEORG	NOTEBOOK	NOTEBOOK
	ASI-168	DESKTOP, PC, NOTEBOOK, PORTABLE, WORKSTATION, LED, DEV.CASE	DESKTOP, PC, NOTEBOOK, PORTABLE, WORKSTATION, LED, DEV.CASE	DESKTOP, PC, NOTEBOOK, PORTABLE, WORKSTATION
	AST-386SX	NOTEBOOK, PORTABLE	NOTEBOOK, PORTABLE	NOTEBOOK, PORTABLE
	Abeco	NOTEBOOK, PORTABLE	NOTEBOOK, PORTABLE	NOTEBOOK, PORTABLE
	B310	DESKTOP, PC, NOTEBOOK, PORTABLE, WORKSTATION	NOTEBOOK, PORTABLE	NOTEBOOK, PORTABLE
	BibleSize	DESKTOP, PC, NOTEBOOK(2), PORTABLE, WORKSTATION	DESKTOP, PC, NOTEBOOK(2), PORTABLE, WORKSTATION	DESKTOP, PC, NOTEBOOK(2), PORTABLE, WORKSTATION
	Compaq-Contura	NOTEBOOK, PORTABLE, WORKSTATION, PC, DESKTOP	NOTEBOOK, PORTABLE, WORKSTATION, PC, DESKTOP	NOTEBOOK, PORTABLE WORKSTATION, PC, DESKTOP
	Compri-22(1)	NOTEBOOK	NOTEBOOK	NOTEBOOK
	Compri-22(2)	NOTEBOOK, PORTABLE, DESKTOP, PC, WORKSTATION	NOTEBOOK, PORTABLE, DESKTOP, PC, WORKSTATION	NOTEBOOK, PORTABLE, DESKTOP, PC, WORKSTATION
	Contura-4-25	NOTEBOOK, PORTABLE,	NOTEBOOK, PORTABLE,	NOTEBOOK, PORTABLE,
	Decision Mate	NOTEBOOK, PORTABLE, DESKTOP, PC, WORKSTATION,	NOTEBOOK, PORTABLE, DESKTOP, PC, WORKSTATION,	NOTEBOOK, PORTABLE, DESKTOP, PC, WORKSTATION
	Dell-316LT	NOTEBOOK, PORTABLE, DEV.CASE, JUMPER, DRIVER	NOTEBOOK, PORTABLE, DEV.CASE, JUMPER, DRIVER	NOTEBOOK, PORTABLE
	Dell-325SL	NOTEBOOK, DEV.CASE	NOTEBOOK	NOTEBOOK
	HP-Omni book-300	NOTEBOOK, PORTABLE, USER	NOTEBOOK, PORTABLE, USER	NOTEBOOK, PORTABLE
	IBM-CL57	NOTEBOOK, PORTABLE, DESKTOP, WORKSTATION, PC, MOTHERBOARD	NOTEBOOK, PORTABLE, DESKTOP, WORKSTATION, PC, MOTHERBOARD	NOTEBOOK, PORTABLE, DESKTOP, WORKSTATION, PC
	M-Tek-Book-Size	DESKTOP, PC, NOTEBOOK, PORTABLE, WORKSTATION, USER	DESKTOP, PC, NOTEBOOK, PORTABLE, WORKSTATION	DESKTOP, PC, NOTEBOOK, PORTABLE, WORKSTATION
	Momenta	DESKTOP, PC, NOTEBOOK, PORTABLE, WORKSTATION	DESKTOP, PC, NOTEBOOK, PORTABLE, WORKSTATION	DESKTOP, PC, NOTEBOOK, PORTABLE, WORKSTATION
	NB-386 SX-20	DESKTOP, PC, NOTEBOOK, PORTABLE, WORKSTATION, MOTHERBOARD	DESKTOP, PC, NOTEBOOK, PORTABLE, WORKSTATION, MOTHERBOARD	DESKTOP, PC, NOTEBOOK, PORTABLE, WORKSTATION
	NEC-Ultra liteSL25C	NOTEBOOK, PORTABLE	NOTEBOOK, PORTABLE	NOTEBOOK, PORTABLE
	NP-825	DESKTOP, PC, NOTEBOOK(2), PORTABLE, WORKSTATION	DESKTOP, PC, NOTEBOOK(2), PORTABLE, WORKSTATION	NOTEBOOK
	Ruggbook	NOTEBOOK, PORTABLE, WORKSTATION, PC, DESKTOP, CENTRALUNIT	NOTEBOOK, PORTABLE, WORKSTATION, PC, DESKTOP, CENTRALUNIT	NOTEBOOK, PORTABLE, WORKSTATION, PC, DESKTOP, CENTRALUNIT
	SN8650	DESKTOP, PC, NOTEBOOK, PORTABLE, WORKSTATION, CACHE, MOTHERBOARD	DESKTOP, PC, NOTEBOOK, PORTABLE, WORKSTATION, CACHE, MOTHERBOARD	DESKTOP, PC, NOTEBOOK, PORTABLE WORKSTATION

Tabelle B.17: Testergebnisse nach dem fünften Lernschritt

Ziel	unbekantes Wort	Hypothesen unter −	Hypothesen unter $\mathcal{L}Q$	Hypothesen unter $\mathcal{K}Q$
NOTEBOOK ⟹	T3100SX	NOTEBOOK	NOTEBOOK	NOTEBOOK
	T4900	NOTEBOOK(5)	NOTEBOOK(5)	NOTEBOOK(3)
	Tandon NB-386	NOTEBOOK, PORTABLE, DESKTOP, PC, WORKSTATION, MOTHERBOARD(2), USER	NOTEBOOK, PORTABLE DESKTOP, PC, WORKSTATION, MOTHERBOARD(2), USER	MOTHERBOARD(2)
	Toshiba-T2200SX	NOTEBOOK	NOTEBOOK	NOTEBOOK
	Toshiba-T4400SX	NOTEBOOK(4)	NOTEBOOK	NOTEBOOK
	Travelmate	NOTEBOOK, PORTABLE, DESKTOP, PC, WORKSTATION, MOTHERBOARD	NOTEBOOK, PORTABLE, DESKTOP, PC, WORKSTATION, MOTHERBOARD	NOTEBOOK, PORTABLE, DESKTOP, PC, WORKSTATION
	UltraLite	NOTEBOOK, PORTABLE, VAG-MODE, CGA-MODE, PROCEDURE, DRIVER	NOTEBOOK, PORTABLE	NOTEBOOK, PORTABLE
	VersaP	NOTEBOOK(4), PORTABLE(4), USER	NOTEBOOK(4), PORTABLE(4)	NOTEBOOK(2), PORTABLE(2)
⟹	Zenit-Note	NOTEBOOK, PORTABLE, USER, CACHE(2)	NOTEBOOK, PORTABLE, USER, CACHE(2)	CACHE(2)
	Zenith-Sport	NOTEBOOK	NOTEBOOK	NOTEBOOK
	Zenith-Z-Lite	NOTEBOOK(2), PORTABLE(2), USER	NOTEBOOK(2), PORTABLE(2), USER	NOTEBOOK, PORTABLE
PORTABLE	Compaq-LTE286	PORTABLE	PORTABLE	PORTABLE
	HL400C	NOTEBOOK, PORTABLE	NOTEBOOK, PORTABLE	NOTEBOOK, PORTABLE
DESKTOP	ALR-Flyer	DESKTOP, PC, USER, WORKSTATION	DESKTOP, PC, USER, WORKSTATION	DESKTOP
	ASI-Easyline	DESKTOP, PC, WORKSTATION	DESKTOP, PC, WORKSTATION	DESKTOP, PC, WORKSTATION
	AST-486	DESKTOP, PC, NOTEBOOK, PORTABLE, WORKSTATION, HARDDISKDRIVE	DESKTOP, PC, NOTEBOOK, PORTABLE, WORKSTATION, HARDDISKDRIVE	DESKTOP, PC, NOTEBOOK, PORTABLE, WORKSTATION
	Amstrad-4386	DESKTOP, PC, NOTEBOOK, PORTABLE, WORKSTATION, USER(3)	DESKTOP, PC, NOTEBOOK, PORTABLE, WORKSTATION, USER(3)	DESKTOP, PC, NOTEBOOK, PORTABLE WORKSTATION
⟹	ESCOM-MPC	DESKTOP, PC, WORKSTATION, DELIVERER, SALESORG, PRODUCER	DESKTOP, PC, WORKSTATION, DELIVERER, SALESORG, PRODUCER	DELIVERER, SALESORG, PRODUCER
	Euro-486SX	DESKTOP, PC, NOTEBOOK, PORTABLE, WORKSTATION	DESKTOP, PC, NOTEBOOK, PORTABLE, WORKSTATION	DESKTOP, PC, NOTEBOOK, PORTABLE, WORKSTATION
	Highscreen CD-PC	DESKTOP(2), PC(2), WORKSTATION(2), USER(2)	DESKTOP, PC, WORKSTATION, USER	DESKTOP, PC
	Hurdla-486SX	DESKTOP, PC, NOTEBOOOK, PORTABLE, WORKSTATION	DESKTOP, PC, NOTEBOOOK, PORTABLE, WORKSTATION	DESKTOP, PC, NOTEBOOOK, PORTABLE
	IBM-PS2-57SX	DESKTOP, PC, NOTEBOOK, PORTABLE, WORKSTATION, PRODUCER	DESKTOP, PC, NOTEBOOK, PORTABLE, WORKSTATION	DESKTOP, PC, NOTEBOOK, PORTABLE, WORKSTATION
⟹	IBM-Ultimedia	DESKTOP, PC, CACHE, NOTEBOOK, PORTABLE, WORKSTATION, RAM, CHIPSET, 68000, 80X86, 8-BIT-SLOT, 16-BIT-SLOT, 32-BIT-SLOT, FPU	DESKTOP, PC, CACHE, NOTEBOOK, PORTABLE, WORKSTATION, RAM, CHIPSET, 68000, 80X86, 8-BIT-SLOT, 16-BIT-SLOT, 32-BIT-SLOT, FPU	68000, 80X86

Tabelle B.18: Testergebnisse nach dem fünften Lernschritt (Forts.)

Ziel	unbekan-tes Wort	Hypothesen unter −	Hypothesen unter $\mathcal{L}Q$	Hypothesen unter $\mathcal{K}Q$
DESK TOP	IBM-Valuepoint	DESKTOP, PC, WORKSTATION, USER	DESKTOP, PC, WORKSTATION, USER	DESKTOP, PC, WORKSTATION
	KC320SX	DESKTOP, PC, NOTEBOOK, PORTABLE, WORKSTATION, USER	DESKTOP, PC, NOTEBOOK, PORTABLE, WORKSTATION, USER	DESKTOP, PC, NOTEBOOK, PORTABLE,
	SCT-Proline	DESKTOP, PC, WORKSTATION	DESKTOP, PC, WORKSTATION	DESKTOP, PC, WORKSTATION
	SH-486-33	DESKTOP, PC, WORKSTATION, PRODUCER	DESKTOP, PC, WORKSTATION, PRODUCER	DESKTOP, PC, WORKSTATION
PC $\Longrightarrow$ $\longrightarrow$	ASI-Megaline	DESKTOP(2), PC(2), NOTEBOOK(2), PORTABLE(2), WORKSTATION(2), USER	PC(2), WORKSTATION(2), USER	PC, WORKSTATION
	ASI-TBird	PC, WORKSTATION, DESKTOP, PRODUCER, DELIVERER, SALESORG	PC, WORKSTATION, DESKTOP, PRODUCER, DELIVERER, SALESORG	PRODUCER, DELIVERER, SALESORG
	Amtec486-33	DELIVERER, SALESORG	DELIVERER, SALESORG	DELIVERER, SALESORG
	Compaq-Deskpro	DESKTOP(2), PC(2), NOTEBOOK(2), PORTABLE(2), WORKSTATION(2)	DESKTOP(2), PC(2), NOTEBOOK(2), PORTABLE(2), WORKSTATION(2)	DESKTOP, PC, NOTEBOOK, PORTABLE, WORKSTATION
	Compaq-Prolinea	DESKTOP, PC, NOTEBOOK, PORTABLE, WORKSTATION, USER	DESKTOP, PC, NOTEBOOK, PORTABLE, WORKSTATION, USER	DESKTOP, PC, NOTEBOOK, PORTABLE, WORKSTATION
	MPC-GX1	PC, WORKSTATION, NOTEBOOK, PORTABLE, DESKTOP	PC, WORKSTATION, NOTEBOOK, PORTABLE, DESKTOP	PC, WORKSTATION, NOTEBOOK, PORTABLE, DESKTOP
	SXT-486	DESKTOP, PC, NOTEBOOK, PORTABLE, WORKSTATION	PC, WORKSTATION	PC, WORKSTATION
	Tandon 486-50	PC, WORKSTATION,	PC, WORKSTATION,	PC, WORKSTATION,
	Terra AT486	NOTEBOOK(2), PORTABLE(2), PC(2), WORKSTATION(2), DESKTOP(2), PRODUCER	PC(2), WORKSTATION(2), PRODUCER	PC, WORKSTATION
	Vantage 80486-50	DESKTOP, PC, NOTEBOOK, PORTABLE, WORKSTATION	DESKTOP, PC, NOTEBOOK, PORTABLE, WORKSTATION	DESKTOP, PC, NOTEBOOK, PORTABLE, WORKSTATION
	Versaline40	PC, WORKSTATION, NOTEBOOK, PORTABLE, DESKTOP, PRODUCER	PC, WORKSTATION, NOTEBOOK, PORTABLE, DESKTOP, PRODUCER	PC, WORKSTATION, NOTEBOOK, PORTABLE, DESKTOP
	Vobis AlphaAXP	WORKSTATION, PC, NOTEBOOK, PORTABLE, DESKTOP	WORKSTATION, PC, NOTEBOOK, PORTABLE, DESKTOP	WORKSTATION, PC, NOTEBOOK, PORTABLE, DESKTOP
	Wonderlite 486-33	WORKSTATION, PC, DESKTOP, PRODUCER	WORKSTATION, PC, DESKTOP	WORKSTATION, PC, DESKTOP
	Zenith-Server	DESKTOP, PC, NOTEBOOK, PORTABLE, WORKSTATION	DESKTOP, PC, NOTEBOOK, PORTABLE, WORKSTATION	DESKTOP, PC, NOTEBOOK, PORTABLE, WORKSTATION
WORK STA TION	Dell-Powerline	WORKSTATION, PC, NOTEBOOK, PORTABLE, DESKTOP, MONITOR, LCDDISPLAY, CACHE(2), VRAM, DRAM	WORKSTATION, PC, NOTEBOOK, PORTABLE, DESKTOP	WORKSTATION, PC, NOTEBOOK, PORTABLE, DESKTOP
	Wang EC460	DESKTOP, PC, NOTEBOOK, PORTABLE, WORKSTATION, USER	DESKTOP, PC, NOTEBOOK, PORTABLE, WORKSTATION, USER	DESKTOP, PC, NOTEBOOK, PORTABLE, WORKSTATION, USER

Tabelle B.19: Testergebnisse nach dem fünften Lernschritt (Forts.)

260

Ziel	unbekanntes Wort	Hypothesen unter −	Hypothesen unter $\mathcal{LQ}$	Hypothesen unter $\mathcal{KQ}$
LASER PR	Brother-HL10DPS	INKJETPR, NEEDLEPR, LASERPR, PLOTTER, MONITOR(2), LCDDISPLAY(2), LOUDSPEAKER	INKJETPR, NEEDLEPR, LASERPR, PLOTTER, MONITOR(2), LCDDISPLAY(2), LOUDSPEAKER	INKJETPR, NEEDLEPR, LASERPR
	Brother-HL4V	INKJETPR, NEEDLEPR, LASERPR	INKJETPR, NEEDLEPR, LASERPR	INKJETPR, NEEDLEPR, LASERPR
	Brother-HL6	INKJETPR(2), NEEDLEPR(2), LASERPR(2)	INKJETPR, NEEDLEPR, LASERPR	INKJETPR, NEEDLEPR, LASERPR
	EPL-5600	INKJETPR, NEEDLEPR, LASERPR, MOTHERBOARD	INKJETPR, NEEDLEPR, LASERPR, MOTHERBOARD	INKJETPR, NEEDLEPR, LASERPR, MOTHERBOARD
	Epson-EPL-4100	INKJETPR, NEEDLEPR, LASERPR, DESKTOP, WORKSTATION, PC, NOTEBOOK, PORTABLE	INKJETPR, NEEDLEPR, LASERPR, DESKTOP, WORKSTATION, PC, NOTEBOOK, PORTABLE	INKJETPR, NEEDLEPR, LASERPR
	HL-1260	INKJETPR, NEEDLEPR, LASERPR	INKJETPR, NEEDLEPR, LASERPR	INKJETPR, NEEDLEPR, LASERPR
	HL-660	INKJETPR, NEEDLEPR, LASERPR, PRODUCER	INKJETPR, NEEDLEPR, LASERPR, PRODUCER	INKJETPR, NEEDLEPR, LASERPR
	HP-Laserjet4	LASERPR	LASERPR	LASERPR
	HP-Laserjet4L	INKJETPR, NEEDLEPR, LASERPR, DESKTOP, WORKSTATION, PC, NOTEBOOK, PORTABLE	INKJETPR, NEEDLEPR, LASERPR, DESKTOP, WORKSTATION, PC, NOTEBOOK, PORTABLE	INKJETPR, NEEDLEPR, LASERPR
	HP-LaserjetIIIp	WORKSTATION, PC, NOTEBOOK, PORTABLE, DESKTOP, LASERPR, INKJETPR, NEEDLEPR	WORKSTATION, PC, NOTEBOOK, PORTABLE, DESKTOP, LASERPR, INKJETPR, NEEDLEPR	LASERPR, INKJETPR, NEEDLEPR
	IBM 4029030	INKJETPR, NEEDLEPR, LASERPR	INKJETPR, NEEDLEPR, LASERPR	INKJETPR, NEEDLEPR, LASERPR
	Itoh-Ci-8	WORKSTATION, PC, NOTEBOOK, PORTABLE, DESKTOP, LASERPR, INKJETPR, NEEDLEPR	WORKSTATION, PC, NOTEBOOK, PORTABLE, DESKTOP, LASERPR, INKJETPR, NEEDLEPR	LASERPR, INKJETPR, NEEDLEPR
	Kyocera-FS1500	LASERPR(2), USER(2)	LASERPR(2)	LASERPR(2)
	Kyocera-FS1500A	LASERPR	LASERPR	LASERPR
	Kyocera-FS820	LASERPR	LASERPR	LASERPR
	Kyocera-FS850(1)	LASERPR	LASERPR	LASERPR
	Kyocera-FS850(2)	LASERPR, PRINTERMODE(2)	LASERPR	LASERPR
	LSR-615	DESKTOP(2), PC(2), NOTEBOOK(2), PORTABLE(2), WORKSTATION(2), INKJETPR, NEEDLEPR, LASERPR	DESKTOP(2), PC(2), NOTEBOOK(2), PORTABLE(2), WORKSTATION(2), INKJETPR, NEEDLEPR, LASERPR	INKJETPR, NEEDLEPR, LASERPR
	Minolta-SP3000	INKJETPR, NEEDLEPR, LASERPR	INKJETPR, NEEDLEPR, LASERPR	INKJETPR, NEEDLEPR, LASERPR
	OKI-OL810	LASERPR	LASERPR	LASERPR
	Ricoh LP1200	INKJETPR, NEEDLEPR, LASERPR	INKJETPR, NEEDLEPR, LASERPR	INKJETPR, NEEDLEPR, LASERPR
	StarLS5	INKJETPR, NEEDLEPR, LASERPR, PLOTTER, MONITOR, LCDDISPLAY, OFFICE, USER, LOUDSPEAKER	INKJETPR, NEEDLEPR, LASERPR	INKJETPR, NEEDLEPR, LASERPR

Tabelle B.20: Testergebnisse nach dem fünften Lernschritt (Forts.)

Ziel	unbekan-tes Wort	Hypothesen unter −	Hypothesen unter $\mathcal{LQ}$	Hypothesen unter $\mathcal{KQ}$
NEEDLEPR	Citizen224	INKJETPR, NEEDLEPR, LASERPR	INKJETPR, NEEDLEPR, LASERPR	INKJETPR, NEEDLEPR, LASERPR
	StarLC 24-20	INKJETPR, NEEDLEPR, LASERPR, MONITOR(2), LCDDISPLAY(2),	INKJETPR, NEEDLEPR, LASERPR, MONITOR(2), LCDDISPLAY(2),	INKJETPR, NEEDLEPR, LASERPR MONITOR, LCDDISPLAY
	TI-Micro marc	INKJETPR, NEEDLEPR, LASERPR, CENTRALUNIT	INKJETPR, NEEDLEPR, LASERPR, CENTRALUNIT	INKJETPR, NEEDLEPR, LASERPR
INKJET PR	Deskjet 500C	INKJETPR, NEEDLEPR, LASERPR	INKJETPR, NEEDLEPR, LASERPR	INKJETPR, NEEDLEPR, LASERPR
	SL-90	INKJETPR, NEEDLEPR, LASERPR	INKJETPR, NEEDLEPR, LASERPR	INKJETPR, NEEDLEPR, LASERPR
MONITOR	Eizo-T560i	MONITOR(3)	MONITOR(3)	MONITOR(3)
	Hitachi-17MVX	MONITOR	MONITOR	MONITOR
	MultiSync 5FG	NOTEBOOK, PORTABLE, WORKSTATION, PC, DESKTOP, CENTRALUNIT, HARDDISKDRIVE, PRINTER, FLOPPYDISKDRIVE, PLOTTER, SCANNER, CD-ROM-DRIVE, LOUDSPEAKER, VISUALDEV	PRINTER, VISUALDEV	PRINTER, VISUALDEV
	MultiSync XP21	MONITOR	MONITOR	MONITOR
HARDDISK DRIVE	LPS105	OUTPUTDEV, INPUTDEV, STORAGEDEV, AUXSTORAGE, STORAGEMEDIUM, CENTRALUNIT, MAINMEMORY	OUTPUTDEV, INPUTDEV, STORAGEDEV, AUXSTORAGE, STORAGEMEDIUM, CENTRALUNIT, MAINMEMORY	OUTPUTDEV, INPUTDEV, STORAGEDEV, CENTRALUNIT
MOTHER BOARD	Orchid-Board-480	MOTHERBOARD	MOTHERBOARD	MOTHERBOARD
FPU	SS-3c875	FPU, GRAPHICPROC, GRAPHICCARD, OFFICE, MOTHERBOARD	FPU, MOTHERBOARD	FPU
GRAPHIC CARD $\Longrightarrow$	Stealth-Hi-Color	LCDDISPLAY(2), MONITOR(2), GRAPHICCARD(2)	LCDDISPLAY(2), MONITOR(2), GRAPHICCARD(2)	LCDDISPLAY(2), MONITOR(2)

Tabelle B.21: Testergebnisse nach dem fünften Lernschritt (Forts.)

Literaturverzeichnis

Agarwal, R. & M. Tanniru (1991). Knowledge extraction using content analysis. *Knowledge Acquisition*, 3(4):421–441.

Aha, D., D. Kibler & M. Albert (1991). Instance-based learning algorithms. *Machine Learning*, 6:37–66.

Aiello, L. & G. Levi (1988). The uses of metaknowledge in AI systems. In P. Maes & D. Nardi (Eds.), *Meta-Level Architectures and Reflection*, pp. 243–254. Amsterdam: North-Holland.

Alshawi, H. (1989). Analyzing the dictionary definitions. In B. Boguraev & T. Briscoe (Eds.), *Computational Lexicography for Natural Language Processing*, pp. 153–169. London, New York: Longman.

Andersen, P., P. Hayes, A. Hüttner, L. Schmandt, I. Nirenburg & S. Weinstein (1992). Automatic extraction of facts from press releases to generate news stories. In *ANLP'92 - Proceedings of the 3rd Conference on Applied Natural Language Processing*, pp. 170–177.

Antonacci, F., M. Russo, M. Pazienza & P. Velardi (1989). A system for text analysis and lexical knowledge acquisition. *Data & Knowledge Engineering*, 4(1):1–20.

Appelt, D., J. Hobbs, J. Bear, D. Israel & M. Tyson (1993). FASTUS: A finite-state processor for information extraction from real-world text. In *IJCAI'93 - Proceedings of the 13th International Joint Conference on Artificial Intelligence*, pp. 1172–1178.

Arinze, B. (1989). A natural language front-end for knowledge acquisition. *SIGART Newsletter*, 108:106–114.

Basili, R., M. Pazienza & P. Velardi (1993). What can be learned from raw texts. *Machine Translation*, 8:147–173.

Berwick, R. (1985). *The acquisition of syntactic knowledge*. Cambridge/MA: MIT Press.

Berwick, R. (1989). Learning word meanings from examples. In D. Waltz (Ed.), *Semantic Structures. Advances in Natural Language Processing*, pp. 89–124. Hillsdale/NJ: Lawrence Erlbaum.

Bonissone, P. (1987). Summarizing and propagating uncertain information with triangular norms. *International Journal of Approximate Reasoning*, 1(1):71–101.

Brachman, R. & H. Levesque (1984). The tractability of subsumption in frame based description languages. In *AAAI'84 - Proceedings of the 4th National Conference on Artificial Intellience*, pp. 34–37.

Brachman, R. & J. Schmolze (1985). An overview of the KL-ONE knowledge representation system. *Cognitive Science*, 9:171–216.

Bröker, N., S. Schacht, P. Neuhaus & U. Hahn (1996). Performanzorientiertes Parsing und Grammatik-Design: das PARSETALK-System. In C. Habel, S. Kanngießer & G. Rickheit (Eds.), *Perspektiven der Kognitiven Linguistik. Modelle und Methoden*, pp. 79–125. Opladen: Westdeutscher Verlag.

Buvač, S., V. Buvač & I. Mason (1994). The semantics of propositional contexts. In *Proceedings of the 8th International Symposium on Methodologies for Intelligent Systems*, pp. 468–477. Berlin: Springer.

Buvač, S., V. Buvač & I. Mason (1995). Metamathematics of contexts. *Fundamenta Informaticae*, 23(3):263–301.

Calzolari, N. & E. Picchi (1988). Acquisition of semantic information from an on-line dictionary. In *COLING'88 - Proceedings of the 12th International Conference on Computational Linguistics*, pp. 87–92.

Carbonell, J. (1979). Towards a self-extending parser. In *ACL'79 - Proceedings of 17th the Annual Meeting of the Association for Computational Linguistics*, pp. 3–7.

Cardie, C. (1993). A case-based approach to knowledge acquisition for domain-specific sentence analysis. In *AAAI'93 - Proceedings of the 11th National Conference on Artificial Intelligence*, pp. 798–803.

Cardie, C. (1995). Embedded machine learning systems for natural language processing: A general framework. In *Working Notes from the IJCAI-95 Workshop on "New Approaches to Learning for Natural Language Processing"*, pp. 119–126.

Charniak, E. (1984). Cognitive science is methodologically fine. In W. Kintsch, J. Miller & P. Polson (Eds.), *Methods and Tactics in Cognitive Science*. Hillsdale/NJ: Erlbaum.

Cheeseman, P., J. Kelly, M. Self, W. Taylor & D. Freeman (1988). AUTO-CLASS: A bayesian classification system. In *ICML'88 - Proceedings of the 5th International Conference on Machine Learning*, pp. 65 74.

Cheeseman, P. & J. Stutz (1995). Bayesian classification (AUTOCLASS): Theory and results. In U. Fayyad, G. Piatetsky-Shapiro, P. Smyth & R. Uthurusamy (Eds.), *Advances in Knowledge Discovery and Data Mining*, pp. 61–83. Menlo Park: The AAAI Press.

Chinchor, N. (1991). MUC-3 evaluation metrics. In *Proceedings of the 3rd Message Understanding Conference*, pp. 17–24.

Cohen, P. (1985). *Heuristic reasoning about uncertainty: An artificial intelligence approach*. Boston/MA: Pitman.

Cohen, P. & M. Lieberman (1983). A report on FOLIO: An expert assistant for portfolio management. In *IJCAI'83 - Proceedings of the 8th International Joint Conference on Artificial Intelligence*, pp. 212–215.

Cohen, W. (1990). Learning from textbook knowledge: A case study. In *AAAI'90 - Proceedings of the 8th National Conference on Artificial Intelligence*, pp. 743–748.

Cohen, W. & H. Hirsh (1994). The learnability of description logics with equality constraints. *Machine Learning*, 17:169–199.

Cooper, G. (1990). The computational complexity of probabilistic inference using bayesian belief networks. *Artificial Intelligence*, 42(2-3):393–405.

Dasarathy, B. (1991). *Nearest neighbor (NN) norms: NN pattern classification techniques*. Los Alamitor/CA: IEEE Computer Society Press.

DeJong, G. & R. Mooney (1986). Explanation-based learning: An alternative view. *Machine Learning*, 1:145–176.

DeJong, G. & D. Waltz (1983). Understanding novel langauge. *Computers & Mathematics with Applications*, 9(1):131–147.

Delisle, S., S. Matwin, J. Wang & L. Zupan (1990). *Explanation-based learning helps acquire knowledge from natural language texts*. Technical Report TR-90-41: University of Ottawa.

Dempster, A. (1967). Upper and lower probabilities induced by a multivalued mapping. *Annals of Mathematical Statistics*, 38:325–339.

Donini, F., M. Lenzerini, D. Nardi & W. Nutt (1991). The complexity of concept languages. In J. Allen, R. Fikes & E. Sandewall (Eds.), *KR'91 - Proceedings of the 2nd International Conference on Principles of Knowledge Representation and Reasoning*, pp. 151–162.

Doyle, J. (1979). A truth maintenance system. *Artificial Intelligence*, 12:231–272.

Dubois, D. & H. Prade (1988). *Possibility theory: An approach to computerized processing of uncertainty*. New York: Plenum.

Ellman, T. (1989). Explanation-based learning: A survey of programs and perspectives. *Computing Surveys*, 21(2):163–221.

Everitt, B. (1974). *Cluster analysis*. London: Heinemann Educational.

Fagin, R. & J. Halpern (1988). Belief, awareness, and limited reasoning. *Artificial Intelligence*, 34:39–76.

Fisher, D. (1987). Knowledge acquisition via incremental conceptual clustering. *Machine Learning*, 2:139–172.

Fong, E. & D. Wu (1995). Learning restricted probabilistic link grammars. In *Working Notes from the IJCAI-95 Workshop on "New Approaches to Learning for Natural Language Processing"*, pp. 49–56.

Fox, J., P. Krause & M. Dohnal (1991). An extended logic language for representing belief. In *ECSQAU'91 - Proceedings of the European Conference on Symbolic and Quantitative Approaches to Uncertainty*, pp. 63–69.

Fox, J., P. Krause & M. Elvang-Gøransson (1993). Argumentation as a general framework for uncertain reasoning. In *UAI'93 - Proceedings of the 9th Conference on Uncertainty in Artificial Intelligence*, pp. 428–434.

Frawley, W., G. Piatetsky-Shapiro & C. Matheus (1991). Knowledge discovery in databases: An overview. In W. Frawley & G. Piatetsky-Shapiro (Eds.), *Knowledge Discovery in Databases*, pp. 1–27. Cambridge/MA: AAAI/MIT Press.

Frey, W., U. Reyle & C. Rohrer (1983). Automatic construction of a knowledge base by analysing texts in natural language. In *IJCAI'83 - Proceedings of the 8th International Joint Conference on Artificial Intelligence*, pp. 727–729.

Gao, Y. & S. Salveter (1991). The automated knowledge engineer: Natural language knowledge acquisition for expert systems. In *KAW'91 - Proceedings of the 6th Knowledge Acquisition for Knowledge-Based Systems Workshop*, pp. 8.1–8.16.

Gennari, J., P. Langley & D. Fisher (1989). Models of incremental concept formation. *Artificial Intelligence*, 40(1-3):11–61.

Giunchiglia, F. & L. Serafini (1994). Multilanguage hierarchical logics, or: How we can do without modal logics. *Artificial Intelligence*, 65:29–70.

Gomez, F., R. Hull & C. Segami (1994). Acquiring knowledge from encyclopedic texts. In *ANLP'94 - Proceedings of the 4th Conference on Applied Natural Language Processing*, pp. 84–90.

Gomez, F. & C. Segami (1990). Knowledge acquisition from natural language for expert systems based on classification problem-solving methods. *Knowledge Acquisition*, 2:107–128.

Granacki, J., A. Parker & Y. Arens (1987). Understanding system specifications written in natural language. In *IJCAI'87 - Proceedings of the 10th International Joint Conference on Artificial Intelligence*, pp. 688–691.

Haas, N. & G. Hendrix (1983). Learning by being told: Acquiring knowledge for information management. In R. Michalski, J. Carbonell & T. Mitchell (Eds.), *Machine Learning: An Artificial Intelligence Approach. Vol. 1*, pp. 405–428. Palo Alto/CA: Tioga.

Hahn, U. (1990). *Lexikalisch verteiltes Text Parsing. Eine objektorientierte Spezifikation eines Wortexpertensystems auf der Grundlage des Aktorenmodells*. Berlin: Springer.

Hahn, U. & M. Klenner (1992). *Automatische Textwissenssynthese. Grundzüge eines Textverstehensprojekts im methodischen Kontext von Wissensakquisition, maschinellem Lernen und lernorientierten natürlichsprachlichen Systemen*. Technical Report: Albert-Ludwigs-Universität Freiburg, Linguistische Informatik/Computerlinguistik.

Hahn, U. & M. Klenner (1997). Incremental concept evolution based on adaptive feature weighting. In *EPIA'97 - Proceedings of the 8th Portuguese Conference on Artificial Intelligence*, pp. 49–60.

Hahn, U., M. Klenner & K. Schnattinger (1996a). Automated knowledge acquisition meets metareasoning: Incremental quality assessment of concept hypotheses during text understanding. In B. Gaines & M. Musen (Eds.), *KAW'96 - Proceedings of the 9th Knowledge Acquisition for Knowledge-Based Systems Workshop*, pp. 58.1 – 58.20.

Hahn, U., M. Klenner & K. Schnattinger (1996b). Learning from texts: A terminological metareasoning perspective. In S. Wermter, E. Riloff & G. Scheler (Eds.), *Connectionist, Statistical and Symbolic Approaches to Learning in Natural Language Processing*, pp. 453–468.

Hahn, U., K. Markert & M. Strube (1996c). A conceptual reasoning approach to textual ellipsis. In *ECAI'96 - Proceedings of the 12th European Conference on Artificial Intelligence*, pp. 572–576.

Hahn, U. & M. Romacker (1997). Text structures in medical text processing: Empirical evidence and a text understanding prototype. In *AMIA'97 - Proceedings of the 1997 AMIA Annual Fall Symposium (formerly SCAMC). The Emergence of 'Internetable' Health Care-Systems that Really Work*, pp. 819–823.

Hahn, U. & K. Schnattinger (1997a). Deep knowledge discovery from natural language texts. In *KDD'97 - Proceedings of the 3rd International Conference on Knowledge Discovery and Data Mining*, pp. 175–178.

Hahn, U. & K. Schnattinger (1997b). An empirical evaluation of a system for text knowledge acquisition. In N. Shadbolt, K. O'Hara & G. Schreiber (Eds.), *EKAW'97 - Proceedings of the 10th European Knowledge Acquisition Workshop*, pp. 129–144.

Hahn, U. & K. Schnattinger (1998a). A text understander that learns. In *COLING'98/ACL'98 - Proceedings of the 17th International Conference on Computational Linguistics and 36th Annual Meeting of the Association for Computational Linguistics*.

Hahn, U. & K. Schnattinger (1998b). Towards text knowledge engineering. In *AAAI'98 - Proceedings of the 15th National Conference on Artificial Intelligence*.

Halpern, J. & Y. Moses (1992). A guide to completeness and complexity for modal logics of knowledge and belief. *Artificial Intelligence*, 54:319–379.

Handa, K. & S. Ishizaki (1989). Acquirung knowledge about a relation between concepts. In *EKAW'89 - Proceedings of the 3rd European Knowledge Acquisition Workshop*, pp. 380–391.

Hastings, P. (1994). *Automatic acquisition of word meaning from context*, (Ph.D. thesis). Computer Science and Engineering, The University of Michigan.

Hastings, P. (1996). Implications of an automatic lexical acquisition system. In S. Wermter, E. Riloff & G. Scheler (Eds.), *Connectionist, Statistical and Symbolic Approaches to Learning in Natural Language Processing*, pp. 261–274. Berlin: Springer.

Hayes, P. (1979). The logic of frames. In D. Mentzing (Ed.), *Frame Conceptions and Text Understanding*. Berlin: W. de Gruyter.

Hayes-Roth, F. (1983). Using proofs and refutations to learn from experience. In R. Michalski, J. Carbonell & T. Mitchell (Eds.), *Machine Learning - An artificial Intelligence Approach. Vol. 1*, pp. 221–240. Palo Alto/CA: Tioga Press.

Hearst, M. (1992). Automatic acquisition of hyponyms from large text corpora. In *COLING'92 - Proceedings of the 15th International Conference on Computational Linguistics*, pp. 539–545.

Heyting, A. (1956). *Intuitionism. An introduction*. Amsterdam: North-Holland.

Hindle, D. (1989). Acquiring disambiguation rules from text. In *ACL'89 - Proceedings of 27th the Annual Meeting of the Association for Computational Linguistics*, pp. 26–29.

Hintikka, J. (1962). *Knowledge and belief*. Ithaca/NY: Cornell University Press.

Hobbs, J., M. Stickel, D. Appelt & P. Martin (1993). Interpretation as abduction. *Artificial Intelligence*, 63:69–142.

Jacobs, P. (1994). Joining statistics with NLP for text generation. In *ANLP'94 - Proceedings of the 4th Conference on Applied Natural Language Processing*, pp. 178–185.

Jacobs, P. & L. Rau (1990). SCISOR: Extracting information from on-line news. *Communications of the ACM*, 32(11):88–97.

Jansen-Winkeln, R. (1987). LEGAS: Inductive learning of grammatical structures. In *Proceedings des Workshop 'Intelligente Lernsysteme'*, pp. 138–150.

Jansen-Winkeln, R. (1988). WASTL: An approach to knowledge acquisition in the natural language domain. In *EKAW'88 - Proceedings of the 2nd European Knowledge Acquisition Workshop*, pp. 22.1 – 22.15.

Junker, U. & K. Konolige (1990). Computing the extensions of autoepistemic and default logic with a TMS. In *AAAI'90 - Proceedings of the 8th National Conference on Artificial Intelligence*, pp. 278–283.

Kamp, H. (1981). A theory of thruth and semantic representation. In J. Groenendijk, T. Jansen & M. Stokhof (Eds.), *Truth, Interpretation and Information*, pp. 1–41. Dordrecht, Foris.

Kietz, J. & K. Morik (1994). A polynomial approach to the constructive induction of structural knowledge. *Machine Learning*, 14(2):193–217.

Kleer, J. de (1986). An assumption-based TMS. *Artificial Intelligence*, 28:127–162.

Konolige, K. (1982). A first-order formalisation of knowledge and action for a multi-agent planning system. *Machine Intelligence*, 10:41–72.

Konolige, K. (1988). Reasoning by introspection. In P. Maes & D. Nardi (Eds.), *Meta-Level Architectures and Reflection*, pp. 61–74. Amsterdam: North-Holland.

Krause, P., S. Ambler, M. Elvang-Gøransson & J. Fox (1995). A logic of argumentation for reasoning under uncertainty. *Computational Intelligence*, 11:113–131.

Kripke, S. (1963). Semantical considerations on modal logic. *Acta Philosophica Fennica*, 16:84–94.

Lambek, J. & P. Scott (1986). *Introduction to higher order categorical logic*. Cambridge University Press.

Lauritzen, S. & D. Spiegelhalter (1988). Local computations with probabilities on graphical structures and their applications to expert systems. *Journal of the Royal Statistical Society*, 50:157–224.

Lebowitz, M. (1983). Generalization from natural language text. *Cognitive Science*, 7:1–40.

Lebowitz, M. (1987). Experiments with incremental concept formation: UNI-MEM. *Machine Learning*, 2:103–138.

Lebowitz, M. (1988). The use of memory in text processing. *Communications of the ACM*, 31(12):1483–1502.

Levesque, H. & R. Brachman (1987). Expressiveness and tractability in knowledge representation and reasoning. *Computational Intelligence*, 3(2):78–93.

MacGregor, R. (1991). Inside the LOOM description classifier. *SIGART Bulletin*, 2(3):8–92.

MacGregor, R. (1994). A description classifier for the predicate calculus. In *AAAI'94 - Proceedings of the 12th National Conference on Artificial Intelligence*, pp. 213–220.

Manning, C. (1993). Automatic acquisition of large subcategorization dictionary from corpora. In *ACL'93 - Proceedings of the 31st Annual Meeting of the Association for Computational Linguistics*, pp. 235–242.

Markert, K. & U. Hahn (1997). On the interaction of metonymies and anaphora. In *IJCAI'97 - Proceedings of the 15th International Joint Conference on Artificial Intelligence*, pp. 1010–1015.

McCarthy, J. (1980). Circumscription: A form of non-monotonic reasoning. *Artificial Intelligence*, 13(1):27–39.

McCarthy, J. (1993). Notes on formalizing context. In *IJCAI'93 - Proceedings of the 13th International Joint Conference on Artificial Intelligence*, pp. 555–560.

McDermott, D. & J. Doyle (1980). Non-monotonic logic I. *Artificial Intelligence*, 13(1):41–72.

Medow, M. & L. Travis (1991). NOVICE: Getting textbook knowledge into expert systems. In *EKAW'91 - Proceedings of the 5th European Knowledge Acquisition Workshop*, pp. 191–207.

Michalski, R. (1983). A theory and methodology of inductive learning. In R. Michalski, J. Carbonell & T. Mitchell (Eds.), *Machine Learning: An Artificial Intelligence Approach. Vol. 1*, pp. 82–134. Palo Alto/CA: Tioga.

Michalski, R. & Y. Kodratoff (1990). Research in machine learning: Recent progress, classification of methods, and future directions. In Y. Kodratoff & R. Michalski (Eds.), *Machine Learning: An Artificial Intelligence Approach. Vol. 3*, pp. 3–30. San Mateo/CA: Morgan Kaufmann.

Michalski, R. & R. Stepp (1983). Learning from observation: Conceptual clustering. In R. Michalski, J. Carbonell & T. Mitchell (Eds.), *Machine Learning: An Artificial Intelligence Approach. Vol. 1*, pp. 331–363. Palo Alto/CA: Tioga.

Minsky, M. (1975). A framework for representing knowledge. In P. Winston (Ed.), *The Psychology of Computer Vision*. New York: McGraw-Hill.

Mitchell, T. (1982). Generalization as search. *Artificial Intelligence*, 18(2):203–226.

Mitchell, T., R. Keller & S. Kedar-Cabelli (1986). Explanation-based generalization: A unifying view. *Machine Learning*, 1:47–80.

Mitchell, T., P. Utgoff & R. Banerji (1983). Learning by experimentation: Acquiring and refining problem-solving heuristics. In R. Michalski, J. Carbonell & T. Mitchell (Eds.), *Machine Learning: An Artificial Intelligence Approach. Vol. 1*, pp. 163–190. Palo Alto/CA: Tioga Press.

Möller, J. (1988). Knowledge acquisition from texts. In *EKAW'88 - Proceedings of the 2nd European Knowledge Acquisition Workshop*, pp. 25.1–25.16.

Mooney, R. (1987). Integrated learning of words and their underlying concepts. In *CogSci'87 - Proceedings of the 9th Annual Conference of the Cognitive Science Society*, pp. 974–978.

Mooney, R. (1990). *A general explanation-based learning mechanism and its application to narrative understanding*. London: Pitman; San Mateo/CA: Morgan Kaufmann.

Moore, R. (1985a). A formal theory of knowledge and action. In J. Hobbs & R. Moore (Eds.), *Formal Theories of the Commensense World*, pp. 319–358. Norwood/NJ: Ablex.

Moore, R. (1985b). Semantical considerations on nonmonotonic logic. *Artificial Intelligence*, 25(1):75–94.

Morik, K. (1986). *Anything you can do I can do meta*. KIT-Report 40: TU Berlin, Fachbereich Informatik.

Morik, K. (1987). Acquiring domain models. *International Journal of Man Machine Studies*, 26:93–104.

Morik, K. & J. Kietz (1989). A bootstrapping approach to conceptual clustering. In *ICML'89 - Proceedings of the 6th International Conference on Machine Learning*, pp. 503–504.

Muggleton, S. (1992). *Inductive logic programming*. San Diego/CA: Academic Press.

Nardi, D. (1988). Evaluation and reflection in FOL. In P. Maes & D. Nardi (Eds.), *Meta-Level Architectures and Reflection*, pp. 195–207. Amsterdam: North-Holland.

Nebel, B. (1990a). *Reasoning and revision in hybrid representation systems*. Berlin: Springer.

Nebel, B. (1990b). Terminological reasoning is inherently intractable. *Artificial Intelligence*, 43:235–249.

Neuhaus, P. & U. Hahn (1996). Trading off completeness for efficiency: The
PARSETALK performance grammar approach to real-world text parsing. In
*FLAIRS'96 - Proceedings of the 9th Florida Artificial Intelligence Research
Symposium*, pp. 60–65.

Ng, K. & B. Abramson (1990). Uncertainty management in expert systems.
IEEE Expert, 5(2):29–48.

Nirenburg, S. & V. Raskin (1987). The subworld concept lexicon and the lexicon
management system. *Computational Linguistics*, 13(3-4):276–289.

Nishida, F., S. Takamatsu, T. Tani & H. Kusaka (1986). Text analysis and
knowledge extraction. In *COLING'86 - Proceedings of the 11th International Conference on Computational Linguistics*, pp. 241–243.

Nishida, T., A. Kosaka & S. Doshita (1983). Towards knowledge acquisition from natural language documents: Automatic model construction from
hardware manuals. In *IJCAI'83 - Proceedings of the 8th International Joint
Conference on Artificial Intelligence*, pp. 482–486.

Norton, L. (1983). Automated analysis of instructional text. *Artificial Intelligence*, 20(3):307–344.

Pacholczyk, D. (1995). Qualitative reasoning under uncertainty. In *EPIA'95 -
Proceedings of the 7th Portuguese Conference on Artificial Intelligence*, pp.
297–309.

Pazzani, M. (1986). The role of prior causal theories in generalization. In
*AAAI'86 - Proceedings of the 6th National Conference on Artificial Intel-
ligence*, pp. 545–550.

Pazzani, M. (1988). Integrated learning with incorrect and incomplete theories.
In *ICML'88 - Proceedings of the 5th International Conference on Machine
Learning*, pp. 291–297.

Pearl, J. (1988). *Probabilistic reasoning in intelligent systems: Networks of
plausible inference*. San Mateo/CA: Morgan Kaufmann.

Plotkin, G. (1971). A further note on inductive generalization. *Machine Intelligence*, pp. 101–124.

Quantz, J. (1993). Interpretation as exception minimization. In *IJCAI'93 -
Proceedings of the 13th International Joint Conference on Artificial Intelligence*, pp. 1310–1315.

Quantz, J. & B. Schmitz (1994). Knowledge-based disambiguation for machine
translation. *Minds and Machines*, 4:39–57.

Quillian, M. (1968). Semantic memory. In M. Minsky (Ed.), *Semantic Information Processing*, pp. 216–270. Cambridge/MA: MIT Press.

Quinlan, J. (1986). Induction of decision trees. *Machine Learning*, 1:81–106.

Ramoni, M. (1995). Ignorant influence diagrams. In *IJCAI'95 - Proceedings
of the 14th International Joint Conference on Artificial Intelligence*, pp.
1869–1875.

Regoczei, R. & G. Hirst (1989). On 'extracting knowledge from texts'. In *EKAW'89 - Proceedings of the 3rd European Knowledge Acquisition Workshop*, pp. 196–212.

Reimer, U. & K. Pohl (1991). Automatische Wissensakquisition aus Texten. Lernen terminologischen Wissens durch Textverstehen und induktive Konzeptgeneralisierung. *KI - Künstliche Intelligenz*, 5(1):45–51.

Reiter, R. (1980). A logic for default reasoning. *Artificial Intelligence*, 13(1):81–132.

Reiter, R. (1981). On closed world data bases. In B. Webber & N. Nilsson (Eds.), *Readings in Artificial Intelligence*, pp. 119–140. Los Altos/CA: Morgan Kaufmann.

Resnik, P. (1992). A class-based approach to lexical discovery. In *ACL'92 - Proceedings of the 30th Annual Meeting of the Association for Computational Linguistics*, pp. 327–329.

Riloff, E. (1993). Automatically constructing a dictionary for information extraction tasks. In *AAAI'93 - Proceedings of the 11th National Conference on Artificial Intelligence*, pp. 811–816.

Russell, S. & P. Norvig (1995). *Artificial Intelligence: A modern approach.* Prentice-Hall.

Schacht, S. & U. Hahn (1997). Temporal reasoning about actor programs. In *EPIA'97 - Proceedings of the 8th Portuguese Conference on Artificial Intelligence*, pp. 279–290.

Schnattinger, K. & A. Gürtler (1995). *GROOM User Manual. Version 1.0.* Technical Report: CLIF - Computational Linguistics Group Freiburg, Freiburg University, (CLIF-Manual 1/95).

Schnattinger, K. & U. Hahn (1996). A terminological qualification calculus for preferential reasoning under uncertainty. In *KI'96 - Proceedings of the 20th Annual German Conference on Artificial Intelligence*, pp. 349–362.

Schnattinger, K. & U. Hahn (1997a). Constraining the acquisition of concepts by the quality of heterogeneous evidence. In *KI'97 - Proceedings of the 21st Annual German Conference on Artificial Intelligence*, pp. 255–266.

Schnattinger, K. & U. Hahn (1997b). Intelligent text analysis for dynamically maintaining and updating domain knowledge bases. In *IDA'97 - Proceedings of the 2nd International Symposium on Intelligent Data Analysis*, pp. 409–422.

Schnattinger, K. & U. Hahn (1998). Quality-based learning. In *ECAI'98 - Proceedings of the 13th European Conference on Artificial Intelligence*, pp. 160–164.

Schnattinger, K., U. Hahn & M. Klenner (1995a). Quality-based terminological reasoning for concept learning. In *KI'95 - Proceedings of the 19th Annual German Conference on Artificial Intelligence*, pp. 113–124.

Schnattinger, K., U. Hahn & M. Klenner (1995b). Terminological meta-reasoning by reification and multiple contexts. In *EPIA '95 - Proceedings of the 7th Portuguese Conference on Artificial Intelligence*, pp. 1–16.

Sekine, S., J. Carroll, S. Ananiadou & J. Tsujii (1994). Automatic learning for semantic collocation. In *ANLP'94 - Proceedings of the 4th Conference on Applied Natural Language Processing*, pp. 104–110.

Shafer, G. (1976). *A mathematical theory of evidence.* Princeton/NJ: Princeton U.P.

Shafer, G. & J. Pearl (1990). *Readings in Uncertain Reasoning.* San Mateo/CA: Morgan Kaufmann.

Shortliffe, E. & B. Buchanan (1984). A model of inexact reasoning in medicine. In B. Buchanan & E. Shortliffe (Eds.), *Rule-based Expert Systems: The MYCIN Experiments of the Stanford Heuristics Programming Project*, pp. 233–262. Reading/MA: Addison-Wesley.

Slator, B. (1989). Extracting lexical knowledge from dictionary text. *Knowledge Acquisition*, 1:89–112.

Soderland, S., D. Fisher, J. Aseltine & W. Lehnert (1995). CRYSTAL: Inducing a conceptual dictionary. In *IJCAI'95 - Proceedings of the 14th International Joint Conference on Artificial Intelligence*, pp. 1314–1319.

Soderland, S. & W. Lehnert (1994). Wrap-up: A trainable discourse module for information extraction. *Journal of Artificial Intelligence Research*, 2:131–158.

Sombe, L. (1990). *Reasoning under incomplete information in artificial intelligence: A comparison of formalisms using a single example.* New York: J. Wiley.

Sowa, J. (1991). *Principles of Semantic Networks: Exploration in the Representation of Knowledge.* San Matea/CA: Morgan Kaufmann.

Staab, S. (1998). On non-binary temporal relations. In *ECAI'98 - Proceedings of the 13th European Conference on Artificial Intelligence*, pp. 567–571.

Staab, S. & U. Hahn (1997a). Comparatives in context. In *AAAI'97 - Proceedings of the 14th National Conference on Artificial Intelligence*, pp. 616–621.

Staab, S. & U. Hahn (1997b). 'tall', 'good', 'high' — compared to what. In *IJCAI'97 - Proceedings of the 15th International Joint Conference on Artificial Intelligence*, pp. 996–1001.

Stepp, R. & R. Michalski (1986). Conceptual clustering of structured objects: A goal-oriented approach. *Artificial Intelligence*, 28(1):43–69.

Strube, M. & U. Hahn (1996). Functional centering. In *ACL'96 - Proceedings of the 34th Annual Meeting of the Association for Computational Linguistics*, pp. 270–277.

Szpakowicz, S (1990). Semi-automatic acquisition of conceptual structure from technical texts. *International Journal on Man-Machine Studies*, 33:385–397.

Thompson, C. & R. Mooney (1994). Inductive learning for abductive diagnosis. In *AAAI'94 - Proceedings of the 12th National Conference on Artificial Intelligence*, pp. 664–669.

Velardi, P., M. Pazienza & M. Fasolo (1991). How to encode semantic knowledge: A method for meaning representation and computer-aided acquisition. *Computational Linguistics*, 17(2):153–170.

Virkar, R. & J. Roach (1989). Direct assimilation of expert-level knowledge by automatically parsing research paper abstracts. *International Journal of Expert Systems*, 1(4):281–305.

Weber, N. (1993). Computergestützte Analyse von Definitionstexten in einem deutschen Wörterbuch. In H. Pütz & J. Haller (Eds.), *Sprachtechnologie: Methoden, Werkzeuge, Perspektiven. Vorträge im Rahmen der Jahrestagung 1993 der GLDV*, pp. 140–168. Hildesheim: G. Olms.

Wellman, M. (1990). Fundamental concepts of qualitative probabilistic networks. *Artificial Intelligence*, 44:257–303.

Weyhrauch, R. (1980). Prolegomena to a theory of mechanized formal reasoning. *Artificial Intelligence*, 13(1):133–170.

Wilks, Y., D. Fass, C. Guo, J. McDonald, T. Plate & B. Slator (1990). Providing machine tractable dictionary tools. *Machine Translation*, 5(2):99–154.

Witten, I. & B. MacDonald (1988). Using concept learning for knowledge acquisition. *International Journal of Man-Machine Studies*, 29:171–196.

Woods, W. & J. Schmolze (1992). The KL-ONE family. *Computers and Mathematics with Applications*, 23(2-5):133–177.

Wrobel, S. (1987). Higher-order concepts in a tractable knowledge representation. In *GWAI'87 - Proceedings of the 11th German Workshop on Artificial Intelligence*, pp. 129–138.

Zadeh, L. (1989). Knowledge representation in fuzzy logic. *IEEE Transactions on Knowledge and Data Engineering*, 1:89–100.

Zelle, J. & R. Mooney (1993). Learning semantic grammars with constructive inductive logic programming. In *AAAI'93 - Proceedings of the 11th National Conference on Artificial Intelligence*, pp. 817–822.

Zernik, U. (1989). Lexicon acquisition: Learning from corpus by capitalizing on lexical categories. In *IJCAI'89 - Proceedings of the 11th International Joint Conference on Artificial Intelligence*, pp. 1556–1562.

Zernik, U. (1990). Lexical acquisition: Where is the semantics? *Machine Translation*, 5(2):155–174.